emotional design
감성 디자인

emotional branding
감성 브랜딩

new trend
뉴트렌드

이것은 디자인일까 삶일까?

Brandjam
Humanizing Brands Through Emotional Design

marc gobé

foreword by Yves Behar
founder and creative leader, fuseproject

감성 디자인을 통한 인간적 브랜드의 구축

emotional design
감성 디자인

emotional branding
감성 브랜딩

new trend
뉴트렌드

마크 고베 지음 | 안장원 옮김

김앤김
북스

감성 디자인 감성 브랜딩 뉴트렌드

초판 1쇄 발행 • 2008년 3월 27일

지은이 • 마크 고베
옮긴이 • 안장원
펴낸이 • 김건수

펴낸곳 • 김앤김북스
출판등록 • 2001년 2월 9일(제12-302호)
서울시 중구 수하동 40-2번지 우석빌딩 903호
전화 (02) 773-5133 | 팩스 (02) 773-5134
E-mail : knk@knkbooks.com

ISBN 978-89-89566-36-6   03320

오직 마음으로 볼 때 제대로 볼 수 있어.
중요한 건 눈에 보이지 않아.

생텍쥐페리, 『어린 왕자』

추천 서문 13
옮긴이의 말 16

서문
디자인은 재즈다

재즈의 변화무쌍함 22
디자인의 새로운 소리 24
브랜드잼의 핵심 사상 25
왜 또 다른 책인가? 28
사람들과 공명하기 위한 시각 전환 30

프롤로그
코카콜라의 새 물결

감성 디자인 38
색채가 담고 있는 것 40
다이내믹 리본의 귀환 42
프로젝트에 대한 명료한 시야 구축 43
어떻게 바꾸지 않을 수 있겠는가? 45
조그만 노란색이 브랜드에 일으킨 재즈 효과 47
코카콜라의 브랜드잼 51
디자인 미학만의 얘기가 아니다 53

C·O·N·T·E·N·T·S

1 소비자에 관한 다섯 가지 통찰: 디자인 영감

재즈의 기억하: 한 프랑스 청년의 시각 56
재즈, 디자인, 그리고 브랜드 57
미래를 디자인하라 59
최후의 심판일 60
재즈: 브랜드를 위한, 그러나 브랜드에 국한되지 않은 62
디자인이 당신에게 해 줄 수 있는 것 64

첫 번째 통찰
포스트 모더니즘의 꿈

포스트모더니즘의 계시 70
포스트모더니즘의 해체주의 71
브랜드 인상주의로 다시 본 세계 75

두 번째 통찰
혁신은 주변부로부터 나온다

스케이트보드와 디자인 영감 79
"나는 모든 것을 대중문화의 렌즈로 본다" – 타미 힐피거 82
디자인, 공동체에 활기를 불어넣다 65

세 번째 통찰

감성 디자인은 여성적 디자인이다

디자인의 트렌드를 이끄는 여성 소비자 91
여성들이 원하는 것 93
집으로부터 멀리 떨어진 집으로서의 호텔 93
세대차 극복하기 94
우리가 누구인지 보여주마 95
나이키의 현실 해부 97
주방에서 아기방까지 102
직장은 여성을 원한다 104
여성적 손길을 가미하는 기술 104
여성에 의한, 여성을 위한 자동차 108
세계의 여성화 111

네 번째 통찰

감각적 21세기에 오신 것을 환영합니다

장 루이 레스토랑 113
IFF의 꽃에 대한 사랑 115
모든 것은 꽃으로부터 시작된다 118
감각적 경험의 브랜드잼 123
브랜드의 소리를 들어라 125
아이스크림과 같은 비누를 디자인하라 127
와인 향기의 정취 128

다섯 번째 통찰

디자인 민주주의

터카 콜라의 열망 132
디자인의 생존 전략 135
내일의 기쁨을 위한 오늘의 디자인 139
P&G의 자유 브랜드 140
멕시코의 브랜드 민주주의 142
브랜드를 위한 운동이 일고 있다 144

2 브랜드에 관한 일곱 가지 전환: 디자인 탐험

첫 번째 전환
감성적 아이덴티티를 사고하라

기업의 정신과 핵심을 정의하자 151
감성적 아이덴티티는 '감성적 초점'을 분명히 해야 한다 153
다섯 가지 주요 '감성동인' 154
진실은 사람들의 충성심을 구축한다 159
로고가 담고 있는 것 163
눈에 띄기: AOL 집중 탐색 166
스타가 담고 있는 것 171
네이밍 175
감성적 아이덴티티는 CEO의 필수사항이다 176
오리 한 마리가 의미할 수 있는 것 184
태도를 조심하라 187

두 번째 전환
브랜드 아이콘을 사고하라

설득력 있는 시각적 메시지 구축 189
또다시 타깃으로! 191
보드카를 마시자 195
바하마, 놀라움으로 가득 찬 섬 200
"때가 좋다": 때의 시각 언어를 바꾸자 203
코카콜라의 감성 아이콘 208
아이콘들의 전쟁 217
에어 프랑스의 시각적 터치 220
도시 예술의 감성 메시지 221
태양의 서커스 223

세 번째 전환

경험으로서 광고를 사고하라

선택의 자유 232
더 이상 소비자들과 발을 맞추지 않는 광고 234
TV는 당신을 알아보지 못하지만 인터넷은 안다 242
시류를 거스르기 243
영원한 인기스타 246
광고만 내보내지 말고 제품을 고쳐라 249
커뮤니케이션 업계는 제정신인가? 250
크리에이티브들은 다 어디로 사라졌는가? 254
누구나 브랜드 메시지를 창조할 수 있다 257
브랜딩은 광고 이상이다 260
오늘날의 광고는 모든 해답을 가지지 못할 뿐더러 앞으로도 그럴 것이다 264
우리가 알던 광고의 종말 265
특별한 경험이 되는 방법 269
약속이 이루어질 때 270

네 번째 전환

광고로서 소매 매장을 사고하라

메시지를 팝업해라 273
소매 매장을 통한 감성적 연결 276
"갤러리아 일리에 오신 것을 환영합니다" 284
천연 광고판 285
마침내 퓨전 광고가 찾아왔다! 287
브랜드 건축은 광고다 288
'센서라운드' 경험 294
애플 스토어: 브랜드 혁신이 모든 일상과 연결되는 방법 298
자동차 브랜드의 소매 매장 300
럭셔리 브랜드의 소매 매장 304
소매업자를 위한 브랜드 소매 매장 307
인간적인 브랜드 안식처 만들기 314

C·O·N·T·E·N·T·S

다섯 번째 전환
디자인 리서치를 사고하라

창조적 해결방안으로 이끄는 시각적 리서치 317
감성과 상상력, 그리고 관찰 320
감성: 디자인과 잠재의식 320
상상력: 시각화를 통한 디자인 333
관찰: 디자이너의 눈을 통한 리서치 340
브랜드잼: 협력적 발견을 통한 통찰력 찾기 354
디자이너들이 꿈꾸는 리서치 360

여섯 번째 전환
일상용품의 디자인을 사고하라

중국의 발명 363
미국산업디자인협회: 디자인의 신세계 366
마케팅 전환: 브랜딩은 용감한 디자인을 필요로 한다 371
실비아 라냐도 372
베로니크 가바이 378
안느 아센시오 385
장 위아르 398
데보라 아들러 401
크리스 뱅글 406
안토니오 루이즈 다 쿤하 세아브라 410
디자인 언어를 말할 줄 아시나요? 414
사람들은 디자인을 앞서간다 422
최고의 경쟁력 425
허먼 밀러 426

일곱 번째 전환

감성적 맞춤화를 사고하라

디자인을 통한 삶의 개선   434
나만의 아이덴티티 찾기: '모두에게 맞는 하나의 사이즈' 시대는 갔다   456

에필로그

브랜드잼 센터

이제는 브랜드잼을 시작할 때다!   466

감사의 말   469
참고문헌   473

디자인은 브랜드가 표현되어 소비자들과 연결되는 수단 그 이상이다. 우리 모두 이 사실을 잘 알고 있을 것이다. 최고의 디자인은 인간의 생태계를 반영한다. 그러나 디자인은 진퇴양난에 빠져있다. 디자인은 이제 중년에 접어든 현대 자본주의의 위기와 그 초창기의 이상향 사이에 갇혀있다. 트렌드와 패션, 그리고 어떤 냉소주의(디자이너에 관한 조롱은 도처에 넘쳐난다.)가 디자인을 떠받치는 새로운 기둥이 되어 르코르뷔지에(Le Corbusier)와 바우하우스(Bauhaus)의 산업 사회주의나 전후의 이탈리아 민주주의-지식인(democrat-intellectual)을 대체하고 있다. 우리는 앞으로 나아가기를 주저하며 현 상태에 계속 머물고 있다.

그렇다면 우리는 왜 변화가 필요한 것일까? 우리는 왜 새로운 디자인이 필요한가? 우리에게 또 다른 의자나 우유병은 무슨 의미를 가지는가? 우리는 그 어느 때보다도 새로울 뿐 아니라 새로운 인본주의를 포함하는, 다시 말해 인간으로서 현재 우리가 직면하고 있고 앞으로도 직면하게 될 도전들을 구현하는 디자인을 필요로 한다. 우리가 두려워해야 할 것은 오직 우리가 더 이상 인류의 미래에 대해 믿지 않게 되는 것뿐이다. 인본주의와 관련해 특별히 시사하는 바가 있는 세 가지 기회가 있다. 모든 디자인 실천에 있어 우리는 이 점들을 고려해야 할 것이다.

1. 제3세계의 60억 인구를 위한 디자인이 필요하다. 거의 대부분의

디자인들은 소위 선진국의 10억 인구만을 대상으로 하고 있다. 그런데 마침내 디자이너들이 나머지 60억 인구가 살고 있는 세계의 문제를 해결하는 데 동참하기 시작했다. 예를 들어 '아이 한 명당 노트북 한 대(One Laptop Per Child, OLPC)'라는 제품을 보라. 이 혁명적인 제품은 노트북을 가장 필요로 하는 개발도상국의 어린이들에게 학습과 정보, 그리고 커뮤니케이션을 제공하고 있다. 어떤 면에서 보면 OLPC(이 제품은 100달러짜리 노트북이라고도 불린다.)는 개인용 PC가 애초에 해야 했던 일, 즉 모든 이에게 정보와 학습을 제공하는 일을 하고 있다.

2. 지속가능성에 대한 고려가 필요하다. 디자이너의 공구 상자는 이제 지속가능성에 대한 약속을 담아내야 한다. 기술, 가공처리, 그리고 원료 모두 지금까지의 산업을 지속가능하고 갱신 가능한 것으로 영원히 바꿔 놓을 것이다. 소비자들은 환경을 오염시키지 않는 흥미로우면서도 개별화된 새로운 자동차 경험을 곧 요구하게 될 것이다. 이를 위해 해야 할 일이 많다.

3. 그리고 무엇보다 감성을 고려해야 한다. 오늘날 우리는 소비자들의 정교한 감성적 필요를 마주 대하고 있다. 디자이너는 더 이상 트렌드와 스타일을 따라야 한다는 의무감에서 해방되었고, 그들의 표현과 관점은 대량 소비주의의 따분함에서 우리를 일으켜 깨운다. 디자이너는 기능적으로 적절한 제품뿐 아니라 당면한 문제에 가장 적합한 것이 무엇인가에 따라 일종의 자기표현에 관한 선언을 만들어 낸다. 예를 들어 허먼 밀러 리프 조명의 미니멀리즘과 간단한 쌍방향성은 이 제품의 감성적 능력에 의해 대체되고 있다.

근본적으로 디자이너는 관대함을 갖춰야 한다. 디자이너는 긴 발견의 여정을 떠나고 집단적 영혼과 창조력을 깊이 탐구하며 후원자와 의뢰인들의 특성을 느끼고 표현하고 소비자들의 필요를 옹호해 준다. 이러한 의미의 '헌신'이 없다면 우리의 임무는 제대로 수행될 수 없다. 인간적인 디자인이란 바로 이러한 직업적 특성을 활용해야 한다. 그것은 지속 가능한 미래를 창조할 필요성과 조화를 이루어야 하고, 감성적 필요성과 연결되어야 하며, 지극히 자기 표현적이어야 한다. 우리는 이러한 것이 많이 필요하다. 이 책에서 마크 고베는 마케터와 디자이너, 그리고 소비자들이 새롭고 흥미로운 감성 언어를 중심으로 모일 수 있는 흥미로운 방법들을 살펴본다. 그 언어란 바로 디자인의 언어이다.

이브 베하르
100달러짜리 노트북, 'XO 랩탑'의 디자이너

마크 고베의 시야는 전방위적이다. 그의 눈은 브랜드 아이덴티티에 관한 관찰과 철학으로 가득 차 있다. 그의 발걸음은 감성적이고 감각적인 디자인 탐험의 길을 간다. 콜라 음료, 패션 의류, 생활용품, 호텔, 항공사, 예술기관에서부터 향수, 자동차, 카드, 웹에 이르기까지 수없이 다양한 사례들을 제시하며 맞춤화와 개인화, 개성에 대한 필요는 혁신적인 디자인과 서비스를 통해 가장 잘 충족될 수 있다고 말한다.

마크 고베의 사고는 입체적이다. 그는 변화하는 광고 매체, 디자인 스타일이 경쟁력이 되고 있는 소매 매장, 도시의 랜드마크가 된 건축물, 브랜드화된 체험 매장, 테마파크화된 명소들을 아우르며 우리가 살고 있는 포스트모던 사회에 대한 비범한 통찰력을 보여준다. 창조적인 디자인이 어떻게 사람들을 이끌고, 세상을 바꿀 수 있는지를 강조하는 이 책을 통해 우리는 변화하는 사회 현상의 주요 단면들을 포착하게 된다.

마크 고베는 빨간색과 노란색의 코카콜라 패키지 디자인을 리뉴얼하면서 경험했던 자신의 디자인적 환상과 자각을 먼저 이야기해 준다. 일에 대한 집중과 몰입에서 기인하는 일종의 강박 증세는 역자 역시 충분히 경험한 바 있다. 아마도 이 분야에서 일하는 디자이너와 기획자라면 본능적으로 공감할 수 있는 일일 것이다.

마크 고베는 흥미롭고 변화무쌍하며 감성적인 곡으로 발전하면서 우리를 새로운 정신적, 물리적 공간으로 인도하는 재즈의 즉흥연주와 마찬가지로 디자인도 사람들과 감성적으로 소통하는 가장 강력한 악기라고 말한다. 재즈에서 영감을 얻는 그는 브랜드의 즉흥연주를 의미하는 '브랜드잼(Brandjam)'을 하나의 인식이자 비전이며, 스타일이자 목소리의 음색이고, 끊임없이 새롭고 창조적인 어휘를 필요로 하는 혁신적인 컨셉이라고 설명하면서, 사람들의 욕망과 소통하는 감각적인 언어를 만들어내려면 진화하는 미학과 스타일을 사용해야 한다고 말한다. 본성을 자극하는 힘은 그 어느 것보다 호소력이 있기 때문이다.

역자가 몸담고 있는 회사에서도 3단계 미학적 어프로치에 근거한 테마와 스타일(Theme & Style)의 전략기획을 적용하고 있다. 의뢰받은 프로젝트에 임할 때는 맨 먼저 공간이든 브랜드든 이 새로운 공간과 브랜드는 고객에게 무엇을 이야기하려 하는가? 존재의의와 가치는 무엇인가라는 근본적인 물음에서부터 출발한다. 예를 들어 공간의 작은 사인 기획을 할 경우에도 건축물의 형태와 구조, 입지와 공간환경의 구성 조건을 연구하고, 다음으로 이용자의 발걸음이 움직이는 공간 내외부 구획별로 테마와 스타일을 어떻게 표현할지, 어떤 메시지 혹은 스토리를 전달할지 아이디어를 모으며, 그 장소에서 고객이 받는 전반적인 느낌이자 인상이라 할 수 있는 룩앤필(Look & Feel)을 가시화하는 프로세스를 밟는다. 사람들과 감성적으로 소통하려는 우리의 의지인 것이다.

마크 고베는 디자인이란 사람과 기업을 연결시켜주는 접착제와 같고, 스타일은 브랜드를 특별하고 감각적인 것으로 만드는 메시지라고 했다. 디자이너의 가장 큰 자산은 세상의 상호연관성을 인간적인 방식으로 파악할 줄 아는 감각에 있으며, 디자이너에게 로고란 형태이자 냄새이며, 색상이자 메시지라고 했다. 그리고 자신에게 있어 최고의 작업은 그래픽과 상품 디자인 및 매장 디자인을 통해 고객들의 흥미를 불러일으키는 통일된 '목소리'를 만들어내는 것이라고 했다. 역자 역시 토털 아이덴티티 기획자로서 지금까지 20여 년간 현업에서 일해오면서 프로젝트에서나 강의실에서나 일관되게 고유하고 독특한 표현 의지를 전달하는 스토리의 중요성을 강조해오고 있다.

마크 고베는 브랜드 로고, 네이밍, 아이콘, 서체, 광고 커뮤니케이션 등에서 발현되는 감성적 표현요소를 통해 경제적, 사회문화적, 심리적, 개인적으로 작동하는 디자인 시각화의 힘과 디자이너의 아이디어를 강조한다. 브랜드 디자인이 완성되어 광고, 실내, 건물 외벽 등의 공간환경에 노출되고 표현되기까지의 과정은 일련의 계획과 절차, 의도를 따른다. 즉 의뢰받은 프로젝트 과제와 범위, 성격을 정의하고, 기본 전략을 구조화 및 체계화하고, 브랜드 네임과 디자인 아이콘, 그래픽 요소를 개발하며, 이를 입체적으로 적용한다. 이는 건축설계, 조경, 색채, 시각 및 환경 디자인, 사인 디자인과 제작 분야의 건축가, 설비 기술자, 기획자, 브랜드 전문가, 디자이너, 머천다이저 등 많은 사람들의 전문지식과 아이디어가 동원되는 협업 과정을 통해 완성된다.

마크 고베는 이 책에서 디자인을 통해 브랜드의 재즈를 연주하고 인간적인 브랜드 디자인을 만들도록 도와주는 것에 관해 이야기하고 있다. 이 책은 세계 유수의 기업들이 새롭게 채택하고 있는 감성 디자인, 감성 브랜딩으로의 변화 트렌드와 여러 증거들을 확인해 주고 있으며, 브랜드 혁신을 이끌고 있는 선각자들의 인상적인 시각을 들려주고 있다. 마크 고베의 말대로 디자인은 이제 우리 사회의 변화하는 문화현상과 가치 표현양식으로 이해되기에 충분하다. 최고로 차별화되는 본연의 것은 결국 인간적인 감성 영역임을 우리에게 일깨워준다. 또한 편중되지 않은 복합적인 사고의 힘에 대한 교훈을 준다. 독자 분들도 감성 디자인과 감성 브랜딩의 멋진 세계를 탐험하면서 더 큰 혜안과 통찰을 얻으시기 바란다.

안장원

이음파트너스 대표

디자인은 재즈다

모든 것이 예상가능하고 비인간적이며 희망을 앗아가는 시대에서
재즈는 신선하고 인간적이며 희망찬 것의 존재를 옹호했고
최상의 인간성을 표상하게 되었다.
- 존 에드워드 하스 , 「재즈, 그 첫 세기」

디자인과 브랜딩의 관계는 재즈와 음악의 관계와 같다. 감성적인 브랜드 경험을 원하는 사람들은 늘어난 반면 브랜딩 세계는 이러한 새로운 요구에 그다지 빠르게 부응하지 못하고 있다. 대부분의 기업들은 그들의 브랜드를 서로 분리된 커뮤니케이션 부서를 통해 관리한다. 사람들이 보기에 이것은 브랜드에 관한 분열된 인식을 만들어낸다. 방송 광고, 제품 디자인, PR, 판촉 전략, 웹 프로모션, 그리고 특별 행사 프로그램들이 일관된 목소리를 내지 못함에 따라 종종 브랜드의 개성은 파편적으로 경험된다. 또한 TV 광고를 통해 형성되는 욕망은 현실에서 마주하는 전혀 흥미롭지 못한 제품과 그 제품들이 판매되는 따분한 환경에 의해 산산이 부서지기도 한다.

커뮤니케이션의 주요 수단으로 불충분하고 제한적인 형태의 커뮤니케이션, 즉 방송 광고에 거의 전적으로 의존하는 것은 좀더 감각적이고 놀라운 방식으로 소비자들과 만나지 못하는 원인이 되고 있다. 포커스

그룹 중심의 리서치는 시장과 맺는 가장 지배적인 형식의 관계로서, 이 방법에서 조사자는 별로 준비도 되어 있지 않고 의심도 없는 참가자들이 가장 건조하고 차가운 환경에서 브랜드의 미래에 관한 중요한 질문들에 답하는 과정을 은밀하게 관찰한다. 이러한 상태에서는 마케터와 고객, 광고주, 그리고 커뮤니케이션 그룹이 서로를 불신과 좌절에 찬 눈빛으로 바라볼 수밖에 없다.

브랜드잼(brandjam)이란 이 모든 세력들을 잘 조율하여 브랜드와 사람 간의 대화를 열어내고 브랜드 경험에 있어 새로운 차원의 일관성과 자극, 흥미를 가져오고자 하는 개념이다. 이 새로운 비전은 마케터와 소비자, 그리고 디자이너 사이에 활발한 협력과 신뢰 관계를 촉진시키고 이를 마케팅 과정의 새로운 요소로 자리매김한다. 브랜드잼은 사람과 브랜드 사이에 어떻게 진정으로 창조적인 대화가 존재할 수 있는지, 그리고 브랜드를 둘러싼 즉흥의 협업 연주가 어떻게 사람들의 능력을 최대로 이끌어내고 가장 혁신적인 아이디어를 창조해낼 수 있는지 보여준다. 브랜드잼은 일관되고 풍요로운 브랜드 커뮤니케이션 및 내러티브에서 생기는 기회들을 장려하고, 30초짜리 TV 광고를 넘어 사람들을 자극하는 새로운 방식을 탐험한다.

재즈의 변화무쌍함

미국의 재즈가 내가 자란 프랑스를 비롯해 전 세계를 휩쓸었을 때, 그것은 듣는 이의 문화적 영혼과 열망에 새로운 영감을 불어넣었다. 그것은 단지 관습을 거부할 뿐 아니라 혁신과 즉흥성, 그리고 상상력을 특성으로 하는 새로운 사고와 존재 양식으로 가는 문을 열어주었다.

재즈는 자유자재로 변형이 가능한 음악으로서, 참여(engagement)에 대한 분명한 이해를 기반으로 전통 악기로 새로운 소리를 만들어낸다. 그것은 또한 기쁨과 자유이자 탐험과 마법이며, 우리의 감각에 도달하는 새로운 목소리였다. 연주자들의 유기적인 참여에 의존하는 이 음악은 소리를 통해 감정을 공유하는 것에 기초한다. 우리는 이것을 잼(jam)이라 부른다. 아마추어 기타 연주자였던 나는 처음에 연주하던 곡에서 전혀 다른 새로운 소리를 탐험하다가 다시 원래의 멜로디로 돌아오는 즉흥 재즈 연주회에 참여한 적이 있다. 잼이란 서로 다른 사람들이 조화를 이루며 연주하는 것이다. 새로운 음악이 나타나기 시작할 때의 쾌감과 여행 끝에 찾아오는 그 고양된 느낌! 잼은 언제나 진행 중인 과정으로서 끊임없이 진화하고 경험에 의존한다. 악기들은 규범을 넘어서 연주되고 음악가들은 하나의 집단으로서 새로운 화음을 찾기 위해 음과의 모험을 펼친다. 그리고 이것이 잘 이루어졌는지는 한눈에 알 수 있다. 그들의 눈은 빛나고 심장은 고동친다. 바로 이것이다. 관중들도 이들을 환호한다. 그들의 음악은 완전히 혼연일체가 된다.

오늘날의 브랜드는 '커뮤니케이션'과 '상품'에서 '감성'과 '영감'으로 전환해야 한다. 우리는 너무나 익숙해져 다 소진되어 버린 우리의 제품과 서비스에 다시 활력을 불어넣어야 한다. 브랜딩은 이제 재즈 문화의 핵심에 놓인 철학을 끌어안고 '브랜드잼'을 시작해야 할 때이다.

브랜드잼은 브랜드가 문화와 연결되고 사람들의 가슴에 다가가야 한다는 생각을 뒷받침하기 위해 이 책에서 사용하는 은유이다. 브랜드잼은 그 음악적 비유와 마찬가지로 여러 사람의 협동과 혁신, 직관, 그리고 모험에 기댄다. 브랜드잼은 그것을 연주하는 음악가와 청중 모두에게 의욕을 고취시키는 브랜드를 만드는 것이다. 그것은 다양한 재능을 투입하여 문화적 아이콘으로서의 브랜드 현상을 만들어내는 것이다. 이것은 기존의 규칙을 깨고 사람들의 마음에 에너지를 불어넣음으로써 그들의 인식을 바꿔내는 과정이다. 브랜드잼은 브랜드가 청중에게 일으키는 변화의 힘을 긍정하고 브랜드와 사람 모두에게 영감을 제공한다.

내 첫 번째 저서인『감성 디자인 감성 브랜딩』에서 나는 사람들의 가슴과 연결되는 것의 중요성을 강조한 바 있다. 그 책에서 나는 소비자들의 기대가 어떻게 변화하는지를 드러내는 다양한 의미와 표현들을 살펴보았다. 나는 이렇게 변화하는 기대들을 회사가 충족시키는 데 있어 디자인이 도움을 줄 수 있다고 제안했다. 그 때 이후로 가장 중요한 발전은 아마 디자인이 커뮤니케이션 도구, 즉 브랜드의 재즈를 연주하기 위해 현재 구할 수 있는 최고의 '악기'로서 등장한 것이다. 이 책은 디자인 영감과 이것이 새로운 소비자 참여의 세계에서 어떻게 한층 강화된 신명을 일으키는지에 관한 것이다. 이 책은 디자인의 힘과 의미, 그것이 일으키는 변화 효과와 긍정적인 진보의 메시지를 다룰 것이다. 감성 브랜딩은 사람들의 가슴과 영혼에 활기를 불어넣는 새로운 '브랜드 소리'를 만들기 위하여 새로운 리드 악기가 필요했다. 디자인이 바로 그 새로운 악기이자 새로운 음색과 영향, 그리고 어떤 기업들에게는 사람들의 안녕(well-being)에 주목하는 전적으로 새로운 혁신과 옹호의 문화적 표현이다.

디자인의 새로운 소리

우리는 선각자(visionary)들로부터 디자인의 새로운 소리를 자주 듣는다. P&G의 CEO인 래플리(A.G. Lafley)는 디자인을 주요 커뮤니케이션 수단으로 만들기 위해 회사의 문화를 바꾸고 있다. "디자인은 경험과 감성을 창조하는 데 있어 정말로 큰 부분을 차지한다."[1] 그리고 P&G는 디자인을 회사 전략의 핵심에 두는 대대적인 사업 전환에 착수하였다. 이것은 소비재 회사로서는 혁명과도 같은 일이었다. 그렇다면 왜 지금

이러한 변화를 꾀하는 것일까? 그리고 디자인이 사람들과 맺는 경험적 연결 관계와 그것이 비즈니스 문화에 일으키는 변화의 힘을 이해하는 것이 왜 그렇게 중요할까? 내가 이 책에서 대답하고자 하는 것도 바로 이것이다.

나는 어떻게 브랜드가 사람들에게 하나의 문화적 현상이자 개별적 메시지가 되었고 그리하여 왜 감성적 영혼을 브랜드 메시지의 일부로 구축할 필요가 있는지 살펴볼 것이다. 또한 어떻게 디자인이 기업의 본성과 개성의 반영이자 세상을 향해 열린 창인지를 살펴볼 것이다. 가장 중요하게는, 우리가 살고 있는 세계의 변화와, 민주주의 사회에서 개인을 우선시하는 포스트모던 사회로의 진화가 앞으로 내가 진술하는 바의 핵심에 놓여 있을 것이다. 그리고 나는 재즈라는 비유를 사용해 어떻게 잘 디자인된 브랜드가 전통적인 방송 광고보다 사람들과 좀더 깊은 내적 차원에서 연결될 수 있는지, 그리고 어떻게 본능적이고 참여적인 크리에이티브 프로세스(creative process)가 사람들을 브랜드로 끌어당기고 사람들과 공명하는 해결책으로 연결되는지를 보여주고자 한다.

브랜드잼의 핵심 사상

내 첫 번째 저서에서 나는 감성 브랜딩 이론과 그것이 우리 세계에 미치는 영향에 관해 내가 가진 통찰력과 느낌들을 털어놓은 바 있다. 내 집필 내용들은 세계 유수 기업들의 브랜드 표현을 담당하며 다년간 디자인 분야에서 일해 온 결과물이었다. 나는 또한 그 책에서 사람들이 브랜드에 거는 새로운 기대들을 명확히 알 수 있게 해준 가장 통찰력 있는 국제적 시각 연구들을 살펴보았다. 그 때 이후로 내 브랜딩 경험은 내 연구에 관심을 가진 유수 기업들의 수많은 컨퍼런스와 친밀한 대화를 통해 더욱 풍부해졌다. 이들은 사람들이 브랜드에 엄청난 기대를 건다는 사실과 브랜드가 단순히 제품과 혜택을 전달하는 것 이상의 변화 능력을 가진다는 사실을 새롭게 깨닫게 해주었다.

디자인과 크리에이티브 프로세스에 대한 열정으로 나는 좀더 새롭고 감각적으로 브랜딩을 사고하는 법을 제안한 바 있다. 그 당시는 물론 지금도 나는 '디자이너 본연의 길'에 대해 특별히 매진하고 있다. 그 길이란 브랜드가 인류 문화에서 맡는 역할을 끊임없이 탐구하고 이해하기 위해 본능과 감각적 경험, 그리고 시각적 분석을 혼합하는 것을 말한다. 『감성 디자인 감성 브랜딩』의 핵심에는 다음과 같은 사상들이 놓여 있다. 이 사상들은 이 책에서도 핵심적인 역할을 맡을 것이다.

1. 마케팅과 서비스에서의 일대 전환을 눈여겨볼 필요가 있다. 우리의 경제 모델은 공장-용량(capability)-생산 중심의 경제 모델에서 소비자 중심의 모델로 근본적으로 변화했다. 이것은 브랜딩을 새로운 언어로 바꿔놓았다. 이제는 시장에 대한 유연함과 혁신, 민첩성, 그리고 스피드가 경쟁력이 되었다.

2. 소비자가 왕이다. 감성 중심 경제에서는 대중 마케팅에서 개별 마케팅으로 이동하는 것이 매우 중요하다. 우리는 다양한 문화적 지향과 신념에 적용할 수 있는 맞춤화(customization)의 힘을 키워야 한다. 브랜드는 민족과 성별, 나이, 기타 요인들이 소비자들의 인식과 욕망에 미치는 영향을 이해할 필요가 있다. 필자는 최초로 게이 시장이 새로운 아이디어를 이끄는 선두 세력임을 지적하였고, 새로운 '최고 구매 결정자'로서 여성들이 가진 힘에 대해 말한 바 있다. 그러나 소비자들은 항상 변화하고 있다. 이 책은 문화 및 인구학적 변화들을 오늘날에 맞게 업데이트시켜 줄 것이다.

3. 디자인은 경험을 변화시킨다. 이것이야말로 브랜드가 할 수 있는 가장 궁극적이고 도발적인 표현이다. 경험을 통해 브랜드는 단순한 상품에서 탈피하고 시장의 진부함을 벗어날 수 있다. 감각적 디자인은 브랜드 표현을 감성적 욕망의 차원으로 전환할 수 있는 가장 도발적인 방법이다. 감각적 디자인은 미적인 아름다움을 우리네 삶에 가져올 수 있는 영감과 리서치, 메시지, CF 광고, 그리고 도발적인 방법 모두에 관여한다.

4. 머리로부터 가슴과 배(gut)로! 감성 브랜딩이란 사람들과 소통하는 좀더 직관적인 방법을 찾는 것이다. 사람들의 잠재의식적 열망을 이해함으로써 차별화와 흥을 불러일으키는 혁신적인 컨셉과 아이디어를 얻을 수 있다. 창조적이고 경험적인 메시지는 내적인 감성과 본능, 직관으로부터 등장한다. 이러한 혁신을 이루기 위해서 마케터들은 좀더 그들의 직감과 느낌으로 사고해야 한다. 그리고 경영진은 그들의 디자이너를 신뢰하고 지원할 수 있어야 한다.

5. 브랜드 시민의식(brand citizenship)은 기업 내부에서부터 출발한다. 성공을 위해서는 사회에 헌신하는 기업문화가 반드시 필요하다. 감성 브랜딩이란 신뢰와 동참, 헌신, 리더십, 그리고 우리가 사는 세상을 좀더 나은 곳으로 만드는 일에 관한 것이다.

이 다섯 가지 기본 컨셉은 많은 기업들에게 영감을 주었다. 내가 쓴 책들은 모두 이 사상들의 구체적인 면면을 발전시킨 것이다. 그러나 『감성 디자인 감성 브랜딩』은 브랜딩에 있어 디자인 솔루션과 혁신적인 리서치 방법, 그리고 획기적인 크리에이티브 테크닉을 찾는 좀더 거시적인 작업의 일부였을 뿐이다. 나는 한 번도 『감성 디자인 감성 브랜딩』을 마케팅의 성배라고 여겨본 적이 없다. 그것은 우리 자신에 도전하고 우리의 창조적 의사결정 과정을 선동하며 의뢰인들에게 좀더 풍부한 혁신을 가져오는 하나의 방법이었을 뿐이다.

브랜딩에 관해 글을 쓴다는 것은 결코 쉬운 일이 아니다. 이론을 발전시켜야 할 뿐 아니라 현실의 제품을 생생하게 되살리기 위해서는 깔끔하고 단정한 개념들을 초월할 필요가 있기 때문이다. 브랜딩은 번잡한 것이다! 그러나 브랜드에 관한 이해를 높이고자 하는 내 열정은 내게 보람을 가져왔고 여전히 내 주요 관심사이자 사랑을 독차지하고 있다. 내가 어떤 일을 하는지 사람들이 물어올 때마다 나는 "사람들이 브랜드를 사랑하도록 만드는 것이 제 일입니다."라고 대답한다.

왜 또 다른 책인가?

이 책은 감성 브랜딩이란 컨셉을 한층 더 밀어붙이고, 감성적 메시지를 전달하기 위해 만들어진 또는 만들어질 수 있는 새로운 언어, 즉 디자인이란 언어를 상세히 분석하고자 한다. 디자인이란 언어는 오늘날 비즈니스와 관련하여 볼 때 모든 언어 중 가장 강력한 언어이다. 그것은 정보를 알려주고 소비자를 변화시키며 유혹하고 안심시킨다. 디자인은 우리가 구매하는 제품에 인간적 손길을 가한다. 이 책은 디자인과 그것의 거부하기 힘든 메시지에 관한 것이다. 디자인은 브랜드에 얼굴을 부여한다. 맥 컴퓨터의 곡선은 애플(Apple)을 사려 깊고 창조적인 브랜드의 모습으로 발현한다. 자하 하디드(Zaha Hadid)가 디자인한 새로운 BMW 공장은 자동차 제조 문화를 재창조하려는 회사의 집념을 나타낸다. 크리스토(Christo)와 진 클로드(Jeanne Claude)의 〈게이트The Gates〉는 9·11 사태 이후 뉴욕 시의 활기와 낙천주의를 포착하고 있다. 디자인은 삶의 곳곳에 스며들어 생명을 불어넣고 감성을 북돋는 잊지 못할 메시지들을 전달하고 있다.

내 목표는 여러분들이 아직 찬찬히 들여다보지 못한 생각을 여러분들에게 소개하는 것이다. 나는 내 크리에이티브 작업에 영감을 준 몇 가지 대상들을 보여줄 것이다. 또한 여러분들이 사용하는 브랜드와 삶의 모습을 형성하고 새로운 비전을 제시하는 브랜드 혁신가들도 자세히 살펴보고자 한다. 나는 또한 디자이너들이 어떻게 사고하고 그들의 결론에 도달하는지를 보여주며 왜 본능과 직감에서 나오는 창의성이 수치에 근거한 게임 방식보다 훌륭한지 설명하고자 한다. 여러분은 또한 어떻게 브랜드들이 오늘날의 감성 경제에서 잘못된 리서치와 구식 미디어 전략을 사용하면서 수십억 달러를 허무하게 낭비하는지 알게 될 것이다.

만약 내가 성공적이라면 나는 여기에서 좀더 나아가 브랜딩을 20세기와 21세기의 거대한 지적 흐름과 연결시키고자 한다. 브랜딩과 포스트모더니즘의 동시적인 성장은 우연이 아니다. 마침내 브랜딩은 모더니즘을 벗어나 포스트모더니즘에 접어든 것이다. 브랜딩은 도그마와 엘리트주의를 거부하고 대중 중심의 디자인 정치학을 추구한다. 브랜드를 소유하는 것은 이제 더 이상 기업이 아니라 사람들이다! 브랜드도 이러한 사실을 보여주고 느낄 수 있게 해줘야 한다. 나는 여러분을 디자인 창조의 세계로 안내하면서 디자이너들이 어떻게 사고하는지를 보여주고자 한다. 여러분은 디자이너의 눈을 통해 크리에이티브 프로세스를 보게 되고 어떻게 관찰력과 비판적 분석력이 전통적 방법들의 공백을 보충하는지 발견하게 될 것이다.

이 책에서 나는 디자이너를 마케팅과 비즈니스 정책 결정 과정에서 동등한 파트너로 보고자 한다. 또한 디자인이 어떻게 사람들에게 감성적으로 영향을 미치고 의욕을 고취시키는지 보여줄 것이다. 그리고 선각자(visionary)들이 실시하는 시각적 리서치가 어떻게 가장 통찰력 있고 영감을 불러일으키는 연구 결과를 제공할 수 있는지를 디자이너의 관점에서 보여주고자 한다. 오늘날 사람들은 브랜딩과 디자인의 관계에 너무 무관심하다. 이 책은 이러한 과오를 바로잡을 것이다. 독자들 중에는 오늘날 브랜드 관리에서 중요하게 여기는 딱딱한 데이터를 원하는 사람도 있을 것이다. 또 어떤 이들은 필자가 단순히 추측과 직관, 영감에 의거하여 브랜딩에 관한 '인상(impression)'을 만들어내고 있다고 비난할지도 모른다. 그렇다면 그렇게 하시라. 그러한 비판자들은 계산기와 잣대를 무기로 삼는다. 하지만 그들은 시장을 측정할 수는 있을지언정 절대 창조하지는 못할 것이다.

코카콜라와 AOL, 빅토리아 시크릿, IBM, 에스티 로더, 유니레버, P&G, 아베크롬비&피치와 같은 기업들의 최고 경영진들과 다년간 가깝게 일한 경험을 뒤돌아볼 때, 나는 기꺼이 내가 종사하는 산업의 기반이 얼마나 허약하고 미진한지 인정할 수 있다. 브랜드 디자인은 본능과 느낌에 근거한다. 그것은 직관과 믿음, 욕망이 그리는 곡선, 아름다움의 흥망성쇠, 영감의 상승 및 하강 곡선에 기대고 있다. 왜냐하면 이 모든 것들이 영감의 과정을 구성하기 때문이다.

사람들과 공명하기 위한 시각 전환

이 책은 변화하는 소비자들의 기대를 새로운 아이디어와 디자인 언어로 충족시키는 것에 관한 것이다. 성공적인 브랜드는 그들의 이미지를 고유의 차별화된 시각 및 언어적 어휘로 재구성해내고, 그 과정에서 소비자들의 가슴에 다가가는 독창적인 메시지를 만들어낸다. 스타벅스나 레드불, 애플, 버진, 심지어 부시 행정부 등과 같은 디자인의 선도자들은 믿음을 이끌어내는 커뮤니케이션 전략을 통해 우리의 인식을 바꿔놓았다. 이를 이해하기 위해서 이 책은 다음의 주제들로 여러분을 안내할 것이다.

- 어떻게 디자인은 브랜딩 전략에서 가장 강력한 커뮤니케이션 도구가 되었는가?
- 어떻게 논리적인 비즈니스의 세계를 소비자들의 감성과 연결시켜 낼 것인가?
- 어떻게 감성에 대한 이해를 높임으로써 당신의 브랜드를 '상상' 해낼 수 있을 것인가?
- 어떻게 공동 협력을 통해 '당신 안의 디자이너'를 이끌어내고 브랜드 혁신을 이뤄낼 것인가?
- 어떻게 선두적인 디자이너들은 그들의 기업문화와 사업 관행을 성공적으로 변화시켰는가?

더 나아가 여러분은 이 책을 어떤 논리정연하고 연속적인 정보의 흐름 대신, 업무에 영감을 줄 수 있는 일련의 생각들로 읽어야 할 것이다. 목차를 상세하게 만든 것도 여러분의 구체적인 필요에 맞게 내용을 고르고 수집하며 창조적으로 활용하도록 하기 위해서다. 그러니 부디 이 책을 읽으면서 영감을 얻고 브랜드잼을 하게 되길 바란다.

코카콜라의 새물결

2000년, 코카콜라의 회장이자 CEO인 더그 대프트와 마케팅 최고 책임자인 스티븐 존스, 그리고 글로벌 마케팅 디렉터인 스티브 크로포드는 데그립고베(Desgrippes Gobe)에 새로운 세대의 잠재적 소비자를 자극할 수 있는 시각적 모습으로 코카콜라의 브랜드 디자인을 갱신해줄 것을 의뢰했다. 비꼬기 좋아하는 사람이라면 우리가 맡은 일이 나이 든 배너 화이트(Vanna White)를 MTV와 맥심, 그리고 인터넷 게임을 하며 자라난 세대의 섹스 심벌로 바꿔달라는 것과 같은 일이라고 말할지도 모른다. 다행히 우리는 훌륭한 디자인 팀과 코카콜라 경영진의 강력한 후원을 얻을 수 있었고, 코카콜라의 신화 체계(mythos)에서 젊음의 샘에 가장 가까운 브랜딩 요소를 발견할 수 있었다.

똑똑한 디자인과 훌륭한 브랜딩은 절대 진공 상태에서 나오지 않는다. 브랜딩은 풍요로운 기업문화와 최고 경영진의 역동적인 참여, 그리고 혁신을 향한 열정에서 나오는 지원과 헌신을 필요로 한다. 크로포드의 참여는 모든 면에 있어 엄청난 이익이 아닐 수 없었다. 의뢰인과 디자이너가 맺는 문화적 파트너 관계에서, '수치' 뿐 아니라 실제로 현실의 사람들에게 영감을 주는 것들에 관심을 갖는 선구적인 파트너만한 것도 없다. 크로포드는 실로 다양한 문화를 알고 있었다. 열렬한 스포츠맨이자 흑인이며 직관력이 뛰어난 디자이너인 그는 힙합과 익스트림 스포츠, 그리고 청소년 문화의 트렌드에 대한 이해력도 뛰어났다. 전 세계를 누비는 폭넓은 여행도 그에게 특별히 국제적이고 '최신'의 감수성을 제공하였다. 이것은 그에게 빠른 속도와 국제적인 유행 및 제품 주기에 맞춰 자라난 소위 MTV 세대들과 많은 것을 공유하도록 해주었다. 스티브는 그의 모든 작품에 이 풍부한 삶의 경험이 녹아들도록 했다. 유명한 스프라이트 작업은 그의 세련되고 도시적이며 '거침없는' 비전을 내뿜는다. 그는 직감으로 브랜드를 다룬다. 이것은 절대 변함없는 철칙이다.

데그립고베는 이 프로젝트를 가장 특이한 방식으로 얻어냈다. 많은 보상이 따르는 이 프로젝트를 일기 위해 우리는 주요 고객을 사로잡을 최고의 방법을 두고 고심했다. 마지막 순간까지 새로운 아이디어를 떠올렸다가 다시 내던지고 기존의 아이디어를 가져오는 일을 반복했다. 내 첫 번째 책이 나온 이래로 우리 회사는 감성 브랜딩으로 명성을 얻고 있었지만, 어떻게 하면 이 개념을 세계 제1의 음료 회사 최고 간부들에게 설득력 있게 제시할 수 있을 것인가가 문제였다. 같은 개념이라도 일반 대중에게 판매하는 것과 소수지만 중요한 이들에게 판매하는 것은 전혀 다른 일이다. 감성 브랜딩의 정신이란 온통 브랜드 관리자가 아니라 소비자에게 맞춰진 친밀한 만남에 기대고 있다. 어떤 캠페인도 대중의 반응을 성공의 척도로 삼지만, 솔직히 말해 먼저 의뢰인의 마음을 사로잡는 것이야말로 가장 어려운 단계일 수도 있다. (이 책이 디자이너와 브랜드 매니저가 서로를 더 잘 이해할 수 있게 함으로써 이러한 딜레마를 경감시켜주기를 바란다.)

보통 디자인 회사는 의뢰인을 유치한 후 멋진 프리젠테이션으로 자신의 성공을 늘어놓고 재능 있는 인재들이 이 일을 맡고 있다는 사실을 강조함으로써 일을 얻어낸다. 이러한 예는 1960년대 TV쇼인 〈그녀는 요술쟁이Bewitched〉에서 대런이 보여준 필사적인 전술 이래로 별로 변한 것이 없다. 물론 대런에게는 사만타라는 마녀 아내가 있었다. 사만타는 대런에게 황금 의뢰인을 얻어다 주기 위해 이따금 마법을 사용하곤 했다. 비록 데그립고베에게는 강력하고 혁신적인 브랜드 비전과 글로벌 네트워크라는 훌륭한 자산이 있었지만, 우리는 여전히 이번 일에 대한 우리의 사만타를 찾지 못하고 있었다. 즉 이성적인 상품을 넘어 의뢰인과 소비자 모두를 감동시키는 초자연적이고 마법과 같은 영감 말이다. 우리에게는 뭔가 특별한 것, 뭔가 근사하고 색다른 것이 필요했다.

우리는 이 미팅을 준비하는 데 꼬박 일주일을 매달렸다. 우리는 우리의 회사 로비를 코카콜라의 붉은색으로 칠하는 것과 같은 대범한 아이디어와 전략적인 시각을 짜내기 위해 머리를 맞댔다. (우리와 같은 회사들이 코카콜라와 같은 고객을 얻기 위해 어떤 행동까지 할 수 있는지 여러분은 아마 모를 것이다. 만약 누군가가 코카콜라를 짊어진 낙하산병들을 지붕에 떨어뜨리자고 제안했더라도 나는 아마 그의 말을 경청하였을 것이다!) 감성 브랜딩에서 어려운 점 한 가지는 겉만 번지르르하고 사실은 밉살스런 기교에 매달리지 않는 것이다. 이 때문에 소비자와의 민감하고 감성적인 만남이 소홀해질 수도 있기 때문이다. 다행히 우리는 분별력을 잃지 않았고 결국 우리가 누구인지를 보여주는 국제적인 프리젠테이션을 준비하는 것으로 최종 결론을 내렸다. 우리는 유럽과 아시아를 포함해 우리 회사를 대표하는 12명의 사람을 한 자리에 모아 우리가 이 프로젝트에 쏟는 개인적이고 감성적인 헌신과 광범위한 기반을 보여줄 계획이었다.

의뢰인이 도착하자 모두가 초조해졌다. 스티브 크로포드는 인상적인 존재감과 날카로운 마케팅 마인드를 지닌 사람이었기 때문에 우리는 반드시 뛰어나고 개성적이며 허튼 수작을 부려서는 곤란했다. 10분간 다정하게 직업적인 소개를 한 후 우리는 준비해온 프리젠테이션을 발표하고자 했다. 이러한 프리젠테이션은 디자인 회사에게는 일용할 양식과 같다. 파워포인트 슬라이드와 심혈을 기울여 만들어낸 이미지들로 가득 찬 프리젠테이션들은 그 회사의 강점을 논리 정연한 방식으로 선보인다. 이러한 자료가 제대로 만들어지면 광고대행사는 파워포인트를 자동조종 장치에 올려놓는 것만으로 그들의 작업을 훌륭하게 보여줄 수 있다. 디자인 회사는 이러한 전시 기회를 너무나 사랑한다.

그러나 이러한 코스를 따르도록 지시하는 내 이성과 공식과는 달리 디자이너로서의 직감은 갑자기 경영진으로서의 이성적인 판단력을 압도하기 시작했다. 사실과 계획, 토론, 기대, 그리고 데이터들은 이성적인 프리젠테이션을 요구하고 있었으나 내 안의 감성적인 브랜더는 나에게 재즈 연주를 요구하고 있었다. 이 만남은 뭔가 사적이고 색다르며 영감을 제공하는 것이어야 했다. 감성 브랜딩은 언제나 영감과 개성, 연결을 강조해왔고 이 자리는 바로 그것을 구현해야만 했다. 동료들의 놀라움에도 불구하고 나는 준비해온 프리젠테이션을 뒤로 하고 모두가 코카콜라에 대해 갖고 있는 가장 기억에 남는 경험에 대해 물어보기로 했다.

대본에 없던 잠깐의 우회로가 결국 2시간에 걸친 열띤 토론이 되었다. 우스꽝스럽거나 잠재의식적인, 또는 이성적이거나 장엄한 순간들을 떠올리는 동안 우리 팀은 코카콜라가 자신들에게 의미하는 바를 털어놓기 시작했다. 우리는 코카콜라에 대한 얘기를 멈출 수 없었고 결국 스티브마저도 곧 브랜드에 대한 애정을 토로하는 시간이 된 이 대화에 빠져들었다. 모두 이 브랜드에 관한 느낌을 가장 솔직한 방식으로 쏟아냈다. 우리의 섭외 부장은 모로코 사막에서 길을 잃고 집에 갈 수 있을지 심각하게 고민하다가 멀리서 코카콜라 간판을 발견하게 되었다고 한다. 신기루를 담은 이 간판은 신기루 대신 안전하게 집으로 가는 길을 제공해 주었다. 다른 이들도 흥미로운 통찰력을 보여주었다. 도쿄에서 온 한 디자이너는 콜라를 내뿜는 코카콜라 병이라는 기존 그래픽이 아시아인들에게는 놀랍게도 참수(decapitation)를 의미한다고 말해주었다.

나 같은 경우에는, 어렸을 때 프랑스 시골 마을에서 자라다가 브리타니로 떠난 바캉스에서 코카콜라를 처음 발견하던 때를 이야기했다. 처음으로 '콜라'라는 신기한 미국 음료를 만나던 이 순간에 대한 회상은 방 안에 있는 모든 이들의 관심과 흥미를 끌었다. 데그립고베는 이처럼 사적이고 폭넓은 대화를 나눠본 적이 없었고 나는 회사의 전 직원이 이 자리에 있었다면 좋았을 것이라는 생각이 들었다. 참으로 친밀한 시간이자 디자이너들이 서로에게 갖는 신뢰에 바치는 헌사였다.

이후 의뢰인은 다른 회의를 위해 자리를 일어섰다. 나는 내가 이번 일을 망쳐버렸다고 생각했다. 우리는 어떤 작업도 보여주지 못했고 우리 회사에 대해 아무것도 말하지 못했으며, 엉뚱하게도 광적인 감상의 유혹에 무너져 내렸던 것이다. 브랜드 구축에 대한 우리의 엄격한 접근법은 중도에서 완전히 포기되었다. 신명에 대한 이미지 대신 스티브는 아시아에서 느끼는 참수의 이미지를 안고 돌아갔을 것이다. 비록 다른 이들은 이 모임이 잘 진행되었다고 생각했지만 나는 확신할 수가 없었다. 의뢰인은 우리에게 2주 후에 연락을 주겠다고 말했고 나는 그날 밤 잠자리에 들며 앞으로 2주 동안 내 실수를 탓하고 괴로워하며 마음을 졸이게 될 것이라 생각했다. 그러나 다음날 아침 바로 전화가 왔다. 코카콜라는 다른 광고대행사들과 잡힌 약속을 모두 취소하고 우리가 이 브랜드에 대해 가지는 신념과 변화에 대한 비전을 보건대 우리가 올바른 파트너라고 생각한다고 말했다. 그날 우리가 하루 종일 춤추면서 보낸 것은 두말할 필요도 없다.

감성 디자인

　감성과 디자인적 관점에서 봤을 때 이 프로젝트에서 중요한 단계는 우리가 소통해야 할 청중들을 '관찰' 하는 것이었다. 우리는 젊은이들이 어떤 잠재의식적 가치를 찾고 있는지 알아내야 했다. 더 나아가 우리는 코카콜라가 어떤 잠재의식적 감성과 가치를 가장 잘 충족시켜줄 수 있는지도 찾아내야 했다. 젊은이들이 어떤 생활을 하고 어떤 음악을 들으며 어떤 스포츠를 좋아하고 어떤 순간들을 소중히 여기는지를 이해하는 것이 관건이었다. 이와 함께 우리는 감성 브랜딩에 있어 다음의 핵심적인 질문에 답할 수 있어야 했다.

- 우리는 누구인가?
- 우리는 사랑받고 있는가?
- 우리의 열정은 무엇인가?
- 우리는 우리의 열정을 누구와 나누고 싶어하는가?
- 우리는 믿을 만한가?

　이 질문들로부터 영감을 제공하는 디자인 언어의 초석이 될 감성적 개성을 구축하는 것이 가능해진다. 코카콜라가 전 세계의 소비자들로부터 직접 수집한 조사 자료는 우리의 통찰력을 보완하고 풍요롭게 해주었다. 그러나 우리도 자체적인 해외 지사망을 통해 코카콜라의 브랜드 인지도를 조사하였다. 우리는 또한 브랜드의 철학과 개성을 평가하는 시각적 진단(visual audit)을 실시하였다. 시각적 진단은 수많은 사이트와 플랫폼에 노출된 브랜드의 외관과 느낌을 체계적으로 추적한다. 코카콜라의 경우에는 슈퍼마켓 선반과 나이트클럽, 해변, 스포츠 경기장

등 사람들이 각각의 장소에서 겪는 경험의 차이에 관계없이 동일한 그래픽을 사용하고 있었다. 즉 특정 장소의 환경과 경험에 대한 고려 없이 언제 어디서나 동일한 그래픽을 보편적으로 사용하고 있었다.

코카콜라의 시각적 내러티브는 오로지 녹색 유리병에 기대고 있었다. 이 엄격한 메시지에서 사람들의 해석이나 상상력에 대한 여지는 없었다. 우리는 이것이 너무 독단적이라고 생각했다. 게다가 이 브랜드에 대한 사람들의 인식을 살펴보면 젊은 층은 코카콜라 유리병을 시대에 뒤처진 것으로 인식하는 것으로 나타났다. 뭔가 새로우면서 예전의 전통과도 일관성을 이루는 것이 요구되었다. 브랜드 그래픽의 변화는 특이한 일이 아니다. 로고는 몇 년마다 갱신되곤 한다. 외관과 용도도 다양하다. 나이키가 로고와 아이콘 심벌을 분리한 것은 유명한 일화다. 우리 팀은 코카콜라의 유명한 녹색 유리병이 가진 중요성을 잃지 않으면서도 그 심벌을 넘어서야 한다는 사실을 알고 있었다. 그러나 그러한 시도는 민감하고 직관력이 요구되는 일이었다. 제대로 된 디자인은 가슴으로부터, 브랜드 커뮤니티로부터, 최고의 기업문화로부터 나와야 한다. 더 나아가 여기서 내리는 최종 결정에 따라 세상에 비춰질 브랜드의 모습도 새롭게 규정될 것이라는 사실도 명심해야 한다. 그리고 이것은 브랜드 전통의 영원한 일부가 될 것이다.

새로운 시각적, 감성적 내러티브를 만들어낸다는 대범한 임무는 우리의 디자인 팀을 흥분시켰다. 기존의 코카콜라 브랜드도 이미 사람들과 감성적으로 대면하고 있었지만 이것은 훨씬 더 개선될 수 있었다. 음료 시장이 과일 주스나 식수 등 점점 더 탄산 요소를 제거하고 건강에 유의하는 쪽으로 진화하는 세상에서 코카콜라를 단지 또 하나의 설탕 음료수에 불과한 것으로 여길 사람도 많았다. 우리가 보기에 코카콜라는 새로운 브랜드를 만드는 데 도움이 될 프리미엄 밸류와 라이프스타일로서의 호소력을 가지고 있었다. 이것이 바로 우리가 개입할 여지를 주었다. 우리는 코카콜라가 사람들에게 낙천주의와 에너지, 그리고 다양성의 상징으로 인식되길 바랐고 이렇게 포착하기 어려운 무형의 감성들은 사려 깊은 감성 디자인을 통해 가장 잘 전달될 수 있었다. 우리는 새로운 소비자 현실에 맞춰 코카콜라의 '느낌(feel)'을 만들어내고자 했다. 우리가 직면한 도전이란 코카콜라 브랜드 아이콘을 좀더 새롭고 강력한 감성으로 위치시키고 인간적으로 만드는 것이었다. 이제는 유명해진 우리의 감성 렌즈에 따라 소비자들에 맞게 그래픽을 조절할 필요가 있었다. 즉, 안심을 얻고자 하는 감성적 필요(머리)와 사회적으로 책임감 있고자 하는 열망(가슴), 그리고 몸 속 깊은 곳으로부터 나오는 참여에 대한 갈망(배)을 충족시킬 필요가 있었다.

우리의 새로운 감성 모델은 소비자들의 각 삶의 순간에 고유하게 반응하는 새로운 디자인을 요구했다. 우리는 소비자들이 그들 인생의 각 시기와 장소마다 브랜드에 반응하는 방식도 달라진다는 것을 인식하고 있었다. 자판기와 광고판, 배달 트럭, 블로그, 스포츠 이벤트, 해변, 매장 환경 등 이들 각각은 고유의 기대와 참여의 모태를 이끌어낸다. 이렇게 특정 장소에 따른 필요들을 충족시킴으로써 우리는 브랜드 아이콘을 획일성과 편재성(ubiquity)에서 벗어나 역동적이고 진화적인 참여로 전환할 수 있었다.

색채가 담고 있는 것

작업하는 동안 우리는 코카콜라의 디자인 역사에서 흥미로운 점을 발견했다. 우리는 애틀랜타에 위치한 코카콜라 기록보관소에서 이 브랜드의 역사를 검토하며 수많은 나날을 보내고 있었다. 그런데 이 브랜드의 무수한 시각적 여정을 따라가는 과정에서도 노란색이 계속 눈에 아른거리는 것이었다. 1930년대의 배달 상자와 1940년대의 판촉물, 심지어 1950년대에는 여배우의 드레스에 이르기까지, 코카콜라는 진정으로 당대를 풍미하던 혁신적인 브랜드였다. 하지만 우리의 시선을 잡아끈 동시에 이 브랜드의 겉모습을 바꾸도록 도와준 것은 20세기 초반에 콜라병을 운반하는 데 사용되던 노란색 나무 상자였다.

본능적으로 그리고 직관적으로 우리 팀은 노란색을 소생시키자는 아이디어에 열광했다. 심지어 판촉용으로 노란색 캔을 만드는 것까지 고려했다. 노란색 콜라 트럭이 여름의 고속도로를 빠르게 질주하는 모습을 상상해보라! 문제는 사람들이 이 브랜드를 경험하고 즐기기 위해 어느 정도까지 참여하고자 할 것인가였다. 그들의 욕망을 이끌어내기 위해 어떤 대범한 조치가 필요할까? 다시 한 번 낙하산병 아이디어가 이번에는 빨간 모자와 노란색 캔과 함께 매혹적으로 다가왔다. 그러나 궁극적으로 우리는 그 당시에는 불가능하다고 여겨지는 방식으로 이 브랜드의 에너지와 재미라는 속성을 풀어내고 있었다. 우리는 먼저 기존의 그래픽 자산을 끌어올리는 데 집중할 필요가 있었다. 브랜드 표현의 한계를 극단으로 밀어붙이는 것은 그래픽 내러티브를 진화시키는 과정이자 종종 흥미로운 발견으로 이끈다. 그러나 이 순간에는 대범한 아이디어를 제시하는 것이 팀의 흥미를 떨어뜨릴 뿐 아니라 의뢰인을 혼란스럽게 할 수 있었다. 나는 나중에 제시하는 것이 더 이로울 아이디어를 지금 제시하여 거절당하고 싶지 않았다.

이러한 종류의 '창조적인 불장난'은 자주 사용된다. 특히 이것은 의뢰인 앞에서 좀더 거창하고 무리를 일으킬 수도 있는 아이디어로 이동하기 전에 평범한 아이디어를 띄워보는 방법이다. 이것은 최종적으로 좀더 커다란 아이디어를 보여주는 데 적절한 맥락으로 이동시켜준다. 우리는 처음에 '노란색 코카콜라'를 겸손한 방법으로 제시하기로 했다.

이것은 코카콜라의 포장을 부각시켜 좀더 에너지가 넘치도록 하면서도 코카콜라의 '빨간색'을 강조하는 데 사용되었다. 노란색은 지배적인 빨간색을 좀더 차별적이고 흥미로운 것으로 만들어주었다. 게다가 노란색의 터치는 코카콜라의 이미지와 포장에 놀라운 에너지와 낙천주의를 가져왔다. 비록 '객관적으로' 평가하고 증명하긴 어렵지만, 우리의 디자인 팀은 노란색의 힘을 느낄 수 있었다. 그러나 의뢰인에게 위협감을 주지 않기 위해 노란색은 거의 얘기되지 않았다. 대신에 그것은 그래픽 이미지에 담긴 우리의 작은 비밀 무기이자 통찰력이었다. 그러나 우리 자신의 시각과 직관적인 느낌에서 봤을 때 이 작은 노란색은 우리의 또 다른 커다란 아이디어를 보완하는 큰 발걸음이었다. 그 아이디어란 바로 '다이내믹 리본(dynamic ribbon)'의 귀환이었다.

다이내믹 리본의 귀환

코카콜라의 시각적 자산을 평가하면서 우리는 그동안 버려졌지만 감성적으로 다른 모든 것을 압도할 수 있는 강력한 아이콘이 있음을 깨달았다. 그것은 다이내믹 리본 또는 '스우시(swoosh)'였다. 1970년대에 만들어진 이 강력하고 추상적인 아이콘은 진정으로 천재적인 아이디어였다. 그것은 거의 잭슨 폴락(Jackson Pollock)의 액션 페인팅처럼 불규칙적으로 뻗어나가는 역동적인 비행선을 만들어내는 것처럼 보였고 나이키 로고의 선구자였다. 우리는 이 아이콘을 되가져오면서도 오늘날의 시장과 감각 및 감성적으로 소통할 수 있도록 새로운 디자인 언어로 발전시키고 활성화하기로 했다. 특히 비등성의 거품을 첨가하여 신선한 이미지를 더욱 강화하고자 했다.

우리는 코카콜라 캔에 그려진 코카콜라 유리병을 이 역동적인 리본으로 대체할 것을 제안했다. 1970년대에 탄생한 흰색 리본은 1990년대까지 코카콜라의 아이덴티티를 표시했다. 처음 출시될 당시 이 리본은 점점 더 국제적으로 성장해가는 코카콜라의 시각적 어휘에서 중요한 일부를 이루었다. 외국 시장에서 점점 비서구권 문자들이 코카콜라의 캔과 병에 도입됨에 따라 코카콜라의 시각적 아이코노그래피(iconography)와 아이덴티티가 감소할 것이라는 우려가 제기되었다. 이 역동적인 리본은 세계 어디서나 누구나 이해할 수 있는 국제적인 그래픽 언어의 일부가 되었다.

프로젝트에 대한 명료한 시야 구축

새로운 아이코노그래피에 대한 소비자 테스트와 피드백을 거쳐 디자인을 수정하는 작업까지 포함해 이 프로젝트가 완성되기까지 약 2년이 걸렸다. 코카콜라는 벨기에 앤트워프 출신의 리서치 그룹인 센시디엄(Censydiam)과 함께 감성 브랜딩의 통찰력에 특히 적합한 질적 접근법을 도입하였다. 이들의 접근법은, 이후 다섯 번째 전환에서 좀더 자세히 설명하겠지만, 소비자들에게 디자인을 판단하도록 하는 것이 아니라, 사람들이 어떻게 주어진 프리젠테이션에 '반응'하는지를 심층 인터뷰와 쌍방향적인 시각 연습을 통해 관찰하고 발견하는 것에 기대고 있다. 반응의 결과는 사람들이 특정한 디자인에서 경험하는 '감성'과 '느낌'에 의해 측정된다. 이것은 기껏해야 디자인 아이디어에 관한 왜곡되고 이성적인 설명만을 제공할 뿐인 '디자인 평가'보다 훨씬 더 우월한 접근법이 아닐 수 없다.

소비자에 의한 디자인 평가는 디자인의 가장 큰 잠재성을 놓칠 수 있는 확실한 방법이다. 전통적인 질적 접근법은 그것이 익숙한 아이디어는 선택적으로 강화하는 반면 비교적 새로운 컨셉의 호소력은 과소평가하거나 축소하는 경향이 있다는 점에서 위험하다. 이들의 이성적이고 명시적인 측정법과 조사에서, 낯선 것은 언제나 의심의 대상이 된다. 이런 방식으로 디자인 평가는 성장과 확장, 새로운 시장, 그리고 이미지 확대에 미래를 거는 브랜드들에게 본질적으로 보수적이고 부적절하다. 이와 반대로 센시디엄의 접근법은 과거를 끌어올리는 한편 좀더 새롭고 유망한 미래의 길을 그려낸다. 우리는 '사람들에게 어필' 할 수 있는 디자인, 좀더 강력한 소비자 반응을 '이끌어낼' 수 있는 디자인을 원했다.

센시디엄의 심리학자들은 좀더 편안한 분위기일수록, 사람들도 더 쉽게 그들의 느낌을 털어놓을 수 있을 것이라 생각한다. 4시간에 걸친 개별 심층 면접법은 좀더 강력하고 무의식적인 핵심이 드러날 때까지 참을성 있게 인터뷰 대상자의 감정과 반응의 껍질들을 벗겨낸다. 이 조사 하나를 위해 그들은 세계 각지에 있는 160명의 사람들과 이야기했다. 지속적으로 가장 높은 성적을 얻은 디자인은 우리가 노란색을 첨가한 것들이었다. 인터뷰 대상자들이 특별히 노란색과 관련하여 언급하지 않은 경우에도 이 디자인이 가장 많은 에너지와 활기를 사람들에게 전달하는 듯했다. 우리의 디자인은 특히 젊은 세대와 여성들에게 어필했다. 우리가 흥분한 것은 두말할 필요도 없다. 우리의 의뢰인들이 노란색의 '예술적인' 힘을 이성적으로 이해했는지는 잘 모르겠지만, 어쨌든 그들은 사람들의 긍정적인 반응만은 이해했다. 긍정적인 조사 결과와 우리 팀에 대한 의뢰인들의 신뢰를 바탕으로 이 프로젝트는 출시 단계에 접어들었다. 스티브 크로포드에 따르면 노란색은 '전 세계적으로, 그 중에서 특히 라틴 문화권과 더 잘 소통했다. 그것은 태양이자 따뜻한 관계이며 에너지를 나타내는 동시에 코카콜라가 소통하고자 했던 '함께 하는' 순간을 의미했다. 노란색을 첨가한 것은 올바른 결정이었다."

어떻게 바꾸지 않을 수 있겠는가?

그 후 놀랍게도 코카콜라는 센시디엄의 조사 결과와 상충하는 또 다른 일련의 양적 조사 결과를 논의하기 위해 우리의 뉴욕 사무실에서 미팅을 갖자고 제안해왔다. 양적 조사를 발표하는 프리젠테이션에 한 번도 참석해보지 못한 분이라면 그것이 일반적으로 얼마나 사기를 꺾어놓고 위협적인지 모를 것이다. 그들이 당신이 생각하는 것과 배치된다 하더라도 그리 신경 쓰지 마라. 분석적 데이터의 복잡성은 너무나 정교해서 이해하기가 거의 불가능하다. 특히 그런 '과학적인' 차트와 그래프가 감성에 관해 얘기하는 것에 대해 애초부터 불신감을 갖고 있는 나 같은 디자이너에게는 더욱 그러하다.

노란색 다이내믹 리본이 들어간
새로운 코카콜라 캔 디자인

요약하면 2시간의 프리젠테이션이 끝난 후, 그들은 센시디엄의 질적 조사 결과와 정반대되는 제안을 내놓았다. "어떤 것도 바꾸지 마라. 시장은 아직 코카콜라의 새로운 그래픽을 볼 준비가 안 돼 있다! 기존의 디자인으로 충분하다!"가 이들이 내놓은 새로운 메시지였다. 그 때 내가 생각해낼 수 있던 것이라곤 사람들에게 파괴적이고 대범한 변화를 받아들일 준비가 되어 있냐고 물어보면 모두 그렇지 않다고 대답한다는 것이었다. 바로 그렇기 때문에 애초부터 '대범한' 변화라고 불리는 것이다. 대범함이란 사람들의 현실을 넘어선다! 그러나 '감성적인' 차원에서 볼 때, 사람들은 당신이 그들의 이야기를 주의 깊게 들어주고 그들의 잠재의식 속에 숨겨진 내면의 꿈과 연결되는 방법을 알면 당신에게 다른 이야기를 들려줄 것이다. 그러나 어찌됐건 우리는 모든 것이 끝이라고 생각했다! 그러던 중 코카콜라의 마케팅 팀은 이번 조사 과정에서 한 가지 중요한 사실을 발견해냈는데, 이것이 갑자기 그 디자인에 새 생명을 제공했다.

이번 양적 조사에서 우리의 새로운 디자인은 전반적으로 볼 때는 별로 선호되지 않았지만(이것은 새로운 디자인을 추천하지 말아야 할 근거가 되었다.) 그래도 젊은 층에서 가장 선호된 것으로 나타났다. 특히 우리가 하얀 다이내믹 리본과 거품이나 물방울과 같은 청량 효과를 첨가하였을 때 더욱 그러했다. "우리는 젊은 층의 브랜드 인지도를 상실하고 있었기 때문에 우리에게 어떤 조치가 필요한지 잘 안다." 스티브 크로포드는 내게 이렇게 말했다. "처음에 (이 조사 결과를 보았을 때) 우리는 약간 패닉 상태에 있었지만 전반적인 양적 데이터는 젊은 층에게 갖는 결정적인 영향력에 비하면 경미하다고 판단했다. 우리는 우리 브랜드의 미래가 젊은 층에 달려 있다고 봤고 그래서 그렇게 하기로 결정했다."

코카콜라의 마케팅 최고 책임자인 스티브 존스와 글로벌 브랜드 매니저인 스티브 크로포드는 주의 깊게 듣고 나서, 사람들에게 어떻게 생각하는지 물었다. 긴장감 도는 몇 분의 대화가 흐른 후, 사람들은 변화에 만족하는 듯 보였다. 새로운 디자인은 본능적이고 직관적이었다. 두 명의 스티브가 잠깐 상의를 거친 후, 스티브 존스가 말했다. "리서치에 쏟은 노력은 감사하지만 바꾸지 않을 수 없겠습니다. 우리는 새로운 디자인을 채택하겠습니다." 이와 같은 프로젝트가 실현되는 것을 보는 것은 안도와 보람, 만족과 기쁨이 폭발하는 순간이다. 그동안 쏟은 피와 땀, 눈물과 열정이 한 순간에 강력한 감성 디자인이 이끄는 새로운 브랜드 방향으로 거듭났다.

새로운 디자인은 기대보다 훨씬 더 많은 영향을 미쳤다. 소비자들의 폭발적인 반응 덕분에 사내 문화까지 바뀔 정도였다. 직원들이 자사 브랜드를 바라보는 방식도 달라졌다. 이 대범한 디자인의 변화는 기업 내부로부터 혁신을 추구하도록 문을 열어놓았다. 넘실거리는 리본을 배경으로 하는 조그만 노란색 조각이 코카콜라 브랜드 본연의 에너지를 방출하고 있었다. 좋은 디자인이란 브랜드를 새로 발명해내는 것이 아니라 기존의 이미지와 청중, 회사에 내재되어 있는 잠재적 가능성을 풀어내는 것이다. 이 브랜드의 감성적 에너지는 새롭게 태어나고 있었다.

나는 단 한 순간도 우리가 새로운 포장 디자인을 만들어내는 것이라고 생각해본 적이 없다. 대신 우리가 하던 일은 기존 브랜드에 얼마나 많은 혁신의 가능성이 내재되어 있는지 살펴보기 위해 디자인 프로세스를 활성화하는 것이었다. 이 과정은 코카콜라 경영진에게 코카콜라가 자신의 감성 자본을 충분히 활용하고 있지 않다는 것을 분명히 하고 어떻게 하면 젊은 층 시장과 소통할 것인가를 재고해보도록 하였다. 이러한 나의 인상을 집약시켜준 중요한 순간이 하나 있다. 더그 대프트와 스티브 헤이어(그 당시 대프트의 후임 예정자), 스티브 존스와 스티브 크로포드는 새로운 디자인을 선보이는 동안 브랜드의 장기적 미래를 결정하기 위해 노련하면서도 착실한 브랜드잼에 들어갔다. 이들은 의견의 일치를 보고 있었다. 이 리더들은 새로운 시각적 자극에 고무되었다.

조그만 노란색이 브랜드에 일으킨 재즈 효과

새로운 캔이 출시된 지 1년도 채 되지 않아, 나는 〈호주판 보그Vogue Australia〉를 받아보고 깜짝 놀랐다. 잡지의 표지 모델이 새로운 디자인의 코카콜라 캔을 들고 있는 것이 아닌가! 그 모델은 코카콜라 캔의 빨간색과 노란색을 입고 있었다. 코카콜라의 새 디자인 자체가 하나의 패

〈보그〉 지 표지에 실린 새로운 디자인의 코카콜라 캔

션 스테이트먼트(fashion statement)가 된 것이다! 잡지 안에는 4페이지
에 걸쳐 겉표지와 동일한 모델이 코카콜라의 새 디자인 캔을 따라 노랗
고 빨간 패션 액세서리를 착용한 사진이 실려 있었다.

우리의 새 디자인이 주요 패션 잡지에 실린 것을 보면서 우리가 사무
실에서 느꼈던 흥분을 말로 다 표현할 수는 없을 것이다. 게다가 이 잡
지는 지구 반대편에서 건너오지 않았는가. 이런 일은 돈을 주고도 살 수
없을 뿐 아니라, 리서치를 통해 예측하기란 더더욱 불가능하다. 사실 바
로 이런 결과야말로 브랜드에 대한 대중들의 인식을 형성하고 결정하는
것이다. 전통적인 마케팅 리서치가 저지르는 큰 실수 중 하나는 소비자
반응과 취향이 고정되어 있다고 생각하는 것이다. 사실 소비자들은 끊
임없이 진화하고 다른 문화적 변화들에 반응한다. 〈보그〉의 디자이너들

에게 선택된 것과 같은 일은 당연히 브랜드에겐 경사이다. 브랜드의 디자인 파워를 인정받는 것과 동시에 증폭시키기 때문이다. 그러나 이보다 더 중요한 것은 이것이 새롭게 태어나는 브랜드 디자인에 새로운 아우라(aura)를 던져준다는 것이다. 이러한 종류의 변화들, 그리고 디자인의 성공을 만드는 중요하지만 미묘한 변화들의 대부분은 사실 사전에 예측할 수 없는 것들이다. 바로 이 때문에 직관과 감성, 그리고 디자이너의 감수성이 결국 가장 유망한 자원이 되는 것이다.

결국 우리의 영감이 적중했다. 우리의 시각적 관찰력과 디자이너로서의 마술적 감각, 그리고 미래에 대한 예견력이 도발적인 통찰력을 찾아낸 것이다. 우리는 코카콜라 브랜드에 패션의 요소를 가미하고 사람들의 인식을 바꾸는 데 일조했다. 이것은 브랜드 전문가로서 내 생애 가장 위대한 순간 중 하나였다. 3개월 뒤 나는 TV에서 프랑스 뉴스 프로그램을 보고 있었다. 뭔가 이상한 것이 내 시선을 잡아끌었다. 존 갈리아노(John Galliano)의 2004 가을 기성복 콜렉션 패션쇼에서 새로 출시된 코카콜라 캔 디자인과 매우 흡사한 것이 세 모델의 머리를 장식하고 있었다. 이와 마찬가지로 모델들의 화장과 액세서리의 색채 배합도 바로 코카콜라의 빨간색과 노란색이었다! 이 순간 내 마음은 온통 환희로 가득 찼다. 하지만 다시 TV를 쳐다봤을 때 모델들은 사라졌고 나는 내가 착각을 한 게 아닌가 생각했다. 나는 옆에 있는 아내에게 "당신도 봤어?"라고 물었다.

"뭘요?"
"모델들 머리에 있던 코카콜라 캔 말이야."

이쯤 되면 모두들 내가 스트레스를 너무 많이 받은 나머지 정신과 상담을 받아야 할 정도라고 생각할 만하다. 디자인적 환상과 결합된 강박

존 갈리아노의 패션쇼에 등장한 새로운 디자인의 코카콜라 캔

행동은 아무리 브랜드 업계라 할지라도 좋은 일이 아니었다. 그러나 나에게는 이 모든 것이 너무 늦은 일이었다. 나는 벌써 디자인 강박관념의 피해자였다. 그래서 즉시 인터넷을 검색했고 마침내 찾아냈다. 세 명의 멋진 모델들이 온 세상의 시선을 받기 위해 각각 새로운 코카콜라 캔 디자인을 착용하고 있었다. 이것은 코카콜라를 패션 스테이트먼트와 라이프스타일 브랜드로 임명하는 궁극적인 성별식(聖別式, consecration)이었다. 이 특별한 행사에서 이익을 얻어내는 것은 이제 회사의 몫이었다.

코카콜라의 브랜드잼

이 브랜드 전략의 성공은 다시 한 번 브랜드와 문화를 연결하는 근본적인 전환과 태도가 무엇인지를 보여주었다. 그것들은 다음과 같다.

- 상상력과 디자인의 가치에 대한 기업 최고 경영층의 신뢰
- 모험을 두려워하지 않는 기업가 정신
- 디자인이 사람들에게 미칠 수 있는 문화적 영향력에 대한 본질적 믿음
- '브랜드잼'을 할 준비가 되어있는 기업문화

'브랜드잼'은 코카콜라에게 영감을 불러일으키는 새로운 외관을 안겨주었고 새로운 아이덴티티를 직관적으로 지원했으며 획기적인 결정을 내릴 수 있는 인재들의 결합에 의존했다. 그들의 브랜드잼은 브랜드가 더 많은 이들에게 도달하고 새로운 청중들에게 감성적으로 다가가며 진부함을 뛰어넘기 위한 시도였다. 그 결과 나온 CD는 이 새로운 브랜드 아이덴티티에 음악과 함께 새 생명을 불어넣었고, 다시 한 번 창조적이고 혁신적인 브랜드가 될 수 있도록 해방시켰다. 이번 시도는 단지 노란색이나 존 갈리아노가 코카콜라 브랜드에게 보내온 고마운 윙크에 대

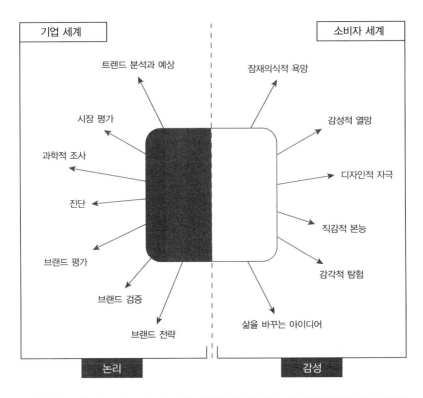

트렌드 분석과 예상

잠재의식적 욕망

시장 평가

감성적 열망

과학적 조사

디자인적 자극

진단

직감적 본능

브랜드 평가

감각적 탐험

브랜드 검증

삶을 바꾸는 아이디어

브랜드 전략

소비자 세계

논리

감성

기업 세계는 논리를 필요로 하고 소비자 세계는 감성에 의해 주도된다. 이 사이의 간극을 메우는 다리가 필요하다. 브랜드잼은 기업 세계를 대중들의 잠재의식적 욕망과 연결하는 강력한 개념이다.

한 것이 아니었다. 그것은 코카콜라 병에 갇혀있던 지니의 영혼과 감성이 한 순간에 해방되어 사람들의 욕망에 도달하는 것이었다. 그것은 브랜드 아이덴티티가 메시지를 초월하여 좀더 자신의 느낌과 기쁨을 전달하는 것에 대한 것이었다. 디자인은 그러한 잠재성을 사람들이 즐길 수 있도록 풀어놓았다.

갈리아노 패션쇼에 시용된 코카콜라 캔은 모두가 꿈꾸는 간접 광고이다. 이러한 아이디어와 연결은 오직 뛰어난 상상력과 직관적인 사고를 통해서만 발견할 수 있다. 즉 무의식적 세계로 통하는 입구는 창조적인 마인드를 통해서만 가능한 것이다. 이 경험은 내게 논리를 필요로 하는 기업 세계와 감성에 의해 주도되는 소비자의 세계를 가르쳐주었다. 이 사이의 간극을 메우는 다리가 필요하다. 브랜드잼은 기업 세계를 대중들의 잠재의식적 욕망과 연결하는 강력한 개념이다.

재즈 밴드가 멜로디를 연주하기 시작할 때 우리는 먼저 그 음색과 전제(premise)를 인식한다. 그런 후 그것은 새로운 멜로디를 향해 뻗어나간다. 우리가 아는 곡이지만 좀더 흥미롭고 변화무쌍하며 감성적인 곡으로 발전하는 이 연주는 우리를 새로운 정신적, 물리적 공간으로 인도한다. 재즈의 즉흥연주와 마찬가지로 디자인도 사람들과 감성적으로 소통하는 토대이자 가장 강력한 악기이다. 감성 디자인은 감각성이 뛰어나고 그 어떤 커뮤니케이션 수단보다 우리의 감성에 빠르게 도달한다. 그러나 모든 커뮤니케이션 접근법 중 가장 활성화되지 않은 방법이기도 하다. 디자인은 가장 강력한 방식으로 혁신을 전달하고 사회적, 개인적 기대를 표현하며, 브랜드에 관한 충성심을 구축하지만, 신제품이나 시각적 아이덴티티의 표명에 투자되는 금액은 방송 미디어에 쓰이는 예산에 비하면 비교가 무색할 정도로 소규모이다.

디자인 미학만의 얘기가 아니다

효과적인 브랜딩이란 '디자인이 만들어내는 감성'에 대한 것이다. 브랜드잼이란 하나의 인식이자 비전이며, 스타일이자 목소리의 음색이다. 브랜드잼은 끊임없이 새롭고 창조적이며 상쾌한 어휘를 필요로 하는 혁신적인 컨셉이다. 인생을 한층 고양되고 항상 변화하며 긍정적인 방식으로 경험하려는 사람들의 욕망과 소통하는 감각적인 언어를 만들어내기 위해선 항상 진화하는 미학과 스타일을 사용해야 한다. 다음은 브랜드잼을 하는 동안, 이 책을 읽으면서 기억해야 할 몇 가지 생각들이다.

새로운 전환의 친밀성과 파괴력에 대해 생각하라

사람들은 자신들이 모르는 것에 반응한다. 처음 바다를 본 사람에게 바다는 압도적이고 두려우며 매혹적인 대상이다. 사람들에게 이러한 바다를 보여주는 것을 두려워하지 마라. 비록 작은 '리본' 하나로 시작해야 할지라도 말이다. 브랜딩의 적(敵)은 편재성과 획일성이다.

의견이 아니라 느낌을 조사하라

리서치를 할 때 중요한 것은 어떻게 디자인이 감성과 연결되는지를 알아내는 것이다. 이것은 시각적 선호도에 대한 것이 아니라, 깊은 감성적 차원에서 영향을 미치는 것이다. 조사는 혁신에 대한 가부를 결정하는 것이 아니라 사람들의 인생 경험과 희망을 면밀히 조사하는 방법이자 가장 창조적인 아이디어를 벤치마킹하고 밑바침하는 방법이다. 리서치는 크리에이티브 프로세스에 종속적일 뿐 이를 이끌어서는 안 된다.

디자인을 혁신을 위한 도구로 활용하라

디자인은 사람들이 브랜드에서 원하는 모든 이성적, 사회적, 본능적 경험들과 연결되게 함으로써 사람들과 더 잘 연결되는 인간적 브랜드를 구축할 수 있다. 디자인은 소비자의 경험을 자극하고 고양시키는 감성적 손길이다. 브랜드잼은 끊임없는 발견의 과정이다. 그것은 유연하고 참여적이어야 한다. 디자인을 당신의 브랜드 언어를 위한 영감으로 활용할 때 당신은 소비자들에게도 그들의 기대를 재디자인하도록 초대하는 것이다.

1부

소비자에 관한 다섯 가지 통찰:
디자인 영감

오늘날 브랜드는 '커뮤니케이션'과 '상품'에서 '감성'과 '영감'으로 전환해야 한다. 우리는 영감을 제공하는 디자인을 통해 표준적이고 너무나 익숙해져 다 소진되어 버린 제품과 서비스에 재즈의 활력을 불어넣어야 한다. 미국의 재즈가 내가 자란 프랑스 전역을 휩쓸었을 때, 그것은 듣는 이의 문화적 영혼과 열망에 새로운 영감을 불어넣었다. 그것은 우리에게 단지 관습을 거부할 뿐 아니라 혁신과 즉흥성, 그리고 상상력을 특성으로 하는 새로운 사고와 행동 양식을 보여주었다. 브랜딩도 이와 동일한 철학을 감싸안을 때가 되었다. 젊은 시절, 디자이너로서 내가 가졌던 목표는 이미지와 제품, 그리고 메시지의 재즈를 연주하겠다는 것이었다. 이것은 브랜딩에 관한 비전에도 영감을 주었다. 이 책은 이 영감을 여러분과 나누고자 하는 시도이다.

재즈의 기억: 한 프랑스 청년의 시각

내 아버지가 재즈를 처음 들은 것은 당신께서 여인숙을 운영하던 2차 대전 당시 미군들의 노르망디 해방을 목격하면서였다. 당시의 미군들은 어렸고 그렇게나 불확실한 시대에 용기와 확신에 찬 척 가장하고 있었지만 그들의 음악은 신선했고 남달랐으며 활기차고 재미있었다. 순응과 획일성의 궁극적 표현인 파시즘이 유럽 전역에 긴 그림자를 드리우고 있던 시기에 재즈는 고무적인 대안을 약속했다. 이 당시를 회상하며 아버지는 내게 이렇게 말한다. "마치 새로운 세상이 태어나려고 하는 것 같았다. 새로운 세대의 목소리가 표현되고 있었지." 두려움과 상실감이 미국인과 프랑스인을 똑같이 사로잡긴 했지만 재즈는 좀더 밝고 희망적인 미래를 제시했다. 그것은 자신감을 나타내고 심지어 이를 이끌어내기까지 했다. "미국인들은 우리를 독일뿐 아니라 우리의 과거로부터도 해방시키려 했어." 아버지는 오늘날 이렇게 말씀하신다. "그 당시 젊은 이들에게 이것이 얼마나 활기를 줬는지 너는 모를 거다."

전후 프랑스뿐 아니라 이후 전 세계를 휩쓸게 될 미국 대중문화의 선구자로 등장한 재즈는 음악에 대한 우리의 인식을 바꿔놓았다. 그것은 감성적이고 감각적이었다. 재즈는 유럽을 분쟁의 도가니로 몰아넣은 분열적인 민족주의를 거부하며 이전의 어떤 음악도 하지 못했던 방식으로 사람과 문화를 연결해냈다. 재즈 LP가 연주되고 있을 때에는 흑인과 백인, 유럽인과 미국인, 빅밴드와 블루스 (이들의 과거와 현재, 미래) 중 어떤 것도 변경이나 타협이 불가능할 것 같지 않았다. 전쟁이 다 끝나기도 전에 재즈는 젊은 독일인들의 마음을 사로잡았고 곧 유럽 전역의 젊은이들에게 자신들에 대해 다르게 느끼는 법을 제공하기 시작했다.

재즈, 디자인, 그리고 브랜드

지금까지 몇 해에 걸쳐 나는 획일성과 평범성이 감성 브랜딩의 적이라고 주장해왔다. 현대 사회와 경제는 자극과 변화로 무럭무럭 자라고 있다. 우리가 제대로 기능하고 느끼려면 두뇌는 매일 에너지를 공급받고 새로워져야 한다. '뻔하고 틀에 박힌 것'과 '표준적인 것'이 직장과 가정, 또는 시장을 지배할 때 우리의 열망은 무참히 짓밟힌다.

현대 사회의 순응성이 제기하는 커다란 위협은 20세기 전반기의 유럽을 분열시키는 데 중요한 역할을 했다. 독일의 사회학자 막스 베버는 이것을 깨닫고 일찌감치 새로운 관료화(bureaucratization) 현상이 문명 생활을 위협한다고 주장하였다. 그것은 인간의 정신을 질식시키고 개인을 고립시켰다. 또 다른 독일 출신의 천재인 프란츠 카프카는 관료주의의 위협적인 순응성과 획일성을 수십 편의 단편소설에서 극화하였다. 이 단편소설들은 거대해진 정부와 개인의 삶의 의지를 약화시키는 직업 및 사회적 기대들을 묘사하고 있다. 이러한 끔찍한 예견에도 불구하고 파시즘은 1930년대에 집권한다.

근대성의 역효과는 초현실주의나 다다이즘(Dadaism)과 같은 일련의 진보적이고 창조적인 대안들에게 영감을 제공했다. 그러나 나를 사로잡고 유럽에서 가장 큰 영향력을 가진 것으로 드러난 것은 미국의 반응이었다. 미국의 재즈는 숨 막힐 듯한 전통과 순응성에 대해 가장 인상적인 대안을 구현하고 있었다. 프랑스의 누벨바그 영화들을 보면 재즈는 항상 반항아와 젊은이, 그리고 무사태평한 낙천주의자들의 편을 들고 있다. 이 영화들에서 당신은 내 말뜻을 이해할 수 있을 것이다.

브랜드 재즈를 연주한다는 것은 감각적으로 소통하고 감성을 불러일으키는 언어를 끌어안는 것이다. 아이디어를 디자인하라. 디자인을 통해 당신의 아이디어를 완성시켜라. 언제든지 순응성으로 돌아갈 위험이 있는 사람들의 일상과 브랜드에 대한 사랑을 디자인이 바꿔내도록 하라. 최고의 기업들이 제공하는 조언에도 귀를 기울여라. 애플, BMW, 도브, 모토롤라, 스타벅스, 피지 워터, 앱솔루트, 아베크롬비&피치, 빅토리아 스크릿, OXO 등 이들 각각은 소비자들에게 "이것은 뭔가 달라."라고 말하는 최첨단의 재즈적 디자인에 기초하여 성공했을 뿐 아니라 브랜드에 대한 기대도 높일 수 있었다. 이와 마찬가지로, 젯 블루, 타깃, 캘러웨이 드라이버스, 미니 쿠퍼, 델 등도 대중에게 그들의 혁신적인 디자인과 솔루션을 과감하게 선보였다. 이들은 모두 강력하고 믿을 수 있는 제품을 오늘날의 소비자와 시장에 맞추기 위해 시각 및 언어적 디자인으로 옷을 입혔다. 이들은 새로운 제품 제공 방식을 만들어냈을 뿐 아니라, 고유한 시각적 아이덴티티야말로 그들의 핵심적 의제라는 사실을 깨달았다.

미래를 디자인하라

디자인 지향적인 기업들은 그들의 산업에 혁명을 일으키고 다른 이들이 사업하는 방식을 변화시키는 초석을 닦는다. 그러나 그들의 위대한 디자인은 혼자서 태어나는 것도 하늘로부터 떨어지는 것도 아니다. 디자인 지향적인 회사들은 모두 자신의 고유한 문화를 기르는 동시에 외부로부터 그 특별한 무기와 고유의 외관을 위한 자원을 끌어와야 한다. 디자인 리더십과 디자인 혼성(hybridization)은 동전의 양면과도 같다. (가장 기이하고 인상적인 재즈 연주자들이 재즈 선구자와 동료들이 쌓아놓은 풍부한 문화와 전통에 기대어 그들 자신의 목소리를 만들어냈듯이 말이다.) W 호텔들은 선두적인 부티크 호텔로부터 영감을 얻었다. 버진의 디자인 비전은 자신의 강력한 기업문화 및 고객 문화를 보여주었을 뿐 아니라 경쟁사들의 비전 또한 바꿔놓았다.

전자 제품의 새로운 비전을 만들어내며 애플은 모든 잠재적 경쟁자들에도 불구하고 새로운 기술 시장을 창출해냈다. MP3 플레이어와 관련 장비(미니디스크 플레이어, 디지털 녹음기 등)가 시장에 나온 지도 이제 여러 해가 되어간다. 비록 경쟁 제품보다는 우수할 때가 많지만, 솔직히 말해 소비자들은 이들이 무엇인지, 왜 쓸모가 있는지 모르는 경우가 많았다. 이 기술이 진정으로 소비자들의 관심을 받기 시작한 것은 애플이 MP3 플레이어를 패션 액세서리로 새롭게 재탄생시키면서 부터이다. MP3 플레이어를 애플의 디자인으로 리브랜딩함으로써 애플은 이 신기술을 위한 세분 시장을 통째로 열어낸 것이다. 하지만 그들은 또한 경쟁자들의 시장 접근을 제한하기도 하였다. 왜냐하면 결국 소비자들이 진짜로 원하는 것이 MP3 플레이어인지는 확실치 않기 때문이다. 그들이 원하는 것은 아이팟(iPod)이지 단순히 디지털 음악을 재생하는 장치는 그다지 매력적이지 않은 차선책일 뿐이다.

최후의 심판일

오늘날 브랜드 사이에서는 대대적인 조정이 일어나고 있다. 한편에는 새로운 소비자의 요구를 충족시키고 경쟁자들을 완전히 따돌리기 위해 디자인과 문화, 감성을 활용할 준비가 되어 있는 브랜드들이 있고, 다른 한편에는 아직도 유형의 상품을 이성적인 소비자들에게 판매하고 있다고 생각하는 브랜드들이 있다. 이 브랜드들은 제품의 특성이 디자인보다 우선하거나 디자인과 상관없다고 생각한다. 하지만 최고의 브랜드조차도 끊임없이 변화하는 고객들의 필요에 적응해야 한다는 사실을 잊어버리는 순간 언제든지 지금의 자리에서 밀려날 수 있다.

이미 일어나고 있거나 곧 다가올 디자인 혁명에는 여러 가지 이유가 있다. 경제 발전과 함께 가장 중요하게는 모더니즘 이론으로부터 개인의 웰빙을 중시하는 포스트모더니즘의 사고방식으로 사회가 전환했기 때문이다. 한편 소비자들에게도 책임이 있다. 그들은 선택권을 원하고 있고 또 가지고 있다. 그들은 새로운 제품을 탐험할 수 있어야 한다고 요구한다. 또한 혁신과 개인화, 그리고 우수한 성능을 찾는다. 많은 비즈니스들이 이 거대한 사회 및 열망 상의 변화에 주의를 기울이지 못했다. 슈퍼마켓과 쇼핑몰, 백화점에서 시들어가고 있는 평범하고 획일적인 제품들은 새롭게 부상하는 이 소중한 소비자들의 기대를 충족시켜주지 못하고 있다. (소비자의 식별력이 높아질수록 이윤도 더 커진다.) 이들에게서 경험은 어디에 있는가? 감각적 즐거움은 또 어디에 있는가? 그것은 매장과 백화점에서 사라진 지 오래다. 소비자들이 애플의 아이팟이나 스타벅스의 모카 라테에서 찾을 수 있는 조그만 기쁨을 얻기 위해 혈안이 되는 것도 놀라운 일은 아니다. 이 제품들은 아무것도 없는 것보다는 낫지만 그렇다고 충분한 것도 아니다.

술 이름을 적으시오.　　MP3 이름을 적으시오.　　향수 이름을 적으시오.　　핸드폰 이름을 적으시오.

모직물 이름을 적으시오.　　면도기 이름을 적으시오.　　자동차 이름을 적으시오.　　음료수 이름을 적으시오.

일반 제품

청량 음료 이름을 적으시오.　　맥주 이름을 적으시오.　　오렌지 주스 이름을 적으시오.　　요구르트 이름을 적으시오.

커피 이름을 적으시오.　　세제 이름을 적으시오.　　치즈버거 이름을 적으시오.　　치약 이름을 적으시오.

우리를 둘러싼 획일성의 바다가 혹시 잘못된 리서치 과정의 결과는 아닐까?

이러한 상황은 정교한 기교와 솜씨를 통해 성공을 쌓을 준비가 되어 있는 혁신가 및 혁신적 기업들에게 활짝 문을 열어준다. 브랜드의 풍경은 사람들의 높아진 감성적 기대를 충족시키고 그들의 비전에 기여할 준비가 되어 있는 선구적인 리더들에게는 한창 무르익었다. 브랜드는 소비자가 스스로 연결점을 찾아내고 미래의 비전을 발언할 수 있도록 하는 창조적인 원료와 감성적인 공예품을 제공할 수 있어야 한다. 기능적이고 이미 가공 처리가 끝난 브랜드의 시대는 지나갔다. 이제는 무형의 높은 열망을 제공하는 브랜드 시대가 왔다.

재즈: 브랜드를 위한, 그러나 브랜드에 국한되지 않은

브랜드 재즈의 힘은 그 진실이 궁극적으로 브랜드를 넘어선다는 데 있다. 그것은 라이프스타일에 대한 것이자 우리가 살고 있는 세상을 바라보는 좀더 보편적인 방식에 대한 것이다. 또한 익숙하고 표준적인 어떤 아이디어나 제품, 이미지도 신화로 변할 수 있다는 사실에 대한 것이다. 하지만 그렇다고 모두가 같은 신화는 아니다. 재즈를 특히 더 신화적이고 강력하게 만든 것은 그것이 미국 다문화주의와 개인주의 그리고 전통적 표현들로부터 독창적이고 감흥을 불러일으키는 표현을 만들어내는 능력에 있었다. 미국 대중문화로부터 탄생한 이 과정은 특히 브랜딩에 적합한 것이자 이에 한정될 성질의 것도 아니다.

예를 들어 미국 권투에 대해 생각해보자. 캐시어스 클레이(Cassius Clay)는 흉악한 짐승들의 세계에서 살아남기 위해 애쓰는 수많은 재능 있는 권투 선수들 중 한 명일 뿐이었다. 캐시어스의 시대에 권투는 자연 그대로의 힘과 파괴에 바탕을 두고 있었다. 소니 리스톤과 조 프레지어, 래리 홈스의 무리들이 사람들의 흥미를 유발시키는 방식은 자동차 사고가 다른 운전자들에게 고개를 기웃거리도록 만드는 방식과 같았다. 우리는 처다볼 수밖에 없지만 솔직히 말해 우리가 보는 것이 썩 맘에 들지는 않았다.

그 후 알리(Ali)가 나타났다. 역사상 최고의 권투 선수 무하마드 알리는 게임 자체를 완전히 바꿔놓았다. 그는 잔인한 폭력의 세계를 상대로 그 규칙을 흡수하면서도 한편으로 그것을 넘어섰다. 그는 이 잔인한 세계(이것을 펀치와 근육, KO 등으로 측정되는 날 것 그대로의 상품의 세계라 생각해볼 수도 있지 않을까?)에 목적과 영감을 부여하며 새롭게 디자인해 냈다. 깜짝 놀랄 만한 인터뷰와 당당한 선언들, 그리고 캐치프레이즈 등으로 그는 상품으로서의 '권투'를 가치가 첨가된 브랜드 재즈, 즉 알리로 대체하였다. 사람들은 '권투'가 아니라 알리를 보기 위해 경기장과 TV를 찾았다. 세계는 자유와 용기, 단호함, 그리고 신념이라는 감성으로 소통하는 이 인물에게 매혹되었다. 이 가치들은 미국이 오랫동안 애써 싸워온 것들이었고, 무하마드 알리는 가장 특이한 방식으로 이 가치들을 구현하고 있었다.

알리가 등장하기 전에 무슬림 국적을 가진 미국 영웅이 나타날 것이라고 누가 한 번이라도 상상해본 적이 있을까? 인종차별주의자들의 눈에는 '거대한 흑인 짐승'으로 보였겠지만 알리는 용감하게 세계는 물론 그 자신과도 전쟁을 치르고 있는 한 국가에 대한 충성과 가치, 그리고 윤리를 보여주었다. 알리는 권투 경기를 위해 싸운 게 아니라 정의를 위해 싸우고 있었다. 이를 위해 그는 자신의 새로운 비전을 나타내는 메시지와 그의 미션을 표현하는 언어로 전환하였다. 스스로의 이름과 아이덴티티를 선택할 자유, 자신의 종교를 믿을 자유, 전쟁을 거부할 자유, 세상 어디에 있든지 자신의 동료를 도와줄 자유, 자신의 진심어린 목소리를 표현해낼 자유가 알리의 메시지가 되었다.

클레이는 근육과 주먹으로 승리를 얻어낸 반면 알리는 재즈의 메시지로 사람들의 마음을 얻어냈다. 오늘날 우리가 기억하는 것은 후자이다. 상품을 초월하여 당대의 브랜드가 된 알리 말이다.

디자인이 당신에게 해줄 수 있는 것

끊임없이 변화하는 소비자 행동과 열망이 브랜드 인식에 영향을 미치는 시대에는 분명하고 일관된 메시지를 전달하는 디자인이 매우 중요해진다. 기업과 소비자 문화에 맞춘 올바른 디자인을 기용하는 브랜드는 소비자층을 약화시키는 힘들 속에서도 살아남고 소비자 기대를 증폭시킬 수 있다. 다음 장에서는 오늘날의 브랜딩에서 가장 영향력 있는 흐름들을 디자인의 관점에서 자세히 살펴보도록 하겠다.

포스트모더니즘의 꿈

모더니즘과 포스트모더니즘이 각각 20세기와 21세기의 개인적 표현에 미친 영향의 차이를 비교하지 않을 수 없다. 파올라 안토넬리(Paola Antonelli)의 『디자인의 대상Objects of Design』에 따르면 건축가 필립 존슨(Philip Johnson)은 모더니즘에 대해 탁월한 평가를 내린다. "오늘날의 산업 디자인을 움직이는 것은 바로 기능으로서, 근대 건축과 동일한 원칙들을 따른다. 그 원칙들이란 기계와 같은 단순함, 매끄러운 표면, 장식의 회피 등이다."[1]

모더니즘 운동은 산업 시대의 역동주의(dynamism)와 공장 세계의 효율성을 반영한다. 또한 그것은 20세기 초반에 유행했던 엘리트주의 학파의 도그마적인 철학들로부터 영감을 받았다. 이들은 즐거움보다 기술과 과학을 찬양했고 민주적이고 계속 진화하는 사회보다는 잘 통제된 사회상을 높이 샀다. 1984년 뉴욕현대미술관(MOMA)에서 건축 및 디자인 부문을 담당하고 있는 저명한 큐레이터 아더 드렉슬러(Arthur

Drexler)는 이 미술관에 전시되는 작품들에 대해 다음과 같이 말한 바 있다. "전시 작품으로 선정된 것은 그 작품이 스타일적인 면에서 우리 시대의 주요 컨셉이 된 형식적 미의 개념들을 성취했거나 그 시초가 되었다고 판단되기 때문이다."[2] 이 진술은 순수성(purity)에 대해 언급하고 있다. 그러나 유혹과 쾌감, 또는 감각적 경험이라는 개념에 대해서는 반영하지 못한다.

모두가 이렇게 엄격한 모더니즘적 접근을 옹호하는 것은 아니다. 가령 〈뉴욕 타임스〉는 "뉴욕현대미술관의 취약점(Where MOMA Has Lost Its Edge)"이라는 제목의 기사를 게재했다.[3] 이 기사에서 니콜라이 우루소프(Nicolai Ouroussoff)는 대중과 소통하기 위해서는 고상하다고 해서 항상 충분한 것은 아니라고 말한다. 그는 이렇게 말한다. "도그마와 선언(manifesto)의 시대는 갔다." 모더니즘은 또한 크리에이티브 프로세스에 사람들의 경험을 포함시키는 패션 산업이나 설치 작업을 배제한다. 예를 들어 센트럴 파크에 설치된 크리스토와 진 클로드의 주목할 만한 작품 〈게이트The Gates〉는 겨울 동안 수천 명의 사람들을 한 자리에 불러 모아 같은 길을 걷게 했다.

브랜딩 관점에서 볼 때 20세기는 도그마적인 모더니즘 이론들이 마케팅을 지배했다. 산업계는 사람들의 의지가 지배하는 다층적인 사회로 변한 세상을 충분히 깨닫지 못했다. 모더니즘과 포스트모더니즘 간의 싸움은 현대 사회를 어떤 척도로 판단할 것인가에 대한 문제이다. 모더니즘은 엘리트주의적이고 비타협적이다. 반면 포스트모더니즘은 진화적이고 혁신적이다. 모더니즘 운동은 공산주의적 가치가 지배하던 독단적인 시대와 산업 혁명의 규율을 반영한다. 모더니스트 산업주의자들은 과학과 기계의 힘에 근거해 무엇이 사람들에게 최선인지를 그들이 확실히 알고 있다고 생각했다. 산업 시대와 마르크시즘 이론에 근거한 사회

크리스토와 진 클로드의 〈게이트〉

운동의 탄생은 모더니즘의 엄격한 스타일과 비전에 영향을 미쳤다. 공산주의 도그마에 영향을 받은 모더니즘 이론들은 감성적으로 연결되지 않는 작품들을 만들어내기 위해 감각 및 지적 탐험을 통한 사람들의 개성적인 표현과 발견의 자유를 앗아갔다. 역설적으로 이 엄격한 아이디어들은 공산주의 이론들을 억압적이기보다는 해방적이라고 생각한 자유사상가들의 승인을 받았다.

프랑스의 르코르뷔지에(Le Corbusier)와 브라질의 오스카 니마이어(Oscar Niemeyer)는 사회적 이슈를 도그마로 망쳐놓은 두 명의 유명한 건축가들이다. 르코르뷔지에의 '거주를 위한 기계(machine for living)'는 흥미롭긴 하지만 살기에는 부적합하다. "아름답고 잔인한, 그러나 사람들에 대한 고려는 어디 있는가?(Beautiful, brutal: but what about the people?)" 리처드 래퍼(Richard Lapper)는 〈파이낸셜 타임스〉에 『브라질의 근대 건축Brazil's Modern Architecture』에 대한 서평을 기고하면서 이렇게 제목을 붙였다.[4] 이것은 모더니즘 운동을 훌륭하게 요약해준다.

1956년, 브라질의 주셀리노 쿠비체크 대통령은 오랫동안 기다려온 새로운 브라질의 수도 브라질리아의 건설에 착수한다. (나는 2006년에 브라질리아를 방문한 적이 있다.) 오스카 니마이어와 루시오 코스타가 구상한 이 도시의 건축 풍경은 이들에게 명성과 오명을 동시에 가져다주었다. 그들의 아이디어는 브라질 국민 대부분이 살고 있는 해안가로부터 브라질에서 가장 황량한 중심부로 사람들을 데려오는 것이었다. 이것은 훌륭한 아이디어였지만 실패를 맛봐야 했다. "1940~50년대의 고전적인 모더니즘도 완벽한 것은 아니었다. 그 모든 사회적 이상주의에도 불구하고 모더니스트들은 엘리트주의에다 독단적일 수도 있었다." 리처드 래퍼는 이렇게 말한다.[5]

공사 기간 동안 브라질리아의 남서쪽으로 몇 마일 떨어진 곳에 인부들을 위한 집이 지어졌다. 그곳은 공사가 끝나면 철거될 예정이었다. 그당시 '자유 도시(La Cidade Livre)'라는 이름으로 불린 그곳은 사람들이 겨우 살 만큼 열악한 곳으로, 그 집을 만드는 과정에 인간적인 요소가 얼마나 고려되지 않았는지를 보여주었다. 안타깝게도 그곳은 철거되지 않았고 오늘날 뉴클레오 반데란테(Nucleo Bandeirante)라는 이름으로 알려지며 진정한 '빈민촌'의 모습을 보여주고 있다. 브라질리아는 모더니즘 이론에 관한 좋은 사례이다. 이 이론들은 사람들이 어떻게 생각하느냐에 상관없이 무엇이 이들에게 최선인지를 '확실히' 안다고 주장했다. 이것은 끔찍한 집행으로 이어졌다. 이 이론들은 최고의 선의로 시작했지만 더 나은 삶에 대한 사람들의 기대를 저버리는 것으로 끝났다. 이와 반대로 '네 번째 전환: 광고로서 소매 매장을 사고하라'에서 나는 어

브라질리아의 양면적인 모습 – 신도시의 건축 미학과 빈민촌의 참혹한 현실

떻게 새로운 포스트모더니즘의 도시 재개발 프로젝트가 전체 인구의 열망을 새로운 도시 경험으로 통합시키는지에 대해 이야기할 것이다.

포스트모더니즘의 계시

모더니즘 운동에서 빠져 있는 것은 바로 대중이었다. 예술 및 디자인과 문화 사이의 연결고리, 취향과 영감의 민주화, 그리고 사람들을 계몽할 뿐 아니라 그들에게 영감도 제공하는 작품의 대중적인 어필이 그런 예들이다. 어쩌면 이 때문에 포스트모더니즘이 특정한 스타일을 가지고 있지 않은 것인지도 모른다. 미학은 사람들이 찾고 있는 다양한 경험을 반영하기 때문이다.

오늘날 스페인 빌바오의 구겐하임 박물관에서는 카페에 앉아 뭔가를 먹으면서 문화를 즐기는 것과 똑같은 방식으로 문화를 즐길 수 있다. 지루한 문화 기관이 될 수도 있었던 박물관에서 대중과 호흡하는 컨셉으로 탈바꿈하기 위해 이 박물관이 얼마나 많은 규칙들을 깨나갔는지는 아무리 강조해도 지나치지 않다. 구겐하임 박물관이 지역에 미친 영향과 지역 주민들이 이 박물관에 참여하며 보여준 열성은 이제 이 박물관의 가장 자랑스러운 성공 중 하나가 되었다. 포스트모더니즘 운동은 현상유지에 도전하고 감성적 경험과 장식적 기회, 그리고 우리의 삶을 이루는 기술에 초점을 맞춘다. 그것은 사회의 진화와 사람, 그리고 그들의 감각에 관한 것이다. 포스트모더니즘 문화는 인간의 움직임과 발견을 강화한다.

포스트모더니즘의 해체주의

자크 데리다(Jacques Derrida)가 발전시킨 해체주의 이론은 많은 점에서 논쟁적이고 수많은 '절대' 이론들에 잘 들어맞는 것처럼 해석될 수도 있지만, 우리가 사는 세계를 '움직이는 상태'의 세계, 즉 계속해서 변화하는 우리의 생각과 인식으로 끊임없이 바뀌는 세상으로 고찰하고 있기도 하다. 왜냐하면 사람들 자체가 민주적인 자유 사회 안에서 끊임없이 변화하기 때문이다. 이 포스트모더니즘 이론은 또한 단어가 가지는 의미란 수년간의 사용을 거쳐 임의적으로 부여되었을 뿐 고정되어 있지 않다는 점을 강조하기도 한다. 이 개념은 사물에도 확장하여 적용할 수 있을 것이다. 사물의 형태는 처음부터 그 의미를 완전히 드러내는 것이 아니라 계속해서 다양한 해석의 여지를 제공하기 때문이다.

모든 사물과 경험은 궁극적으로 우리가 부여하고 싶은 의미의 수용자일 뿐이다. 그 의미들은 우리의 감성 상태에 따라 변할 수도 있다. 자동차는 때에 따라 사회적 지위를 상징하기도 하고 목적지에 빠르게 도달할 수 있는 수단이나 심지어 연인을 유혹하는 방법을 의미할 수도 있다. 똑같은 자동차라 할지라도 그 감성적 의미는 다를 수 있다. 포스트모더니즘적 접근과 비교하여 볼 때 모더니즘 이론의 가장 큰 실수는 특정 아이디어나 디자인에 부착된 의미가 브랜드나 디자이너가 아니라 사람들에 의해 창조된다는 사실을 이해하지 못했다는 데 있다. 비즈니스 세계에서 이것은 제조사와 디자이너가 제공하면 소비자는 처분하는 관계로 해석할 수 있을 것이다.

눈에 보이는 것을 넘어서는 경험이 항상 존재한다. 물론 우리는 그 어떤 것도 전체를 파악할 수는 없다. 왜냐하면 무엇이 '전체'를 구성하는지 알 수 없기 때문이다. 〈뉴욕 타임스〉에 기고한 글에서 마크 테일러

(Mark Taylor)는 해체주의가 예술 제작과 맺는 관계에 관해 흥미로운 시각을 제공한다.

> 해체주의를 이끄는 통찰력은 문학, 심리, 사회, 경제, 정치, 종교 등 우리의 경험을 조직하는 모든 구조가 배제의 행위를 통해 구성된다는 것이다. 뭔가를 창조하는 과정에서 다른 뭔가는 불가피하게 배제된다.[6]

이것은 공백(void)과 변화(transformation)의 개념을 끌어온다. 브랜드 디자인의 경우 그것은 사람들이 예전의 것을 버리고 새로운 것으로 이동할 것이며 이를 통해 그들의 삶을 변화시킬 것임을 분명히 보여준다. 모더니즘의 예술 및 디자인에서 빠진 것은 사람들이 어떻게 변화하는가에 대한 고려이다. 모더니즘의 도그마와 절대적 진실을 유지하기 위해서는 사람들의 개별적 변덕이나 선호도는 희생되어야 했다. 하지만 이제는 상황이 역전됐다. 오늘날 우리가 웹에서 다운로드한 음악을 역사상 가장 개인화된 음악 시스템인 아이팟에 담고 다니는 능력에 대해 생각해보라. 호주머니에 담고 다닐 수 있는 이 조그만 장치는 음반 산업 및 유통 전반에 일어난 혁명을 대표한다. 처음에는 소비자들이 개별 노래와 심지어 앨범 전체를 음반 회사의 허락을 거치지 않고 다운로드할 수 있다는 사실에 대해 음반 산업 내에서 엄청난 비판이 쏟아졌다. 하지만 이제 이 개념은 우리의 선택권이 증진된 것이자 우리가 입는 옷에서부터 음식, 그리고 음악에 이르기까지 우리의 삶을 개인화하는 능력이 증진된 것으로 여겨진다. 이와 동시에 이것은 주요 음반 유통회사인 타워 레코드를 파산 신청하게 만들었을 뿐 아니라 CD 제작 및 판매를 영원히 사라지게 할 수도 있게 되었다.

브랜딩 세계에서 포스트모더니즘 이론은 우리가 기존에 알던 것과 다른 접근법들을 만들어내고 있다. 그러나 어떤 면에서 보면 브랜딩 이론은 여전히 모더니즘의 산업주의 시대에 갇혀 있다. 제품을 항상 캔에 담아 공급하던 회사들은 다른 형태의 포장 방식을 절대 고려하지 않는다. 또한 모더니즘 이론의 거만함을 보여주는 한 극단적인 예로서 포드 자동차는 이렇게 말한 바 있다. "우리는 검은색이기만 하다면 어떤 색상의 자동차라도 제공할 수 있습니다." 프랑스의 와인 회사들은 보르도나 버건디의 병 모양이 전 세계 대부분의 소비자들 사이에서 그 아이콘적 의미를 잃어버렸다 할지라도 병 모양을 절대 바꾸려 하지 않을 것이다. (명성 높은 몇몇 와인을 제외하고) 프랑스에서 생산되는 대부분의 와인들이 시장을 찾아 나서려 하지만, 이들은 와인 브랜딩이 도그마적이기보다는 라이프스타일과 재미, 즐거움에 관한 것으로 바뀌었다는 사실에 잘 적응하지 못하고 있다. 얼마 전 베린저 블라스(Beringer Blass)는 여성 와인 고객들을 겨냥한 '하얀 거짓말(White Lie)'이라는 이름의 저칼로리 저알콜 백포도주를 들고 나왔다. 여성 고객들은 와인 고객의 압도적인 부분을 차지하고 있다. 이들에게 점심시간이나 퇴근 후 체중과 어지러움에 대한 부담 없이 가볍게 마실 수 있는 와인을 공급함으로써 베린저는 이 전통적인 제품을 특정한 고객의 즐거움을 제공하는 것으로 변화시키고 있다.

(똑같은 브랜드와 똑같은 유통, 똑같은 리서치 테크닉, 똑같은 접근법 등) 아직도 많은 마케팅 전략들이 가만히 멈춰 있는 세상을 위해 만들어지고 있는 반면 어떤 회사들은 포스트모더니즘의 의미를 빠르게 배워가고 있다. 어떤 혁신가들은 그들의 산업 지형을 변화시키기도 한다. 델은 온라인을 선택함으로써 IBM의 PC 시장 지배를 바꿔놓았다. 포스트모더니즘의 시각에서 봤을 때 델은 사람들에게 맞춤형 서비스와 선택의 자유를 제공하였다. 현재 델은 포스트모더니즘 마케팅에서 가장 중요한 요소인 서비스를 놓침으로써 휴렛패커드의 도전을 받고 있다. 피지 워터(Fiji Water)는 좀더 감각적인 병 디자인과 이름을 통해 에비앙 시장의

일부를 빼앗아 올 수 있었다. 미국 최고의 레스토랑들을 통해 매우 뚜렷한 존재감을 남김으로써 퍼지 워터는 생수 고객들에게 개인적으로 연결될 수 있었다.

포스트모더니즘 철학이 발전하고 대중성을 얻기까지 많은 시간이 걸렸지만 그들은 21세기를 이끌어가는 원동력이 되었다. 포스트모더니즘 현상의 가장 흥미로운 점은 그것이 사람을 경험의 중심에 놓고 브랜딩 세계의 어떤 엄격한 도그마에도 도전한다는 것이다. 가령 크리스토와 진 클로드 등과 같은 예술가들은 사람들이 즐길 수 있는 비영구적인 작품을 만들어낸다. 필립 스탁(Philippe Stark)의 작품은 놀라움과 재미를 주고 쉽게 접근할 수 있다. 프랭크 게리(Frank Gehry)의 건축은 매우 감성적이고 접근하기 쉽다. 소비주의는 독단적인 것이 아니라 포스트모더니즘적인 것이다. 그것은 선택과 자유, 그리고 개인에 관한 것이다. 이제는 특별한 경험이 새로운 법칙이 되었다.

이것은 사람들에게 즐거움과 기쁨을 주기 위해 세상의 변화와 트렌드를 감지하는 디자이너들이 특히 잘하는 것이다. 우리는 모더니즘의 엘리트주의와 독단주의로부터 먼 길을 걸어왔다. 이제 우리는 좀더 감성적으로 사회에 다가가고 사람들에게 새롭고 풍요로운 참여를 이끌어내고 있다. 이것이야말로 모든 전환 중 가장 흥미로운 전환이 아닐 수 없다. 포스트모더니즘은 비판적 판단력과 모험을 강요한다. 자동차 외관에 신경 쓰지 않는 사람이 한 명이라면 거기에서 기쁨을 찾는 사람은 수천 명이나 된다. 새 미니(Mini) 자동차의 디자인에 무관심한 사람이 수천 명이라면, 그 작은 자동차를 소유하고 싶어하는 사람은 수십만 명이나 된다. 수십만 명이 새로운 인터넷 상품에 무관심해 한다면 수백만 명의 사람들은 이 기회를 잡기 위해 열광적으로 움직일 것이다. 감성 경제에서 브랜딩이란 당신이 할 수 없는 것이 아니라 끝없는 가능성에 대한 것이다.

브랜드 인상주의로 다시 본 세계

야외로 나가 그림을 그림으로써 인상주의 화가들은 사람들의 레저 활동을 따라갔다. 사회 발전과 산업 혁명에 따라 새로운 여가 시간이 생기면서 수천 명의 도시 근로자와 공장 노동자들이 자연을 재발견하게 되었고, 이것은 새로운 세대의 예술가들에게 스튜디오를 떠나 야외에서 그림을 그리게 만들었다. 하지만 이보다 좀더 거시적인 변화와 혁신은 이 새로운 세대의 화가들이 수세기에 걸쳐 형성된 도그마적인 주제들 (충성심, 군사적 승리, 또는 종교적 아이코노그래피)을 뒤로 하고 그들의 눈에 보이는 것이 아니라 그들이 그것에 대해 어떻게 느끼는지를 그리기 시작했다는 사실이다. 그들은 그들의 감성을 그림에 표현했다.

브랜딩의 관점에서 볼 때, 인상주의 운동은 진정 위대한 영감이다. 사람들은 브랜드에 대해 뭔가를 '느끼고' 싶어한다. 또한 디자인이 그들에게 현실을 벗어나 새로운 경험을 즐기게 해 줄 것을 기대한다. 빈센트 반 고흐는 새로운 열망, 즉 새로운 사회가 발견해낸 자유의 촉매제였다. 그의 작품은 새로운 미와 개인적 터치, 그리고 영감을 주는 스타일에 대한 것이었다. 그는 또한 자신의 세대가 세상을 바라보는 방식을 대표한다. 새로운 시대의 레저와 개인적 자유 시간이 규범이 되고 있었고 이 새로운 세대는 새로운 언어를 필요로 했다. 인상주의자들은 그들의 예술을 통해 이를 발견해냈다.

이것이 의미하는 바는 다음과 같다. 모더니즘 운동은 머리와 지성, 도그마, 그리고 확실성을 편재적(ubiquitous)이고 제국주의적인 브랜드에 담아내는 것에 대한 것이었다. 이것은 사람들의 감성적 필요에 반응하기에는 그다지 유연하지 못했다. 반면 포스트모더니즘 운동은 가슴과 직감에 대한 것이자, 개인적인 삶의 현실과 그것의 무의식 및 감성적 딜레마들에 대한 것이다. 그것은 안녕과 자유, 번영에 대한 영원한 추구와 자신의 운명에 집중하는 사람들에 대한 것이다. 감성 디자인은 끊임없이 진화하는 이 세계에서 무엇보다 사람을 염두에 두고 모두에게 득이 되는 공통의 흥미와 파트너십을 만들어낸다는 점에서 그 구상부터 포스트모더니즘적이다.

혁신은 주변부로부터 나온다

1980년대에 세계화(globalization)는 표준화(standardization)로 이해되었다. 브랜드의 기능은 별다른 변화를 가하지 않고서도 전 세계적으로 판매될 수 있는 비교적 통일적인 제품을 만들어내는 것이었다. 리바이스의 청바지와 맥도널드, 말보로 등은 이 점에서 완벽한 꿈의 브랜드들이었다. 그러나 오늘날 세계화란 디자인 '혼성(hybridization)'과 '개인화(personalization)'에 대한 것으로 바뀌었다. 또 한번 재즈는 디자인에 교훈적인 영감을 제공한다.

아주아주 먼 옛날 재즈는 연기가 자욱한 클럽과 허름한 뒷방에서 종종 정식 훈련이라고는 단 하루도 받아보지 않은 음악가들의 리허설 연주에서 자라났다. 그것은 미국이 누리는 번영의 그림자 속에서 일하던 흑인 노동계급의 사적인 일이었다. 그러던 재즈가 1970~80년대에는 국제적이고 전문적인 음악으로서 전 세계 각국의 위대한 음악 학교에서 가르치고 연습하는 음악이 되었다. 오늘날 가장 모호하고 신나는 음악일 뿐 아니라 가장 대중적이면서도 진부한 음악이 된 재즈는 웹에서 단 몇 번의 클릭으로 쉽게 구할 수 있게 되었다. 아직도 재즈가 우리에게 '혁신적인' 디자인에 관해 가르쳐줄 게 남아 있을까?

혁신은 항상 기성의 지배적인 집단이 아니라 주변부(margin)로부터 나온다. 재즈 자메이카(Jazz Jamaica)는 중요한 사례를 제공한다. 대부분 미국 흑인 음악가들로 구성되어 있고 런던에서 작업하는 이 그룹은 현대 재즈계에서 가장 잘나가는 그룹 중 하나이다. 그러나 그들의 성공은 다양한 국적의 재즈 문화를 그들의 색다른 영국 경험을 중심으로 재구성해낸 혁신적인 혼합 능력에 뿌리를 두고 있다. 그들은 미국 재즈와 스윙, 캐리비언 리듬, 그리고 영국 노동계급의 음색을 섞어 오늘날 청중들에게 적합한 새로운 사운드를 만들어냈다. 비록 영국 및 유럽의 백인 재즈에 대해 잘 훈련받았지만 재즈 자메이카는 캐리비언의 문화적 배경에 바탕을 둔 귀를 통해 들음으로써 그들만의 사운드를 창조해냈다. 이런 방식으로 가장 '세계화된' 이 음악가들은 역동적이고 다문화적인 동시에 그들이 살고 있는 영국 지역 공동체에 굳게 뿌리를 둔 표현을 창조한다. 이것이야말로 브랜드잼의 정신이다. 국제적인 표현을 개발하는 동시에 그것을 지역적이고 독창적인 방언에 뿌리내리도록 하는 것 말이다.

이와 마찬가지로, 자신의 제품이나 서비스에 재즈의 활력을 불어넣고자 하는 글로벌 브랜드들도 국제적인 동시에 색다를 수 있는 방법을 배워야 한다. 재즈 자메이카처럼 그들은 국제적인 연결망과 네트워크, 지식에 기대는 동시에 그들의 제품과 서비스를 가장 지역적이고 구체적인 디자인으로 연결시켜내야 한다. 이 디자인이 소비자들과 호흡하기 위해서는 지역적 차원의 경험에서 구성되어야 한다. 이런 점에서 세계화란 '지역화(localization)'를 의미한다.

스케이트보드와 디자인 영감

브랜딩 전략이 실패하는 이유는 그것이 구체적인 현실에 토대를 둔 문화로 표현되지 못하기 때문이다. 사람들은 몇 가지 모양을 여기에 더하고 몇 가지 색상을 저기에 더하면 이것이 단번에 제품을 '차별화' 해낼 것이라고 생각한다. 동시대의 트렌드를 보고 단순히 경쟁자들에게서 부족한 요소를 더하는 것만으로는 충분치 않다. 브랜딩은 세상에 자신의 목소리를 드러내고 사용자들에게 특정한 경험과 문화를 전하기 위해 디자이너란 시인이 공들여 만든 목소리를 가져야 한다.

이 과정은 어떻게 일어나는가? 좋은 예가 있다. 가장 가까운 스케이트보드 매장에 가서 한번 둘러보라. 쇼핑객과 직원들, 눈에 보이는 색깔, 벽에 걸린 단어들, 무수한 스케이트보드들의 표면을 살펴보라. 지난 30년 동안 스케이트보드는 캘리포니아의 10대 비행 청소년들만 하는 이국적인 활동에서 수백만 달러의 성장 산업으로 바뀌었다. 이것은 단순히 상업적 성공에 대한 이야기가 아니다. 이것은 훌륭한 디자인 사례이자 알레고리이다. 스케이트보드 매장을 다 둘러보았으면 이제는 밖으로 나가 두 편의 영화를 감상하도록 하자. 〈독타운의 제왕들Lords of Dogtown〉과 〈독타운과 Z보이즈Dogtown and Z-boys〉가 그 영화들이다. 보통 이 영화들은 초기 스케이트보드 문화를 보기 위해 관람된다. 하지만 나는 이 영화들에서 독창적인 디자인 문화가 어떻게 등장하는지 살펴보라고 제안하고 싶다. 1970년대 중반, 스케이트보드는 반항아들을 위한 간혹 폭력적이지만 매우 강렬하고 활기찬 최신의 '언더그라운드' 스포츠로서 아웃사이더들이 빈 수영장을 놀라운 방식으로 사용하는 방법이었다. 이들은 아무도 인정해주지는 않았지만 어두운 참호 속에서 움직이는 게릴라 디자이너들이었다. 이들이 스케이트보드를 연습하던 매끄러운 홈들은 디자인 혁명을 위한 훈련장이 되었다. 스케이터

반스 신발의 시각적 내러티브는 고객들의 문화적 활기를 반영한다.

들의 트릭이 화려해지고 그들의 실력이 향상될수록, 이들의 유명세와 함께 새로운 복장들이 나타났다. 이들의 언어나 제스처, 거들먹거리는 태도는 말할 것도 없고 새롭게 디자인된 보드와 신발, 의류 등이 그것이다. 이 요소들은 함께 모여 스케이터의 독특한 문화를 표현했다. 바로 그러한 독창적이고 과감하며 대담한 감성적 문화로부터 오늘날 수억 달러의 산업이 등장하게 된 것이다.

곧 언론이 뒤따라왔다. 일련의 스케이트보드 제품과 대담한 그림들로 가득 찬 대중 잡지들은 충성스런 고객층을 양성해냈고, 전 세계 수많은 팬들이 스케이트보드에 입문할 수 있게 했다. 이 잡지들은 또한 그들 고유의 시각적 언어와 내러티브들을 개발해냈다. 여기서 우리는 왜 디자인이 중요한지 알 수 있다. 비록 독타운 소년들 사이에 고유한 스케이트 문화가 존재하긴 했지만, 그것을 표현하기 위해선 물리적인 인공물

(artifact)들이 있어야 한다. 멀리 떨어져 있지만 스케이트보드를 타고 싶어하는 사람들에게는 그림을 보고 이야기를 듣는 것만으로는 부족하다. 언어와 장비, 의류야말로 이 라이프스타일을 감성적인 차원에서 생생한 것으로 만들어냈다. 이것이 바로 감성 디자인의 혁신이 열망하는 것이다. Z보이에서 활동하던 거의 모든 반항아들이 이제는 스케이트 제품의 마케팅 및 판매에 어떤 식으로든 연관되어 일하고 있고 많은 경우 높은 수익을 올리고 있다. 비록 그들의 스케이트보드 기술과 태도는 여전히 어렴풋한 무형의 전설로 남아 있지만, 디자인을 통해 그 전설은 이제 거의 모든 사람들이 약간이라도 맛볼 수 있는 것이 되었다.

1980년대 중반이 되면 스케이팅은 불안해하고 방황하는 청소년들에게 전국적으로 알려진 취미가 된다. 이 기간 동안 수백만 명이 스케이트보드를 샀다. 그 중 Z보이와 같은 기술과 영감을 보여준 이는 별로 없지만 스케이트보드에서 싹튼 독특한 패션 감각은 그럼에도 불구하고 참여의 분위기를 북돋았다. 1990년대에 ESPN이 X-게임을 방영하기 시작하면서 이 스포츠는 공식적으로 주류 스포츠가 된다. 오늘날 값비싼 스케이트 슈즈와 셔츠들은 스케이트보드 자체보다 더 많은 수입을 거둬들이고 있다. 이 중 실제로 보드에 사용되는 스케이트 슈즈는 아마 거의 없을 것이다. 이것은 몇몇 소수의 사람들이 매력적인 스포츠 제품을 만들어내기 때문이 아니다. 그보다는 1970년대에 스케이터들 사이에 뿌리내린 튼튼한 문화가 강력한 디자인을 위한 재료를 제공했기 때문이다.

"나는 모든 것을 대중문화의 렌즈로 본다" – 타미 힐피거

타미 힐피거와 가진 몇 안 되는 업무적 접촉으로부터 나는 그의 브랜드가 어떻게 세계에서 가장 강력한 패션 아이콘 중 하나이자 브랜딩 및 디자인의 관점에서 사업적 성공을 거둘 수 있었는지 알 수 있었다. 타미 힐피거의 저서 『스타일Style』에서 그는 미국 국기가 신발이나 스카프 등과 같은 무대 및 패션 아이템들에 사용되던 1960년대에 대해 언급한다. 그는 이것이 "저항과 모독인지 아니면 반항적인 방식이긴 하지만 새로운 세대를 위해 새로운 가치들을 중심으로 국기를 다시 활용하는 것인지" 묻는다. 브랜드가 무엇을 의미하는지에 대해 생각해보면 이 질문은 깊은 의미를 갖는다. 변화란 과거의 가치에 대한 거부이기보다는 각 세대들이 새로운 의미를 가져와 기존의 상징을 활용하는 방법일 수 있다. 이것은 내가 브랜드 디렉터들에게 감성 브랜딩을 설명할 때 가장 어려워하는 부분이다. 우리는 다양한 세대들이 하나의 브랜드에 대해 가지는 다양한 활용 방식을 이해할 필요가 있다. 이렇게 세대마다 변화하는 의미들이 바로 브랜드가 불확실해 하는 부분이다.

타미 힐피거의 브랜드는 훌륭한 로고 디자인으로부터 시작했다. 타미 힐피거의 유명한 빨강, 흰색, 파랑 국기는 20세기의 대표적인 광고업자이자 디자이너인 조지 로이스(George Lois)에 의해 디자인되었다. 이 디자인은 타미 힐피거의 브랜드를 출시시켰을 뿐 아니라 코카콜라와 맥도널드, 나이키, 말보로 등과 같은 편재적인 브랜드들과 함께 미국 밖에서 가장 널리 알려진 브랜드 중 하나가 되는 데 도움을 줬다. 타미 힐피거 브랜드를 출시시킨 최초의 광고는 지금까지 역사상 가장 훌륭한 광고 중 하나이다. "네 명의 위대한 미국 디자이너들"이라는 광고 카피 이후로 우리는 R.L., P.E., C.K., T.H. 이니셜을 보게 된다. (이들이 랄프 로렌, 페리 엘리스, 캘빈 클라인을 가리키고 있음은 누구나 아는 사실이었다.) 타미 힐피거를 가리키는 T.H.는 이 브랜드의 명성을 즉각적이고 도발적인 방식으로 세워주었다.

이 광고의 대범성은 곧 사람들의 시선을 끌었다. 그것은 또한 위대한 아이디어가 어떻게 브랜드를 구축할 수 있는지 보여주었다. 패션 브랜드를 구축하기 위해 사용된 이 독창적이면서도 도발적인 접근과 획기적인 사고는 록 스타들이 자신의 명성을 구축하는 반항적인 방식과 그리 다르지 않았다. 타미 힐피거가 음악 세계와 맺고 있던 연결 관계가 그의 독창적인 브랜드 출시에 영감을 주었을지도 모른다. 문화 속에서 살아 숨쉬는 브랜드를 만들겠다는 그의 열정은 새로운 경험에 대한 사람들의 열렬한 필요에 호소하는 드라마를 이해함으로써 처음부터 성공할 수 있었다. 혁신적인 패션 스테이트먼트를 입고 무대에 오르는 록 밴드와 마찬가지로, 타미 힐피거는 그 날의 일과가 새로운 시각적 드레스를 만들어내는 것에서 시작된다는 사실을 이해하고 있었다. 올바른 '브랜드 의상'을 입는 것은 독창적인 패션 스테이트먼트를 구축하는 것이다.

음악 문화에서 영감을 얻고 연결 관계를 갖는 것은 타미 힐피거가 사업을 시작하던 당시에는 급진적인 생각이었다. 그는 이 '힙합 커넥션' 덕분에 처음에는 '반항적인 모습을 보이고 싶어하는 쿨한 백인 청소년들'이 자신의 주요 고객이었다는 사실을 즐겨 말하곤 했다. 그의 패션이 음악과 맺고 있던 유대 관계는 이 의류 브랜드에 감성적 신뢰와 쿨하고 창조적인 에너지를 제공하였다. 그는 청소년 음악 세계의 끊임없이 진화하는 반항 정신을 이해함으로써 청소년들에게 브랜드를 확대시킬 수 있었던 유일한 패션 디자이너이다. 오늘날 타미 힐피거의 의류는 부잣집 자제들의 세련된 클래식 뉴잉글랜드 스포츠웨어 스타일을 의미한다. 그렇다면 오늘날 이 브랜드를 판매하는 맥락에서 볼때 록과 랩, 그리고 그것의 혁명적이고 파괴적인 현실 간에는 어떤 연계가 있는 걸까?

그 대답은 이 브랜드가 아직도 쿨한 이유를 이해하기 위해 사람들이 타미 힐피거 브랜드에 대해 갖고 있는 감성적 인식을 깊이 연구해보아야 한다는 것이다. 패션 스타일은 외관상 그 사람을 나타내는 협의의 규정일 뿐이다. 부잣집 자제들의 클래식 스타일을 선호하는 사람도 랩 가수의 열렬한 팬이거나 자신의 반항아적 측면을 표현해주는 랩 음악에서 안전한 감성적 일탈을 찾을 수 있다. 브랜드의 개성이 가지는 미묘한 뉘앙스에서 사람들은 구매의 기쁨을 높여주는 개인적 의미를 발견한다. 타미 힐피거는 유명 브랜드의 명성을 제공하는 동시에 이 브랜드가 역사적으로 가지는 감성적 모험을 제공한다. 이 브랜드에서 사람들은 그들이 원하는 바에 따라 안전해질 수도 있고 도발적이 될 수도 있는 것이다. 이렇게 하여 브랜드의 의미는 항상 열려 있고 진화하는 상태를 유지하게 된다.

패션과 음악은 주목할 만한 흥미로운 분야이다. 이들은 감성적인 메시지와 의미를 구축하고 소통하는 데 있어 무엇이 필요한지를 이해할 수 있게 해준다. 경우에 따라 이것은 매우 모순적인 방식으로 이루어진다. 가령 밀리터리 의상은 '전쟁 반대'를 의미할 수도 있고 반대로 '군사 지배(military dominance)'를 의미할 수도 있다. 청바지는 작업복을 의미할 수도 있고 몸에 착 달라붙는 섹시한 패션을 나타낼 수도 있다. 란제리는 도발적일 수도 있고 뭔가 숨겨져 있거나 암시적인 것을 의미할 수도 있다. 종종 자신의 신념을 위해 일어서는 것과 같은 반항적인 메시지는 단지 좌파 정치학의 산물만은 아닐 때가 많다. 사람들의 복잡 미묘한 감성적 열망은 이들의 변덕스러운 기분을 맞추기 위해 브랜드가 열어두어야 하는 부분이다. 타미 힐피거의 강점은 이 브랜드가 단순히 패션 스타일뿐 아니라 어떻게 일련의 문화적 가치를 중심으로 다양한 집단들과 연결될 수 있는지에 놓여 있다.

2차 세계 대전 이래로 음악은 가장 결정적인 브랜드였다. 재즈는 그 새롭고 반항적인 사운드로 음악을 해방시켰고, 새로운 세대에게 개인적 발언과 활기찬 삶을 살 수 있는 기회를 열어놓았다. 음악에서 말하는 스타의 정의가 스타의 아이덴티티와 다르지 않음을 보는 것은 흥미롭다. 가수는 그의 음악적 산물일 뿐 아니라 그가 무대 위에서 보여주는 시각적 아이덴티티와 무대 밖에서 보여주는 라이프스타일의 산물이기도 하다. 이것이 브랜드에게 제공하는 교훈은 다음과 같다. 브랜드의 성공은 단지 명확한 메시지뿐 아니라 어떻게 전체적인 브랜드 아이덴티티가 감성적인 차원에서 문화적 영감을 끌어안고 또 이것이 사람들의 욕망을 움직여내는지에 달려 있다는 것이다. 타미 힐피거는 이러한 전략을 모범적으로 보여주는 사례이다. 그 이유는 다음과 같다.

- 인지도가 매우 높은 디자인 드레스
- 브랜드 경험을 만들어내려는 집념
- 명확한 브랜드 개념: 영감에 가득 찬 미국 브랜드
- 문화적 영감과의 지속적인 관계
- 끊임없이 진화하면서도 일관된 쿨한 요소

디자인, 공동체에 활기를 불어넣다

톰 울프(Tom Wolfe)는 그의 사설 "쾌락 원칙(Pleasure Principles)"에서 오늘날의 위대한 도시들을 형성하는 디자인의 새로운 정신을 포착해낸다. 그는 뉴욕 시에 대해 다음과 같이 쓴다. "이 도시의 어떤 물건도 손에 잡히는 것은 없다. 그보다는 모두 뭔가 '중요한 일이 벌어지는 곳'에 있다는 흥미진진함과 쾌감 자체를 제공한다." 그는 이렇게 무형의 것을 디자인하는 것에 대한 관심이 뉴욕의 모든 부가가치 산업에 영감을 불어넣고 있다고 서술한다.

사람들은 옷을 사는 것이 아니라 패션을 사기 위해 뉴욕에 온다. 뮤지컬이나 연극을 보는 것이 아니라 '브로드웨이'를 경험하기 위해 뉴욕에 오는 것이다. 브로드웨이의 교통 체증을 없애고, 사람들이 보도나 길거리에 넘쳐나지 않도록 하기 위해서는, 그리고 커튼이 채 올라가기도 전에 숨을 헐떡이며 예약한 상품을 구입하러 달려가는 것을 막기 위해서는 프로듀서와 극장주들이 이 도시의 일자리가 없는 수많은 배우들을 엑스트라로 고용하고 도시 전체를 재창조해내야 한다.

매년 수백만 명의 사람들이 뉴욕의 예술 박물관을 돌아다니는 것은 예술 작품을 감상하기 위해서가 아니라 문화라는 무형의 존재를 경험하기 위해서이다. 사람들이 양키 스타디움을 매 경기 매 시즌마다 가득 메우는 것은 양키의 경기를 보거나 올해의 양키를 구경하기 위해서가 아니라 사람들이 얘기하듯 어떤 '신화'를 들이마시기 위해서이다.[1]

디자인은 단순히 제품만 변화시키는 것이 아니라 도시 전체를 변화시킨다. 최근 몇 년간 프랭크 게리의 빌바오 박물관에 대한 찬사는 넘쳐났지만 1964년 뉴욕세계박람회에 대한 얘기는 놀랄 만큼 적다. 하지만 뉴욕세계박람회는 도시 전체를 재상상해낸 디자인 사건이었다! 거의 잊혀지다시피 한 이 박람회 이벤트에서 가장 주목할 만한 기념물로 뉴욕 퀸즈 하늘 위로 걸려 있는 뉴욕 주 파빌리언(New York State Pavilion)이 있다. 두 개의 찻잔 같은 디스크가 수백 미터 상공 위로 떠올라 기다란 철기둥에 대롱대롱 매달려 있는 것이다. 한편 이 박람회보다 사람들의 기억에서 더욱 사라진 것은 이 박람회가 있기 전의 모습이다. 이전에 이곳은 매일 수천 파운드의 석탄재가 버려지던 진정한 황무지였다. F. 스콧 피츠제럴드(F. Scott Fitzgerald)는 이곳을 "재의 골짜기(the Valley of Ashes)"라 부르기도 했다.

이 황무지는 뉴욕 최고의 디자이너 중 한 사람인 로버트 모제스

(Robert Moses)에 의해 재탄생된다. (이는 크나큰 업적이 아닐 수 없다.) 롱아일랜드의 존스 비치 디자인 작업으로 가장 잘 알려진 모제스는 두 개의 거대 프로젝트를 진두지휘했다. 1939년 세계 박람회와 1964년 세계 박람회에서 그는 이 행사들을 퀸스의 플러싱 지역을 재창조하는 계기로 사용한다. 첫 번째 박람회에서 그는 산처럼 높은 잿더미를 평평하게 만들고 그곳에 숨막힐 듯 높은 빌딩과 공원들을 들여놓았다. 이것들은 오늘날까지 남아 있다. (오늘날의 시각으로 보면 그다지 숨막힐 듯 높아 보이지 않을 수도 있겠다.) 두 번째 박람회에서 그는 참신한 빌딩과 시설들을 세운다. 이것들도 아직까지 남아 있다. 모제스가 상상도 할 수 없을 만큼 거대한 이 프로젝트들에 달려들지 않았다면, 쓰레기 더미와 더러운 플러싱 강은 분명 아직도 그 자리에 남아 있을 것이다. 하지만 오늘날 이 지역은 뉴욕에서 두 번째로 큰 공원과 신중하게 디자인된 다목적 구조물들이 들어서 있을 뿐 아니라 이후 이 지역에 뿌리를 내린 다양한 국적의 커뮤니티가 수십 년간 꾸준히 사용해온 축제의 장이 되었다.

최근 뉴욕에서는 맨해튼 웨스턴 사이드에 뉴욕 제트(New York Jets) 스타디움을 건설하는 것을 두고 논쟁을 벌이다가 철회한 적이 있다. 이 결정이 가지는 정치적 함의는 차치하고서라도 이것을 디자인의 관점에서 평가해보면 어떨까? 제안된 빌딩은 평범하고 사람들의 동의를 얻어내는 데 필요한 대담한 디자인이 부족했다. 뉴욕 제트의 회장은 〈뉴욕 타임스〉에서 이 빌딩이 지역 커뮤니티를 활성화시키기를 기대하는 것은 어려울 뿐 아니라 "빌딩 하나가 그렇게 할 수도 없다"고 말했다.[2] 만약 그들이 단지 축구 경기를 할 장소를 찾고 있는 것이라면 이것은 맞는 말이다. 그러나 진정으로 흥미롭고 상상력이 뛰어난 디자인은 지역 커뮤니티에 활기를 불어넣을 수 있고 그 영향력은 축구 경기장의 기능성을 훨씬 넘어선다. 여기서 부족한 것은 모제스가 추구하던 종류의 획기적인 디자인, 즉 너무나 환상적이고 불가능할 것처럼 보이는 비전으로 사람들을 당혹시킬 만한 디자인이다. 브랜드의 재즈를 연주한다고 말할 때 내가 의미하는 바는 이러한 예상 밖의 비전들을 만들어내고 아직 아름다움이 존재하지 않는 곳에서 아름다움을 볼 줄 아는 것이다.

이 프로젝트들은 대범한 예술 작품을 통해 자연 경관과 지역사회의 모습을 바꿔낸 미국의 위대한 전통을 따르고 있다. 초기 정착민들이 북아메리카에 도착하던 시절부터 미국인들은 기존의 환경을 거둬내고 그들 자신이 디자인한 환경으로 변화시키는 데 거의 병적일 정도의 열정을 보여왔다. 위대한 디자인 비전을 보여주는 사례들 중 하나로 대공황기에 프랭클린 루즈벨트 대통령이 공공사업 진흥국(Works Progress Administration, WPA)을 승인한 일이 있다. 이 기관은 대중들에게 일자리를 제공하기 위해 만들어졌다. 이 프로그램이 남긴 가장 훌륭한 유산은 아마 환상 예술(fantastic art)일 것이다. 오늘날 우리는 미국 전역에 걸쳐 수천 개의 주요 부지에서 이것들을 만나볼 수 있다. 특히 도서관과 우체국, 광장 등은 1930년대의 독특한 리얼리즘으로 넘쳐난다. 바로 얼마 전에는 할렘 병원(Harlem Hospital)에서 1930년대 흑인 예술가들이 남긴 진귀한 작품들 중 하나인 벽화들을 복원한 바 있다. 할렘 병원은 현재 이 작품들이 지니는 문화적 소중함을 어떻게 가장 잘 전시할 수 있을까를 고민하고 있다. (미국은 대공황이라는 엄청난 사회적 절망기에 나라를 아름답게 만드는 자원들을 발견해냈다. 카트리나 태풍이 휩쓸고 간 뉴올리언즈에도 이와 비슷한 노력을 기울인다면 어떨까?) WPA가 남긴 유산은 아마도 우리에게 부족한 것은 재능이 아니라 단지 멋진 작품을 뒷받침할 만한 대담한 비전일 뿐이라는 것이다. "중요한 일들이 일어나는 곳에 있다는 쾌감을 제공하는" 전환(transformation)의 정신은 가장 성공적인 브랜딩 전략의 핵심을 구성한다.

문화의 주변부에서부터 꿈의 주변부에 이르기까지 인간의 감성과 경험이라는 도전적인 과학이 자리하고 있다. 나는 이것이 위대한 브랜딩 전략의 핵심에 있는 것이라고 생각한다.

- 새로운 아이디어는 주류 외부에서 등장하는 새로운 문화적 표현에서 발견된다.
- 음악은 사회 변화를 측정할 수 있는 바로미터이다.
- 우리에게는 모두 반항아적인 기질이 있다.

이것이 의미하는 바는 다음과 같다. 포스트모던 사회의 감성 세계에서 브랜드는 기업 문화와 소비자 문화를 모두 끌어안아야 한다. 브랜드는 이 두 개의 전선에 기대어 영감을 제공하는 독창적이고 설득력 있는 디자인을 창조해내야 한다. 궁극적으로 혁신적인 디자인은 진공 상태에서 나오는 것이 아니라 항상 참여적이고 강력한 감성 문화에 의존한다.

감성 디자인은 여성적 디자인이다

여성들이 남성보다 감정 표현을 더 잘한다는 가정에 동의한다면, 오늘날 '감성 브랜딩'과 같은 것이 존재한다는 사실 자체가 디자인이 많은 면에서 여성화되고 있다는 것을 의미한다. 기업들이 이 새로운 고객에게 다가가는 노력을 점점 강화시키고 있다는 점에서 (오늘날 이루어지는 구매의 80%는 여성들의 영향을 받는다.) 그 사실 여부와 상관없이 이것은 우리의 문화가 변하고 있다는 신호임에 틀림없다. 즉 이제 여성들은 우리가 세상을 보는 방식에 있어 그 어느 때보다 많은 영향력을 행사하게 된 것이다. 우리는 점점 더 직관적이고 정신적인 문화에 살게 되었다. 우리는 여성의 관점에 대해 더 많은 것을 배우고 있고, 점점 더 여성의 시각으로 세상을 바라보고 있다.

디자인의 트렌드를 이끄는 여성 소비자

여성들은 디자인을 이끄는 주요 엔진으로서 남성과 같은 위치로 올라서고 있다. 마사 스튜어트와 오프라 윈프리는 디자인에 대한 폭넓은 문화적 열정을 대표하는 단지 두 명의 유명한 여성 인사에 불과하다. 디자인에 많은 관심을 쏟는 이들의 잡지는 기존의 여성 잡지에서 오랫동안 유지되어온 디자인적 관심을 전문적으로 업데이트한다. 더 나아가 이 유명 인사들은 브랜딩이란 '기능이 향상된' 디자인에 대한 것이 아님을 드러낸다. 그보다는 라이프스타일과 문화, 감성, 그리고 열망에 대한 것이다. 너무나 많은 브랜드가 여전히 여성을 위한 디자인이란 망치를 보라색으로 칠하는 것을 의미한다고 생각한다. 그러나 브랜드는 포스트모던 시대의 여성들이 직면하는 라이프스타일과 변화, 그리고 그러한 문화와 어우러지는 디자인 제품을 고려하는 법을 배울 필요가 있다.

지금은 또한 개조(makeover)의 시대이기도 하다. 남녀를 불문하고 미국인들은 기존 제품에 새로운 스타일을 첨가하는 프로그램에 사로잡혀 있다. 리얼리티 쇼들은 성형외과 의사들을 출연시키고, 〈퀴어 아이 Queer Eye for the Straight Guy〉는 수수한 이성애주의 남성들의 삶을 개조시키며, 〈데일리 쇼The Daily Show〉는 지긋지긋한 시사 프로그램에 활기를 불어넣고, 〈심플 라이프The Simple Life〉는 스타일의 여왕 패리스 힐튼이 시골에서 신나게 뛰놀면 무슨 일이 벌어지는지 탐험한다. 미국인들은 기존의 지긋지긋한 형식에 도전하는 프로그램들에 항상 목말라한다.

이것이 의미하는 바는 다음과 같다. 오래된 것은 모두 새로운 것으로 거듭날 것이다. 이를 위해 새로 바퀴를 창조해내기보다는, 디자이너와 선각자들에게 기존의 세계를 탈바꿈하도록 하라. 현실 세계만큼이나 이미 북적대는 브랜드 풍경에서, 우리는 완전히 새로운 제품보다는 이미 자신의 가치를 증명한 기존 제품들을 좀더 향상시키고 적절하게 만드는 디자인을 필요로 한다. 한편 디자이너들이 이 제품들을 개조할 때에는 반드시 여성들을 고려해야 한다. 여성 소비자들이 바로 개조를 요구하는 선두 세력일 뿐 아니라 무엇을 구매할지 선택하는 주요 결정자이기 때문이다.

여성들이 원하는 것

오늘날 2천2백만 명 이상의 여성들이 홀로 살아가고 있다. 이것은 지난 20년 동안 87%나 증가한 수치이다.[1] 싱글 여성 가구의 증가는 모든 분야에서 더 많은 여성들에게 구매 결정력을 향상시켜주었고 이제 모든 의류 구매 중 90%, 그리고 모든 제품 구매 중 80%는 이들이 결정한다. 그들의 구매 중에는 최초로 장만하는 집도 있다. 『여성들이 진짜로 원하는 것』이란 저서를 위해 실시한 인터뷰와 포커스 그룹 및 여론 조사에서 셀린다 레이크와 켈리앤 콘웨이는 여성들이 그 무엇보다도 건강과 경제력, 시간, 입는 것 등 그들의 삶을 이루는 다양한 방면에서의 통제력(control)을 가장 가치 있게 여긴다는 사실을 발견했다. 이것은 더 나아가 일반적인 소비자들의 삶의 방식을 설명해주는 중요한 진술이다. 사람들은 독립심과 통제력을 선호하고 있고 제품 혁신과 커뮤니케이션은 이를 반영해야만 할 것이다.

집으로부터 멀리 떨어진 집으로서의 호텔

호텔은 가정을 중시해서 회사 출장에 아이들을 데리고 오는 여성들이 점점 늘어나는 것에 적응할 필요가 있다. 이 때문에 육아 서비스를 제공하거나 여성 및 아이들에게 적합한 서비스를 제공하는 호텔들이 늘어나고 있다. 샌프란시스코에 위치한 킴튼 호텔(Kimpton Hotel)은 '위민 인터치Women InTouch' 라는 프로그램을 출시했다. 이 프로그램은 전국 각지에 위치한 이 호텔 체인점에 업무상 또는 개인적으로 여행하는 여성들에게 특별히 맞춤화된 서비스를 제공한다. 똑똑하게 선택한 인테리어 디자인에서부터 육아 및 애완동물 관리 서비스, 그리고 심신을 강화시켜주는 건강 경험에 이르기까지 킴튼 호텔은 여성 고객들을 향한 이 호텔 최고 운영 책임자인 니키 레온다키스의 특별한 헌신을 계속해서 이어나가고 있다. "킴튼의 위민 인터치라는 프로그램은 배낭 여행하던 개인적 경험에서 영감을 얻은 것이다." 그녀는 이 그룹의 웹 사이트에서 이렇게 말한다. "나는 개인적 이유나 업무상 여행을 하는 경우가 많은데 여성들의 특정한 필요들을 충족시키기 위해 애쓰는 호텔들을 높이 평가한다. 킴튼 호텔의 목표는 독창적인 아이덴티티를 만들어가는 동시에 여성 고객들에게 편안하고 안전한 환경과 관리 서비스, 참신한 여행 패키지, 그리고 질 높은 편의시설을 제공하기 위해 노력하는 따뜻하고 기분 좋은 호텔을 만드는 것이다."[2]

이것이 의미하는 바는 다음과 같다. 사람들은 자신의 생활적 필요에 따라 스스로의 방식으로 일을 해결해 나가고 있다. 서비스 산업은 개인들의 생활습관을 충족시킬 수 있는 편안하고 편리한 숙박시설과 서비스를 제공하는 방법을 배워야 한다. 여성이 아이를 데리고 호텔에 도착했다고 해서 그 여성이 직업을 포기하고 가정주부가 된 사람이라거나 한물 간 회사원을 의미하는 것은 아니다. 오히려 그녀는 스스로의 삶을 개척해 나갈 뿐 아니라 자신의 특정한 필요에 맞춘 서비스를 기대하는 새로운 노동 계층의 일원일 수 있다.

세대차 극복하기

인기리에 방영 중인 E의 리얼리티 프로그램 〈천방지축 가스티노 걸 Gastineau Girls〉은 마치 자매처럼 함께 파티에 참여하고 쇼핑하며, 생애 최고의 날들을 보내고 있는 베이비 붐 세대 어머니와 그녀의 십대 딸에 관한 이야기이다. 사실 많은 어머니와 딸들이 서로 비슷한 종류의 일로 외출하게 된다. 소매 브랜드들은 간혹 '함께 쇼핑하기'란 서비스 아이디어를 놓치곤 한다. 여러 세대에 걸쳐 인정받고 있는 메이시 백화점이 〈천방지축 가스티노 걸〉의 인기에 편승하여 어머니와 딸들에게 함께 쇼핑을 권하는 판촉을 펼치면 어떨까? 간혹 복고풍 디자인을 애용하는 신세대들은 어쩌면 어머니 세대에게 즐거운 향수를 불러일으키는 디자인에 반하게 될지도 모른다. 와인 시음에서부터 (좀더 대범한 사람들의 경우에는) 란제리 쇼핑에 이르기까지 다른 제품들도 지난 몇 년간 백화점들이 소홀히 했던 이러한 외출을 뭔가 대범하고 색다르며 감성적인 경험으로 만들 수 있을 것이다. 내 친구 중 한 명은 가장 옷을 잘 입는 간부 중 한 명인데 12살짜리 딸아이의 감독 없이는 아무것도 사지 않는다. 그들이 실내 장식에 관해 대화를 나누는 장면을 상상해보라!

이것이 의미하는 바는 다음과 같다. 세대를 겨냥한 '필-굿(feel-good)' 판촉은 수없이 쏟아진다. 그러나 최고의 브랜딩은 단지 이들에게 구매를 유혹할 뿐 아니라 그들이 좀더 대단하고 괜찮으며 단단한 공동체라고 느끼게 해준다. 여성에 대해 사고할 때 브랜드들은 단지 하나의 동일한 '세대'만을 고려할 것이 아니라 다양한 참여자들에게 고유한 부가가치를 만들어내는 판촉 방식에 따라 여러 세대들을 식별, 구분한 후 하나로 묶어내는 방법을 배워야 할 것이다.

우리가 누구인지 보여주마

15년 전 데미 무어는 사진작가 애니 레이보비츠(Annie Leibovitz)가 찍은 〈베니티 페어Vanity Fair〉의 표지 사진에서 임신한 몸으로 누드를 찍으면서 임신과 모성은 아름답다고 말한 바 있다. 그녀는 여성들이 부딪히는 다양한 삶의 도전을 끌어안고자 한 1990년대 사회운동의 일부를 나타낸다. 한편 전통 예술에서도 여성들의 새로운 기대를 충족시키기 위해 변화를 꾀하고 있다. 오랫동안 모성 반대의 주요 거점이던 발레에서 최근 임신을 수용하는 획기적인 일이 일어났다. 한때 발레는 개인들에게 엄청난 희생과 처벌을 강요하며 단 하나의 신체 유형과 라이프스타일, 그리고 경력을 따를 것을 기대하는 문화적 편견을 앞장서서 주도해 나간 바 있다. 하지만 오늘날에는 심지어 그런 거점마저도 개인의 다양한 필요와 기대를 깨닫고 자신의 기대와 문화, 그리고 춤 자체를 바꿔나가는 법을 배우고 있다. 이런 변화가 바로 소비자 시장에서도 반향을 얻어낼 수 있는 변화이다. (임신한 몸처럼) 다른 종류의 신체를 드러내고 (임신했으면서도 섹시한 전문직 여성처럼) 다른 종류의 라이프스타일을 전시하거나 또는 단순히 대중적인 규범에 도전하는 것, 이것은 모두 긍정의 정신(spirit of affirmation)뿐 아니라 여성이 문화를 바꾸는 데 미치는 엄청난 영향력을 보여준다.

모성 사진에 관한 최근의 관심은 임신을 축복하는 추세가 실제로 얼마나 건재하고 또 증가해 나가고 있는지를 보여준다. 뛰어난 모성 사진가 제니퍼 루미스(Jennifer Loomis)는 "내가 소통하고자 하는 메시지는 강함과 변화, 그리고 아름다움"이라고 말한다.[3] 이것은 그 자체로 많은 여성 중심적 브랜드들에게 강력한 발언이 아닐 수 없다. 여성의 임신을 이해한다는 것은 그녀의 심리적 정체성뿐 아니라 그녀가 아이와 맺는 관계도 이해하는 것을 의미한다. 이것은 또한 브랜드가 앞으로 어린이의 침실 가구에서부터 이들이 가지고 놀게 될 장난감에 이르기까지 좀 더 사려 깊고 열린 방식으로 홈 디자인에 참여해야 한다는 다른 차원의 기회를 의미할 수도 있다. 감성적 차원에서 볼 때 이런 종류의 디자인은 삶의 가장 위대한 기적 중 하나를 기념하는 것으로 볼 수 있다.

이것이 의미하는 바는 다음과 같다. 여성의 몸이 심지어 임신한 상태에서도 미디어 소비자들에게 받아들여지는 이미지가 되었다는 사실은 디자인과 삶의 관계가 변화하고 있다는 것을 나타낸다. 자연스런 삶의 과정과 인생의 다양한 변화에 문을 두드리는 디자이너는 소비자들의 심금을 울리고 이제 막 열매가 열리기 시작한 유망한 시장 영역에 들어서게 될 것이다.

나이키의 현실 해부

나이키 위민(Nike Women)은 공공연하게 "커다란 엉덩이와 굵은 허벅지, 그리고 튼튼한 무릎"을 환영하며 '진짜' 여성들의 몸을 담은 최초의 메이저 광고 캠페인을 출시했다.[4] 오길비 & 매더(Ogilvy & Mather)가 제작한 도브(Dove)의 획기적인 캠페인 "진짜 여성, 진짜 곡선(Real Women, Real Curves)"도 새로운 셀룰라이트 강화 바디 로션을 판촉하기 위해 모델이 아니라 진짜 여성에게 속옷을 입히고 등장시켰다. 그 때 이후로 광고에서 여성들의 자연스런 몸과 외모를 강조하는 경향이 힘을 얻기 시작한다. 포틀랜드에 있는 광고회사 위든 & 케네디(Widen & Kennedy)가 디자인한 나이키 광고들은 6개의 신체 부위를 나타내는 6개의 각기 다른 이미지들을 보여주면서 여성의 신체에 대해 사실적으로 말하는 텍스트를 부각시킨다. 가령 한 광고는 여성의 커다란 뒷모습을 보여주며 이렇게 말한다. "내 엉덩이는 마치 알파벳 C처럼 크고 둥글다. 1만 번의 발차기는 내 엉덩이를 더 둥글게 만들어주었을 뿐 더 작게 만들어주지는 않았다. 하지만 그래도 괜찮다." 다른 광고는 '굵은 허벅지'와 '털이 많이 난 두 개의 막대기'와 같은 다리, 그리고 '가냘프지 않은' 어깨에 대해 이야기한다.

"1990년대 들어 우리는 마침내 똑똑해졌고 드디어 여성들에게 말을 걸기로 했다." 나이키의 미국 광고 디렉터인 낸시 몬새럿(Nancy

"내 엉덩이는 마치 알파벳 C처럼 크고 둥글다."- '진짜 여성'의 모습을 보여주는 나이키 광고

Monsarrat)은 이렇게 말한다. "하지만 우리는 여성들의 몸에 대해선 절대 구체적으로 이야기하지 않았다. 지금은 여성의 몸이 화제가 되고 있다."[5] 브랜딩의 관점에서 볼 때, 지금의 화제는 여성들이 그들의 이상적인 신체 모습이 아니라 자연스런 신체 모습을 접하기 시작했다는 점이다. 만약 어떤 브랜드가 미디어에 정직하게 대변되고 싶다는 여성들의 욕구에 부응하면서 실제 여성과 비슷한 여성들을 광고에 출연시킨다면, 그 브랜드는 구매자들을 더욱 성공적으로 사로잡을 수 있을 것이다. "여성들이 다양한 신체 모습과 크기를 갖는 것은 당연한 일이다. 그들에게 솔직하게 이야기하면 그들은 반드시 반응한다." 몬새럿은 이렇게 말한다.

여성들은 지난 수십 년간 그들의 자연스러운 모습이 미디어에 비춰지길 원해왔고, 마침내 기업들이 이에 귀를 기울이고 있다. 자기인식(self-awareness)을 향한 우리 사회의 거대한 움직임이 아마 자연주의에 대한 이러한 경향에 가장 큰 영향을 미쳤을 것이다. 여전히 지배적인 베이비

붐 세대의 시장 장악력과 함께 특히 흑인과 히스패닉 커뮤니티들을 중심으로 다문화에 대한 인식이 증가하는 것도 커다란 요인이 되고 있다. 이것은 오길비 & 매더의 도브 광고 캠페인에서 다양한 연령과 인종의 여성들이 등장하는 것에서 분명해진다. 여성들의 변화하는 필요를 충족시키고자 하는 이러한 동력이야말로 새로운 디자인을 추진하는 가장 큰 힘 중 하나이다.

다시 주방으로

페미니즘 이전 시대 여성들의 주요 거점이었던 주방이 다시 한 번 여성들의 특권화된 영역이자 여성의 개성을 표현하는 활동 무대가 되고 있다. 포스트모던 시대의 주방은 그 기능보다는 남에게 보여주기 위해 존재한다. 주방의 크기는 응접실의 일부를 정복하면서 점점 커졌고 가장 인상적인 방식으로 집안을 지배하기 시작했다. 주방의 메시지는 이제 좀더 감성적인 것으로 변하였다. 주방은 음식에 대한 것이 아니라 명랑한 분위기와 나눔의 약속이 되었다. 주방은 이웃들의 칭찬을 얻기 위해 존재하는 것일 수도 있지만 그 집의 분위기와 스타일을 결정하기도 한다. 지루한 주방은 지루한 가정을 의미하는 것이다.

어떤 전염병이 많은 미국인의 주방을 덮친 것 같다. 눈이 닿는 한 모든 곳이 잘 닦인 금속과 연마된 철로 온통 뒤덮여 있는 것이다! 주방은 이제 반들반들한 금속이 온통 냉장고와 핸들, 스토브, 믹서, 의자, 토스터 등을 삼켜버렸다. 조만간 분명 철로 만든 감옥 변기가 소호에서 새로운 최신 유행이 될 것이다. 내 말뜻을 오해하지 말기 바란다. 한때 이 금속형 주방은 세련되고 실용적이며, 탈산업주의적인 것을 의미했다.

최근 〈뉴욕 타임스〉의 릭 마린(Rick Marin)은 색상이 있는 주방을 만들기 위해 그가 들인 엄청난 노력의 결과가 얼마나 값어치 있는 것이었는지에 관해 이야기한 바 있다. 그는 맞춤형 디자인과 빈티지 디자인을 찾아다녔다. 많은 이들이 이러한 탐색과정을 좋아하긴 하지만 그래도 디자인에 관심이 많은 가족들을 위해 이 과정은 좀더 편리해질 필요가 있다. 옷장에 매달 매력적이면서 컬러풀한 손잡이를 만들 수 있는 공장을 찾기 위해 브루클린을 온통 헤매고 다닐 필요는 없지 않은가.

평범한 금속형 외관을 거부하고자 하는 새로운 정신은 어쩐지 프랭크 게리의 최근 작품에서 영향을 받은 듯하다. 오랫동안 후기 산업주의의 올메탈 룩(all-metal look)의 대표 주자였던 이 건축가는 최근 뭔가 다른 것을 시도하였다. 그의 환상적인 새로운 파나마 박물관은 (기획과 디자인이 끝났고 아직 지어지지는 않았다.) 금속 패널에 빨강, 노랑, 오렌지색의 파도와 분출을 싣기 위해 그의 서명과도 같던 은빛 강철을 대담히 포기하였다.

다시 한 번 예술은 훌륭한 브랜드 디자인을 모방한다는 사실을 증명하는 게리의 작품은 미국 주방과 가구에서 이와 비슷한 폭발을 일으켰다. 아직 수는 그리 많지 않지만, 우리는 앞으로 새로운 색상과 표면, 그리고 재질의 범람을 기대해야 마땅하다. 가령 Kenmore HE4t 세탁 건조기는 강렬한 색상으로 고동친다. 이것은 심지어 표준적인 전자제품도 특별할 수 있다는 것을 시사한다. 새로운 주방은 좋은 제품과 그것을 전달할 좋은 디자인이 아니면 받아들이지 않는다. 이 새로운 주방 제품들은 다음과 같은 질문을 낳는다. "이 주방 중 평범한 상품에서 섬세한 디자인 제품으로 바뀔 기다리는 곳은 어디일까?"

이와 마찬가지로 일리 에스프레소(Illy Espresso)도 주방에 감성의 물결을 일으키기 위해 대범한 디자인을 들고 나왔다. 물론 에스프레소는 단 한 번도 단순한 상품이었던 적이 없다. 누군가 집에서 에스프레소를 마신다고 할 때 그

우아한 디자인의 일리 에스프레소 캔

녀는 단순히 그 음료뿐 아니라 에스프레소의 느낌과 그것이 연상시키는 것, 그리고 그 문화적 의미를 원하는 것이다. 일리의 최근 광고들은 이 브랜드의 우아한 에스프레소 캔을 등장시킨다. 이 캔들은 이미 그 자체로 에스프레소를 마실 때 함께 따라오는 열망, 즉 유럽적 감수성, 매끄러운 라인, 우아한 색상 등을 구현하고 있다. 그러나 이것들은 모든 에스프레소 판매인에게는 장사밑천이라 할 수 있다.

일리를 다른 제품들로부터 구별시켜주는 것은 이 제품과 함께 제공되는 디자인적 요소이다. 일리 에스프레소 '클럽'에 멤버로 가입하면 정기적으로 배달되는 신선한 에스프레소를 받게 된다. 여기에는 우아하게 디자인된 컵 세트와, 복고풍 모던 라인으로 커팅된 플라밍고−핑크색의 에스프레소 메이커도 포함되어 있다. 이전에는 단순히 좋은 음료와 럭셔리한 캔의 표현에 한정되어 있던 것이 여기서는 하나의 전체적 경험이 되어 주방에 활력을 불어넣고 소비자를 뭔가 특별하고 남다르며 식별력 있는 사람으로 만들어준다. 에스프레소라는 상품은 여기서 디자인과 열망의 수단으로 바뀐다. 이것은 에스프레소와 같은 진미에게는 특히 더 적절하다. 이 음료의 처리과정과 문화에 대한 열정은 컵 속에서 김을 뿜어내고 있는 검은 액체보다 더하면 더했지 적어도 뒤떨어지지는 않는 것처럼 보인다.

이와 매우 유사한 업적을 최근 스타벅스의 정교하게 디자인 된 커피 리큐어(liqueur) 광고에서 발견할 수 있다. 이 리큐어는 음료 믹서기와 커피통을 섞어 놓은 듯 한 짙고 우아한 병에 담겨 나온다. 이것은 오직 손에 한번 들어보고 싶어서 사는 종류의 제품이다. 물론 이 제품에서 수많은 브랜드 확장이 나올 수 있다. 어쨌든 스타벅스의 주요 제품은 단순히 좋은 커피가 아니라, 고객들이 이전에는 전혀 알지 못하거나 원한 적이 없던 커피의 '라이프스타일'이다. 스타벅스는 먼저 문화적 디자인과 입문 프로그램을 제공한다. 커피 조달자라는 역할은 이들의 뒤를 바짝 쫓는 두 번째 기능이다. 무수한 디자인 제품에 스타벅스의 문화적 서비스와 열망을 더 많이 확산시킬 수 있을 때, 이들은 고객들에게 더 나은 서비스를 제공할 뿐 아니라, 사람들은 오랫동안 스타벅스에게서 바래왔던 문화적 만남에 더욱 성공적으로 빠져들 수 있게 될 것이다.

이것이 의미하는 바는 다음과 같다. 「감성 디자인 감성 브랜딩」에서 나는 우리의 모든 생활공간에서 색상과 패션, 그리고 디자인 감수성의 중요성이 증가하고 있다고 말한 바 있다. 친밀하고 평범한 장소야말로 어쩌면 그 어느 곳보다 더욱 재창조를 기다리는 곳일 수도 있다. 이 경향이 지속될수록, 컴퓨터에서부터 믹서기에 이르기까지 점점 더 많은 표면들이 강렬한 색상과 흥미로운 디자인을 원하는 소비자들의 요구를 충족시키게 될 것이다.

주방에서 아기방까지

아이들을 위해 디자인된 제품들은 또 어떤가? 이 제품에 대한 영향력도 여성들이 갖고 있지 않은가? 자신의 아이를 위해 만들어진 못생긴 선물들을 바라보는 부모의 심정은 어떨까? 실용성과 안전만으로 충분한가? 당연히 아니다. 곧 태어날 아이의 방을 장식해보았거나 그런 부모들을 본 사람이라면 누구나 색상과 분위기, 취향, 그리고 다른 무형의 디자인들이 부모들에게 얼마나 중요한지, 그리하여 심지어 집착의 대상까지 될 수 있다는 사실을 잘 알 것이다. 밤새 깨어 있는 상태로 이가 나는 아이 때문에 거의 미칠 지경이 된 부모라 할지라도 아이들이 예쁘고 행복해 보이기 전까지는 개인적 외모에 대한 걱정은 안중에도 없다. 부모들이 심지어 자신의 인생은 엉망진창이 되어갈지라도 아기의 방과 의류, 그리고 장난감 디자인만은 제대로 된 것이어야 한다고 주장할 때, 이들은 거의 일시적인 광기에 사로잡혀 있는 듯하다.

최근 이러한 사실을 깨달은 한 무리의 젊은 기업가들이 유아용 의류 및 가구 업계에 근사한 디자인을 선보였다. 그들의 디자인 리더십과 사업가적 태도는 최고의 디자인 테크닉을 모범적으로 보여준다. 어린이용 가구는 특히나 높은 성장 분야이다. 어린이용 가구점을 운영하는 한 매장 주인은 매리언 롤리(Marianne Rohrlich) 기자에게 이렇게 설명한다.

"유아 산업이 다른 디자인 산업을 따라잡는 데는 오랜 시간이 걸렸다. 멋진 유아용 가구를 원하는 우리의 기도에 답한 것은 소규모 사업가들이었다."[6] 많은 위대한 디자인의 경우가 그렇듯이 새로운 미학을 창조해내는 것은 작고 문화적 감수성이 풍부하며 영감이 뛰어난 제작자들이다. 그리고 어린이용 가구와 의류 디자인에 뛰어든 사람들은 다름아닌 부모들 자신이었다. 이들은 새로운 세대의 가족들에게 사용될 매력적인 (그러면서도 이윤이 높은) 디자인을 창조하기 위해 디자인에 대한 열정뿐 아니라 자신들의 경험을 활용하였다. 그들의 디자인은 최근 들어 일종의 표준처럼 된 친밀한 핵가족 경험에서 생겨난 새로운 열정과 욕망을 해석하고 표현하고 있다. 지난 2, 30년간 가족 규모가 줄어들고 패션에 대한 취향이 일반화됨에 따라 점점 더 많은 부모들이 아이들의 스타일에 아낌없는 관심을 쏟고 있다.[7]

이러한 경향은 가족과 더 많은 시간을 보내려는 여성 및 남성들의 욕망에 부응하는 직업과 라이프스타일에 대한 요구가 증가함에 따라 더욱 증폭된다. 점점 더 많은 사람들이 집에서 일하거나 집 안의 사무공간을 개선함에 따라, 자연스럽게 이러한 호화로움을 집 안의 다른 부분에까지 확장시켰다. 이것은 맞벌이 부부 중 한 명이 집에서 일하면서 좀더 가정에 신경 쓸 때 더욱 그러하다. 이 여성과 남성들은 자신들의 가정생활을 '디자인' 하는 데 선수들이다. 라이프스타일에서의 이러한 변화들은 또한 아이 방에서부터 높은 의자, 그리고 놀이방에 이르기까지 좀더 새롭고 호화스러우면서도 안심할 수 있는 디자인을 요구한다. 이들은 그들의 선택을 재확인해주는 디자인 제품을 지지할 것이다. 이러한 사회적 변화 속에서 디자이너들은 종종 사회 구성원들의 새로운 가치와 선택을 구체적인 제품으로 표현하는 역할을 맡게 된다.

직장은 여성을 원한다

컬러풀한 표현과 감각적인 제품을 향한 움직임은 이미 사무실의 패션을 공략한 지 오래다. 촌스럽고 축 처진 카키색의 캐주얼한 금요일 복장은 비즈니스 업계에서 점점 인기를 잃어가고 있다. 오랫동안 월요일부터 목요일까지의 복장을 주도해왔던 차갑고 빳빳하며 어두운 정장도 점차 물러나고 있다. 점점 더 많은 직장 여성과 남성들이 밝은 줄무늬와 핑크 셔츠, 그리고 형광색 넥타이나 스타일리쉬한 드레스와 블라우스를 입고 출근하고 있다. 단순히 변덕에 의한 패션이 아니라 남성들의 경우에는 멋쟁이가 되기 위해, 여성들의 경우에는 자신의 진정한 선택과 개성을 드러냄으로써 영역을 지배하고자 하는 방법으로서 말이다.

아마 〈퀴어 아이〉(앞서 언급했던 TV 쇼)에 바치는 헌사 차원에서, 패션 감각(과 그것을 넘어 대담하고 기상천외하며 물론 컬러풀한 사람이 되는 것)은 비즈니스 업계에서 점점 더 인기를 얻어가고 있다. 이와 마찬가지로 파리 패션쇼는 부드럽고 기능적인 제품들 대신 점점 더 강렬한 모양과 라인의 세련되고 형식적인 패션을 선호하게 되었다. 디자인이 한창 잘 나가던 그리 오래되지 않은 1980년대를 회상하며 점점 더 많은 디자이너들이 두각을 나타내고 점점 더 많은 매장들이 자신을 차별화하기 위해 대담한 디자인으로 눈을 돌리고 있다. 화려한 컷과 강렬한 색상, 그리고 기존과 다른 형태의 '디자이너 표현들'(또는 심지어 '디자이너 공격 aggression'이라 할 만한 것들)이 패션쇼에 속속 등장하고 있다.

여성적 손길을 가미하는 기술

좋은 디자인의 업무는 우리의 경험을 관리가능하고 의미 있게 만들어주는 것이다. 지루하거나 번잡한 경험을 가지고 그것에 통렬한 우아함과 정제된 맛을 제공하는 것이다. 기술 분야만큼 이것이 요구되는 곳도 없다. 사람들이 나누는 대화나 그들의 미적 감각은 기술이 이 세계에 끼친 엄청난 영향과 세상을 변화시켜온 방식에 영향을 받는다.

비록 기술적 혁신은 넘쳐나지만 (마이크로칩은 더 작고 강력해졌고 기능들은 더욱 다양해졌다.) 대부분의 이 '진전'들은 디자인에 대한 부주의로 인해 힘을 잃는다. '혁신'에 그토록 집착하는 산업이 어떻게 소비자가 직접 보고 만지고 느끼는 제품의 유일한 부분(디자인과 핸들링)은 그토록 소홀히 다룰 수 있는가? 이 모든 기능을 실제로 사람들의 손에 쥐어주는 것은 바로 디자인이다. 전화기의 곡선은 픽셀 수보다 소비자들에게 그 전화기에 대해 더 많은 것을 말해준다. 디자인은 기술의 가장 중요한 부분이다. 기술이 발전하면 발전할수록 소비자들이 그 기술을 이해하고 식별하며 활용할 수 있도록 디자인도 향상될 필요가 있다. 삶에 대한 통제력을 높이기 위한 수단으로 여성들이 기술을 끌어안게 됨에 따라 기술 제품이 디자인되는 방식은 시장에서 살아남는 중요한 변수가될 것이다.

가정용 컴퓨터

컴퓨터와 게임, 그리고 가정용 오락(home entertainment)을 통해 혁신을 선도해가고 있는 멀티미디어 세계는 사무실이건 집이건 할 것 없이 그동안 우리가 친숙한 그 어떤 제품들보다 더 컬러풀하고 혁신적이며 감각적인 외관과 느낌을 가져오고 있다. 이것은 우리가 구매하는 모든 제품에 대한 자극의 기대치를 높여 놓았다. 좋은 디자인은 소비자들의 학습 곡선보다 더 빨리 변하는 기술 제품 시장에서 매우 중요한 주제가 아닐 수 없다. 좋은 디자인은 소비자들에게 이러한 변화를 소화하게 해줌으로써 차이를 만들어낸다. 또한 제품을 사용자의 생활과 연결시켜준다. 애플의 무지갯빛 컴퓨터는 온통 무시무시하고 짙은 회색빛의 기술 세계에 안도의 느낌을 가져다주었다. 여성적 손길은 도처에 존재한다. 우리는 디자인된 경험의 시대에 살고 있고 이러한 의제를 가장 앞장서서 펼쳐나가는 것은 젊은 세대를 위해 만들어진 기술이다.

많은 컴퓨터 하드웨어 디자이너들이 좀더 개선된 디자인을 내놓고 있지만, 대부분의 기술은 여전히 '사무실'과 '일'을 강조한다. 컴퓨터와 전화기 디자이너들은 우리가 해변에 가 있어야 할 시간에 꼼짝없이 갇힌 채 컴퓨터와 일하고 있다는 사실을 환기시켜주고 싶어하는 것 같다. 디자이너들은 이 기계들을 재창조해낼 필요가 있다. 그들은 컴퓨터 하드웨어뿐 아니라 영화와 패션, 광고 등에 대한 (특히 미래의 떠오르는) 소비자들의 기대치를 높이고 있는 Xbox와 같은 제품을 눈여겨봐야 한다. 조화로운 디자인과 결합된 역동적인 자극이 바로 이 게임의 규칙이다. 소매업자와 제조업자들은 그들의 제품을 오로지 가격으로만 경쟁하는 기능적 상품으로 바라볼 것인지 아니면 '디자인된 경험의 전달 수단'으로 바라볼 것인지 결정해야 한다. 애플이 아이팟과 나노처럼 아름다운 하드웨어와 진정한 기쁨 상자들로 앞서나간 반면, 휴렛패커드와 IBM을 비롯한 다른 제조업체들은 믿을 만한 기계를 생산해왔다. 다시 말해, 이 회사들이 컴퓨팅 및 데이터 처리능력이 뛰어난 '컴퓨터'들을 계속해서 제공해온 반면, 애플은 영리한 디자인의 형태로 커뮤니티와 경험, 그리고 감성을 제공했다.

디지털 사진

디지털 사진의 범람은 소비자들에게 어떻게 해야 할지 모를 정도로 많은 이미지에 파묻히도록 만들었다. 소비자들은 그들의 기억을 관리하고 자기 것으로 만들며 더 잘 디자인할 방법을 찾기 위해 혈안이 되어 있다. 기억은 넘쳐나는 반면 디자인적 감각은 찾아보기 힘들다. 오늘날 수천 개의 이미지가 담긴 CD를 몇십 장씩 가지고 있는 가족들이 얼마나 많은가? 이런 상태에서 친구들과 편안하고 즐겁게 이 사진들을 구경하기란 불가능해 보인다. 예전의 필름은 가족사진에 경제적인 관념과 디자인에 대한 고려를 제공했다. 그러나 오늘날엔 휴가를 한 번 다녀올 때마다 수천 개의 사진을 클릭 한 번으로 다운로드하고 제거할 수 있게 되면서 이러한 생산의 자유는 소비자들에게 경험을 디자인하는 능력을 오히려 떨어뜨리고 있다.

이에 대해 많은 사진관들이 해결책을 제시하고 있다. (그리고 여성들이 특히 호응을 보이고 있다.) 이들은 소비자들이 편히 쉬면서 그들의 사진을 쉽게 디자인하고 관리할 수 있는 편안한 환경을 제공한다. 뉴햄프셔에 위치한 콘코드 카메라(Concord Camera)의 마이클 생제르맹(Michael St. Germain)은 소비자가 사진을 고르고 인쇄하는 동안 친구들과 커피를 마시며 편히 쉴 수 있는 공간을 매장 내에 마련했다. "고객들은 친구를 데리고 와 사진을 인화하는 것이 얼마나 재미있는지 보여줍니다."[8] 그는 이러한 서비스가 단순히 장사를 잘 되게 할 뿐 아니라 기존의 필름 및 카메라 판매보다 훨씬 더 높은 수익을 가져다준다고 말한다. 사실상 생제르맹은 디지털 카메라와 이미지 프린팅이라는 기술과 필요를 부가 가치를 창출하는 '경험'으로 재디자인한 것이라 할 수 있다.

휴대폰
"얼마나 많아야 너무 많다고 할 수 있을까?" 셀 수 없이 많은 디자인 기능들을 채워 넣은 휴대폰의 범람을 한탄하며 한 신문 기사의 제목은 이렇게 묻는다.[9] 이것이 뭐가 문제인가? 기능이 많아질수록 디자인도 더 많아져야 하는 게 아닐까? 사실은 그렇지 않다! 디자인은 취향과 우아함, 균형, 그리고 경험에 대한 것이다. 그러나 스티브 로(Steve Lohr) 기자는 여기서 한 가지 예외를 지적한다. '패션과 사용의 단순함'을 위해 디자인된 모토롤라의 모토 레이저(Moto Razr)가 바로 그것이다. 모

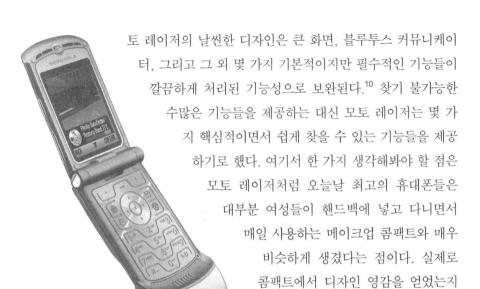

토 레이저의 날씬한 디자인은 큰 화면, 블루투스 커뮤니케이터, 그리고 그 외 몇 가지 기본적이지만 필수적인 기능들이 깔끔하게 처리된 기능성으로 보완된다.[10] 찾기 불가능한 수많은 기능들을 제공하는 대신 모토 레이저는 몇 가지 핵심적이면서 쉽게 찾을 수 있는 기능들을 제공하기로 했다. 여기서 한 가지 생각해봐야 할 점은 모토 레이저처럼 오늘날 최고의 휴대폰들은 대부분 여성들이 핸드백에 넣고 다니면서 매일 사용하는 메이크업 콤팩트와 매우 비슷하게 생겼다는 점이다. 실제로 콤팩트에서 디자인 영감을 얻었는지는 별도로 하더라도, 한 제품군에서 발달한 경험이 다른 분야로 퍼져 나가는 것을 보는 것은 흥미롭다. 여성들의 경험

모토 레이저

에 손을 내밂으로써 휴대폰 디자이너는 여성들이 그녀의 화장품 콤팩트와 맺는 인간공학적인 관계를 디자인 과정에 통합할 수 있다. 콤팩트는 여성에게 익숙할 뿐 아니라 편안하게 사용되는 제품이다.

여성에 의한, 여성을 위한 자동차

여성들이 오늘날 더 많은 영향력을 행사하게된 곳이 하나 있다면 그것은 바로 자동차 산업이다. 안전과 가족용 목적 모두에서 자동차 산업은 여성의 기대를 더 잘 충족시키는 디자인을 만들어내기 위해 여성의 커뮤니티 관념(sense of community)과 바쁜 스케줄을 연구해왔다. 축구 엄마의 이미지가 아직도 남아 있을지 모르지만, 새로운 디자인 컨셉은 아이와 식료품을 실어 나르면서 시간을 보내는 주부들을 위한 미니밴에서 공간도 어느 정도 있으면서 자신의 진취적인 라이프스타일을 존중하

고 반영하는 멋진 디자인을 원하는 직장 여성들을 위한 얼티밋 카(ultimate car)로 바뀌고 있다. 자동차 회사들은 자동차 디자인에 여성 운전자들의 의견을 반영하는 데 더 많은 시간을 할애하고 있다. 이것은, CNW 마케팅 리서치에 따르면 오늘날 미국의 모든 자동차 구매 결정에서 여성들이 차지하는 비율이 약 48%를 차지하며 남성들과 똑같은 영향력을 갖기 때문인 것으로 나타났다.[11] 자동차 산업은 이러한 변화를 따라잡고 있고 엔지니어와 디자이너 모두 그들의 귀와 마음을 활짝 열어두고 있다.

2004년 스위스 제네바에서 열린 자동차 쇼에서 볼보(Volvo)는 여성들에 의해 그리고 여성들을 위해 디자인된 전적으로 새로운 개념의 자동차 YCC(Your Concept Car)를 선보였다. 처음 기획부터 완제품까지 모든 디자인 결정은, 여성들이 차와 운전을 싫어할 것이라는 뿌리 깊은 고정관념을 깨며, 전원 여성으로 구성된 디자인 팀에 의해 만들어졌다. "우리는 우리의 타깃이 누구인지 철저히 조사하였고, 모든 아이디어는 이 프로파일에 근거해 만들어졌다." YCC 디자인 팀의 엘나 홈버그(Elna Holmberg) 박사와 타샤나 템(Tatiana Butovitsch Temm)은 온라인 인터뷰에서 이렇게 밝혔다. "타깃 소비자들의 필요에 부합하는 솔루션만을 자동차에 담았다."[12] 투-도어 세단은 핸드백을 넣을 수 있는 커다란 콘솔과 열쇠 및 동전, 휴대폰을 담을 수 있는 콤파트먼트, 그리고 하이힐 받침대가 달린 조절 가능한 페달, 평행 주차를 도와주는 음성인식 센서 등을 갖추고 있다. 운전자 머리받침에는 심지어 꽁지머리가 들어갈 수 있는 공간이 마련되어 있어 여성들은 머리를 묶은 날에도 앞으로 기울인 상태에서 운전하지 않아도 된다.

볼보는 이 새로운 디자인 컨셉을 한 단계 더 끌어올려 '어고비전(Ergovision)'이라는 것을 개발하고 있다. 이것은 각 개별 운전자들에게 가장 안전하면서도 편안한 승차감을 제공하도록 자동차를 맞춤화하는 것이다. 자동차 판매점에서 운전자가 신체를 스캔 받으면, 운전자의 신체 치수는 자동차 키를 꽂아 시동을 거는 순간 자동차로 전송된다. 그러면 자동차는 운전자가 운전 시 최상의 시각을 보유할 수 있도록 운전 좌석과 페달, 안전벨트, 머리받침, 핸들, 미러 등의 위치를 조정한다.[13]

　YCC는 컨셉 카이기 때문에 실제로 출시되지는 않을 것이다. 하지만 이 중 많은 기능들이 분명 자동차 디자인에 반영될 것이다. 자동차 제조 업자들은 이미 여성들의 필요에 맞는 디자인을 만들기 위해 시범 운전자와 포커스 그룹을 동원하고 있다. 하지만 볼보와 같은 프로젝트는 이와 같은 노력을 더욱 중요한 것으로 만들고 있다. 여성 운전자와 디자이너들은 운전 중 지갑이 차 안을 이리저리 돌아다니지 않도록 지갑을 넣어둘 저장 공간이나 스테레오에 꽂을 수 있는 휴대폰을 위한 벨트 클립, 뒷좌석의 배너티 미러(vanity mirror), 우산을 위한 추가 공간, 손전등과 구급약 상자, 그리고 세탁 가능한 바닥 매트 및 시트커버 등과 같은 혁신적인 개선을 선도해 나가고 있다. 이 아이디어들은 운전자의 신경과 시선을 도로로부터 빼앗아가는 문제들을 간단히 해결해줄 뿐 아니라 자동차를 머무를 만한 공간으로 향상시켜준다. 이들은 디자인을 통해 최상의 운전 경험을 만들어내고자 한다. YCC의 기술 어시스턴트인 레나 에클런드(Lena Ekelund)는 자동차 회사들에게 여성들의 필요를 충족시키는 차를 생산한다고 해서 남성 구매자들을 내쫓는 것은 아니라고 안심시켰다. "대담한 발언을 하나 하겠다. 여성들의 기대를 충족시킬 수 있다면 남성들의 기대는 이미 다 충족될 것이다. 사실이다." 그녀는 이렇게 말한다.

세계의 여성화

세계가 여성화되고 있다는 것은 앙드레 말로와 같은 작가 및 철학자들이 반세기 전부터 주창해온 개념이다. 하지만 직업에 진출하는 여성과 주택구매 시장에서 독신 여성들이 차지하는 비율이 늘어나는 것이야말로 몸으로 체감하는 현실적인 변화들이다. 이러한 변화들은 이제 직장과 가정에 대한 기대와 욕망을 변화시키며 점차 뚜렷한 효과를 발휘하고 있다. 오늘날 이루어지는 모든 구매에서 여성들은 그 누구보다도 강한 영향력을 행사하고 있고, 마사 스튜어트와 오프라 윈프리처럼 주요 미디어에서 강력한 위치를 차지하는 여성들도 늘어나고 있다. 여기서 우리는 점점 더 많은 여성들이 자신의 라이프스타일을 스스로 결정하고 자신의 '취향'에 맞춰 표현하고 있다는 것을 분명히 알 수 있다. 여성들은 (『감성 디자인 감성 브랜딩』에서 이미 지적했고 이 책에서도 분명히 밝혔듯이) 최고 구매 결정자일 뿐 아니라 최고 디자인 및 데코레이션 책임자로 빠르게 부상하고 있다. 우리의 민주적인 세계는 곧 여성들의 이미지로 '재창조'될 것이다. 오늘날 여성들이 점점 더 높은 지위에 오르고 회사의 디자인 결정 과정에 참여하게 됨에 따라 여성들이 디자인 경험에 미치는 영향력도 점점 더 흔한 일이 되어가고 있다. P&G에서 디자인 혁신 및 전략 부대표를 맡고 있는 클라우디아 코치카(Claudia Kotchka)의 사례를 보라. 여성들은 이 새로운 변화를 이끌어가며 디자인된 경험의 진정한 의미를 만들어나가고 있다.

개인화는 사용자에게 맞는 제품을 제공하는 핵심 단계이다. 개인화 경향을 따르는 회사는 소비자들의 입맛에 더 잘 부응할 것이다. 마사 스튜어트와 같은 여성들은 이 운동을 주도해나가고 있다. 그들은 자신들의 사업에 친밀감과 감성, 그리고 보살핌의 개념을 혼합시킴으로써 수백만 명의 소비자들에게 그들의 제품을 선택하도록 부추긴다. ('일곱 번

째 전환: 감성적 맞춤화를 사고하라'를 보라.) 주방에서부터 일터 및 패션 쇼에 이르기까지, 색상과 표현, 대담한 디자인들은 점점 더 두각을 나타 내고 있다. 대담한 디자인 표현은 여성들이 항상 편히 느껴오던 분야이 다. 여성의 감수성에 눈을 뜬 브랜드 디자이너는 이러한 경향을 확장하 고 이용할 수 있다.

이것이 의미하는 바는 다음과 같다. 여성들은 삶의 맥락에서 디자인 선택 을 주도한다. 여성들은 감성 디자인의 언어가 어떻게 그들의 가족과 삶 의 질에 적용되는지를 이해한다. 여성들을 위해 디자인할 때 브랜드는 종종 간과되는 이 사실을 이해할 필요가 있다.

감각적 21세기에 오신 것을
환영합니다

디자인을 그토록 훌륭한 브랜드 커뮤니케이션 수단으로 만드는 개념, 즉 우리의 모든 감각과 연결될 수 있는 디자인의 능력을 검토하지 않고 단순히 시각적 관점에서 디자인에 대해 이야기하기란 어려운 일이다. 『감성 디자인 감성 브랜딩』에서 나는 감각의 중요성과 그 의미, 그리고 어떻게 브랜드가 모든 감각을 자극할 수 있을 때 사람들과 더 강력하게 연결될 수 있는지에 대해 한 장 전체를 할애한 바 있다. 이 책에서도 그러한 발견을 좀더 많이 나눠봤으면 한다. 그 중 가장 강력하진 않더라도 중요한 감각 중 하나인 후각에 대해 자세히 다루고자 한다.

장 루이 레스토랑

뉴욕에서 가장 괜찮은 프랑스 레스토랑 중 하나로 알려진 장 루이 (Jean Louis) 레스토랑의 명성은 이미 잘 구축되어 있다. 하지만 이 책에서 내가 장 루이에게 관심을 가지는 이유는 그가 전체적인 식사 경험을 한 단계 업그레이드시키는 분위기를 만들기 위해서는 음식에 맞는 향기를 결합시켜줘야 한다고 생각한 최초의 요리사 중 한 명이기 때문이다. 장 루이의 비결은 그 요리법에 존재한다. 우리는 다른 곳, 특히 집에서는 아무리 노력해도 절대 맛볼 수 없는 새로운 맛을 이곳에서 발견하게 된다. 누구나 살 수 있는 재료를 가지고 그 시각적 제시와 혁신적 요리법을 예술의 경지로 끌어올리는 이 프랑스 고급요리 주방장의 창조적인 변화 능력을 보라. 장 루이는 이러한 종류의 도전을 사랑한다. 예를 들어 그는 최근 유명한 보석 회사 반 클리프 앤 아펠(Van Cleef and Arpel)로부터 보석을 닮은 전채 요리를 만들어달라는 요청을 받았다. 그가 올바른 솔루션을 찾기까지 석 달이 걸렸지만, 모든 사람들은 최종 프리젠테이션에서 그의 정교한 솜씨와 상상력에 탄복할 수밖에 없었다.

장 루이의 창조성은 여기서 멈추지 않는다. 그는 가장 아름다운 요리를 디자인하기 위해서는 식당에서 식사를 하는 사람들의 기분에도 영향을 미칠 수 있어야 한다고 말한다. "가령 농장에서 자란 누군가에게 닭고기구이 요리를 제공한다고 할 때 건초 냄새까지 담아낼 수 있다면 이 요리는 그 사람에게 어린 시절이나 어머니의 요리를 떠올리게 할 수도 있을 것이다. 이러한 발견은 내 고객의 식사 경험을 향상시켜줄 것이다. 그리고 우리의 감각을 자극시킬 수 있는 방법은 이보다 훨씬 많다." 이를 위해 그는 향수의 달인, 장 삐에르 쉬브르나(Jean Pierre Subrenat)를 찾아가기까지 했다. 장 삐에르도 훌륭한 식사를 더욱 기억에 남을 만한 것으로 만들 방법에 대해 고민하고 있었다. 1년 이상의 진지한 시행착오를 거쳐 (특히 어떤 특정한 요리에 자연산 정유를 얼마나 넣을 것인지, 그리고 그 정유의 향기가 따뜻한 요리에서 얼마나 활성화되는지에 관해) 그들은 마침내 만족스러운 결과에 도달할 수 있었다. 장 피에르는 향수업계에서 일하는 가장 친한 친구들을 장 루이 레스토랑으로 초대해 그들의 결과를 테스트해보도록 했다.

"음식과 결합된 향기는 감성적이고 감각적이다." 장 루이는 이렇게 말한다. 그리고 그의 말은 신빙성이 있다. 모든 감각 중 후각이 가장 오랜 기억력을 가진다는 연구 결과처럼, 우리는 어린 시절 우리를 둘러싸던 향기를 기억해낼 수 있다. "일랑일랑(Ylang Ylang)은 샤넬 파이브(Chanel 5) 향수에 들어가는 원료지만 초콜릿에도 넣을 수 있다." 그는 자신의 레스토랑에서 초콜릿 디저트를 먹으며 깊이 음미하던 여성들이 나중에 알고 보니 샤넬 파이브 향수를 즐겨 쓰고 있었다고 말해주었다.

고객에게 맞는 식사 경험을 제공하려는 기회는 주방장뿐 아니라 레스토랑 경영자의 주요 관심사이기도 하다. 어떤 한 남성이 앞으로 자신의 아내가 될 여성에게 프러포즈하는 커플을 상상해보자. 이 순간을 좀더 로맨틱하게 만들어줄 향기를 통해 이 커플을 위한 무드를 만들어줄 수 있다면 멋지지 않겠는가? 장 삐에르의 도움과 함께 장 루이는 가장 순수한 형태의 향기인 정유를 고객의 따뜻한 접시 밑에 소량 뿌려주는 아이디어를 발전시키게 된다. 이것은 그 고객에게 새로운 감각을 발견하게 해주면서도 옆 테이블에는 방해가 되지 않아야 한다. "나는 고객들이 감각 여행을 통해 기억에 남는 감성을 얻고 돌아가길 원한다."고 장 루이는 말한다. 나는 그가 얼마나 훌륭한 디자이너인지 깨닫는다. 그는 훌륭한 주방장일 뿐 아니라 사람들의 인생을 좀더 흥미롭고 감각적이며 기억에 남는 순간으로 만들어주기 위해 애쓰는 사람이다. 감각적 경험의 중요성은 새롭게 탐험해볼 만한 훌륭한 분야로서, 이 중 후각이 사람들의 행동과 기분에 미치는 영향을 발견할 수 있는 곳으로 떠나보자.

IFF의 꽃에 대한 사랑

후각적 발견의 최전선에 있으면서 이것이 브랜딩에 어떤 영향을 미칠 수 있는지를 이해하는 데 있어 향료 회사(fragrance house)만한 곳도 없을 것이다. 국제향미향료(International Flavors & Fragrances, IFF)는 뛰어난 향수 회사 중 하나로서 소비자들을 감동시킬 풍부한 감각 및 감성적 경험을 발견하는 독창적인 방법을 개발해내고 있다. IFF의 Fine Fragrances and Beauty Care에서 수석 부사장을 맡고 있는 니콜라스 머자얀츠(Nicolas Mirzayants)는 이렇게 말한다. "우리의 역할은 사람들에게 그들의 감각과 판타지를 탐험하도록 도와주는 것이다. 우리는 감각적 세계의 디즈니랜드다."

IFF는 미용 및 식품 산업에 있는 사실상 거의 모든 선두 기업들을 위해 향미와 향료를 만들어내는 기업이다. 그 회사는 자신이 만들어내는 제품의 감성적 의미를 탐색하는 일에 착수했다. 이를 통해 의뢰인들은 향미와 향료가 일반 대중과 그들 브랜드에 미치는 영향을 좀더 명확하게 이해하게 될 것이다. 기업들을 상대로 비즈니스를 하는 회사에게 이것은 매우 혁신적인 움직임이 아닐 수 없다. 나는 IFF 향료 부서의 여러 경영진들을 만났다. 그들이 매우 감성적이고 감각적인 세계에서 활동하는 예술가인 '향료 디자이너'와 마케팅 담당자, 그리고 고객 간의 관계를 관리하는 방법은 흥미로웠다. 나는 또한 이 회사의 유명한 감성 지향적 발견 기법에 대해서도 알고 싶었다. 이 전문 기술은 처음에 의뢰인들을 위한 향료 개발 방법으로 도입되었다가 이후 주요 향료 브랜드들의 영감의 원천이 되었다.

"오늘날 시장에서 성공하는 열쇠는 더 많은 제품을 파는 것이 아니라 사람들의 깊은 욕망과 호흡하는 강렬한 브랜드와 향료 경험을 만들어내는 것이다." IFF의 사내 기업인 브랜드이모션(BrandEmotions)의 부사장 알렉스 모스크빈(Alex Moskvin)은 이렇게 말한다. "우리는 새롭고 독창적이며 감성적인 경험을 담아내는 향료 이야기를 만들어내야 한다. 이것은 다시 말해 똑같은 제품들이 넘쳐나는 시장에서 강력한 감성적 연

한정판 '비저네어'에서 IFF는 예술가들과 협력해 감각과 상상력의 경계를 확장하는 향기를 만들어냈다.

결 관계를 만들어내는 것이다."

이를 위해 IFF는 내가 알기로는 B2B 회사에서는 유일하게 마케팅 최고 책임자인 조 파란다(Joe Faranda, 그는 아봉과 M&M Mars, 홈디포 등 다양한 소비재 회사에서 경험을 쌓았다.)와 광고 기획자 모스크빈(Moskvin)을 기용해, 소비자들의 입장에서 향료의 본래 감성들을 표현해내는 내러티브를 만들고자 했다. IFF는 향료 고객이 그와 동시에 섬유 유연제나 특정 음료의 고객이기도 하다는 점을 분명히 깨닫고 있었다. 그러므로 이 회사는 좀더 총체적인 관점에서 소비자의 필요를 이해하는 것을 중요시한다. CMO 포지션을 만들어내기 위해 IFF는 모든 향미와 향료 품목을 통틀어 그들이 가지고 있는 소비자에 대한 통찰력을 총동원하고자 한다. 사람들은 충분히 사랑을 받고 자라난 식물에서 추출한 향기에 더 큰 반응을 보인다는 믿음에 따라 IFF는 자신만의 고유한 식물원을 짓는다. 여기에서 그들은 750종 이상의 꽃과 식물들을 연구하고 보호하고 관찰한다. 니콜라스 머자얀츠는 이렇게 말한다. "소비자들은 이성적인 존재가 아니다. 우리가 시장에서 보게 되는 것을 훨씬 넘어서는 어떤 집단 무의식이 존재한다. 우리는 우리가 손으로 쓰는 감성적 어휘의 깊이와 사람들이 자연과 맺는 관계를 가까스로 이해할 뿐이다."

이 그룹과 처음 만나면 마치 『오즈의 마법사』에 나오는 오즈와 『앨리스의 이상한 나라』를 하나로 합쳐놓은 신기한 세계에 들어서는 듯하다. "제조회사라는 이름이 전혀 어울리지 않아 보이는 이곳에서 마치 크리에이티브 전문가들처럼 행동하는 이 친구들은 도대체 누구일까?"라는 생각이 들 정도이다. 그들의 언어는 전혀 색다르다. 이 회사는 감성 브랜딩의 언어, 혁신과 감각적 경험의 언어를 사용한다. 그들과 잡담을 나누고 있으면 그들이 그들의 일상 업무와 매일 새롭게 발견하는 사실들에 얼마나 열정을 가지고 있는지 알게 된다. 잠시 동안 나는 내가 우리 회사의 브레인스토밍 자리에 있는 것 같다는 착각이 들 정도였다. 그들은 이 업계의 리더들이고 세계에서 가장 성공적인 향료 제품을 만들어 낸다. (클리니크의 해피Happy는 감성적 경험에 대한 그들의 깊은 신념에서 나온 최초의 진정한 감성 향료이다.)

모든 것은 꽃으로부터 시작된다

브라야 무커지(Braja Mookherjee) 박사는 IFF에서 가장 존경받는 인물 중 한 명이다. 그는 몇 년 전 운명을 달리 했지만 그가 남긴 유산은 IFF의 사업관에 면면히 흐르고 있다. 화학 박사였던 그의 역할은 꽃과 자연에서 최고의 향기 원천을 찾아내는 것이었다. 그래서 그는 IFF에게 식물원을 짓도록 부추겼다. 그는 이 식물원에서 아름다운 향기를 지닌 꽃들이 매일 우리에게 제공하는 향기 분자들을 가꾸고 연구하며 채취했다.

무커지 박사가 남다른 점은 그의 신념에 있었다. 그는 꽃에게도 감정이 있으며 꽃을 잘라내면 꽃의 생명력과 향기가 절감된다고 믿었다. 그는 꽃이 제공할 수 있는 모든 후각적 어휘의 풍요로움을 유지하기 위해서는 꽃을 존중해야 한다는 점을 몇 번이고 과학적으로 증명해보였다. 그는 또한 꽃의 향기를 추출해내는 대안적인 방법을 연구했다. 그는 꽃을 유리 반구로 덮고 그곳에 기체를 주입하는 기술을 만들어냈다. 이 기체는 꽃이 향기를 방출하도록 도와준다. 그런 후 기체를 다시 회수한 후 이 꽃의 향기를 분석하고 상업용으로 재창조해내는 것이다. 식물원은 애정이 깃든 환경을 제공함으로써 꽃에게 가장 풍요로운 향기를 발현하게 하는 방법이었다.

꽃은 무커지 박사에게 그가 받아 마땅한 존경을 돌려주었다. 그는 이 식물들로부터 수많은 향기를 만들어낼 수 있었고, 그 중에는 이제는 유명해진 가드니아(Gardenia)와 많은 이들의 사랑을 받고 있는 백합의 골짜기(Lily of the Valley)도 포함되어 있다. 무커지 박사는 여기서 멈추지 않았다. 그는 꽃이 자랄 때 생기는 중력과의 마찰을 줄이기 위해 물에서 자라게 하면(이를 수경법이라 한다.) 더 빠르고 강하게 자란다는 사실을 발견했다. 또한 서로 다른 종에 속하는 두 꽃을 하나로 합하면(가령 자스민과 오스멘투스처럼) 기존에 존재하지 않던 새로운 향기 분자를 만들어낼 수 있었다. IFF에 따르면 소비자는 일반적으로 생화로부터 만든 향기에 더 잘 반응한다고 한다. 감성적인 차원에서 볼 때 더 쉽게 수용된다는 것이다. 이것은 참으로 놀랍고 흥미로운 아이디어가 아닐 수 없다. IFF는 심지어 존 글렌(John Glenn)과 함께 우주에 장미를 보내기도 했다. 이것은 너무나 대범하고 훌륭한 PR 전략이 아닐 수 없다. 우주에서 장미 잎은 더 빨리 자랐고 향기 분자도 달라졌다. (이 향기를 느껴보고 싶다면 시세이도의 젠Zen을 구입하라.) 지금까지 향료란 백화점에서 뿌려주는 것으로만 생각했던 우리의 생각은 얼마나 짧은 것이었던가!

감성과 감각적 경험에 대한 이해도를 높여라

IFF는 대부분의 브랜드가 사람들이 제품에서 느끼는 높은 감성적 경험을 반영하지 못한다고 생각한다. (비디오 클립과 게임, 〈섹스 앤 더 시티 Sex and the City〉와 〈위기의 주부들Desperate Housewives〉과 같은 TV 프로그램, 그리고 극단적인 것이면 뭐든지 열광하는 청소년들을 보라.) "우리는 우리의 브랜드와 향료를 표현하는 데 감성적인 깊이가 부족하다. 반면 사람들은 좀더 풍부하고 복잡한 꿈과 욕망을 추구하고 있다." 니콜라스 머자얀츠는 이렇게 말한다.

여성들은 이성적인 이유가 아니라 영감과 변화를 위해 향료를 사는 것이다. 이것이 IFF의 신념이다. 이것이 주는 기회는 무한하고 마법은 끝이 없다. 그러나 일부 향료 회사들은 여전히 과거의 경험과 고리타분한 방법에 초점을 맞추고 있다. 사람들은 새로운 아이디어를 찾고 있는 데도 말이다. 이로 인해 많은 향료들이 할인점이나 암시장에서 생애를 마감하는 경향이 늘고 있다. 이 과정에서 브랜드 자본은 말 그대로 파괴된다. 바로 이 때문에 IFF는 사람들이 향료 제품과 맺는 감성적이고 감각적인 연결 관계를 연구하기 위해 시간과 돈을 투자하고 있다. IFF의 목표는 소비자에게 지울 수 없는 흔적을 남기는 향료와 자생력을 가진 시장 브랜드를 만들어내는 것이다.

우뇌의 중요성

알렉스 모스크빈과 얘기할 때 발견되는 그의 첫 번째 특징은 사람들이 지니고 있는 느낌을 끄집어내는 새로운 방법에 대한 그의 단호한 태도이다. 사람들은 그들이 이러한 느낌을 가지고 있었는지 미처 의식하지 못할 수도 있다. 그가 광고 분야에서 얻은 최고의 깨달음은 마케팅 전문가들의 실수에 관한 것이다. 주요 껌 브랜드 제품에 대해 말하면서 사람들은 그들이 원하는 것이 오래가는 맛이라고 말했다. 하지만 실제로 그들이 원하는 것은 입 안에서 터지는 강렬한 맛이었다. 이것은 뇌를 자극하고 새로운 감성을 가져올 수 있다. "우리는 소비자의 말뜻을 제대로 드러내기 위해 단어 사이의 공백을 이해할 필요가 있었다." 그는 이렇게 말한다. 그때 이후로 그는 인간의 심리를 샅샅이 연구하기 시작했고 감성 브랜딩의 궁극적 놀이터인 IFF에서 자리를 잡게 되었다. "사람들에게 무엇을 원하는지 물어보는 방식은 별로 좋지 않습니다. 대부분의 사람들은 그들의 느낌을 어떻게 말해야 할지 모르거나 말하려 들지 않기 때문입니다. 브랜드와 향기에 대한 느낌은 우뇌에서 처리됩니다. 우리는 새로운 방식으로 소비자들에게 귀를 기울이고 그들의 가장 내밀한 필요와 욕구에 다가가는 방법을 배워야 합니다."

알렉스는 향기를 감정과 연결시키는 방법에 대해 끊임없이 연구하고 있다. 그의 최종 임무는 의뢰인(향수 마케터와 패션 디자이너, 그리고 유명 인사에 이르기까지)들이 감성적인 관점에서 그들의 향기를 이해하도록 하는 것이다. 그는 향료 디자이너들의 작업을 지원하기 위해 새로운 후각 컨셉을 시각적으로 보여주는 내러티브를 만들어낸다. 향료의 감성적 프로파일을 작성하기 위해 IFF는 거의 5,000가지에 달하는 향에 대한 사람들의 감성적 반응을 독점적으로 데이터베이스화해 놓았다. 이 풍부한 감각적 연상 작용과 감정의 팔레트는 디자이너와 소비자 모두에게 영감을 제공하는 훌륭한 자료가 된다.

브랜드 이모션은 소비자들이 브랜드와 맺는 감성적 연결을 드러내기 위해 '우뇌' 접근법에 기반한 브랜드 개발을 전문적으로 발전시켰다. 알렉스와 그의 팀은 새로운 향기의 창조 작업을 지원하는 내러티브를 구축한다. 알렉스는 사람들의 깊은 욕망과 소통하기 위해 창조적인 시각화(visualization) 프로세스를 개발해냈다. 이 프로세스에서 사람들은 내러티브를 구축하는 여행을 통해 새로운 향기 프로젝트에 대한 그들의 가장 깊숙한 느낌들을 털어놓는다. "이를 통해 우리는 공적인 것과 사적인 것, 피상적 이미지와 숨겨진 진실, 사회적으로 수용되는 것과 그렇지 못한 욕망 사이의 심리적 긴장 관계를 발견하게 된다. 우리는 인간이 가지는 두려움과 희망, 가장 도발적이면서 깊이 숨겨져 있는 인간 심연의 감성에 가 닿길 원한다." 알렉스는 이렇게 말한다. 그의 역동적인 접근법은 우리가 전통적인 소비자 조사방법을 사용해 브랜드를 개발하는 것이 얼마나 제한적이었는지를 보여준다. 이 방법을 통해 IFF는 또한 각 문화마다 철학과 라이프스타일 면에서 어떻게 근본적으로 차이가 나는지 알게 된다. 가령 알렉스에 따르면, 유럽인들은 지적인 것을 좋아하는 반면 미국인들은 좀더 직접적이고 실용적인 것을 좋아한다고 한다.

IFF의 조사방법과 결과물이 여타의 크리에이티브 산업과 일반적인 브랜드에게도 영감을 제공할 수 있을까? 이 질문에 대한 대답은 IFF의 회사 유형과 좀더 관계가 있다. IFF는 새로운 가치를 중심으로 움직이는 회사로서 혁신적 아이디어에 대한 열정과 사람들의 동기를 이해하고자 하는 열정이 서로 짝을 이룬다. 이 회사는 함께 일하고 함께 창조한다. 향료 디자이너와 마케팅 담당자들의 마음에는 오직 한 가지 생각밖에 없다. 어떻게 하면 그들의 의뢰인이 그들의 고객을 기쁘게 하는 제품을 제공함으로써 성공적인 브랜드를 구축할 수 있도록 도울 수 있을까가 이들의 관심사이다. 그들이 개발한 새로운 조사방법과 감성적 매핑(mapping)은 모든 회사에게 이처럼 창조적인 언어로 말하고 혁신적으로 접근할 수 있는 도구를 제공한다.

IFF는 다른 산업에도 귀감이 될 만한 새로운 혁신을 시도하고 있다. 나는 항상 애플의 컴퓨터 상자를 열 때 멋진 향기가 나면 어떨까 하는 생각을 한 적이 있다. 이에 부응하기라도 하듯, IBM으로부터 씽크패드 사업을 인수한 중국의 레노보(Lenovo)는 '향기를 머금은' 휴대폰을 출시했다. 이 휴대폰은 "배터리가 열을 받으면서 나오는 달콤한 향기로 대화의 질을 높인다"고 한다.[1] 이 전화기는 중국 여성들에게서 이미 선풍적인 인기를 끌고 있다. 사람들이 브랜드를 바라보는 방식을 바꿔낼 수 있는 가능성은 무한하다. 향기는 고객들에게 다가가는 새로운 방법을 찾고자 하는 브랜드에 훌륭한 영감을 제공할 수 있다.

감각적 경험의 브랜드잼

브랜딩 산업에서는 잠재의식적 욕망을 불러일으키기 위해 시각적 보드(visual board)를 사용한다. 그러나 이 향료 회사는 사람들의 반응의 질을 좌우하는 것이 시각적 자극의 혁신성에 달려 있다는 것을 깨달았다. 시각적 자극은 당신을 심란하게 할 정도로 예상치 못한 것이어야 한다. 만약 과일이나 꽃을 보여주고자 한다면 그것을 부수거나 뭉개거나 상한 상태로 보여주어야 한다. 끈적거리거나 성적 뉘앙스를 지닌 것을 보여줘라. 여성의 입술에 지저분하게 칠해져 있는 립스틱이나 성전환자, 또는 사진에 뭔가 미스터리한 느낌을 가져오는 어두운 색상 등을 보여줘라. 심란할 정도로 도발적인 사진들은 '아름답고 예술적'일 수 있다. 이러한 시각적 요소들은 사람들의 가장 내밀한 감성을 밖으로 끌어내도록 도와준다. 감성을 조사하는 과정에서 물러섬이란 없다. 이 과정은 힘들지만 최고의 통찰력을 안겨준다. 당신은 다음을 알아야 한다. 이것은 오르가즘에 대한 것인가 아니면 전희에 대한 것인가? 이것은 사냥감을 잡기 전의 흥분에 대한 것인가 아니면 사냥감에 대한 것인가? 암시적인 것인가 아니면 친밀한 것인가? 당신은 사람들이 이 심원하고 가열찬 자기 발견의 과정에서 맘껏 즐기기를 원한다.

이 향료 회사는 오직 한 가지 생각밖에 없다. 어떻게 하면 사람들에게 기쁨을 제공하는 제품으로 보답할 것인가가 그것이다. 그러나 그들의 혁신적인 성공은 사람들에게 새로운 감성적 경험을 만들어내는 것에 달려 있다. 그들이 개발한 새로운 조사방법과 감성적 매핑(mapping)은 향료 디자이너와 영업 담당자, 그리고 사업가들에게 동일한 창조적 언어를 말하고 동일한 선구적인 접근법을 개발하도록 도와주었다. 혁신은 전통적 연구방법으로는 절대 도달할 수 없는 저 심원한 인간 감성으로부터 나온다. 가령 여러분은 사람들이 향료에 색상을 연결시킬 수 있다는 사실을 발견하게 될 것이다. 이것은 포장 디자인을 할 때 중요한 통찰력을 제공할 수 있다.

여기서 당신은 이것이 향료 브랜드에만 적용될 뿐, 다른 곳에서는 실행할 수 없다고 생각할지도 모른다. 하지만 틀렸다. 브랜드는 스토리, 즉 이야기에 대한 것이다. 이 뼈대에 살을 붙이는 것이 바로 색상과 재료이다. 이를 통해 당신은 사람들이 진정으로 뜻하는 바를 알게 될 것이다. 이것은 호불호의 문제나 단어의 문제가 아니다. 이것은 근본적으로 감성적 진실에 관한 문제이다. 감성을 발견하고자 한다면 당신은 좋은 것과 나쁜 것, 흉하고 추한 것을 보기를 두려워해서는 안 된다. 삶을 있는 그대로 바라보는 것을 두려워하지 말아야 하는 것이다. 디자인 회사나, 여기서 언급한 향료 회사와 같은 브랜드 중심의 공급업자들은 과거의 보관자, 즉 풍부하지만 종종 무시되어 왔던 소비자 데이터 및 제품경험의 저장소가 된다. 이 책을 집필하기 위해 만난 수많은 경영진들은 일부 브랜드 경영진이 보여주는 주인의식의 부재를 목격하는 것이 얼마나 괴로운지 호소한다. 그들은 프로젝트가 다 완성되지도 않았는데 떠나기도 한다. 급변하는 세계 속에서 경영진을 계속해서 보유할 수 없는 기업들은 장기적인 계획을 세우는 데 필수적인 연속성을 잃게 된다. 단기적인 '히트'야말로 이들을 움직이는 원동력이다. 이를 통해 그들은 다른 곳에서 더 나은 일자리를 구할 수 있기 때문이다. 훌륭한 아이디어들은 이 과정에서 방치되고 후일을 기약한다. 가령 우리 회사만 해도 특정 의뢰인을 위해 개발해놓았지만 그들의 후임자가 추진하지 않는 바람에 남겨진 아이디어들이 수백 개에 이른다. 이렇게 놓쳐버린 기회들이 얼마나 많은가.

브랜드의 소리를 들어라

브랜딩 세계에서 흔히 일어나는 오해(이러한 오해는 대부분 슈퍼마켓 제품이나 의약품, 건강 및 미용 제품, 자동차 및 패션 산업, 그리고 항공사에서 일어난다.)는 롤링 스톤스나 데이빗 보위(David Bowie), 마이클 잭슨, 엘튼 존, 브루스 스프링스틴, 마돈나, 퍼프 대디, 레니 크라비츠, 그리고 메릴린 맨슨과 같은 가수들이 그들과는 전혀 다른 브랜딩 패러다임 하에서 작동하고 있다고 생각하는 것이다. 많은 디자이너들이 심지어 이들이 자신의 개성을 시각화하기 위해 얼마나 많은 공을 들였는지 이해하려조차 하지 않는다. 이 '브랜드'들은 우수한 음악을 만들어내는 것 외에, 청중들에게 가장 깊은 감성을 불러일으킬 뚜렷한 페르소나(persona)를 제시해야 한다는 사실을 이해하고 있었다.

이것은 이 음악 스타들에게 그들이 누구인지를 보여주고 느끼게 해줄 모습을 찾기 위해 패션 디자이너와 손을 잡게 했다. 타미 힐피거의 저서 『스타일Style』은 음악과 패션이 결합하여 만들어낼 수 있는 브랜드 구축 관계를 가장 설득력 있게 기록하고 있다. 이 책은 로큰롤 음악에서 패션 디자인이 맡는 역할에 관해 뉴욕의 메트로폴리탄 미술관과 클리블랜드의 로큰롤 명예의 전당 및 박물관에서 열린 전시회를 즈음해 기획되었다. (타미 힐피거가 이 전시회를 후원하기도 하였다.) 이 책은 로큰롤 산업이 어떻게 텔레비전과 대중 매체에 비친 모습을 통해 그들의 페르소나를 구축할 수 있고, 또한 패션 스테이트먼트를 통해 자신의 아이덴티티를 강화하는 것이 콘서트를 넘어 청중들에게 다가가는 데 중요한지를 재빨리 깨닫고 있음을 보여준다. 우리는 섹시 혁명을 불러일으킨 킹 (King)의 섹시함과 초기 비틀스의 반항적인 장발과 외모, 모타운 (Motown)의 글래머, 오페라적인 엘튼 존, 키스(KISS)의 속박의 메시지, 데이빗 보위의 트랜스젠더적 이미지, 프린스의 데카당한 초현실주의, 마돈나의 종교적이면서 섹시한 고뇌의 모습, 그리고 갱스타 랩과 심지어 디자이너 힙합까지 목격할 수 있었다. 이렇게 음악이 자신의 모습을 바꿔가며 여러 세대의 감성적 열망에 어필할 수 있었던 반면, 소비재 브랜드들이 예전의 모습만 답습하고 있다는 사실은 언제나 나를 경악케 한다. 캠벨 수프 통조림은 예전과 거의 달라진 것이 없고, 타이드도 처음 나왔을 때와 거의 동일한 포장을 사용하고 있다. 그렇다면 음악 산업은 이해하는 반면 다른 브랜드들은 이해하지 못하는 사실이 도대체 무엇일까?

그것은 바로 다음과 같다. 그 음악인들의 대부분은 최첨단 디자이너들과 함께 그들의 이미지를 업그레이드시키고자 했고 기억에 남을 만한 브랜드를 만들기 위해 과감하게 도전했다. 타미 힐피거가 힙합 대중과 맺는 유대관계는 이제 널리 알려진 사실이 되었지만, 마돈나의 무대 의상과 속옷들이 프랑스의 패션 디자이너 장 폴 고티에나 영국의 디자이너 존 갈리아노의 작품이라는 것을 아는 사람은 거의 없다. 또한 롤링 스톤스가 패션 디자이너 스티브 맥퀸을, 데이빗 보위가 비비안 웨스트우드를 고용했다는 사실을 아는 사람도 드물다. 『스타일』에 따르면 마돈나는 실제로 매 곡마다 그에 맞는 의상이 갖추어져 있지 않으면 무대에 오르지 않겠다고 말했다고 한다. "세상에서 가장 훌륭한 곡을 가졌다 하더라도 무대에서 훌륭한 모습을 보여줄 수 없다면 그것은 바람 빠진 풍선과 같다." 이 말은 슈퍼마켓에 진열된 일부 제품들에 대해 생각할 때 정확히 들어맞는 말이 아닐 수 없다.

새로운 감성적 현실을 표현하고 우리의 인생관을 바꿔놓은 가수들은 우리의 기억 속에 지울 수 없는 흔적을 새기면서 우리가 껍질을 깨고 나와 새로운 방식으로 감각을 자극하도록 부추겼다. 반세기가 흐른 후에도 롤링 스톤스는 여전히 젊은 세대들의 마음을 흔들고 있다.

아이스크림과 같은 비누를 디자인하라

리사와 벤자민 니사노프(Lisa and Benjamin Nissanoff)는 아이스크림과 똑같이 생긴 목욕 제품을 발명해냈다. 이 제품의 아이디어도 동일하다. 즉, 어떻게 하면 일반 제품(generic product)에 대한 사람들의 인식을 성공적으로 바꿔낼 것인가가 관건이었다. 이 제품은 매우 재미있는 포장을 지니고 있다. 제품들은 샤워 샤베트, 젖과 꿀이 흐르는 땅, 페퍼민트 휘핑크림과 같은 이름으로 일반적인 비누제품들이 제공하는 과일향과 꽃향기를 넘어 새로운 감각적 요소를 탄생시킨다. 전체적인 컨셉은 음식과 관련된 감각적 경험으로서, 이 경향은 우리가 가진 감각들 간의 거리를 좁히고 제품에 대한 우리의 인식을 다변화시킨다.

새로운 차원의 감성 디자인은 오감 전체와 연결되면서 감성을 불러일으키고 잃었던 감각을 부활시킨다. 만약 이 감각적 느낌들이 약간 뜻밖이라면, 즉 재즈의 작용이 가미되거나 기존과는 다른 새로운 제품군을 겨냥한 디자인이라면 그것은 소비자에게 전혀 새로운 감각적 발견을 가져올 수 있다. 광고업자들도 이런 생각을 안 한 것은 아니다. 욕실 및 주방을 주제로 한 2005년 〈뉴욕 타임스〉에 실린 한 광고의 제목은 "감각의 성역. 풍요로운 욕실과 주방에 당신의 몸을 푹 맡겨보십시오."였다. 수피마(Supima) 타월 광고는 자신의 제품을 "고급스럽고 윤이 나며 오래간다."고 설명한다. 오리진스(Origins)는 생강으로 만든 제품을 출시하면서 생강이 "신체를 자극하고 에너지를 증가시키는 것으로 오래 알

려져 온 약초"라고 설명했다. 이것은 실험하기를 좋아하고 호기심 많은 고객에게 다가가는 새로운 방법이다. 이 제품은 또한 "끊임없이 진화하는 우리의 입맛을 위해 오렌지와 감귤, 포도와 같은 재료들"도 제공한다. (여기서 우리는 흥미롭게도 음식과의 연관성을 발견할 수 있다.) 웨스틴호텔 & 리조트가 내놓은 새로운 인쇄 광고에서는 향수 업계가 애호하는 센트스트립(scent strip) 기법을 사용해 백차(white tea)의 향기를 느낄 수 있게 한다. 이 광고의 헤드라인은 "웨스틴의 평온한 새 향기"라고 되어있다. 고객이 어떻게 느껴야 하는지를 발견하도록 도와주는 것에 자긍심을 갖는 호텔에게 이 광고는 매우 강력한 방법처럼 보인다.

와인 향기의 정취

브라질의 화장품 회사 오보티까리오(O Boticario)는 와인 제조술과 향수 제조술을 결합하였다. 또한 아르헨티나의 유명한 와인 회사 말벡 (Malbec)도 이제 자신의 와인에 기초한 향수 제조 사업에 뛰어들었다. 새 향수의 이름 또한 '말벡'으로서, 이 향수는 '메트로섹슈얼(metrosexual)'을 겨냥하여 만들어졌다. 메트로섹슈얼이란 메트로폴리탄 지역에 거주하면서 외모와 패션에 밀접한 관계를 맺고 있는 이성애 남성을 가리키는 용어이다. 이 집단은 모험심이 강하고 항상 새로운 자극을 필요로 한다고 여겨진다. 그들은 앞으로의 패션이 존재하기도 전에 이미 그에 대한 지식을 보여주고 싶어한다. 현재 가장 잘 나가는 와인에 기반한 이 브랜드는 신속히 사람들의 마음을 사로잡아 나갈 것이다.

이것이 의미하는 바는 다음과 같다. 브랜드는 오감과 모두 연결되어야 하지만 그 방식은 파괴적이고 때에 따라서는 '폭발적'이어야 한다. 감각적인 리서치는 사람들이 브랜드를 경험하는 감성 상태에 대해 알려주고 새로운 커뮤니케이션 방법을 도입시킨다. 브랜드가 감각과 연결될 수 있을 때 그 브랜드는 사람들의 충성심을 얻게 될 것이다. 다시 말해, 좀 더 풍요롭고 설득력 있는 메시지가 모든 감각을 통해 긍정적인 방식으로 발견될 수 있을 때 그 브랜드는 사람들과 더욱 깊이 연결될 수 있다.

디자인 민주주의

언젠가 나는 터키 회사인 마르카(Marka)에서 강연하기 위해 이스탄불에 간 적이 있다. 다른 강연자들과 함께 이스탄불 공항에 도착하자 마르카에서 나온 두 직원이 우리를 환영해주었다. 저녁 7시쯤이었는데 벌써 칠흑같이 어두웠다. 호텔로 가는 동안 종종 교통 체증으로 속도가 지연되었고 이 덕분에 나는 이 도시의 건축물과 그 특이한 생동감을 관찰할 기회를 얻을 수 있었다. 이스탄불을 돌아다니는 것은 마치 여느 유럽이나 미국의 주요 도시에 와 있는 느낌이었다. 야경에 빛나고 있는 간판들과 거리를 따라 죽 늘어서 있는 거리 광고판들도 비슷했다. 유일한 차이가 있다면 이슬람교 사원의 실루엣들이 이곳이 무슬림 국가라는 사실을 알려주고 있다는 것이었다.

목적지까지 반쯤 왔을 때 나는 한 건물의 측면을 장식하고 있는 빨간색과 하얀색의 거대한 광고판을 목격했다. 그것은 미국 주요 대도시의 거리 광고판과 매우 흡사한 방식으로 세워져 있었다. 그 광고판이 너무

터카 콜라

나 흥미로워서 나는 밴을 멈춰 세우고 사진을 찍기로 했다. 이스탄불 한복판에서 내 눈앞에 서 있는 이 거대한 포스터에 새겨져 있는 것은 빨간색과 흰색을 주요 색상으로 채택하여 디자인한 '터카 콜라(Turka Cola)'라는 이름의 음료수 캔이었다.

터카 콜라의 열망

처음에는 이것이 미국이나 미국 브랜드들에 대한 일종의 저항일 것이라는 생각이 들었다. 그러나 마르카에서 온 사람들이 그렇지 않다고 말해주었다. 이스탄불에 머무는 동안 나는 터키 사람들이 터카 콜라에서 구매하는 것은 주요 미국 음료수 브랜드들이 연상시키는 자유와 생동감, 그리고 낙천주의임을 깨달았다. 다만 터키 사람들은 이것을 그들 문화와 연관성이 깊은 제품에서 살 뿐이었다. 터카 콜라는 코카콜라 브랜드의 '진짜(real)'라는 감성과 펩시의 '반항적인' 광고 이미지를 차용하여 이것을 지방색으로 업그레이드함으로써 뿌리치기 힘든 유혹을 제공하고 있었다. 그렇다면 감성적인 측면에서 봤을 때 터키 소비자들은 제품 그 자체보다는 그것이 제공하는 감성적 의미에 더욱 관심을 가지고 있다고 할 수 있다.

터키 사람들에게 터카 콜라는 터키 사회가 미국 브랜드만큼이나 '거대한' 브랜드를 만들어낼 수 있을 정도로 발전했다는 사실을 입증하고 있었다. 일종의 '우리도 해냈다!'라는 메시지라 할 수 있을 것이다. 이것은 아마도 사회가 변하고 있다는 희망의 메시지이자, (비록 그것이 한

낱 '브랜드' 권위라 할지라도) 권위에 대항해 일어서는 것이 괜찮다는 상징일 것이다. 이 경우에 브랜드는 좀더 깊은 차원의 문화적 메시지를 담는 도구로서 새로운 삶을 살게 된다.

미국의 대표적인 브랜드 가치에 자국, 특히 무슬림 국가를 연결시키고자 하는 것은 이 회사가 자국의 욕망뿐 아니라, 미국 '부모' 브랜드들과 맺고 있는 관계, 그리고 브랜드 자체의 의미에 대해 잘 이해하고 있다는 것을 보여준다. 터카 콜라의 마케팅과 판매는 코카콜라가 아니라 독립적인 벤처기업에 의해 이루어진다. 하지만 애국주의적 메시지에 의해 더욱 강조되는 이 음료수와 코카콜라와의 연관성, 즉 그 색상과 그래픽, 그리고 명백한 네이밍은 터키 사람들이 미국 브랜드에 얼마나 감성적으로 연결되어 있는가를 보여준다. 우리는 이런 질문을 던져볼 수도 있을 것이다. '터카 콜라 브랜드는 혹시 터키인들이 자신의 나라와 정체성에 대해 자긍심을 느낄 수 있는 하나의 수단이 아닐까?'

감성적인 관점에서 봤을 때, 우리는 분명한 긍정적 가치를 지니는 브랜드들에 대해 사람들이 얼마나 감성적으로 연결될 수 있는지를 간과할 수 없다. 일부 기업에서 이것은 부정적인 브랜드 발전 단계로 여겨질지도 모른다. 하지만 사실 이것은 브랜드가 메시지를 전달할 수 있는 엄청난 기회이다. 왜 미국 음료수들은 그들이 먼저 지역적 메시지로 옷을 갈아 입고 제품을 판매해야겠다는 생각을 해내지 못했을까? 분명 터카 콜라를 가장 구매하고 싶어하는 사람은 일종의 반항적인 행동주의와 독립심을 나타내고자 하는 젊은 층일 것이다. 그러나 이 메시지가 반드시 분노나 증오의 메시지일 필요는 없다. 그것은 주요 콜라 브랜드들에게 지역의 언어라는 옷을 입을 경우 더 큰 호소력을 가지게 될 것이라고 말하는 일종의 대화의 메시지일 수도 있다.

이 이론의 유효성과 동시에 아이러니를 입증하는 점은 바로 터카 콜라 브랜드의 상품 설명자가 다른 이도 아닌 체비 체이스(Chevy Chase)라는 사실이다. 그는 미국의 수많은 유수 코미디 프로에서 유쾌하고 엉뚱한 역할로 유명한 배우다. 무슬림 세계에서 한창 반미 감정이 고조된 시기에 제품에 대한 감성적 플랫폼으로 유머를 택한 것은 매우 적절한 선택이 아닐 수 없다.

"당신은 소다가 아니라 미국을 마시고 있는 겁니다." 터키에서 터카 콜라의 "신경을 건드리자(Touch a Nerve)"라는 광고 캠페인을 맡고 있는 광고회사 WPP 그룹의 영 앤 루비캠 이스탄불의 CEO이자 크리에이티브 디렉터인 세르다르 에레나르(Serdar Erenar)는 이렇게 말한다. 미국과 무슬림 국가 간의 최근 긴장관계를 비추어볼 때 뉴욕에서 촬영된 이 광고는 의도적으로 재미를 추구하고, 장난스러운 방식으로 브랜딩을 통한 변화의 관념을 뒤집는다. 광고는 터카 콜라를 마심으로써 미국인들이 터키인이 될 수 있다고 말하는 듯하다. 두 국가가 서로 중첩되고 뒤섞이는 상징으로서 브랜드를 포지셔닝하는 것은 유머를 불러일으키고 실제 현실에 존재하는 두 문화 간의 긴장 관계를 완화시켜준다. 가령, 한 TV 광고에서 체이스는 타임 스퀘어를 지나가다가 온통 터키 국기로 뒤덮인 자동차와 마주치게 된다. 이 자동차에는 축구 경기의 승리를 자축하는 터키인들로 가득 차 있다. 한편 그가 커피를 마시러 식당에 들어갔는데 옆자리에 앉은 카우보이가 빨간색과 흰색 캔에 담겨있는 터카 콜라를 마신 후 터키어로 말하기 시작하는 것이 아닌가!

또 다른 광고에서 체이스는 그의 스테이션왜건을 한 전원주택 앞에 주차시킨다. 그의 아내는 부모님과 아이들을 위해 터키 음식을 준비하고 있다. 저녁 테이블에서 모두 '야구경기에 나를 데려가주세요(Take me out to the ball game)'라는 노래를 부르다가 터카 콜라를 한 입 마시더니 갑자기 1970년대 보이스카우트 노래를 터키어 버전으로 부르기 시작한다. 이 노래는 터키의 국가 정체성과 관련되어 있다. 광고 마지막에 체이스는 심지어 텁수룩한 수염마저 기른다.

이 광고회사는 미국에서 설립되어 영국인에 인수된 후 터키에 있는 터키인들에 의해 운영되고 있다. 터키의 높은 영어 사용자 수를 고려해 볼 때, 광고에 이중 언어를 이용하여 진짜 유머러스한 반전을 만들어낼 수도 있을 것이다. 문화적 혼합은 이곳에서 이미 역사적으로 일어난 사실이다. 과거에 이곳은 동양과 서양이 만나는 곳으로서 이 강력한 두 문화의 합류 지점이었던 터키는 이 둘을 터키에 유리한 방식으로 혼합해 놓을 수 있다. 이것이 주는 메시지는 무엇일까? 바로 '감성적인 (emotional)' 스토리이다. 터키인들에게는 재미있는 반면 자신의 시장 점유율이 추락하는 것을 보고 가격을 낮추어야만 했던 미국 음료수 회사들에게는 재미없는 스토리 말이다!

디자인의 생존 전략

인간과 마찬가지로 브랜드도 탄생기와 성장기, 성숙기, 노년기, 그리고 부활 또는 죽음이라는 생애 주기를 거친다. 적자생존이라는 다윈의 원칙은 불가피하다. 가장 강한 자만이 살아남고 가장 적응력이 뛰어난 자가 승리하는 것이다. 기업은 자신의 성공을 연장시켜줄 기회를 예상할 수 있어야 한다. 질레트를 인수해 남성 면도 산업에 뛰어든 것은 P&G의 성공에 엄청난 도움이 되었다. 빅토리아 스크릿의 미용 산업 투자도 이 기업의 미래를 바꿔놓았다. 코카콜라가 생수 산업에 뛰어든 것은 누구나 소비자들의 입맛에 적응해야 한다는 사실을 보여주는 증거이고, 에스티 로더가 맥(MAC) 화장품을 인수한 후 클리니크를 만들어낸 것은 젊은 여성층에 대한 이 회사의 제품력을 강화시켜주었다.

한편 컴팩(Compaq)은 휴렛패커드에 합병되었고, IBM의 PC 산업은 델의 유통 모델과 가격 경쟁에서 패배했다. 한편 오늘날 팬아메리칸 항공사를 기억하는 사람이 누가 있을까? 시어스와 K-마트는 앞으로 어떻게 될까? 보잉은 자신보다 더 큰 에어버스 모델과 어떻게 경쟁할 수 있을까? 성공을 거둔 모든 브랜드들에게는 항상 꼭 한 명씩 이단아형(maverick) 경쟁자가 존재한다.

생애 주기마다 각 회사를 기다리고 있는 도전들도 달라진다. 브랜드가 커질수록, 즉 브랜드가 일단 상당수의 대중을 사로잡고 나면, 그 브랜드가 혁신의 에너지를 잃지 않으면서 선두의 자리를 지켜나가는 데에는 더 많은 도전들이 기다린다. 어떤 브랜드는 그들을 위대하게 만든 처음의 동력을 잃어버린다. 그들은 엄청난 감시 속에서 일정한 경제적 목표를 달성할 것을 강요받는다. 여기에서는 예상가능성과 안정적 수익이 중요하게 요구된다. 그러나 바로 이들이야말로 혁신과 위험에 대한 도전을 질식시키는 일반적인 기대들이다. 이 경우에 해당하는 회사들로는 콜게이트와 코닥, 소니, IBM, 크래프트(Kraft), 제록스, 시어스, 리바이스, 그리고 디즈니가 있다.

한때는 유효성을 입증받았지만 이제는 지쳐버린 브랜드들은 계속해서 주식 상승을 목표로 그들의 거대한 운명을 짊어지고 나간다. 때로는 그들을 앞으로 나아가게 할 견인력이 부재할 때도 있다. 그들은 사람들의 동경을 받는 동시에 언론과 대중의 손쉬운 조롱거리가 되기도 한다. 그들은 또한 그 부와 규모를 고려해볼 때 제1의 법적 소송 대상이기도 하다. 그들은 서비스를 제공하긴 하지만 사람들에게 영감을 주지는 않는다. 그들은 성장하지만 신명을 불러일으키지는 않는다. 그들은 진화의 사다리에서 그들의 자리를 돈으로 살 수 있는 자금력이 있는 경우에 한해서만 살아남을 뿐이다. 좀더 적합한 형태의 사업 주체가 등장했을 때 그들은 싸움에서 패배한다.

이단아(Maverick)

모든 성숙한 브랜드들은 이단아의 공격을 받는다. 방금 시작한 소규모 새내기들은 잃을 것이 없다. 그들은 위험과 혁신에 기대 번성하고 그들의 투자자들은 이러한 리스크를 재정적으로 지원하는 데 전문가들이다. 그리고 모두가 맘이 잘 맞는다. 그들은 일을 일으키고 규칙을 깸으로써 비즈니스의 패러다임을 바꿔나간다. 그들은 현상 유지의 적들이자 문제아들이지만 좀더 효율적이고 유쾌하며 신선한 것을 새롭게 제공함으로써 대기업들이 편히 처리하고 있는 모든 것들에 도전하는 진보의 전사들이다. 가장 중요한 것은 그들이 사람들의 변화하는 기대를 이해함으로써 새롭고 더 나은 솔루션을 제공하는 데 전문가들이라는 것이다. 버진 에어라인(Virgin Airlines)의 찰스 브랜슨은 대학 중퇴생이었다. 그는 브리티시 에어라인의 전통과 형편없는 서비스에 질려 이들에게 어떻게 더 잘할 수 있는지를 보여주기 위해 직접 항공사를 차린 우상 파괴자(iconoclast)이다. 마이클 델은 대학시절에 사업을 시작해 이후 세계에서 가장 강력한 기술 전달 시스템을 만들어냈다. 스티브 잡스(Steve Jobs)는 이용자 중심의 저렴한 컴퓨터를 만들어냄으로써 기술을 통해 사람들에게 힘을 돌려주고자 했다. 도널드 트럼프는 부동산을 섹시한 대상으로 만들어놓았다. 에스티 로더는 미국 여성들이 미국산 고급 미용제품 브랜드를 받아들일 준비가 되어 있다고 믿음으로써 찰스 레블론을 앞지를 수 있었다.

이단아형 브랜드들은 바이러스이긴 하지만 좋은 바이러스들이다. 그들은 시스템의 약점을 정확히 지적해내고 다른 선수들에게 이에 적응하도록 만든다. 가령 인텔의 경우 인텔은 경쟁력을 유지하기 위해 마이크로프로세서를 칩으로 전환해야 했고 이 한 번의 전환으로 이 회사에 다니는 이십만 명 직원들의 문화를 바꿔놓았다. 다윈은 옳았다. 개인의 삶이든 기업의 삶이든 같은 자리에 영원히 머무르기란 불가능한 것이다. 안전은 잘못된 종류의 잘 살고 있다는 느낌을 만들어낸다. 또 다른 현실 도피인 것이다. 모든 IBM마다 델이 존재할 것이다. 모든 팬아메리칸 항공사마다 하워드 휴즈가 존재할 것이다. 모든 마이크로소프트마다 애플이 존재할 것이고 모든 월마트마다 타깃(Target)이 존재할 것이다. 모든 코카콜라마다 레드 불(Red Bull)이 있을 것이고 모든 폴저(Folger)와 네슬레마다 스타벅스가 나타날 것이다. 모든 델타 항공사마다 젯 블루나 사우스웨스트가 있을 것이고 모든 해라(Harrah)의 카지노마다 스티브 윈의 미라지(Mirage)와 벨라지오(Bellagio)가 있을 것이다. 모든 SUV마다 미니가 있을 것이고 모든 글로벌 브랜드마다 터카 콜라가 존재할 것이며 모든 골리앗마다 다윗이 있고, 모든 거인에게는 아킬레스건이 있을 것이다. 민첩함은 항상 거대함을 이겨낸다. 이것은 정치, 경제, 사회, 그리고 브랜딩 모두에 적용되는 진실이다.

경쟁의 자유

이 경쟁적인 브랜드 세계에서는 소비자가 왕이다. 공정한 경쟁일수록 경제는 발전하고 사회 진출의 기회도 커진다. 공정한 경쟁은 진보와 발견을 촉진시킨다. 소비자에게 이것은 더 많은 선택과 자극, 재미를 의미하는 동시에 그들의 삶을 향상시킬 방법, 즉 더 나은 삶을 의미한다. 이런 현상이 일어나지 않을 때, 즉 상업과 유통, 금융 기관, 제조업체, 심지어 정치가 제자리에 멈춘 채 더 이상 변화할 능력을 상실할 때, 우리는 혁신을 질식시키고 사람들에게 악영향을 끼치는 관성에 빠지게 된다. 사람들은 언제나 새로운 자극과 경험을 찾고 있는데도 말이다. 오늘날의 슈퍼마켓들은 지난 50년간 그들에게 부를 안겨준 혁신의 부재를 분명히 보여준다. 브랜드들은 사람들이 제품을 구매할 때 느껴야하는 흥분에 말 그대로 문을 닫아버렸다. 잘못된 소비자 조사에 기대어 그들은 브랜드를 일반적인 상품의 지위로 떨어뜨리는 편재성과 획일성의 외관으로 무장하게 되었다. 이 접근법은 소비자들을 감성적으로 멀어지게 만들었다. 우리의 감각적 욕망을 무기력하게 만듦으로써 브랜드는 소비자들의 저항과 심지어 분노를 불러일으켰다. 소비자는 단순히 기능적 혜택을 넘어 그들에게 기쁨을 주는 제품을 선택할 자유를 원한다. 슈퍼마켓의 통로는 이제 이전보다 더 일반적인 제품들로 넘쳐난다. 이들은 좀더 저렴해진 제품을 제공하긴 하지만 혁신과 갱신에 있어서는 오히려 포기와 퇴보를 의미한다.

내일의 기쁨을 위한 오늘의 디자인

최근 쉴 새 없이 쏟아지는 제품 디자인의 홍수는 사람들이 얼마나 혁신적인 브랜드를 찾고 있는지를 나타내주는 신호이다. 몇 년에 걸쳐 '평범하고 뻔한 서비스'를 받아온 사람들이 마침내 새로운 '디자인' 제품을 구매함으로써 그들의 감성과 욕망을 드러내고 있다. 그들은 새로운 디자인 표현을 통해 혁신과 좀더 많은 선택권을 찾기 시작했다. 최근의 애플 광고에서 얘기하는 것처럼, 지금처럼 불확실한 세계에서는 "지금 당장 즐기는 편이 낫다." 그러나 거대 브랜드 마케터들에게는 이것이 그다지 흥미롭지 않은가 보다. 그들은 과거의 관점에서 생각한다. 한편 소비자들은 그들을 훨씬 앞지르며 만회를 꿈꾼다. 마케터들은 변화를 두려워하지만 만약 이전과는 다른 새로운 마케팅 모델이 등장한 후에는 어떻게 변화하고자 하는가? 그들은 지난 50년간 받아온 컨설팅과 리서치의 결과를 의심하기 시작했다. 그들은 새로운 브랜드 비전을 간절히 필요로 하면서도 눈앞에서 펼쳐지는 새로운 감각 디자인의 혁명에 대해서는 무력하게 바라보고만 있다.

디자이너가 필요한 지점이 바로 이곳이다. 즉 브랜드와 사람들 사이의 무너진 관계를 회복시키는 것이다. 디자이너는 인간 과학과 직관적 혁신의 혼합을 통해 시장 현실을 이해하고 시장에 새로운 차원의 독창성을 불어넣고자 한다. 단순히 다른 브랜드를 따라가는 것이 아니라 변화를 주도하고 미션을 재규정함으로써 제품은 시장에서의 위치를 강화할 수 있을 뿐 아니라 사람들에게 또 하나의 선택권을 제공할 수 있다. 디자이너는 문화적 경향과 감성적 터치 포인트를 평가하는 자신들만의 조사방법을 가지고 있다. 이를 통해 브랜드는 눈에 보이는 물리적 혜택을 넘어 경쟁할 수 있게 된다. 디자이너는 기업의 개성을 포착해내고 혁신의 관점에서 전략적인 성장을 만들어내는 데 뛰어난 재능을 가지고 있다.

P&G의 자유 브랜드

이 지점에서 P&G는 주목할 만한 마케터이다. A.G.래플리의 지도 아래 P&G는 소비자들의 필요를 더 잘 충족시키기 위해 제품을 개선했을 뿐 아니라 자신이 판매하는 제품에 뭔가 유쾌하고 무엇보다 인간적인 색채를 도입하기 위해 기업문화 자체를 재디자인해냈다. "이 회사에 다닌 지 거의 30년이 되어간다. 그동안 이 회사는 항상 기능에 따라 구성되어 왔다." 래플리는 이렇게 말한다. "그렇다면 여기서 디자인은 어디에 들어갈까? 우리는 구매 경험 자체를 디자인하고 싶다. 우리는 이것을 '진실의 첫 순간'이라 부른다. 우리는 제품의 모든 요소를 디자인하고 싶다. 또한 커뮤니케이션 경험과 사용자의 경험도 디자인하고 싶다. 내 말은 모든 것이 디자인이라는 것이다."[1]

래플리는 P&G의 디자인 혁신 및 전략 부사장인 클라우디아 코치카 (Claudia Kotchka)의 도움을 받아 디자인을 리서치 단계에서부터 매장 선반에 이르기까지 모든 제품 개발 단계의 일부로 만들기로 한다. 코치카가 회사에 입사한 이후 그녀는 디자이너의 수를 3배로 늘리고 이들을

소비자 지향적으로 재디자인된 P&G의 욕실 청소도구

각 사업 단위에 배치시켰다. 이를 통해 P&G 제품은 디자인을 중점적으로 고려할 수 있게 되었다. 예를 들어 전문 가정부와 미혼 독신 남성 모두에게 어울리는 새로운 청소도구를 개발하는 업무를 맡은 디자인 팀은 소비자들이 욕실을 청소하는 모습을 몇 시간에 걸쳐 관찰한다. 그 결과 탄생한 것이 바로 미스터 클린 매직 리치(Mr. Clean Magic Reach)이다. 막대기를 분리할 수 있는 이 욕실 청소도구는 푸른색 발포체 헤드(foam head)와, 핸들이 제대로 들어갔을 때 나는 클릭 소리 등의 디자인 디테일을 통해 모든 소비자가 이 제품을 쉽게 이용할 수 있도록 하고 있다.[2]

P&G는 끊임없이 도피와 유혹, 성공과 혁신을 꿈꾸는 사람들을 움직이게 하는 것이 무엇인지 디자이너에게 알아내도록 한다. 디자인 조사와 혁신은 브랜드와 소비자를 감성적으로 연결해냄으로써 소비자가 원하는 제품을 브랜드가 제공하기 위해 탐험해야 하는 복잡한 심리 영역을 이해하도록 도와준다. P&G의 전략은 혁신을 통해 더 많은 선택권과 자유를 만들어내는 것이다. 이들의 노력은 사람들의 긍정적인 반응으로 보상받고 있다.

"디자인은 경험과 감성을 창조하는 데 있어 정말로 중요한 부분이다." 래플리는 말한다. "경험에 계속 주목하는 회사는 실험실에서는 높은 점수를 얻지만 실제 소비자들로부터는 냉대를 받는 제품을 만들어낼 확률이 낮아질 것이다. 우리는 소비자 디자인을 전략의 일부로 만들 수 있어야 한다. 우리는 그것을 혁신 과정의 일부로 만들어야 한다."[3]

멕시코의 브랜드 민주주의

2003년 9월, 나는 몬테레이(Monterrey)와 과달라야라(Guadalajara)에 위치한 TEC 대학으로부터 멕시코시티에서 감성 브랜딩에 대해 강연해 줄 것을 요청받았다. 놀랍게도 이 자리를 찾은 청중은 브랜드 마법의 비밀을 발견하기 위해 먼 길을 달려온 500명의 학생을 포함해 거의 1,200명에 이르렀다. 멕시코 전역에서 브랜딩의 힘에 대해 배우려는 학생들이 자동차와 비행기, 버스를 타고 찾아왔다. 그때까지 나는 주로 마케팅 현황에 조예가 깊은 아이비리그 MBA 학생들과 유럽과 미국, 캐나다 최고의 경영 대학원에서 노련한 기업 간부들을 상대로 강연해오고 있었다. 나는 또한 세계에서 가장 유명하고 강력한 브랜드를 만들어낸 일본 전문가들을 상대로 프리젠테이션을 하기도 했다.

내 프리젠테이션의 대상은 주로 전략적 관점에서 새로운 아이디어를 찾고 있는 성숙한 국가들의 성숙한 청중들이었다. 이들은 브랜딩의 중요성은 인정하지만 감성 브랜딩에는 그저 그런 반응을 보인다. 당장의 손익 계정이 중요할 뿐 너무 많은 위험은 부담스러운 것이다. 하지만 멕시코에서는 달랐다. 무대에 오르면서 나는 관중들의 분위기가 사뭇 다르다는 것을 느낄 수 있었다. 나는 관중석에서 내뿜는 엄청난 에너지와 동요를 느꼈다. 이 자리에서 중요한 것은 브랜딩의 전술적 측면이 아니라 내 일상적 업무에서 느끼는 개인적인 열정과 브랜딩에 대한 애정, 그리고 브랜딩이 변화를 이끌어낼 수 있다는 신념을 전달하는 것이었다.

내가 참석한 초기 회의들에서 나는 무대에서 정지된 위치에 머무르거나 연단에서 연설문을 읽는 것과 같은 행동은 피해야 한다는 점을 배울 수 있었다. 나는 무대 위를 자유롭게 활보하기를 좋아한다. 새로 나온 리모콘 장치를 통해 나는 움직이면서도 슬라이드를 바꿀 수 있다. 나는 내 요점을 감성적으로 전달하기 위해 걸을 수도, 뛸 수도, 이리저리 몸을 움직일 수도 있다. 이 모임은 극장에서 열렸고 나는 처음으로 마치 연극배우가 된 것처럼 까다로운 청중에게 내 최고의 연기를 보여줘야 한다고 생각했다. 그것은 신나고 황홀하며 아드레날린이 넘치는 경험이었다. 청중들은 박수를 치거나 자리에서 일어서며 그들이 좋아하는 브랜드가 조금이라도 언급될 때마다 환호했다. 나는 이들의 에너지와 열정에 반응하며 내가 믿는 신념을 모두 돌려주었다.

"이것은 돈에 대한 얘기가 아닙니다." 마지막 부분에 나는 이렇게 말했다. 마지막 30분간은 즉흥적으로 말하고 있었다. "브랜딩은 돈이 아니라 삶에 대한 것입니다. 그것은 존경과 성공, 사랑과 자유, 그리고 희망에 대한 것입니다. 브랜딩은 모두가 믿을 수 있는 유대를 만들어내는 것입니다." 나는 기립박수를 받았다. 갑자기 나는 그들에게 브랜딩이 어떤 의미인지 깨달을 수 있었다. 그것은 자유에 대한 것이자 고된 과거를 벗어나 미래에 대한 희망을 꿈꾸는 것이었다. 브랜드는 민주주의에 대한 최초의 신호이자 그들이 스스로 만들고자 하는 인생의 장점이 무엇인지를 집약적으로 표현해주는 것이었다. 그것은 기회이자 그들의 사회가 변화하고 있고 그들의 미래가 새롭게 펼쳐지고 있다는 증거였다.

프로그램이 다 끝난 후, 나는 『감성 디자인 감성 브랜딩』에 관해 1시간 동안 더 논의하도록 선발된 20명의 학생들과 얘기를 나누었다. 나는 브랜딩을 향한 그들의 열정을 느낄 수 있었다. 미국이나 유럽에서 우리가 당연한 것으로 받아들이던 숨겨진 감성적 메시지가 그들에게는 너무나 많은 것을 의미하고 있었다. 맥의 화장품은 에이즈가 모두가 관심을 가져야 할 대상이라는 것을 그들의 가족에게 말하는 방법이었다. 바디숍은 여성들이 가정 폭력에 대한 지원 부족에서 느끼는 좌절감을 간접적으로 표현하는 메시지였다. 한편 코카콜라는 그들에게 낙천주의와 자유의 메시지로 여겨졌고 나이키는 무한한 가능성을 상징한다고 여겨졌다. 브랜드는 그들에게 저항하고 메시지를 이야기하는 방법이었다. 브랜드는 해결책의 일부이자 특권과 빈곤에 반대하는 성명(statement)이었다. 나는 성공에 대한 그들의 열망에 완전히 매료되었다.

다만 한 가지 두려운 점은 브랜드 자신이 사람들과 맺는 감성적인 연결과 자신에 대한 그들의 기대를 이해하지 못할 때가 있다는 것이다. 사회마다 경제 및 심리적 격차가 존재한다. 만약 브랜드가 평등을 가져오는 존재라면, 그것은 사람들에게 영감과 동기를 주고 문제를 해결할 수 있어야 하지 않겠는가? 브랜드는 참고의 원천이자 우리의 느낌과 믿음, 감정을 소통하도록 도와주는 시각적, 언어적, 감각적 언어가 되었다. 사람들은 그들이 원하는 브랜드를 얻기 위해서라면 먼 길도 마다하지 않고 갈 것이다. 브랜딩이 사람들과 문화적으로 연결되고 있는 것이다.

브랜드를 위한 운동이 일고 있다

브랜드에 대항하여 싸울 때 사람들은 자신이 도덕 및 물리적인 추함에 대항하여 싸운다고 말한다. 그들은 영화나 텔레비전, 인터넷 그리고 길거리 등 새롭고 강력한 도구를 동원한다. 맥도널드의 진실을 파헤친 〈슈퍼 사이즈 미Super Size Me〉나 기업 세계의 냉소적인 측면을 다룬 또 하나의 시각적 에세이 〈기업The Firm〉과 같은 새로운 장르의 '리얼리티' 영화들은 사람들이 불만을 나타내는 또 다른 방법이 되고 있다. 이 모든 미디어를 통해 우리는 사람들이 얼마나 간절히 변화를 원하는지 깨닫는다. 사람들은 그들의 목소리를 알리기 위해 사람들을 조직하거나 대부분 세상에 대한 풍자로 이루어진 책을 쓴다. 그렇다면 브랜드는 왜 사회 운동에 관심을 가져야 할까? 이에 대한 답은 우리가 브랜드를 현실을 변화시키거나 해결책을 제공하는 자로 바라보지 않는 한, 브랜드가 사람들에게 의미를 가지거나 성공하기란 거의 불가능하기 때문이다. 즉 '당대의 브랜드'가 되기란 불가능하다. 브랜드는 사람들과 호흡할 수 있는 인간적인 메시지를 만들어내야 한다.

한번은 어떤 회의에서 연설을 하고 있는데, 브랜딩에 반대하는 한 행동주의자(activist) 그룹이 회의가 열리는 건물 앞 길거리에서 시위를 하고 있었다. 그들은 이 회의가 '사악한' 마케팅 조작에 관한 것이라고 주장했다. 브랜드로부터 자유롭다고 주장하는 그들에게서 나는 대부분의 시위자들이 버켄스탁(Birkenstock)을 입고 있다는 것을 발견했다. 버켄스탁은 자신의 브랜드만 빼고 모든 브랜드를 싫어하는 사람들을 위해 만들어진, 브랜드에 반대하는 유명한 브랜드이다. 사람들이 브랜드와 관계 맺는 방식에 일어난 주요 변화를 이해하는 것은 대중을 이해하는 데 있어 매우 중요한 발걸음이다. 사람들은 매우 분명하고 정직하며 한층 고양된 방식으로 그들에게 이야기하는 브랜드에 마음이 이끌린다.

스티브 잡스가 신제품 프리젠테이션을 할 때, 우리는 그가 소매업자나 투자가들이 아니라 바로 당신과 같은 소비자에게 얘기한다는 것을 금방 알 수 있다. 우리는 흥분되고 대범해지며, 새롭게 눈을 뜨게 되고 그의 브랜드 마술에 흠뻑 빠지게 된다. 그의 프리젠테이션은 온통 혁신과 아름다움, 새로운 경험과 발견에 대한 것이다. 그가 말하는 것을 잘 들어보면 그가 어떤 방식으로 사람들을 그의 이야기 속으로 끌어당기는

지 알 수 있다.

　디자인이란 사람과 기업을 연결시켜주는 접착제와 같다. 스타일은 브랜드를 특별하고 참된 것으로 만드는 메시지이다. 하지만 간혹 브랜드가 분열된 메시지와 별로 기억에 남지 않는 제품을 제공하는 경우도 있다. 이들은 사람들을 신나게 하지 않는다. 광고와 포장, 제품 디자인, 홍보, 웹 커뮤니케이션, 그리고 회사 공간의 외관과 느낌은 모두 통일적인 메시지를 담아야 한다. 어떤 것도 다른 해석의 여지를 남겨둬서는 안 된다. 디자이너의 가장 큰 자산은 브랜드 전문가로서의 능력이 아니라, 세상의 상호연관성을 인간적인 방식으로 파악할 줄 아는 본능에 있다. 디자이너에게 로고란 형태이자 냄새이며, 색상이자 제품이며 메시지이다. 지금까지 우리 회사가 한 최고의 작업은 바로 그래픽과 제품 디자인 및 매장 디자인에 우리가 미친 영향이 고객들에게 흥미를 주는 통일된 '목소리'를 만들어냈다는 것이다.

　사람들은 뭔가를 위해 분연히 일어서고 싶어한다. 우리는 뭔가를 자원하길 원한다. 우리는 더 이상 우리의 인생과 믿음에 있어 수동적인 청중이 아니라 능동적인 행위자들이다. 우리는 일어서고 저항하며 우리의 목소리를 알리려고 노력한다. 행동주의(activism)에 대한 랄프 로렌의 광고는 이 새로운 접근법을 반영하고 있다. 타깃(Target)의 유방암 연구 후원은 강력하고 혁신적이다. 소비자 환경과 브랜드의 사회적 책임에 대한 이해는 기업이 따라야 할 대의들이다. 우리는 사회적 영향을 미칠 자유를 원한다. 우리는 브랜드가 우리에게 사회에 참여할 자유를 제공하길 바란다. 우리는 자유롭길 원한다. 자유롭게 선택하고 자유롭게 경험하며 더 많은 것을 발견하게 되길 원하는 것이다.

이것이 의미하는 바는 다음과 같다. 글로벌 브랜드는 사람들의 존경을 받는 잊지 못할 희망의 메시지를 만들 수 있는 감수성이 부족하다. 사람들은 브랜드가 그들의 현실에 맞게 바뀌길 기다리고 있다. 사람들이 브랜드에 대해 가지는 열망은 대부분의 기업들이 가지고 있는 평범한 기능 및 실용적 접근을 넘어선다. 사람들은 선택하고 발견하며 경험하고 동참할 수 있는 자유를 원한다.

2부

브랜드에 관한 일곱 가지 전환:
디자인 탐험

다음에 기술하게 될 브랜드에 관한 일곱 가지 전환은 인간적인 브랜드를 만들 수 있는 가장 중요한 기회를 밝히고 있다. 좀더 통합적인 감각과 감성 세계를 만들어냄으로써 브랜드는 제품과 사람들 간의 커뮤니케이션을 재연결한다. 이것은 사람들이 브랜드에서 얻길 원하는 감성적 유대와 경험을 중심으로 하는 새로운 사고방식이 기업들 사이에서 자리를 잡음에 따라, 마케팅 예산도 방송과 인쇄 매체 중심으로부터 웹과 새로운 형태의 경험을 중심으로 이동하고 있다는 것을 의미한다.

이 일곱 가지 전환은 하나의 일관된 시각적·감각적 메시지를 중심으로 모든 형태의 커뮤니케이션을 통합함으로써 브랜드를 좀더 강력한 방식으로 사람들과 연결시키는 새로운 기회에 대해 이야기한다. 포스트모던 시대에 사람들이 어떻게 브랜드와 상호작용할 것인가를 두고 전 세계적으로 혁명이 일어나고 있다. 이것은 심리학과 인류학적 이해, 그리고 소비자 임파워먼트의 영역을 전면에 부각시킨다. 이 경우 디자인의 역할은 혁신을 강화하는 데 있어 무엇보다 중요한 언어가 된다. 재즈의 즉흥연주와 마찬가지로 디자인은 직관과 과감한 도전, 그리고 감성을 중시하는 새로운 규범들을 중심으로 판매자와 소비자의 참여적 본성을 이끌어낼 것이다. 일반적으로 생각할 때 가장 거대한 질문이 "인생의 의미는 무엇일까?"라면, 오늘날 마케팅 세계에서 가장 거대한 질문은 "왜 사람들은 인생에 의미를 부여하기 위해 지금의 제품들을 살까?"이다. 다음의 일곱 가지 전환들은 이 질문에 대해 고민하도록 하면서, 브랜드를 설득력 있게 만들어줄 혁신적인 디자인 전략을 발견하도록 도와줄 것이다. 또한 창의성과 혁신이 어떤 느낌인지, 그리고 그것이 당신의 브랜드를 어디까지 데려갈 수 있는지에 대해 알려줄 것이다.

감성적 아이덴티티를 사고하라

우리는 그 티켓들을 존중해야 했다. 우리의 말과 헌신이 온통 이 티켓에 달려 있었다.
– 제프 글루엑, 트래벨로시티의 CMO,
웹사이트 오류로 1백 달러짜리 피지행 왕복 티켓을 판매한 후
2백만 달러 어치의 비행기 티켓을 존중하기로 결정하며.

기업의 정신과 핵심을 정의하자

제프 글루엑(Jeff Glueck)을 만나본 사람이면 금방 그의 열정에 사로
잡힐 것이다. 그는 자신의 일에 온통 전념하는 스타일인 동시에 그의 눈
에는 일을 진정으로 즐기고 있다는 불꽃이 빛난다. 그는 자신의 일에 대
해 보통의 기대를 넘어서는 성실함과 헌신을 보여준다. 제프와 트래벨
로시티(Travelocity) 전 사원의 이런 성실함으로 그들의 브랜드는 다시
예전의 활력을 찾을 수 있었다.

감성적 아이덴티티란 바로 그런 것이다. 서비스를 제공하고자 하는
열정적 기업문화의 표현 말이다! 대중의 브랜드 인식은 그것이 사람이
든, 국가나 서비스 또는 제품이든 브랜드 뒤에 놓인 인간적 면모에 직접
적으로 연결되어 있다. 브랜드잼(또는 최근 트래벨로시티가 회원과 고객들
에게 구축한 감성적 연결)은 회사의 헌신 능력에 대한 것이다. 제프는 비

즈니스적인 측면뿐 아니라 회사가 사람들의 삶에 미치는 영향이라는 관점에서도 그의 회사를 볼 줄 아는 안목을 갖추고 있다. 그와의 인터뷰에서 내가 다시 발견하게 된 것은 그가 삶에서 이룬 보람찬 경험이었다. 그는 수년간 남미와 중동에서 이 국가들의 경제적 재건을 돕는 공무를 수행하는 동안 고용 창출과 지속가능한 발전을 통해 빈곤 퇴치에 주력한 바 있다. 제프는 도와주고자 할 뿐이다. 단지 그뿐이다. 사업가가 되어야겠다는 생각이 든 후로 그는 사람들의 근심을 풀어주는 일 외에는 아무것도 생각할 수가 없었다. 이것은 사회에 공헌하면서도 사업가적 재능을 연마할 수 있는 방법이었다. 그래서 그는 그의 친구 미셸 펠루소(Michelle Peluso)를 비롯한 몇몇 사람들과 함께 Site59.com이라는 인터넷 회사를 시작하기로 한다. 뉴욕에 본사를 둔 이 여행 사이트는 막판(last-minute) 여행 패키지 상품을 전문으로 함으로써 사람들의 여행 걱정(traveling angst)을 덜어주는 것을 목표로 했다.

2002년 사브르(Sabre)의 계열사인 트래블로시티가 Site59를 인수한다. 이 새로운 회사에서 기존의 창업자들은 곧 '사업가'에서 사람들의 대변인으로 변신한다. 열정 덕분에 그들은 회사의 운명을 책임지는 최고 경영진의 자리에 오르게 된다. 이러한 도전은 온라인 여행업계에서 두각을 나타내고자 혈안이 되어 있는 이들에게는 완벽하게 어울리는 일이었다. "우리는 순전히 가격과 기술 중심으로 돌아가는 업계에 있었다. 사람들에게 좀더 완전한 경험을 제공하고자 하는 소신은 어디에도 없었다. 우리 업계는 기술과 거래 중심적이었고, 사람들의 완전한 여행 경험으로부터 분리되어 있었다. 그리고 고객들마저 우리를 상품처럼 취급하고 있었다. 우리는 고객으로부터 어떤 충성심도 얻지 못했다." 트래블로시티는 자신들의 유리한 위치를 경쟁자들에게 빼앗겼고 새로운 서비스는 심지어 알려지거나 고려되지도 못했다. 2003년 미셸이 CEO를, 제프가 CMO를 맡은 새로운 경영 팀이 등장하던 당시의 브랜드 상황은 이와 같았다. 트래블로시티는 심각한 개조를 요구하고 있었다. 이 브랜드는 사람들과 다시 감성적으로 연결될 필요가 있었다.

미셸과 제프는 1년에 걸쳐 어떻게 여행에 대한 그들의 사랑과 사람에 대한 열정을 혼합하여 시장에서 두각을 나타내는 회사와 브랜드를 만들 수 있을지를 생각했다. 그들의 첫 번째 생각은 사원들에 관한 것이었다. 그들이 보기에 사원들의 사기는 침체되어 있었고, 온라인 여행 예약사업에 다시 낙천주의를 부활시키기 위해서는 이들에게 활기를 불어넣고 힘을 북돋우며 사업가적 기질을 충전시킬 필요가 있었다. "우리의 직감은 우리에게 '낙천주의(optimism)'에 몰두해야 한다고 말하고 있는 반면 우리가 듣게 되는 것은 온통 구태의연한 것들뿐이었다." 제프가 즐겨 말하듯 변화는 '내부에서부터' 일어나야 했다. 브랜드 약속을 중심으로 사람들이 감성적으로 연결되도록 모아내는 것이 중요했다. 트래블로시티는 데그립고베에게 어떤 감성이 팀에 동기를 부여하고 어떤 감성이 그들과 고객들의 꿈에 영감을 불어넣을지 조사해줄 것을 의뢰했다. 시각에 바탕을 둔 우리의 브랜드 구축 프로세스인 브랜드 포커스(Brand Focus)(이에 대해서는 이후 다섯 번째 전환에서 자세히 설명하도록 하겠다.)를 통해 우리는 이 브랜드의 미래에 적합한 감성적 플랫폼과 내러티브를 그려낼 수 있었다.

감성적 아이덴티티는 '감성적 초점'을 분명히 해야 한다

사람들과 호흡하는 인간적인 브랜드를 만들기 위해서는 고객들의 열망뿐 아니라 회사 내 직원들의 열정을 이끌어내는 감성들을 활성화하는 것이 핵심적이다. 유니레버(Unilever)의 경우, 사회 공헌은 회사의 근간을 이루는 기업 가치이자 회사가 전 세계에서 수행하는 작업에 영향을 미친다. 나이키는 뛰어난 성능이 주는 스릴에 좀더 초점을 맞춘다. 감성적 아이덴티티는 사람들의 느낌을 일깨워줄 적절한 감각과 시각적 자극을 창조하도록 해준다. 감성 브랜드는 회사의 가치와 브랜드 비전을 알릴 뿐 아니라 목표 고객들의 영혼과 무의식적으로 연결된다는 점에서 보다 분명한 감성적 개성을 가질 필요가 있다.

대부분의 기업들이 세상에 인식되는 성격 유형을 반영하는 보편적인 '감성동인(emotional driver)'이 있다. 이 장에서는 어떻게 이 '감성동인'들이 강력한 브랜드 신뢰 문화를 구축하는 데 도움이 될 수 있는지를 보이고자 한다. 이를 통해 브랜드는 두각을 나타내게 될 것이다.

다섯 가지 주요 '감성동인'

- 시민의식(Citizenship)
- 자유(Freedom)
- 지위(Status)
- 조화(Harmony)
- 신뢰(Trust)

이러한 감성적 상태들을 이해하는 것은 브랜드가 분명한 초점을 통해 남과 차별화하는 데 있어 핵심적이다. 감성동인들은 브랜드가 평범함을 벗어나 좀더 개인적이고 설득력 있으며 적절한 브랜드 언어로 사람들의 감성과 연결되도록 도와준다. 이 동인들은 긍정적이고 낙천적인 감성들로서 시장에서 가장 설득력 있는 제안(proposition)으로 판명되었다. 그들은 또한 브랜드 내러티브와 혁신적 발견을 상징하기도 한다. 질투나 질겁(panic), 권력, 복수, 또는 탐욕과 같은 부정적인 감성들은 제외시켰다. 이들은 마케팅에서 가장 많이 사용되는 감성들에 영향을 미치는 하위 요소일 뿐이다. 조르지오 아르마니는 창업 25주년 특별 WWD 에

디션에서 다음과 같이 말했다고 한다. "광고는 뭔가를 고양시키고 긍정적인 경험을 제공해야 한다. 광고는 끌어내리는 대신 들어 올려야 한다." 나도 그렇게 생각한다. 부정적 감성이 커뮤니케이션에 사용될 때는 항상 유머의 맥락에서 사용되어야 한다. 그럴 때만이 장기적으로 성공할 수 있다. 이 다섯 가지 감성동인은 기업 및 제품의 감성적 아이덴티티를 사람들의 열망과 연결시킨다. 이들은 좀더 만족스러운 삶을 살고자 하는 사람들의 잠재의식적 욕망을 충족시킨다.

1. 희망과 참여에 대한 욕구: 시민의식
2. 도피에 대한 욕구: 자유
3. 매력에 대한 욕구: 지위
4. 화목함에 대한 욕구: 사회적 조화
5. 안전에 대한 욕구: 신뢰

이 감성동인들은 내부적 차원 및 외부적 차원 모두에서 브랜드의 개성을 구축하는 영감과 토대가 될 수 있다. 그들은 또한 사람들의 잠재의식적 열망을 가시화하는 것뿐 아니라 네이밍이나 제품 확장의 기준으로도 사용될 수 있다.

시민의식

시민의식으로 규정되는 브랜드 개성은 주로 그 사회적 공헌으로 잘 알려져 있다. (스타벅스나 바디숍, 맥 화장품이 그런 예들이다.) 공익적 브랜드(Citizen brand)는 세상을 사랑하고자 하는 사람들과 연결된다. 이들은 더 나은 환경을 만드는 일에 전념한다. 이 브랜드가 내거는 감성적 약속은 참여(engagement)이고, 소비자 동기는 '선행'을 통해 진보를 만들어내는 것이다.

감성동인	시민의식	자유	지위	조화	신뢰
소비자 열망	'세상에 대한 사랑'	'스릴에 대한 사랑'	'품격에 대한 사랑'	'공동체에 대한 사랑'	'윤리에 대한 사랑'
감성적 약속	참여	도피	매력	화목함	안전
소비자 동기	**선행** 지속가능성 정의 평등 휴머니티	**틀을 깨는 것** 자극 생존 모험 변화	**빛남** 인정 예상가능성 기교 쾌락	**기쁨 공유** 연결 축하 갱신 가족	**책임감** 지식 해결책 유산 지원

감성적 아이덴티티의 원형

- 감성동인: 시민의식
- 소비자 열망: 세상에 대한 사랑
- 감성적 약속: 참여
- 소비자 동기: 선행을 한다

자유

자유로 규정되는 브랜드는 모험과 변화를 소중히 여기는 것으로 알려져 있다. (버진, 델, 애플, 디젤 등이 이에 해당한다.) 자유 브랜드들은 스릴을 좋아하는 사람들과 연결된다. 이들은 탐험을 갈구한다. 이 브랜드의 감성적 약속은 도피이고 소비자 동기는 '틀을 깨는 것'이다.

- 감성동인: 자유
- 소비자 열망: 스릴에 대한 사랑
- 감성적 약속: 도피
- 소비자 동기: 틀을 깨는 것

지위

높은 품질과 배타성(exclusivity)으로 잘 알려진 브랜드들은 지위라는 감성동인으로 규정된다. (루이비통이나 프라다, 버버리, 코치 등이 여기에 속한다.) 지위 브랜드들은 상류층의 성공 표지를 열망하는 사람들과 연결된다. 이들은 품격(class)을 사랑한다. 그들의 선택은 인정받는 브랜드 상징을 통해 승인된다. 이들의 브랜드 약속은 매력(glamour)이고 소비자 동기는 '빛나는 것'이다.

- 감성동인: 지위
- 소비자 열망: 품격에 대한 사랑
- 감성적 약속: 매력
- 소비자 동기: 빛나는 것

조화

조화라는 감성동인은 공유와 지원, 낙천주의 등으로 알려진 브랜드들의 성격을 규정짓는다. (디즈니, 코카콜라, e-Bay가 여기에 속한다.) 트래벨로시티는 공동체를 중시한다는 점에서 조화 브랜드인 반면, 고객에게 발견을 제공한다는 점에서는 분명 자유 브랜드이다. 조화 브랜드는 공동체에 속하고자 하는 사람들과 연결된다. 이들은 공동체가 인생을 축복하고 새로운 지평을 탐험하며 기쁨을 나누는 발판이라 여긴다. 이 브랜드의 감성적 약속은 화목함(conviviality)이고 소비자 동기는 삶에 참여하고 기쁨을 나누는 것이다.

- 감성동인: 조화
- 소비자 열망: 공동체에 대한 사랑
- 감성적 약속: 화목함
- 소비자 동기: 기쁨을 나누는 것

신뢰

(은행이나 회계회사, 제약회사, 식품업, 보험 및 재정 관련 기관들처럼) 민주주의 사회의 토대를 이루는 브랜드들은 신뢰라는 감성동인을 특징으로 한다. 여기에는 또한 특정 식품 회사처럼 당신이 신뢰할 수 있는 제품과 서비스를 제공하는 유서 깊은 기업들이 포함된다. 신뢰 브랜드는 '윤리에 대한 사랑'을 동경하고 소중히 여기는 사람들과 연결된다. 이 브랜드의 감성적 약속은 안전이고 소비자 동기는 책임감(stewardship)이다.

- 감성동인: 신뢰
- 소비자 열망: 윤리에 대한 사랑
- 감성적 약속: 안전
- 소비자 동기: 책임감

이 감성동인들은 회사의 사명과 소비자의 감성적 필요를 연결해줄 뿐 아니라, 가장 중요하게는 인간적인 브랜드를 만들어내고 고유한 시각 이미지와 브랜드 미학을 위한 영감을 불러일으킨다. 회사의 네이밍에서부터 광고의 톤과 매장 공간, 웹사이트에 이르기까지 브랜드의 감성적 개성은 특정한 감성적 가치들을 일관된 방식으로 배치하고 반영해야 한다. 마케팅 관점에서 볼 때 이러한 접근법은 브랜드 확장 기회를 좀더 적절한 방식으로 규정한다.

사람과 마찬가지로 어떤 브랜드들은 하나의 감성만 나타내지 않는다. 우리는 살면서 다양한 감성들을 경험한다. 어떤 경우에 우리는 '시민의식'으로 충만하여 지구를 구하고 싶어하는 반면 또 어떤 경우에는 터무니없이 호화로운 브랜드를 구매함으로써 남들과 다른 나만의 취향을 '지위'를 나타내는 상징을 통해 보여주고 싶어하기도 한다. 수많은 자유주의자들이 보수적인 폭스 뉴스 채널을 시청하고, 수많은 보수주의자들이 라스베이거스에서 긴장을 푼다. 우리는 모두 우리의 감성을 경우에 따라서는 모순적인 방식으로 경험하고 표현하도록 해줄 브랜드를 찾고 싶어한다. 만약 브랜드가 단지 서로의 모방이거나 또는 소매업계가 즐겨 쓰는 표현대로 '판박이(cookie-cutter)'라면, 이들은 사람들이 경험하고 싶어하거나 그럴 필요가 있는 다양한 감성들을 모두 나타내주지 못한다. 이럴 경우 사람들은 새로운 아이디어가 나타날 때까지 기존의 '뻔한 것'들을 거부하는 현상이 발생한다.

그러므로 브랜드들은 어떤 감성을 나타내고자 하는지 매우 분명히 할 필요가 있다. 이러한 분명함이야말로 엄청난 경쟁력이 될 수 있기 때문이다. 경계가 불분명한 브랜드의 세계에서 분명한 감성 전략은 전략적인 기획과 소비자 세분화(consumer segmentation), 디자인 표현, 내적 동기, 그리고 소비자와의 파트너십을 특징짓는다. 감성적 아이덴티티의 구성은 그 브랜드가 지닌 두세 가지 지배적 감성들과 이들의 우선순위를 정하는 것을 통해 이루어진다. 가령 트래벨로시티의 경우 이 브랜드의 첫 번째 지배적 감성은 조화, 즉 이 여행 공동체의 일부라는 느낌이다. 반면 두 번째 감성은 자유로서 항상 새로운 목적지에 도달하는 기회를 제공하는 것이고, 세 번째는 신뢰로서 항상 고객들을 위해 대기해 있겠다는 약속이다.

진실은 사람들의 충성심을 구축한다

감성적 아이덴티티를 만들어내는 것과 그 아이덴티티의 약속을 지키는 것은 다른 문제이다. 트래벨로시티는 심지어 새로운 시각적 아이덴티티를 발표하기도 전에 이미 여행객들에 대한 헌신을 보여주는 주요 조치를 취했다. 가령 그 회사는 인터넷으로 호텔 예약을 할 수 있는 업계 유일의 온라인 회사였다. 주요 경쟁자들은 모두 팩스로 예약을 전송하고 있었고 이것은 최고 10%까지 에러를 일으켰다. (경쟁사들도 점차 전자 예약으로 이동하기 시작했지만 아직도 대부분의 예약은 팩스로 전송한다.) 트래벨로시티는 '터부'화 된 렌터카 예약 문제에 초점을 맞추었다. 우리는 누구나 한 번쯤 세금과 기타 비용을 포함한 하루 대여료가 총 30달러라고 해서 갔다가 카운터에선 이것이 50달러로 둔갑하는 경우를 마주친 적이 있을 것이다. 트래벨로시티는 이러한 요금 제도를 없애고 거래에 투명성을 가져오는 '토탈프라이싱(TotalPricing)' 제도를 만들어냈다. 이들은 그들의 견적 가격과 최종 가격의 오차 범위가 불과 몇 센트밖에 되지 않을 것이라고 약속했다. 트래벨로시티는 또한 진짜 여행객들에게 호텔과 여객선에 관한 리뷰를 써서 게시하도록 한 최초의 주요 여행 전문 웹사이트이기도 하다.

2005년 5월 그들은 '트래벨로시티 개런티'를 발표했다. 이것은 상황이 좋을 때뿐 아니라 문제가 발생할 때에도 고객 편에 서겠다는 회사의 약속이었다. "고객님의 예약에 관한 사항은 모두 맞습니다. 만약 그렇지 않으면 즉시 맞도록 만들어 드리겠습니다." 그들은 이렇게 맹세한다. 트래벨로시티는 여행 시 발생할 수 있는 어떤 문제에도 대비하기 위해 2,000명의 직원과 24시간 전화 서비스로 이를 뒷받침한다. 그들은 문제 해결 능력과 인간적인 면모를 보여준다. 가령 트래벨로시티에서 호텔을 예약한 후 도착해보니 수영장이 문을 닫았거나 약속했던 바다 경관이 보이지 않을 경우 트래벨로시티 무료 전화 서비스에 전화를 걸면 그들은 당장 당신의 필요를 충족시켜줄 다른 동급 호텔을 예약해 줄 것이다. 어떤 경우에도 차액은 트래벨로시티가 부담한다.

자, 이제부터는 지금까지 내가 왜 이토록 트래벨로시티에 대해 장황하게 얘기했는지 그 이유를 설명하겠다. 조그만 인간적 실수로 인해 당신의 회사가 (보통 2,500달러가 넘는) 피지행 왕복 항공권을 잠깐 동안 단 100달러에 제공하기로 했고 여행 블로그에서는 사람들이 이 소식을 옮겨 나르느라 난리법석이 되었다고 상상해보라. 브랜드 개런티를 발표한 지 얼마 되지 않은 '조화' 브랜드로서 당신이라면 어떻게 하겠는가?

문제는 이틀 만에 해결되었다. 트래블로시티는 그 항공권을 존중해야 할 어떠한 법적 의무도 없었다. 하지만 "어떻게 하는 것이 올바른가?"라는 문제는 여전히 큰 문제로 남아 있었다. 이들의 브랜드 약속은 순식간에 진실의 순간에 직면하게 되었고 여행 블로그를 포함하여 모두가 이 회사의 반응을 지켜보고 있었다. "우리는 진정으로 고객들을 위하는가 아니면 말만 그렇게 할 뿐인가?" 이것은 분명 트래블로시티 경영자들이 고객과 주주들에 대한 책임을 동시에 마주했을 때 그들의 머릿속을 스쳐간 생각 중 하나일 것이다. 하지만 트래블로시티는 그들의 브랜드 약속과 개런티를 진지하게 여겼기 때문에, 고객들의 꿈의 휴가를 취소하는 대신, 이번 일을 수백만 달러의 광고로도 결코 이뤄낼 수 없는 결정적 메시지를 내보낼 기회로 삼기로 했다. 그들은 이 실수가 그들의 잘못이고, 이 항공권을 존중함으로써 고객에 대한 그들의 맹세를 지키기 위해 그들이 어떤 일까지 할 수 있는지를 보여주기로 했다.

이번 일로 인해 블로그와 고객, 그리고 언론에서 그들이 받은 엄청난 무료 광고와 영예는 말할 것도 없고, 이번 일에서 트래블로시티가 얻은 가장 큰 이득이자 제프가 가장 자랑스러워하는 것은 사원들이 회사에 보여준 자긍심이었다. 100명이나 되는 직원들이 제프와 CEO에게 직접 편지를 써서 이번 일이 자랑스럽다고 말해왔다. "회사의 책임감을 타협할 수는 없었다. 우리는 브랜드의 명성을 소중히 여겼다." 어떤 결정을 내릴 것인지 고민하던 시간과 그들이 '위로부터' 받은 압력이 얼마나 고통스러웠을지 나는 절대 모를 것이다. 하지만 그들이 모두 동의한 브랜드의 감성적 가치는 시험대를 멋지게 통과하였고 이처럼 분명한 비전은 올바른 결정을 낳을 수 있었다. 감성 브랜드의 좋은 점은 그것이 차이를 만들어낸다는 데 있다. 반면 감성 브랜드를 구축할 때는 진지한 책임감이 필요하다는 점에서 이것은 결코 만만한 일이 아니다. 아직 헌신할 준비가 되어있지 않다면 도전하지 마라. 감성이란 쉽게 사라질 수도 있다. 특히 신뢰가 깨진 경우에는 더욱 그러하다.

트래벨로시티의 문화는 감성 및 재정적 차원 모두에서 성공적이다. 2001~2002년만 해도 트래벨로시티는 점점 떨어지는 시장 점유율로 부진을 면치 못하는 회사였다. 하지만 2004~2005년에 트래벨로시티는 8분기 연속 25% 이상의 수익 성장률을 기록했고, 매 분기마다 시장 점유율을 증가시켜나갔다. 2005년 5월 트래벨로시티 개런티를 발표한 후, 트래벨로시티는 그 해 하반기 동안 매출을 31%나 상승시켰고 이것은 주요 경쟁사들의 성장률을 두 배 이상 능가하는 것이었다. 경쟁사들보다 마케팅에 들인 비용이 훨씬 적었음에도 불구하고 말이다.

"연간 마케팅 비용으로 우리는 단지 1억 달러만을 지출할 뿐이다. 한편 우리의 가장 큰 경쟁사인 익스피디아(Expedia)는 매년 3억 달러나 써왔다. 그런데도 우리의 커뮤니케이션이 훨씬 더 재밌고 긍정적이다." 제프는 이렇게 말한다. 트래벨로시티가 새로운 광고와 브랜드 아이덴티티를 선보였을 때, 익스피디아는 여행의 악몽에 관한 일련의 TV 광고 시리즈를 몇 년에 걸쳐 내보내고 있었다. 제프는 이렇게 말한다. "엑스피디아의 광고는 여행의 악몽에 초점을 맞췄다. 가령 직장 동료 중 싫어하는 사람이 장시간 비행에서 바로 옆 좌석에 앉는다든지, 열대의 낙원을 즐기고 있는데 갑자기 벌레가 공격한다든지, 또는 윈드서핑 강사가 아내를 훔치는 에피소드처럼 말이다. 우리는 반대로 우리 회사가 인생을 좀더 풍요롭게 해주는 여행의 기쁨을 나타내길 원했다."

의욕을 고취시키는 '감성적 아이덴티티'와 브랜드 옹호(advocacy)를 통해 긍정적 감성을 주입하는 것은 효과가 있다. 사람들이 가장 활용하지 않는 전략이 바로 직원 문화를 동원하는 것이다. 한편 성실한 약속에 근거한 감성 전략은 비용이 적게 든다는 것도 중요한 사실이다. 왜냐하면 이러한 약속은 고객들에게 더 많은 비용이 드는 커뮤니케이션을 필요 없게 만들기 때문이다. 그렇다면 트래벌로시티는 이렇게 하여 절약한 돈을 어떻게 사용할까? "우리는 광고에서 절약한 돈을 다시 고객들의 여행에 대한 사랑에 투입한다. 이곳이야말로 진짜 광고 효과를 일으키는 곳이다." 제프는 이렇게 말한다. 일부에서 믿는 것처럼 만약 기업이 어떤 숙명(karma)을 가지고 있다면, 그것은 인과관계의 법칙에 영향을 받을 것이다. 그 모든 훌륭한 원인과 함께 트래벌로시티는 계속해서 동력을 유지해갈 것이다. 잘 여행하라(Travel well)는 그 회사의 로고가 예견하는 것처럼 말이다.

로고가 담고 있는 것

로고는 우리가 담고자 하는 감성이다. 제프 글루엑은 자신의 로고가 '낙천주의와 휴머니티'를 전달하는 것에 대해 열정적으로 이야기할 수 있다. 2003년 제프가 트래벌로시티를 이끌게 되었을 때 그는 회사의 새로운 열정을 세상 밖에 알리길 원했고 이를 위해서는 변화가 필요하다는 사실을 깨달았다. 이것은 영감을 제공하는 감성적인 브랜드 내러티브를 만들도록 하였고, 이것은 또 새로운 로고를 탄생시켰다. 제프 글루엑은 그 로고에 대해 이렇게 묘사한다. "이 로고는 우리의 휴머니티와 잘 어울린다. 손으로 그린 세 가지 색상의 별들은 어떤 열망을 나타내고 새로운 타이포그래피(typography)는 접근성이 뛰어나다. 이 새로운 그래픽 아이덴티티는 우리가 좋아하는 낙천주의와 접근성을 전달한다."

제프가 모르고 있는 사실은 그가 이 로고를 생텍쥐페리의 『어린 왕자』에 빗지고 있을지도 모른다는 사실이다. 여행이란 사실 단순한 목적지보다는 뭔가 더 큰 것을 의미한다. 그것은 우리가 누구인지를 드러내는 동시에, 우리가 인생에 대한 사랑을 갱신하고 다양한 문화가 제공하는 자극을 통해 우리 자신을 발견하고자 하는 욕구를 드러낸다.

웨이트 와처스(Weight Watchers)도 브랜드 선각자의 지휘를 받는 기업이다. "우리의 이름은 하나의 메시지이자 의미, 그리고 약속이다." 웨이트 와처스의 린다 휴엣(Linda Huett) 사장은 이렇게 말한다. "우리는 로고를 통해 고객들이 브랜드에 부여하는 깊은 감정과 우리를 통해 사람들이 겪는 인생의 변화를 반영하고자 했다. 우리의 심벌은 어둠에서 빛으로 이동하는 색상과 함께 희망의 느낌을 전달한다. 짙은 청색에서 연한 녹색, 그리고 노란색이 원을 이루며 이동하는 것이다. 이것은 또한 끝은 없다는 사실을 말하기도 한다. 이 로고의 타이포그래피는 중성적이고 친근하다. 푸른색은 어떤 시장에서나 긍정적이다." 린다는 미리 어떤 판촉물을 읽어보지 않더라도 이렇게 말할 수 있다. 그녀에게 이것은 너무나 분명하기 때문이다. 웨이트 와처스와 같은 감성 브랜드들은 그들의 헌신을 상징적으로 보여줄 강력한 로고를 선호한다. 이 세계적 기업에게 로고는 단지 회사를 알아볼 수 있도록 해주는 표지나 시그니처가 아니라, 이 그룹의 지도자들이 직원과 고객 모두에게 어울리는 낙천주의와 자긍심을 지닌 시각적 표현을 찾기 위해 쏟은 열정적 노력의 표현이기도 하다. 트래벨로시티와 마찬가지로 웨이트 와처스의 로고도 자신의 진정한 모습이 무엇인지 보여주고자 하는 작업이었다. 시각적 연습을 통해 많은 후보들 중 로고에 영감을 줄 하나의 이미지를 찾을 수 있었다. 그것은 불이 켜지지 않은 방에서 흰색 커튼을 여는 손이었다. 창문 밖으로 보이는 것은 햇빛이 환히 비추는 푸른 잔디밭이었다. 이 시

각적 요소는 빛과 어둠의 대결이라는 강력한 시각적 은유와 함께 언제나 긍정적인 해결책이 있다는 느낌 덕분에 웨이트 와처스 팀 전원의 마음을 사로잡을 수 있었다.

웨이트 와처스는 미용제품 회사가 아니다. 이 회사는 퍼밍크림(firming cream)을 팔지 않는다. 이 회사는 또한 흰 치아가 드러나는 미소를 약속하는 치약 회사도 아니다. 웨이트 와처스의 고객은 대부분 회사 입구에 들어서자마자 이미 자신들이 체중 문제를 가지고 있으며 다른 다이어트 방법에 실패한 경험이 있는 사람들이라는 것을 깨닫게 된다. 웨이트 와처스는 이들에게 새로운 문제 해결의 기회를 제공한다. 사람들에게 자신의 메시지를 전달하기 위해 웨이트 와처스의 모든 커뮤니케이션 요소들은 이 회사가 자신이 하는 일에 대해 어떻게 느끼는지를 나타낼 필요가 있었다. 성공을 위해 이 회사는 다른 어떤 사업 분야보다 더 많은 신경을 써야 한다. 이 회사는 자신의 사명을 엄청난 성실과 사랑으로 받아들여야 한다. 웨이트 와처스는 가장 순수한 형태의 신뢰 브

랜드로서 안전과 윤리, 책임감이라는 가치에 근거하는 브랜드이다. 이러한 아이덴티티는 이 브랜드가 부딪히는 가장 큰 사업적 도전을 극복하도록 도와준다. 그 도전이란 바로 ('난 안 돼'라는) 부정(denial)이다. 부정을 극복하는 자기실현은 오직 신뢰 있는 환경에서만 북돋울 수 있기 때문에 이러한 아이덴티티는 희망의 느낌뿐 아니라 신뢰의 메시지도 강화시켜준다. 그룹 미팅을 통해 소비자와 연결되는 조직으로서 웨이트 와처스는 항상 세심하게 배려하는 방식으로 자신의 책임감을 강화해야 한다. 웨이트 와처스의 로고에 표현되어 있는 감성적 아이덴티티는 안심과 희망의 메시지이다.

이것이 의미하는 바는 다음과 같다. 로고는 단지 기업을 지시하는 중립적인 표지가 아니라 브랜드와 연관된 모든 심층적 의미를 드러내는 표현이다. 그것은 등대인 동시에 약속이자 혜성이다. 사람들의 기억에 남는 브랜드가 되고자 하는 시각적 표현으로서 로고는 그 회사의 가이드이자 비전이며 무한한 미래의 꿈이다.

눈에 띄기: AOL 집중 탐색

내가 AOL과 처음 만난 것은 '감성 브랜딩'에 관해 강의해줄 것을 요청해온 AOL의 국제 팀을 통해서였다. 나는 당장 그 회사가 마음에 들었고 그들과 일하고 싶어졌다. 그들은 사람들과 좀더 개인적인 방식으로 연결되기 위해 어떻게 달라져야 하는지를 찾고 있었다. 하지만 그들 앞에는 수많은 도전이 놓여 있었으며 이들과의 미팅에서 나는 바로 이 점에 대해 언질을 주고 싶었다. 프리젠테이션에서 나는 나를 브랜드 의사라고 소개하고 내가 보는 '증상'들(시각적 의미 부족, 그래픽의 일관성 부족, 불친절한 로고, 그리고 전국지에 실린 일부 부정적 이야기들 등)을 통해 이 브랜드가 꽤 심각한 브랜드잼을 필요로 한다는 사실을 보여주었다.

166

나는 이러한 코멘트가 프리젠테이션을 좀더 재미있게 만들고 우리 회사
와 AOL 사이의 대화를 시작하게 만들었다고 생각한다.

AOL처럼 강력한 브랜드의 감성적 아이덴티티 디자인 작업은 다음과
같은 어려운 질문을 하도록 만든다. AOL은 기존에 어떤 종류의 감성적
아이덴티티를 소유하고 있었는가? 강력한 브랜드의 사회적 영향력과
역할은 무엇인가? 이 회사의 이미지는 특히 여성들에게 어떻게 인식되
고 있는가? 온라인 사업의 매력은 회원들과의 연결 능력이다. 결국
AOL은 10,000명의 AOL 온라인 회원들에게 그들이 무엇을 원하는지
물어보았고, 브랜드의 겉모습을 바꾸었으면 좋겠다는 대답을 얻어냈다.
감성적인 차원에서 볼 때, AOL의 회원들은 AOL이 자신들에게 좀더 신
경 써주길 원하고 있었다. 인터넷 세계의 리더이자 사이버스페이스 커
뮤니케이션의 선두주자인 AOL은 (심지어 이 회사는 성공적인 할리우드 영
화 〈유브 갓 메일〉에 영감을 제공하기까지 했다.) 자신의 고객들과 새로운
관계를 형성할 필요가 있었다. AOL은 사람보다 기술을 더 중요하게 여
기는 회사로 인식되고 있었다. 하지만 그들은 용기를 내어 물어봤고 사
람들은 대답해주었으며 이것은 효과를 거두었다.

한 회사의 시각적 개성을 진단하다 보면 그 회사가 어떤 회사인지, 어
떤 점에 신경을 쓰고 있고, 어디를 향해 가고 있다고 생각하는지 금방
알 수 있다. 사람들의 외모와 마찬가지로, 로고와 웹사이트, 그리고 모

든 인쇄 매체 커뮤니케이션에 이르는 브랜드의 그래픽 의상은 그 브랜드의 개성을 나타내주는 분명한 지표이다. 디자이너의 눈을 통해 해석된 시각적 진단 작업은 숨겨진 메시지와 감성적 동기를 드러내준다. 그것은 불안과 초점의 결핍, 희망, 자긍심, 심지어 두려움까지 보여줄 수 있다. AOL의 아이덴티티는 월마트나 블록버스터, 또는 홈 디포의 느낌과 좀더 닮아 있었다. 그것은 가격으로 어필하는 모습으로써 그들이 나타내는 거대하고 풍요로운 감성적 영역은 담아내지 못하고 있었다. AOL은 옷을 입은 왕이긴 했지만 잘못된 옷을 입고 있었고, 고객들은 그 누추한 옷 때문에 혼동을 일으키고 있었다.

우리는 AOL이 자신의 브랜드 개성을 확실히 파악할 수 있도록 도와주었다. 사용자들은 그들을 표현하는 말로 거만함, 일반적임(generic), 감수성 부족 등과 같은 부정적 어휘들을 떠올렸다. 회사 내부에서도 제품의 차별성 부족과 시대에 뒤떨어진 이미지 등이 주로 회자되고 있었다. 해결책을 찾기 위해서는 먼저 이러한 부정적 요소들에 대해 이야기하는 것이 중요하다. 한편 우리의 시각적 프로세스가 없었다면 절망에 빠진 이 회사는 부정적 요소들을 긍정적 기회로 바꾸어낼 수 없었을 것이다. 우리의 시각적 프로세스는 브랜드를 바꾸고자 하는 그들의 엄청난 열정과 용기를 드러내주었고, 사람들의 삶에 가치를 창조해낼 수 있는 그들의 엄청난 기회를 인식하도록 만들어주었다.

좀더 확고한 고객 서비스와 엔터테인먼트, 연결성과 함께 고객들의 온라인 안전에 대한 고려는 보안을 필수사항으로 만들었다. 한편 사이버스페이스에 혁명을 일으키는 광대역 기술을 앞장서서 개발해오던 AOL은 이 기술이 AOL의 이용을 좀더 풍요로운 경험으로 만들어줄 콘텐츠들을 제공하게 될 것임을 세상에 널리 알리고 싶어했다. 우리의 대화는 심원한 인간적 가치와 AOL이 사람들의 삶에서 차지할 수 있는 거대한 역할 쪽으로 발전해갔다. 그것은 감성적 라인을 따라 변화해갔다. 우리 앞에 놓인 기회가 관심의 초점이 되었고, 기술은 자산이 되었다.

다차원적 아이덴티티

기존과는 다른 방식으로 사람들과 연결되기 위해서는 새로운 아이덴티티가 필요했다. 변화와 혁신, 리더십의 메시지를 도입할 필요가 있었다. 시각적 프로세스에서 AOL이 선택한 이미지들을 보면 직관적이고 손쉬운 발견, 대담하고 재미있는 색상, 독립심, 안정성 등을 나타내는 것들임을 알 수 있다. 사람들이 마음속으로 그리는 이 브랜드의 미래는 뭔가 밝고 상상력에 가득 찬 것이었다. AOL의 경영진들이 바라보는 이 브랜드의 잠재의식적 개성을 상징적으로 보여주는 시각적 이미지가 있었다. 그것은 여성의 손을 담은 매우 깔끔하고 단순한 사진이었는데, 쫙 벌린 손가락의 손톱에는 글씨가 새겨져 있었다. 시각적, 감성적 차원에서 분석해볼 때 이것이 브랜드에 바라는 태도는 이렇다. 개인화되고 사적이며 모든 것이 손으로부터 나오고, 세계적이며 재미있고 신선하며 현대적인 것. 이 손은 미래를 가리키고 있었다. 하지만 이 브랜드의 미래적 아이덴티티를 보여주는 시각적 상징은 바로 벌어진 손가락에 있었다. 이 손가락의 의미는 21세기의 미래는 단지 하나의 방향만 있는 것이 아니라 다양한 방향을 선택할 수 있다는 것이다. 우리는 여기에서 이 브랜드가 새로운 발견과 흥분의 미래로 도약할 준비가 되어 있다는 사실을 알 수 있었다.

"우리의 로고는 그동안 친숙했던 푸른색 삼각형에서 미래를 가리키는 다방향의 화살표로 바뀌었다. 또한 좀더 부드러워진 글씨 형태로 따뜻함과 현대적인 느낌을 전하면서 AOL이 지금은 물론 앞으로도 고객들의 옹호자(advocate)가 되겠다는 다짐을 선포한다." AOL의 브랜드 디렉터 러스 네이터스(Russ Natoce)는 이렇게 말한다. 사람들의 반응은 매우 긍정적이었다. 그들은 이 브랜드의 변화를 인식할 뿐 아니라 앞으로 겪게 될 새로운 경험을 기대했다. 이 브랜드는 기술광(techno geek)에서 고객들의 옹호자로 이동하였다. 이 프로그램에서 나온 가장 흥미로운 아이디어 중 하나로, AOL 브랜드가 좀더 강렬한 감각적 경험을 제공할 수 있도록 AOL이 우리에게 매장 디자인을 함께 만들자고 의뢰해왔다. 이 아이디어는 우리의 상상력에 불을 지폈고, 기술의 힘을 인간적으로 이해하도록 만들어주었다. (매장 디자인에 대한 개념은 네 번째 전환에서 설명하겠다.)

AOL은 분명한 조화 브랜드이다. 그리고 AOL의 새로운 '10대 약속'에 표현된 브랜드 전략도 자신이 무엇보다도 공동체를 지향하는 브랜드임을 분명히 강조한다. 10대 약속의 첫 번째는 이 점에서 매우 설득적이다. "AOL은 항상 우리의 회원들이 안전하다고 느끼도록 만들 것입니다." 감성적인 관점에서 볼 때 AOL에게서 배울 점은 다음과 같다.

- 사람들은 브랜드의 의미와 연결된다. 로고는 영원하지 않다. 심지어 잘 알려진 로고도 거기에 결부된 의미가 적절치 않다면 퇴색할 것이다.
- 3차원적인 아이덴티티를 구축하는 것이 중요하다. 어떤 경우에는 브랜드가 바로 가장 강력한 메시지이다.
- 청중과의 감성적 연결을 충분히 이해하기 위해서는 모든 브랜드가 시각 및 언어적 내러티브로부터 구축되어야 한다.
- 회원 및 고객과 튼튼한 온라인상의 유대관계를 유지하는 것은 브랜드에게 도움이 되는 대화를 나눌 수 있는 강력한 방법이다.

스타가 담고 있는 것

『어린 왕자』에서 생텍쥐페리는 이렇게 쓴다. "마음으로 볼 때만이 진정으로 볼 수 있다." 이것은 우리의 물리적 지각 능력의 한계를 지적하는 흥미로운 생각이다. 어린 왕자는 어른의 눈에는 모자처럼 보이는 그림을 보여주면서 이렇게 묻는다. "내 그림이 무섭지요?" 어른은 모자를 보고 무서워하는 것은 이상한 일일 것이라고 대답한다. 그러자 어린 왕자는 이렇게 말한다. "하지만 이건 모자가 아닌걸요. 이건 방금 코끼리를 집어삼킨 보아뱀이에요."

우리는 우리가 마음으로 보는 것을 그림이나 심벌에 투사한다. 마음이 활성화될수록 우리의 상상력도 더 활발하게 참여한다. 이렇게 되면 브랜드와 그 브랜드 뒤에 담긴 아이디어에 대한 진정한 대화가 일어나기 시작한다. 심벌에 대한 찬반 논쟁에서는 문화적 요소가 핵심적이다. 사람들에게 그냥 알려지기만 한 브랜드가 있는 반면 감성적으로 연결되는 브랜드도 있다. 흥미롭게도, 가장 강력한 감성 브랜드들은 그들의 로고를 단순한 표지가 아니라 하나의 아이콘으로, 즉 그들의 커뮤니케이션 프로그램에 사용될 감성적 도구라는 인식에서 출발하고 있다. 타깃과 애플, 나이키는 그래픽 아이덴티티를 통해 브랜드 뒤에 놓인 감성을 활성화하는 데 있어 높은 수준의 긍정적 인식에 도달하고 있다. 하지만 편재성에 대한 두려움이나 순전한 게으름, 또는 상상력의 부족 등으로 위대한 로고에 대한 지원이 중단되는 경향도 발견된다. 그러면 로고는 그 브랜드의 정적이고 제한된 표현이 된다. 최악의 경우는 브랜드가 더 이상 아무런 할 말이 없거나, 자신이 해야 할 말에 대해 양심의 위기를 일으킬 때 일어난다. 감성적인 그래픽 아이덴티티를 창조하거나 평가할 때 마주치는 도전들로는 다음과 같은 것들이 있다.

1. 나는 내 문화를 표현하는 로고를 원하는가?
2. 나는 내 문화를 의미하는 로고를 원하는가?
3. 나는 내 로고의 감각적 아이덴티티가 좀더 풍요로운 어휘의 근간이 되도록 활용하는가?

문화를 '표현하는(express)' 로고란 다차원적이고 유연하며 삶과 의미로 충만하다. 반면에 문화를 '의미하는(sgnify)' 로고란 시간의 흐름에 흔들리지 않고 변화에 반응하지 않는다. 바로 여기에서부터 철학적 논쟁이 시작된다. 첫 번째 통찰력에서 논의했듯이, 모더니즘은 '물질보다 정신'이라는 도그마적인 개념에 기대고 있다. 이것은 엄격하게 지성적으로 처리된 정체성을 낳는다. 반면 포스트모던적인 접근법은 이 유동적인 세상에서 사람 중심의 경험과 변화를 찬양한다. 전형적으로 포스트모던한 감성적 아이덴티티에서 로고는 메시지이자 철학이며, 영감이자 동기가 될 수 있다. 타깃의 로고는 아마 이것을 가장 잘 나타내주는 사례일 것이다. 심지어 나이키나 애플도 그들의 가장 유명한 아이콘을 표현하는 것에 너무 갇힌 나머지, 변화하는 세계와 문화에 직면하기 위해 그들의 가장 중요한 자산을 활용하는 것을 잊어버렸다. 로고가 전달할 수 있는 감성적 차원은 아직도 기술적, 법적, 인원상의 이유 등 사람들이 브랜드에서 얻길 원하는 감성적 참여를 고려하지 않는 기업들이 내세우는 이슈들로 인해 대부분의 브랜드가 방관하고 있는 상태이다.

메이시와 블루밍데일, 마샬 필즈(Marshal Fields) 등을 소유하고 있는 거대 소매업체 페더레이티드 백화점(Federated Department Stores, Inc.)이 최근의 모든 인수와 합병을 통해 깨달은 것은 사업적으로 볼 때 그들의 브랜드 포트폴리오를 유지하기란 불가능하다는 것이었다. 그들에게는 메이시와 블루밍데일이라는 두 개의 주요 브랜드가 있다. 그리고 이두 브랜드를 구축하는 데 투자하는 것은 대단히 합리적인 일이다. 그러나 메이시 브랜드 내부에서도 각각의 사업부가 시장에 도달하는 방식에는 몇 가지 주요한 차이가 있다. 메이시 이스트와 메이시 웨스트는 문화 및 역사적으로 다른 길을 걸어왔다. 이 둘을 하나의 전국 브랜드 프로그램으로 통합하려는 계획은 몇몇 사람들을 단단히 화나게 만들었다.

이 회사의 슈퍼스타이자 미국 서해안 지역에서 많은 사랑을 받고 있는 럭셔리 브랜드인 메이시 웨스트의 경우, 이 새로운 통합 계획은 진지한 설명을 필요로 했다. 강력하고 통일된 전국적 브랜딩의 혜택을 이해하기 위해 메이시 웨스트 지도자들의 연례회의가 소집되었다. 나는 사장이자 CEO인 밥 메틀러(Bob Mettler)에게 이 자리에서 기조연설을 해달라는 부탁을 받았다. 나는 밥이 시어스(Sears)에 있을 때부터 알게 되었는데 항상 상품을 보는 그의 혜안에 감탄하고 있었다. 그는 정말로 그의 고객들을 '이해한다'. 그는 항상 고객들과 나누는 감성적 대화의 중요성을 강력히 신뢰하고 있었다. 내 역할은 그들이 모두 자랑스러워할 만한 브랜드 포지셔닝을 위해 논쟁을 여는 것이었다. 이를 위해 똑같은 가치에 기반하고 있다 하더라도 지역적 개념은 전국적으로 통일된 브랜드만큼 강력하지 않다는 것을 설명했다.

제휴업체와 고객들에게 똑같이 다가가기 위한 새로운 노력의 일환으로 그들은 유명하지만 분명 별로 활용되지는 못한 메이시의 별을 다시 들고 나왔다. 언론을 통해 나는 그들의 브랜딩 전략의 추이를 따라가고 있었고 이러한 결정에 흐뭇해 했다. 메이시의 전통적인 아이덴티티를 모르는 사람은 없지만, 이 빨간 별을 한 백화점 내 수백 개의 가방에서 보게 된다면 (아직!) 메이시의 고객이 아닌 사람일지라도 아마 전율하게 될 것이다. 이 아이덴티티 하나만 하더라도 이미 메이시 웨스트에게 새로운 느낌의 파트너십과 소속감을 가져오고 있었다. 이 시각적 아이덴티티는 지리적 차이에 관계없이 이 브랜드의 모든 것을 집약하고 있었

메이시 백화점의 감성적 아이덴티티인 빨간색 별

다. 나는 이 별이 이 그룹에게 진정한 의미의 갱신과 에너지를 가져올 촉매제이자 동기 요인임을 예감할 수 있었다. 나는 또 한 번 그래픽 심벌의 힘을 느끼지 않을 수 없었다. 게다가 메이시 측에서는 이 새로운 감성 아이덴티티를 사용해 30초짜리 '브랜드 메시지'를 만들어오게 하는 그룹 프로그램을 준비하고 있었다. 여기에서 각 팀은 브랜드에 대한 열망을 표현하도록 되어 있었다. 각각 10명의 간부들로 구성된 17개의 팀들에게 카메라 한 대와 2분간의 사용법 훈련이 제공되었고, 메이시 브랜딩에 관한 영화를 만들어오는 데 세 시간이 주어졌다. 이 영화들은 경영진과 나의 심사를 거친 후 세 팀을 뽑아 수상할 예정이었다.

결과는 '브랜드잼'의 관점에서 봤을 때 가히 매혹적이었다. 모든 팀의 가장 강력한 메시지가 메이시의 별이 장식된 새로운 쇼핑백을 중심으로 모아졌기 때문이다. 그 별은 그들의 상상력을 발산시킬 출발점이자 영감이 되었다. 최종 수상한 영화 중 하나는 매우 전문적이고 창조적인 아이디어를 담고 있었다. 그 영화는 사람들의 손이 모여 별을 이루었다가 손이 빠져나가면서 갑자기 예기치 않은 빨간 별이 화면에 나타나는 장면을 담고 있었다. 이 별은 새로운 브랜드 전략과 함께 미래에 대한 밝은 전망과 감성적 흥분을 가장 잘 포착하고 있었다. 그 별은 이전의 제휴 관계에 관계없이 모든 사람들이 자랑스러워하는 감성적 표지이자 메시지였다. 백화점 내 독립형 점포에서 판매될 다양한 제품들에서 그 별이 가지는 가능성에 대한 아이디어들이 쏟아져 나왔다. 단지 로고 때문에 티셔츠를 산다면 그것은 사람들이 얼마나 그 브랜드를 좋아하는 지를 보여준다. 이것은 회사에게 또 하나의 수입원을 의미한다.

트래벨로시티의 세 개의 별과 웨이트 와처스의 물결, 그리고 메이시의 대담한 빨간 별은 그들의 감성을 과감히 세상에 내보이고자 하는 새로운 종류의 브랜드를 대표한다. 그러므로 이들 모두가 강력한 시민의식 프로그램을 주요 우선순위 사업에 배치하는 것은 놀라운 일이 아니다. 메이시는 지역 환원에 있어 가장 적극적인 회사 중 하나이다. 그들의 프로그램은 규모나 헌신 면에서 놀라울 정도이다. 메이시의 봉사는 기업 차원에서 뿐만 아니라 개별 직원 차원에서도 이루어진다. 우리는 매년 밥 메틀러 자신과 그의 스탭들이 가난한 이들에게 음식을 나눠주는 모습을 볼 수 있다. 이것은 이들 브랜드가 진정한 아이콘으로서의 이미지를 쌓을 수 있는 이유이다. 성공적인 기업문화가 브랜드를 떠받치는 정신이 되는 것이다.

네이밍

네이밍은 브랜딩 전략의 가장 중요한 부분 중 하나이다. 새 이름을 찾는 것은 언제나 도전적인 일이며 브랜딩 회사나 광고인들에게는 일종의 공포스러운 일이기도 하다. 어디서부터 시작해야 할지, 새 이름을 위한 영감이나 그 이름의 적절성은 어디서 구할 수 있을지, 그리고 남들이 아직 사용하지 않은 이름은 어떻게 찾아야 할지 등 문제는 산적해 있다. 스티브 케이스(Steve Case)가 이끌고 있는 마케팅 그룹은 '건강(health)' 과 '웰빙(well-being)'에 관한 새로운 케이블 채널의 이름을 짓기 위해 애를 먹어야 했다. '건강'이나 '웰빙', 또는 이 두 단어의 조합이 들어간 어떤 이름도 이미 다른 사람들이 만들어서 사용하고 있었기 때문이다. 이 경우에 기능적인 관점에서 새로운 이름을 만들어내기란 불가능했다. 하지만 감성적인 관점에서는 더 많은 기회들이 열려 있었다. 우리의 작가와 디자이너들은 여러 가지 아이디어들을 생각해냈고 그 중 하나가 강력한 후보로 떠올랐다. 그것은 바로 라임(Lime)이었다.

라임은 쉽게 예상할 수 있는 방향은 아니었지만 감성적으로 봤을 때 신선함과 통렬함, 그리고 순수함을 표현한다. 라임에 담겨 있는 뜻은 활동적이고 다채로우며 다른 무언가에 긍정적인 요소를 첨가하는 것으로서, 삶에 자극을 더해주는 인상 깊고 신선한 맛이라 할 수 있다. 어쨌든 감성적인 측면에서 그것은 적절했다. 이 채널의 방송 프로그램은 균형 잡힌 삶의 다채로운 면과 적극적인 참여를 다루고자 했기 때문이다. 역사적으로 이름은 감성적 기준에 따라 몇 가지 전략적 항목으로 나눌 수 있다. 이들은 네이밍 전략 또는 창조적 초점이라 부를 수 있는 것에 대해 흥미로운 통찰력을 제공한다. 라임의 경우, 우리는 이 차트를 사용하진 않았지만, 자유 진영에 속하는 이름이라 할 수 있다. 이 이름은 이미 스스로 충분히 변화를 일으킬 만큼 건강과 미래의 안녕을 바라보는 독창적이고 혁명적인 방식을 제공하기 때문이다.

감성적 아이덴티티는 CEO의 필수사항이다

감성적 아이덴티티는 당신의 선구적인 노력을 보여준다. 그것은 브랜드의 약속과 메시지를 떠받치는 플랫폼이자 신뢰성이다. 그것은 사람들을 고취시키고 설득할 수 있어야 한다. 감성 아이덴티티의 참여적 메시지는 훌륭한 시각적 언어의 지도와 사람들의 열망을 충족시키고 참여의 문화를 만들어내는 상상력이 풍부한 감각적 경험에 의해 뒷받침된다. 결국 감성적 아이덴티티는 CEO가 자신의 직원과 더 중요하게는 고객

176

lime
™

건강과 웰빙 분야 케이블 채널 – 라임

들을 위해 가지는 꿈으로부터 나와야 한다. 생생한 감성적 아이덴티티를 만들기 위해 CEO는 다음의 개념들을 명심하기 바란다.

감성적 아이덴티티는 잘 전달된 개인적 꿈과 함께 시작된다

만약 당신 자신이 꿈을 꾸지 않는다면 어떻게 사람들에게 꿈을 꾸게 만들 수 있겠는가? 그리고 어떻게 새로운 약속을 설득력 있게 제시할 수 있겠는가? 감성적 아이덴티티는 기업적 측면보다는 좀더 인간적인 측면으로 대화의 방향을 바꿔낸다. CEO와 회사의 최고 경영층은 새로운 해결책을 찾기 위해서 때에 따라서는 그들의 느낌과 과거의 경험 속으로 더 깊이 파고들어갈 필요가 있다. 입사 초기에 가졌던 설레는 포부와 꿈들 속으로 되돌아갈 때 사람들에게 더 설득력을 제공할 수 있다.

이러한 느낌의 힘을 가장 잘 보여주는 예로 멀리 갈 것도 없이 미국 볼터스롤(Baltusrol)에서 열린 2005 PGA 투어 마지막 날, 필 미켈슨(Phil Mickelson)이 고군분투하던 모습을 살펴보자. 그의 공은 18번 홀 가장 난감한 곳 깊숙이에 박혀 있었고 모두 불가능한 샷이라고 생각했다. 그는 일주일 내내 이 샷과 함께 끙끙댔다. 마침내 차이를 만들어낼 수 있는 마지막 기회에서 그는 그가 어렸을 적 뒷마당에서 이 공을 연습하며 가졌던 기쁨의 느낌으로 되돌아간다. 전문적 훈련이나 스윙의 메커니즘은 잠시 접어두도록 하자. 그가 이길 수 있었던 것은 챔피언을 꿈꾸던 시절의 감성으로 되돌아갔기 때문이다. 어렸을 때 그 샷을 치던 느낌을 기억함으로써 그는 그토록 꿈꿔오던 트로피를 얻을 수 있었을 뿐 아니라 골프 역사의 한 순간을 차지하게 되었다.

대부분의 경영진들은 그들이 사업에서 두각을 나타내던 때의 느낌을 기억하지 못하는 경우가 많다. 창조와 혁신, 성장으로 이끄는 아드레날린은 분명 비용 절감이나 공급망 전략보다 중요하다. 회사의 리더들은 인간의 삶 핵심에 놓여 있는 느낌과 경험에 손을 뻗고 그 감정들을 나누어야 한다. 이 열정을 소통하기 위해서 회사는 개인적인 꿈을 발전시켜야 한다. 이것은 사람들에게 신뢰와 자신감을 심어주기 위한 첫 단계이자 가장 중요한 노력이다. 새로운 감성적 아이덴티티는 이 일을 가장 잘 해낼 수 있다. 사람들은 과학적 데이터나 브랜드 명명법, 브랜드 아이덴티티 매뉴얼, 또는 기업 가이드라인과 같은 용어를 이해하지 못한다. 하지만 사랑이나 아름다움, 그리고 놀라운 생각들은 이해하고 믿는다. 이들은 일종의 시(詩)라 할 수 있다. 시는 아름다움과 해석, 상상력, 정교하게 다듬은 말들, 그리고 심원한 인간적 메시지에 대한 것이다. 사람들의 가슴을 이어준다는 점에서 재즈도 일종의 시이다.

최고 경영층은 전열을 가다듬고 고객들과 창조성과 감성을 공유하는 기업문화를 만들어야 한다. 이를 위해 기업은 다음과 같은 질문들을 자문해봐야 한다. 우리는 어떻게 우리의 이미지를 쇄신하고 자신감 있게 고객들을 마주할 것인가? 메시지는 어떻게 집행할 것인가? 사람들이 소통하지 않는 마비의 기업문화에서는 자신이 지니고 있는 자산을 활성화하고 경쟁의 사다리에서 위로 치고 올라갈 방법이 없다. 경쟁력이 약한 회사의 경우에는 어떻게 문제점을 고칠 것인가? 성공적인 회사의 경우에는 어떻게 회사의 이미지를 구축할 것인가? 우리는 어떻게 다음 단계로 나아갈 것인가? 어떤 로고 책을 살펴봐도 당신은 획일성의 바다를 마주하게 될 것이다. 이보다 더 나쁜 경우로, 로고 업계에 일고 있는 '스우시 현상(swooshing)'이 있다. 모두가 쿨해 보이기 위해서 로고에 스우시를 도입하고 있는 것이다. 심지어 우리 회사도 여기에 동참하지 않았는가! 오늘날 기업 중 열이면 아홉이 감성 디자인에 써야 할 돈을 쓸데없이 브랜드 컨설팅에 쓰고 있는 것이 현실이다. 바야흐로 기업들은 그들의 이미지가 사람들에게 감성적인 측면에서 어떤 의미를 지니는지에 대해 다시 꿈꿔야 할 때이다.

이 장에서 다루고자 하는 것도 바로 이것이다. 즉 훌륭한 회사를 갖는다는 것의 의미가 무엇인지, 직원들의 경력을 새롭게 시작하게 하고 사람들의 삶을 변화시키는 그러한 획기적인 아이디어를 생각해낼 때의 기분이 어떤 것인지를 이해하는 것이다. 변화를 이끌어내는 그런 꿈(꿈처럼 들리고 보이며 맛이 나는 브랜드 언어를 구축하는 것)들에 기업문화를 집중시키는 것은 매우 중요하다. 스타벅스는 최근 광고의 제목을 "인간이

CIRQUE DU SOLEIL

소유하고 운영함(Owned and operated by human beings)"이라고 지었다. 이 광고는 다음과 같은 카피로 시작된다. "드높은 이상이 경제적 손익과 충돌을 일으켜야 할 이유는 없다." 이 얼마나 훌륭한 로고인가? 나라면 이것을 티셔츠에 새기고 다니겠다. 태양의 서커스(The Cirque du Soleil)의 로고는 이들의 엔터테인먼트 전략과 혁신적 정신의 일부이다. 할리 데이비슨의 심벌은 이 브랜드의 전통과 지위 브랜드의 성격을 강화한다. 롤링 스톤스의 혀는 이 기묘한 록 밴드의 성격을 반영하고 조그만 악동처럼 보이는 티보(Tivo)의 로고는 파괴적인 이 회사의 아이덴티티와 잘 어울린다. 로고는 종종 브랜드 언어의 영감이자 공명판이다.

유니레버(Unilever)의 경우, 이들은 감성적인 마케팅 접근으로 전환하기 위해 기존의 유명한 (그러나 차가운) 로고를 좀더 인간적인 가치를 반영하는 것으로 바꿨다. 그들의 새로운 심벌은 이 브랜드가 소비자에

게 바치는 헌신을 전달한다. 그 당시 회장이었던 닐 피츠제럴드(Niall Fitzgerald)는 이렇게 말한다. "우리가 활동하는 세상이 변하고 있다. 소비자들은 회사와 브랜드에 점점 더 많은 것을 요구하고 있고, 구매 결정에서 시민의식이 중요한 고려 대상으로 떠오르고 있다. 그들은 자신들이 신뢰할 수 있는 브랜드를 원한다." 이 새로운 철학의 결과는 좀더 친절해진 로고 스타일로 표현되었다. 이것은 회사 직원들에게 새로운 가치의 등장을, 소비자들에게 회사가 그들에게 신경 쓰고 있다는 사실을

알렸다. 차갑고 미니멀리즘적인 시각적 아이덴티티의 세계에서 이 로고의 그래픽 스타일은 감각적이고 장식이 화려하며, '포스트모던'적인 접근을 취하고 있다. 이 감성 디자인의 플랫폼은 그들의 세제 및 미용제품들에 독창성을 안겨주었고 이제는 유명해진 "때가 좋다(Dirt Is Good)"나 "비교를 넘어(Beyond Compare)" 캠페인의 영감이 되었다. 이 캠페인들은 사람들이 이 제품군을 바라보는 방식을 변화시키고 있다.

우리의 브랜드 포커스(Brand Focus) 리서치가 보여주듯, 사람들은 그들이 믿을 수 있는 아이덴티티를 원한다. 이 접근법의 목표는 인공적인 마케팅의 껍질로부터 브랜드를 해방시키는 것이다. 코카콜라와의 브랜

드 아이덴티티 작업에서 나는 우리가 만들어낸 새로운 시각적 언어가 새로운 제품개발에 영감을 주었을 뿐 아니라 코카콜라의 브랜드 생명력과 무한한 성장 가능성을 인식하게 해주었다고 생각한다. 엄격히 기능적인 제품 차별화의 관점에서 브랜드를 바라본다면 당신은 더 큰 기회, 즉 감성적 차별화의 기회를 놓치게 될 것이다. 전자는 회사 중심의 관점인 반면 후자는 사람 중심이다.

감성적 아이덴티티는 삶의 현실을 반영한다

감성 디자인은 개인의 연령을 인식하고 사람들에게 그들의 개성에 맞게 감성적으로 브랜드를 해석할 수 있는 방법을 제공하는 것의 중요성을 안다. 일부 심리학자에 따르면 모든 브랜드는 인간과 마찬가지로 다음과 같은 특성들로 이루어져 있다고 한다. 약간의 머리(이성적 측면)와 약간의 가슴(사회적 측면), 그리고 약간의 배(충동적 측면)가 그것이다. 이러한 전체적이면서 다면적인 접근은 훌륭한 브랜드 문화의 근간을 이룬다. 사람들이 어떻게 세상과 브랜드 사이를 항해하는지 이해함으로써 당신은 당신의 브랜드에 다차원적인 시각적 표현을 만들어낼 수 있다. 애플의 품질과 보증은 합리적인 위안을 제공한다. 하지만 이 회사의 문화, 즉 가슴을 따뜻하게 하는 관계와 제품 및 매장은 진정으로 직관적이고 강렬한 호소력을 남긴다.

아이디어는 소비자에게 자극과 활력을 주기 위해 다른 아이디어와 경쟁할 필요가 있다. 감성적 접근을 더욱 복잡하지만 매력적인 것으로 만드는 것은 우리가 그 모든 감성 및 감각적 가능성을 최대한 경험하고 싶어한다는 사실이다. 유명한 네덜란드 철학자 스피노자는 우리의 몸과 마음을 하나의 존재로 통합하고 이들이 모여 자유로운 사회에서 즐거운 감각적 경험으로 삶을 충족시키고자 하는 우리의 필요를 떠받치고 있다고 주장했다. 이 둘이 분리될 수 없다는 사실은 논리적인 약속과 감각적 경험을 분리시켜 사고하려는 대부분의 마케터들에게 골칫거리를 안겨준다. 감성적 요소와 감각적 요소가 충돌을 일으킬 때는 문제가 한층 더 흥미로워진다. 이것은 더 많은 아드레날린이 공급되는 상황을 경험하게 해주기 때문이다. (보통 휴식을 취하는 시간이라 여겨지는) 휴가를 험난한 정글에서 보내는 것은 어떤 이들에게는 더욱 신나는 일이 된다. 사실은 정장을 사러 간 메이시 백화점에서 오토바이용 가죽 재킷을 사는 것은 환상과 자유의 세계로 뛰어드는 것을 의미한다.

나는 이것을 '착한 아이, 나쁜 아이' 이론이라 부르고 내 첫 번째 저서 『감성 디자인 감성 브랜딩』에서 발전시킨 바 있다. 얼마나 많은 즐거움을 수용(해야) 할지 몰라 선택을 내리는 데 있어 긴장감이 많은 선택일수록, 그것은 예기치 못한 즐거움을 가져온다. 우리에게 안전에 대한 욕구가 있다고 해서 위험을 감수하고 싶어하지 않는 것은 아니다. 또한 우리에게 세상을 구하고자 하는 욕구가 있다고 해서 때때로 무책임하지 않다는 것도 아니다. (그리고 이것은 아마 좋은 시민이 되고자 하는 우리의 욕구를 더욱 부추길 것이다.) 우리에게 역할 모델이 되고 싶어하는 욕구가 있다고 해서 때때로 이기적이고 제멋대로 굴며 소비자의 선을 넘어서고 싶어하지 않는 것은 아니다.

서로 경쟁하는 아이디어와 이로부터 나오는 혁신이 바로 소비자들을 신나게 하는 것들이다. 우리를 놀라게 하고 활기차게 만드는 브랜드는 우리를 행복하게 만든다는 점만으로도 분명한 승리자들이다. 그들은 우리가 그들과 브랜드잼을 할 수 있도록 한다. 얼마 전까지만 해도 버버리는 영국에서 온 구식의 '신뢰' 브랜드였다. 새로운 패션 룩과 함께 버버리는 젊은 고객층을 끌기 위해 '자유' 브랜드로 전환하지만 자신이 가진 신뢰와 전통을 잃어버리지는 않는다. 젊은 고객들은 버버리의 전통을 동경하면서도 새로운 스타일과 활력을 구매한다. 고전적인 브랜드에서 가장 흥미로운 방식으로 경합을 벌이는 서로 대립되는 가치들의 긴장감과 기묘함보다 더 신나는 것도 없다. 신뢰받는 브랜드일수록 더 많은 위험을 감수할 수 있다. 이것은 성숙한 '신뢰' 브랜드들이 종종 잊어버리는 개념이다.

애플은 이단아형 '자유' 브랜드로서, 고객과 '디자인적 조화'를 이뤄냄으로써 강력한 추종자들을 구축할 수 있었다. 에스티 로더는 한때 '자유' 브랜드였지만, 이후 성숙하고 보수적인 '지위' 브랜드가 된다. 그러나 유명 디자이너 톰 포드(Tom Ford)와 손을 잡은 뒤 그들은 또 한 번 예전의 반항적인 '자유' 브랜드가 된다. '지위' 디자이너인 칼 라거펠드(Karl Lagerfeld)는 현재 저가의 H&M 매장에서 판매될 '지위' 브랜드를 만들고 있다. 여성들에게 그가 가진 재능을 선사함으로써 그는 이후 자신의 브랜드에 심대한 반향을 일으킬 메시지를 내보내고 있다. 그것은 젊은 여성들에게 앞으로 럭셔리 제품들에 대해 준비시키고 그 제품들의 가치를 알아보도록 동기를 부여하게 될 것이다. 이 업계에서 이것은 엄청난 전환이 아닐 수 없다. 여기서 중요한 점은 대중과 일류, 가격, 그리고 배타적 유통망 사이의 경계가 산산이 부서졌다는 것이다. 감성적인 관점에서 봤을 때 이것들은 전혀 중요하지 않다. 사람들은 유통망이나 가격에 상관없이 감성적 혜택을 얻기 위해 구매한다. 칼 라거펠드는 '대중 취향'으로 강등되는 것이 아니라 스타일을 사랑하는 여성들, 그 중에서도 특히 그의 작품을 살 능력이 있는 여성들의 감성을 이해하는 훌륭한 인재로 여겨질 것이다.

오리 한 마리가 의미할 수 있는 것

만약 브랜드가 감성적 열망을 제공하지 않는다면 사람들은 그들 자신의 목적에 맞게 브랜드를 변형하고 활용할 것이다. 어느 날 나는 분명히

184

'지위'를 지향하는 보수적인 브랜드 브룩스 브라더스(Brooks Brothers)의 카탈로그를 훑어보다가 흥미로운 사진을 한 장 발견하였다. 사진에는 중년의 한 남성 모델이 푸른 블레이저와 온통 작은 오리무늬가 새겨진 녹색 바지를 입고 있었다. 나는 이 기이한 '상류 계층적' 디자인에 미소를 짓지 않을 수 없었다. 여기에 사용된 언어는 여전히 매우 전통적인 것이긴 하였지만 뭔가 반전이 있었다. 하지

브룩스 브라더스의 오리무늬 바지

만 나처럼 모두 검정색 옷으로 도배하고 다니는 뉴욕 스타일의 남자에게는 여전히 너무 보수적으로 보였다. 그 후 나는 그냥 넘어갔다.

그런데 일주일 후에 의뢰인을 만나러 워싱턴행 비행기를 타고 있는데, 내 앞에 어떤 잘생기고 운동선수 같은 몸매의 금발 남성이 브룩스 브라더스의 오리무늬 바지를 입고 있는 것이 아닌가. 하지만 그는 멋진 스포츠 스웨터와 아디다스 신발을 신고 있었고 어깨에는 하이테크 스포츠 가방을 매고 있었다. 갑자기 그 오리 바지가 달라 보였다. 그것은 고리타분한 것이 아니라 쿨한 것이었고 섹시한 방식으로 유머를 제공하고 있었다. 그 바지는 이 남자에게 완전히 자연스럽고 패셔너블하게 보였다. 감성 디자인의 시각에서 볼 때 이 남자는 그 제품에 대한 나의 의미를 바꿔놓았다. 그의 도발적인 개성이 이 브랜드에 대한 나의 인식을 바꿔놓은 것이다. 이것이 바로 내가 말하고자 하는 바이다. 우리는 우리의 제품들을 편협한 시각으로 바라본다. 하지만 브랜드의 의미는 바뀔 수

있다. 그들은 각 개개인의 스타일에 맞게 수정되고 재해석될 수 있는 것이다. 쿨한 브룩스 브라더스라, 어떤가?

주로 오리무늬 바지처럼 세련된 유머를 즐기는 특정 연령대의 보수적인 고객들만 상대하는 브룩스 브라더스와 같은 회사도 일부 젊은 계층이 그들로부터 영감을 얻고 그들의 의미를 매우 다른 메시지로 바꿔놓을 수 있다는 사실에 대해서는 잘 생각하지 못한다. 만약 브룩스 브라더스가 젊은 모델에게 신나고 히피적인 방식으로 옷을 입히고 매장에 진열하거나 카탈로그에 수록한다면, 그들은 연령에 상관없이 '자유'를 지향하는 대중을 끌어들일 수 있게 될 것이다. 그것은 새로운 고객층을 끌어들일 뿐 아니라 일부 기존 고객들의 감성적 열망에 부응하는 것이 될 수도 있다.

유명 백화점인 삭스 피프스 애비뉴(Saks Fifth Avenue)도 이 방향으로 이동했다. "삭스는 둘 모두를 사랑합니다."라는 문구의 광고를 통해 삭스는 패션의 경계를 넘나들고 있다. 이 광고는 두 명의 다른 여성들이 같은 옷을 입은 모습을 보여준다. 한 여성은 다른 여성보다 좀더 전통적인 스타일이다. 이 광고의 아이디어는 이 신제품의 정신을 드러내고 겉으로 보이는 뻔한 겉모습과 느낌, 의미를 초월하여 연령과 취향에 관계없이 모든 '여성'들이 이 브랜드에 동참하고 경험하도록 초대하는 것이다. 광고는 매장에 와서 즐겁게 옷을 입어보고 새로운 발견을 하도록 초대한다. 감성적으로 볼 때, 이것은 전통적인 매장으로서는 강력한 아이디어가 아닐 수 없다. 젊은 세대의 여성들에게 그들의 진정한 개성을 표현할 수 있는 방법을 찾아보라고 초대하기 때문이다. 또한 태그라인의 섹시한 말장난을 고려해볼 때, 이 광고는 또한 사람들에게 브랜드에 대해 유머러스한 방식으로 재고해보도록 부추긴다. 이것이야말로 자유와 영감, 발견과 유희, 변화, 그리고 기회를 찬양하는 진정한 감성 광고가

"삭스는 둘 모두를 사랑합니다."- 패션의 경계를 넘나드는 삭스

아닐 수 없다. 두 스타일을 모두 제공하는 방식은 아직 브랜드들이 받아들이지 못한 방식이지만, 우리도 모르는 우리의 측면들을 탐험해봄으로써 효과를 거둔다.

그렇다면 디자인은 브랜드 표현에 대해 문을 닫기보다는 열어내는 새롭고 좀더 다양한 접근법을 취할 수 있다. 그것은 브랜드의 핵심적인 개성을 변화시키지 않는다. 반대로 그것은 브랜드가 좀더 감성적이고 창조적인 브랜드가 될 수 있도록 한다. 디자인은 브랜드의 흥미로움을 유지시켜준다.

태도를 조심하라

감성적 아이덴티티는 새로운 로고에서 멈추지 않는다. 그것은 항상 변화하고 혁신하며 놀라움을 제공하고자 하는 문화이고 메시지이며, 풍토이고 약속이다. 때에 따라서는 제품 디자인이 사람들의 브랜드 인식을 바꾸는 경우도 있고, 그래픽 디자인이 최고의 사절단이 되는 경우도 있지만, 최고의 디자인은 항상 브랜드의 통일성과 역동성을 유지하는 철학이었다. 이에 대해 들고 싶은 사례로 X세대 브랜드인 구글이 있다. 구글의 두 번째 주식 발행은 40억 달러를 마련하기 위한 프로젝트였다. 돈을 마련하는 것에는 아무런 특이할 바가 없지만, 구글은 이 경우에도 뭔가 메시지를 내보내야 한다고 생각했다. 그래서 그들은 정확히 14,159,265개의 주식을 발행했다. 이 숫자는 파이(원주율)에서 소수 첫 번째 자리에서부터 여덟 개의 숫자들을 가져온 것이다.[1] 구글은 자신의 독립성을 알리지 않고는 배길 수 없었던 것이다. 이를 통해 구글은 자신의 브랜드에 의외성과 매력을 가져왔다. 이 작은 디테일은 대부분의 언론에서 보도되었고 구글의 혁신적 문화를 좀더 개인적이고 재미있는 방식으로 인식하게 해 주었다. 그것은 비슷한 생각의 사람들과 문화적으로 소통했고 심지어 같은 혁신 정신을 지닌 Y세대들 사이에서도 인기를 누릴 수 있었다.

이것이 의미하는 바는 다음과 같다. 브랜드는 진지함(gravitas)뿐 아니라 태도와 감성도 가지고 있다. 중요한 것은 일정한 입장을 견지하는 것이다. 브랜드는 항상 사람들에게 놀라움을 주고 발전해야 하지만 감성적으로 일관성을 유지해야 한다. 이럴 때 그것은 우리의 절친한 친구처럼 좋은 회사가 될 수 있다.

브랜드 아이콘을 사고하라

방송 미디어가 주춤하면서, 일관된 메시지와 함께 방송매체를 통하지 않는 커뮤니케이션이 점점 더 요구되고 있다. 신규 또는 기존의 브랜드 아이콘(iconography)을 관리하는 것은 사람들의 인식을 얻기 위한 중요한 방법이 될 것이다. 여기서는 아이콘적인 시각적 아이덴티티를 창조해내는 것이 관건이다. 이것은 브랜드의 정당성을 증가시켜주는 현실적이고 생생한 로고 및 메시지를 제공하기 때문이다.

설득력 있는 시각적 메시지 구축

브랜드 시그니처(signature)란 관점에서 볼 때, 구글은 이제는 유명해진 그들의 타이포그래피 심벌을 단순한 표지(marker) 이상의 것으로 만들기 위해 몇 가지 규칙을 깨뜨렸다. 애니메이션과 일러스트레이션을 통해 독립기념일과 마틴 루터 킹 목사 기념일에서부터 크리스마스와 어머니의 날[1]에 이르기까지 각각의 휴일에 맞게 그들의 브랜드 타이포그

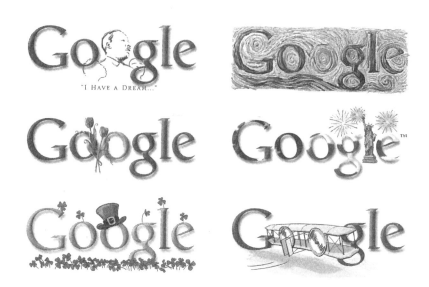

다양하게 변화하는 구글의 브랜드 타이포그래피

래피에 변화를 줌으로써 구글은 브랜드 아이덴티티가 고정되거나 도그마적일 필요 없이, 변화하는 기업의 메시지를 생생하게 표현할 수 있다는 사실을 보여주고 있다.

여기서 문제는 어떻게 시각적 언어를 모든 형태의 시각적 커뮤니케이션에 배치할 것인가이다. 광고와 인쇄매체, 웹, 기타 모든 비방송 매체의 기회들은 소비자의 삶 속에 역동적이고 긍정적이며 반가운 브랜드 존재를 만들어내는 기회들이다. 버버리는 브랜드가 갖는 이러한 효과에 매우 깊은 주의를 기울인다. 버버리는 매장 외벽과 진열장, 향수 및 광고에 자신의 패셔너블한 격자무늬를 활용한다. 시각적 표현을 통한 브랜드 이미지는 가장 과소평가된 아이디어 중 하나일 뿐 아니라 사람들과 깊은 차원에서 연결되는 방법이기도 하다. 그것은 브랜드 마케터들에게 일관성 있는 브랜드 표현을 훈련하고 확장하도록 만든다. 아메리카나(Americana)는 미국에 대해 가장 잘 알려진 아이콘인 성조기를 중

190

심으로 미국의 정체성과 역사를 기념하고
있다. 성조기는 전 세계적으로 알려졌고 미
국 최고의 가치들에 대해 상기시켜주는 기
묘하고 친근하며 반가운 손길을 가지고 있
다. 그것은 계속해서 진화를 거듭하고 있고,
많은 사람들의 손을 거쳐 만들어졌으며, 그
러면서도 미국 역사를 통틀어 일관성을 유
지하고 있다.

또다시 타깃으로!

타깃에 대해 할 말이 아직도 남아 있을까? 이 회사에 대해서는 내 첫
번째 책에서 매우 자세하게 다루었고, 로라 라울리(Laura Rowley)가 쓴
『타깃에 대해On Target』도 이 주제를 상당히 잘 정리해내고 있다. 그러

패셔너블한 격자무늬를 활용한 버버리의 시각적 커뮤니케이션

〈뉴요커〉 지에 도배되다시피 한 타깃 광고

나 이 브랜드는 계속해서 일관되고 독창적인 메시지와 놀라운 커뮤니케이션 방법들을 보여주고 있다. 타깃은 뉴욕항에 보트 매장을 띄우며 팝업 점포(pop-up store) 개념을 새로운 차원으로 끌어올렸을 뿐 아니라, 마이클 그레이브스(Michael Graves)와 필립 스탁(Philippe Stark), 아이작 미즈라히(Isaac Mizrahi), 이브 베하르(Yves Behar), 그리고 이제는 사람들의 안전을 위해 의약품 포장을 재창조한 데보라 아들러(Deborah Adler) 등 가장 흥미로운 디자이너들을 영입했다. 타깃은 거대한 월마트의 손아귀에서 벗어난 상태를 유지하면서 계속해서 동기를 부여한다. 타깃은 천재적인 브랜딩 정신으로 뚜렷한 두각을 나타내고 있다.

〈뉴요커〉 지의 한 호를 가장 흥미로운 일러스트레이터들의 작품으로 도배해놓은 것이 바로 타깃이었다. 이를 통해 그들은 광고가 재미있고 창조적이며 정보를 제공하고 사랑스러울 수 있다는 것을 말해주었다. 마치 그들의 브랜드처럼 말이다. 인쇄매체가 점점 마케터들의 사랑을

일러스트레이션을 활용한 타깃 광고는 인쇄매체 광고의 새로운 가능성을 보여준다.

잃고 있는 시대에 타깃의 이니셔티브는 인쇄매체와 마케터 간의 관계를 강화할 수 있는 직관적인 아이디어였다. 타깃은 통합적인 커뮤니케이션 모델을 만들어냈다. 이 전략은 감성적 경험을 위한 디자인과 시각의 일관성, 그리고 실제로 약속을 수행하는 성실함을 중심으로 추진되었다. 이것은 광고의 미래를 위한 모델이 아닐 수 없다.

이 독창적인 회사는 모든 형태의 커뮤니케이션을 이끌 수 있는 브랜드 디자인의 강력한 가능성을 세상에 보여주었다. 특히 자신의 시각 및 감각적 아이덴티티를 기릴 때 더욱 그러하다. 이 장에서 다루고자 하는 것도 바로 이것이다. 브랜드 아이콘을 만들어낼 수 있는 브랜드 이미지의 힘. 사람을 바라보고 상상하고 기념할 수 있는 비전. "하지만 이것이 마케팅 수익을 올려주는가?" 이것은 내가 타깃의 마케팅 이사인 마이클 프랜시스(Michael Francis)에게 묻고 싶은 질문 중 하나였다.

타깃의 마케팅 이사 마이클 프랜시스와의 인터뷰

마크 고베(이후 고베): 타깃의 디자인 분위기는 디자인에 대한 문화적 감수성에서 나온 것이었나? 아니면 광고회사나 새로운 경영진 등 외부적 요소의 영향을 받은 것이었나?

마이클 프랜시스(이후 프랜시스): 우리의 디자인 컨셉은 사실 상당히 유기적이다. 몇 해 전 우리는 더 이상 저렴한 가격만을 경쟁력으로 내세울 수 없다는 사실을 깨달았다. 우리는 독창적으로 우리를 규정할 필요가 있었다. 우리는 우리의 제품을 주의 깊게 살펴본 후 "기대는 더 많이 하고, 지불은 더 적게 하십시오"를 브랜드 약속으로 내걸었다. 이 두 가지 약속 사이의 긴장감이 우리의 사업 방식과 고객 관계에 대해 새롭게 생각하도록 만들었다. 곧 미디어와 유수 기관들이 우리를 주목하기 시작했다. (가령 스미스소니언협회의 쿠퍼 휴윗 Cooper-Hewitt은 우리에게 미국 디자인상National Design Award을 수여했다.) 우리는 이 경향을 적극적으로 활용했고 광고회사와 회사 내부 팀이 커뮤니케이션 패키지를 만들어냈다.

고베: 이 디자인 문화 덕분에 광고비용을 줄일 수 있었나? 이미 PR과 사람들과 맺는 감성적 연결을 통해 많은 노출을 얻었을 것 같다.

프랜시스: 그렇다. 미디어의 주목은 소비자들에게 우리의 브랜드를 규정하는 데 결정적인 역할을 했다. 일시적 호기심이 아니라 이러한 센세이션은 우리의 마케팅에 놀라울 만큼 엄청난 확장 효과를 가져왔다. 그 덕분에 우리는 우리보다 더 많은 돈을 지출한 경쟁사들과도 어깨를 나란히 할 수 있었다. 또한 우리는 돈으로는 살 수 없는 신뢰를 얻었다.

고베: 타깃의 브랜드 전략에서 감성 브랜딩은 어떤 역할을 맡는가?

프랜시스: 우리는 마케팅의 음색과 목소리를 보호, 강화하는 데 신속하다. 우리는 모든 광고에 기묘하고 낙천적인 스타일과 사운드를 녹여내고자 한다. 이들은 우리만의 개성을 규정짓게 되었다. 우리는 계속해서 장난기를 유지하고 우리의 고객을 정교하고 이해관계에 밝은 사람으로 대한다. 화제가 되기 전부터 타깃은 (인종, 연령, 신체적 특징 등에서) 매우 다양한 모델들을 캐스팅해왔다. 우리는 이 업계에 종종 만연해 있는 함정, 즉 '저렴한 제품은 광고도 저렴하다'는 개념에 절대 빠지지 않았다. 우리는 또한 우리가 '지킬과 하이드' 마

케팅이라고 부르는 것, 가령 일요일에는 트렁크쇼(trunk show)를 개최하다가 월요일에는 쿠폰을 오리는 식의 마케팅을 피하려 애써왔다.

고베: 디자인을 통해 강력한 메시지 통합을 이끌어낸 타깃의 성공을 고려해볼 때, 모방자가 생각보다 많지는 않은 것 같다. 타깃이 독보적인 위치를 유지하는 비결은 무엇인가?

프랜시스: 우리가 독보적인 위치를 차지한다고 생각해본 적도 없을뿐더러 경쟁사들의 모방이 이처럼 치열했던 적도 없다고 생각한다. 이러한 압력 덕분에 우리는 무기력에 빠질 새가 없다. 또한 안주하거나 뒤돌아보지 않고 계속해서 도전할 수 있는 것 같다.

고베: 타깃의 브랜드 업무를 맡고 있는 주요 광고회사는 어디이고 가장 큰 영향력을 미친 곳은 어디인가?

프랜시스: 다행스럽게도 우리는 오랜 경력과 뛰어난 재능을 갖춘 인재들로 이루어진 커다란 사내 조직이 있다. 여러분들이 본 대부분의 작업은 그들의 지칠 줄 모르는 열정적인 브랜드 관리의 산물이다.

보드카를 마시자

슈퍼마켓에 있는 대부분의 제품군과 그 성장 전략을 살펴보면, 항상 감성보다는 기능적인 접근법을 따르고 있다는 것을 알 수 있다. 가령 코카콜라는 체리나 레몬 향을 도입하거거나, 코카콜라 제로와 C2처럼 설탕을 제거하고 다이어트 문제를 부각시키는 등 기능적인 혜택들을 통한 성장 전략에 기대고 있었다. 이들은 대부분 유통 중심의 전술로서 사람들에게 브랜드 자체를 다시 생각하게 해줄 만큼 위력적이지는 않았다. 보드카 품목을 한 번 살펴보자. 20년 전 스톨리치나야(Stolichnaya)와 스미르노프(Smirnoff)가 보드카 시장을 평정했다는 사실을 기억하는 분도 계실 것이다. 둘 다 모두 클래식하고 신뢰를 지향하는 브랜드들이다. 이들의 포장은 사람들에게 신뢰성과 원산지의 힘을 전달했다. 보드카는 뭐니 뭐니 해도 러시아의 술이고 라벨에는 방패와 왕관처럼 차르 시대의 그래픽 아이콘과 심벌이 그려져 있었다. 이들은 지배적인 보드카 브랜드로서 주로 신뢰와 전통, 엘리트주의 이미지들에 기대고 있었다. 대부분의 술들도 소비자의 사랑을 얻기 위해 이와 비슷한 방식으로 신뢰성과 좋은 원산지의 메시지를 커뮤니케이션했다. 이 술에서 저 술까지 모두가 같은 메시지와 감성, 그리고 같은 디자인을 사용하고 있었다. 아무런 활기도 없는 전통이랄까?

그런데 어느 날 앱솔루트 보드카가 출시됐다. 앱솔루트(Absolut)라는 단어에는 억제되지 않는 젊은이의 자신감과 거만함과 같은 일종의 진술(statement)과 감성이 들어 있다. 특히 모든 보드카 제품군의 규약을 깨뜨리는 브랜딩 디자인과 연결될 때 이것은 더욱 강력해진다. 앱솔루트는 자유 브랜드이다. 남들과 똑같이 전통과 원산지의 메시지로 경쟁하는 대신 감성적 브랜드 경험이 가지는 가능성을 이해하고 있던 앱솔루트는 보드카라는 제품군에 대해 사람들이 긍정적으로 재고하도록 만들었다. 그것은 자신의 소신을 위해 당당히 일어서라고 말하는 듯했다. 이 브랜드는 제품군 전체를 변화시켰을 뿐 아니라 사람들마저 변화시켰다. 디자인이 브랜드 성공에 어느 정도까지 기여할 수 있을지는 아직도 탐험 중이다.

감성 전략을 가장 잘 표현하는 것은 즉각적이고 도발적인 방식으로 사람들과 연결되는 디자인이다. 디자인은 이러한 일을 해낸다. 디자인은 메시지를 내보내는 최고의 방법이다. 그래서 디자인은 커뮤니케이션의 중심이 된다. 그것은 새로운 아이디어에 진지함(gravitas)을 가져온다. 앱솔루트의 병 디자인은 브랜드의 태도뿐 아니라 그 광고에도 영향을 미친다. 이들은 사람들의 관심과 시도를 이끌어낸다. 예를 들어 1990년부터 2002년까지 12년의 기간 동안 보드카의 매출과 진의 매출을 비교한 결과에 따르면(이 시기에는 칵테일이 다시 인기를 얻기 시작했다.

또한 공정하게 말해 보드카는 진의 강한 향미보다 훨씬 중립적인 맛을 지니고 있다.) 진의 판매량은 1,100만 개에서 970만 개로 떨어진 반면 보드카는 2,200만 개에서 3,600만 개로 늘었다!

(러시아가 아니라) 스웨덴에서 온 앱솔루트는 새로운 디자인으로 자신을 포장했고 보드카를 바라보는 방식뿐 아니라 보드카 산업 자체도 바꿔놓았다. 그러나 앱솔루트는 다른 보드카 회사들을 사장시키는 것이 아니라 보드카 산업 전체의 성공을 견인했다. 오늘날 주류 판매점에 가보면 다른 어떤 종류의 술보다 보드카가 우세하다는 것을 알 수 있을 것이다. 가령 나는 뉴욕의 큰 주류 유통업체에서 보드카의 브랜드 종류를 65개까지 세어본 적이 있다. 이것은 수입 위스키 브랜드와 똑같은 숫자였고 진의 경우에는 26가지밖에 없었다. 디자인 하나가 사람들의 인식을 바꾸고 새로운 고객층을 감성적으로 발굴해냈으며 산업 전체를 바꿔놓은 것이다.

호기심이 발동한 나는 보드카 산업이 앱솔루트를 넘어 어떻게 확장되고 있는지, 그리고 신제품이 앱솔루트를 모방하는지 아니면 새로운 브랜드 틈새시장을 직접 만들어내고 있는지 알아보았다. 새로운 맛을 통한 확장은 분명 제품 경험에 새로운 에너지를 가져왔지만 감성적인 표현과 결합되었을 때 가장 큰 효과를 거두었다. 예를 들어 스미르노프는 '스미르노프 트위스트'라는 브랜드로 새로운 맛을 출시하면서 트위스트형의 병 포장을 선보였다. 이것은 1999년에서 2002년까지 64%의 매출 신장을 가져왔다. 스미르노프 브랜드는 이제 전체 보드카 매출의 33%를 차지하며 보드카 시장을 이끌어나가고 있다. 만약 코카콜라나 펩시가 새로운 맛을 출시하며 포장 형태를 바꾼다면 그 파장은 과연 어느 정도나 될까?

가장 흥미로운 것은 보드카 시장에서는 내가 첫 번째 전환에서 설명한 기업의 감성 유형에 따라 제품 시장이 분할되어 있다는 점이다. 앱솔루트는 '자유' 브랜드의 성격을 유지하고 있고 스미르노프는 다양한 맛을 선보이며 재미있는 '조화' 브랜드가 되었다. 네덜란드의 케텔원(Ketel One)은 신뢰 있는 라벨과 고딕적인 그래픽, 수제(handmade)라는 점과 전통적 레시피와 함께 '신뢰' 브랜드를 구축하였다. 케텔원의 매출은 2000년부터 2003년까지 57% 증가하였다. 그레이구스(Grey Goose)는 아름다운 그래픽과 프랑스 원산지라는 점과 함께 '지위' 브랜드의 틈새시장을 정복했고 이 제품군에서 최초의 진정한 프리미엄 브랜드로 성공하였다. 이 제품의 가격은 다른 제품들과 약 30% 정도 차이가 난다. 2003년에 이 제품은 140만 상자가 판매되었고 이는 2000년보다 다섯 배 이상 증가한 수치이다. 이 회사는 바카디에 의해 거의 20억 달러에 인수되었다. 누아즈(Nuage)는 순수함과 자연스러움을 브랜드 약속으로 내걸며 완벽한 공익적 브랜드로서 포지셔닝되어 있다. 이렇게 하여 보드카의 감성적 스펙트럼이 다 채워진다.

보드카 산업의 성장을 공유하기 위해 많은 보드카 브랜드들이 각축전을 벌이고 있다. 이는 미국인들이 바에서 가장 선호하는 술로 다시 칵테일을 선택하면서 더욱 가속화되고 있다. 하지만 이들 브랜드는 모두 자신만의 틈새시장을 위해 싸우고 있다. 시락(Ciroc)은 지위 브랜드로서 그레이 구스에 도전하고 있고 프랭크 게리의 비보로바(Wyborowa)는 자유 브랜드로서 앱솔루트의 디자인을 압도하고 있다. 모든 보드카는 감성적으로 포지셔닝되어 있다. 수천 년 전 녹은 눈에서 나온 계곡물로 만들어졌다는 콜로라도의 퓨어 플레저(Pure Pleasure) 보드카도 자연주의적 측면을 호소하며 공익적 브랜드로서의 자리를 잡아나가고 있다.

원하든 원치 않든 간에 우리는 우리의 모든 감성적 필요에 어울리는

	시민의식	자유	지위	조화	신뢰
감성동인	시민의식	자유	지위	조화	신뢰
소비자 열망	'세상에 대한 사랑'	'스릴에 대한 사랑'	'품격에 대한 사랑'	'공동체에 대한 사랑'	'윤리에 대한 사랑'
감성적 약속	참여	도피	매력	화목함	안전
소비자 동기	**선행** 지속가능성 정의 평등 휴머니티	**틀을 깨는 것** 자극 생존 모험 변화	**빛남** 인정 예상가능성 기교 쾌락	**기쁨 공유** 연결 축하 갱신 가족	**책임감** 지식 해결책 유산 지원

감성적 관점에서의 브랜드 세분화

보드카를 발견할 수 있다. 맛이 별다른 변수가 되지 않고 제품 간의 비교가 현실적으로 어려운 산업에서는 감성적인 포지셔닝이 제품을 차별화하는 유일한 도구가 된다. 맛의 차이가 별로 없는 곳에서는 사람들이 일반제품이라고 생각할 수도 있는 제품을 즐기도록 설득하기 위해 그들의 존재를 혁신해야 한다. 이제 우리는 수십 가지의 보드카 중에서 하나를 고를 수 있게 되었다. 선물로 더 섹시하게 디자인된 보드카를 제공할 수도 있다. 한 가지 브랜드 스타일이 독점하는 대신 보드카 산업은 감성적 약속을 따라 확장하면서 모든 브랜드가 사람들의 다양한 욕망과 연결되고 성공할 수 있는 기회를 마련해갔다.

한 가지 궁금증이 남아 있다. 왜 앱솔루트는 기존 전략의 성공에도 불구하고 다른 회사들에게 감성 영역을 차지하도록 내어주고 좀더 기능과 맛을 중시하는 마케팅 전략으로 이동하게 되었을까? 예를 들어 그레이구스가 차지한 프리미엄 시장은 앱솔루트에게도 커다란 기회였다. 하지만 앱솔루트의 모델은 여전히 마케팅 분석에서 자주 인용되는 대상이자 앞으로도 비즈니스 전략에 관한 대화에서 화제로 오를 것이다. 이 정도면 처음에 시장조사에서 완전히 거부당한 브랜드치고 그리 나쁘지 않지 않은가!

바하마, 놀라움으로 가득 찬 섬

선도적인 미국 디자인 기업인 더피 앤 파트너스(Duffy & Partners)의 사장 조 더피와 이야기를 나누면서 나는 이 재주꾼 디자이너가 이미 '광고로서의 디자인'이란 아이디어를 실험하고 있다는 소식을 듣고 그리 놀라지 않았다. 어느 추운 날 뉴욕에서 지하철로 출근하면서 나는 바하마의 광고에 담긴 활력을 보고 압도당한 적이 있다. 만약 내게 바하마에 대한 광고 중 아는 것이 있냐고 물어본다면 나는 하나도 대답할 수 없을 것이다. 이보다 더 중요한 점으로, 만약 내게 몇 년 동안 지하철을 타고 다니면서 본 인쇄 광고 중 어떤 것이든 묘사해보라고 묻는다면, 나는 아마 하나도 대답할 수 없을 것이다. 그러나 이 광고는 지하철에서 신문과 잡지를 들고 다니며 읽던 일상에서 벗어나 내게 꿈을 꾸게 해주었다. 나는 행복해졌다. 지하철 전체가 마치 햇빛으로 가득 찬 듯했다.

나는 조 더피가 로고를 만들어냈다는 것은 알았지만, 그가 어떻게 이렇게 통합적인 아이콘 프로그램을 이끌어낼 수 있었는지 궁금했다. 바하마의 아이덴티티는 팰런 월드와이드(Fallon worldwide)라는 광고회사를 통해 위탁되었고, 한편 이 회사는 바하마 관광국(visitor's bureau)으로부터 이 프로젝트를 의뢰받았다. 조 더피는 이 광고회사에 찾아가 이번 프로젝트가 디자인 중심적인 프로젝트이고 디자인이 메시지에 새로운 차원의 힘을 추가하게 될 것이라고 설득할 수 있었다. "귀 회사가 광고 캠페인을 시작하기 전에 내게 먼저 디자인 캠페인을 할 기회를 주십시오." 더피는 이 회사의 리더 팻 팰런에게 이렇게 말했다. 그의 소망은 받아들여졌고 이것은 그래픽 디자인 사상 가장 결정적인 브랜딩 프로그램 중 하나로 발전하였다.

바하마 로고

바하마는 서로 다른 개성을 지닌 여러 섬들로 이루어져 있고, 꽤 다양한 라이프스타일을 제공한다. 예를 들어 당신은 그 유명한 아틀란티스에서 머리를 식힐 수도 있고 도박에 빠지거나 광적인 파티를 벌일 수도 있다. 이 섬들의 다양성은 개인의 취향에 맞는 바캉스 계획을 짤 수 있을 만큼 사람들의 선택권과 능력을 확장시킨다. 이로 인해 바하마가 제공하는 다차원적인 서비스들은 더욱더 매력적인 것이 된다. 하지만 이 느낌을 어떻게 이 섬을 뚜렷이 부각시켜줄 독창적인 언어로 전달할 것인가? "브랜드 디자인은 전술적인 30초짜리 광고가 당신에게 하고 싶은 말과 비교해볼 때 실제 경험이 어떠할지에 대한 감을 준다." 더피는 이렇게 말한다. "우리는 브랜드의 내면, 즉 그것의 영혼과 감성에 색을 칠해야 했다." 조 더피는 브랜드 디자인을 종종 그림과 예술에 비유하곤 한다. 만약 그의 비유가 적절하다면, 우리는 여기서 인상주의 브랜드 운동의 시초를 보고 있는 것인지도 모른다.

바하마 로고 자체가 바하마를 이루는 모든 섬들의 추상적 표현이다. 이 섬들이 제공하는 다양한 선택권과 기회들을 보여주기 위해 그것은

로고가 중심이 된 바하마 광고

다양한 색상을 사용한다. 웹사이트에서는 각각의 섬을 클릭하면 그 섬의 다양한 선택들을 발견할 수 있다. 로고가 메시지이다. 더피에 따르면 "그것은 또한 다른 각도에서 보면 수많은 질감(texture)과 감성의 팔레트로서 언어 및 시각적 결정을 위한 여과 장치가 된다." 여기서 로고는 페이지의 하단을 장식하는 단순한 서명이 아니다. 그것은 브랜드의 정수로서 브랜드의 꿈과 현실을 형식화해놓은 것이다. 로고의 생동감과 상상력은 독창적이고 튼튼한 메시지를 위한 토대가 된다. 그것은 새로운 세계로 통하는 관문이자 이 경우에는 우리의 상상력과 감성으로 통하는 관문이 된다.

"로고는 브랜드의 그림을 색칠할 진정한 팔레트이다." 더피는 이렇게 결론짓는다. 그리고 실제로 그 광고회사는 이 메시지를 놓치지 않았다.

그들의 인쇄 광고는 강력한 로고 스타일에서 영감을 얻은 독특한 그래픽 어휘를 통해 시각적으로 매력적이고 신선한 것이 되었다. 그것은 일관된 재미와 아름다움의 메시지를 제공한다. 이 브랜드를 보면 이 브랜드에서 살고 싶어진다. 다른 어떤 관광목적지보다도 더 가슴에 와 닿는 것이다.

이것이 의미하는 바는 다음과 같다. 아이덴티티는 다양한 미디어와 브랜드 경험에서 브랜드가 전달하고자 하는 느낌과 사람들이 기대하는 느낌을 밖으로 끌어내는 시각적 언어의 배치를 통해 하나의 아이콘이 된다. 아이콘적인 브랜드 디자인 캠페인은 계속해서 자신을 갱신하고 무엇보다도 우리의 희망과 연결되는 메시지를 통해 두각을 나타낸다.

"때가 좋다": 때의 시각 언어를 바꾸자

세탁용 세제는 항상 더러움과 싸우고 '더 하얗게!'를 축복하는 것에 대한 것이었다. P&G가 가장 오랫동안 우리에게 성공적으로 믿게 만든 것도 바로 이것이다. 유니레버와 같은 경쟁사의 경우, P&G와 똑같이 제품 중심적인 접근으로 다가가는 것은 이 막강한 회사로부터 그들의 브랜드를 차별화하는 데 거의 아무런 희망도 제공하지 못했다. 유니레버의 브랜드 특권을 유지해줄 대안이 필요했다. 이 제품군에서 브랜드가 경쟁할 수 있는 유일한 방법은 제품의 근본적인 기능 중심적 제안을 새로운 감성적 아이덴티티로 전환함으로써 서비스를 바꾸는 것이다. 이것은 먼저 브랜드 자체에서부터 시작된다. 좋은 TV 광고를 지원하면서도 매장 차원에서 사람들의 브랜드 자체에 대한 인식을 바꿀 브랜드 어휘를 어떻게 만들어낼 것인가? 당시 유니레버의 광고대행사였던 로우(Lowe & Partners Worldwide)가 P&G의 시장 지배에 대한 대안으로서 사람들과 호흡하는 좀더 감성적인 접근법을 제안했을 때(이들은 브랜드의 메시지를 전달하는 긍정적인 방법으로 '때'를 찬양하기로 했다.), 이들은 흥미로운 새 지평을 열고 있었다. 이렇게 함으로써 그들은 사실상 심리학적으로 이 제품군에 대한 인식을 '머리' 또는 이성적인 관점에서 좀 더 감성적인 관점으로 전환했다. 이들은 이 브랜드가 사람들의 가슴과 환경, 그리고 삶 속에서 호흡할 수 있는 문을 열어놓았다.

대부분의 세제들은 모두 좋은 행동과 '깨끗함'에 집중한다. 이것이 제품의 혜택이자, 전략적 플랫폼으로서 '때와의 싸움'을 주장하는 대부분의 광고 캠페인의 약속이다. 부모들은 자신들의 아이가 더러워지는 꼴을 보기 싫어하고 그런 옷을 빠는 것은 귀찮은 일이며, 그 결과 이것은 부모 자식 간의 관계를 부정적인 것으로 강화시킨다. 이것은 가족의 화목에 별다른 도움이 되지 않을 뿐 아니라 결국 브랜드에 대한 사랑에도 별다른 도움이 되지 않는다. 하지만 더러움이 정말로 나쁠까? 아이들의 관점에서는, 또는 내 어릴 적 경험에 비추어보아도 더러움은 결국 엄청난 재미를 의미할 수도 있다. 운동선수의 관점에서 땀은 좋고 건강한 것이다. 부모의 입장에서 볼 때도 아이가 축구, 야구, 또는 럭비 게임에서 즐겁게 뛰노는 모습을 보는 것은 심신이 좀더 균형적인 발전을 이루는 것과 관련된다. 아이들은 주로 모든 감각을 사용하여 자유롭게 인생을 경험하고 발견하는 경향이 있기 때문이다. 많은 스포츠 행사에서 보게 되는 승리에 대한 의지는 삶에 온전히 참여하려는 것과 관련된다. 이것이 항상 예쁜 모습을 의미하는 것은 아니다. 가령 야구에서 본루를 향해 돌진하는 것은 먼지를 향해 머리를 들이미는 것을 의미하기 때문이다. 하지만 이것은 항상 신나는 일이다.

더러움과 진흙을 다른 방식으로 볼 수도 있다. 머드 목욕은 어떤가? 또는 하이킹할 때 밟고 지나가거나 산악자전거를 타고 올라가거나 내려오면서 뒤집어쓰게 되는 진흙은? 음식을 던지면서 놀거나 또는 사람들과 편안하고 즐거운 시간을 보냈다는 신호로서 셔츠나 드레스에 묻은 음식은 또 어떤가? 감성적인 관점에서 볼 때 더러움은 재미의 대상이자 우리가 인생을 즐기고 있다는 증거이다. 더러움은 자유에 대한 선언이 자 엄격한 사회적 규제로부터의 탈출구이며 잘 통제된 일상에서 벗어나는 고유한 순간이다. 그렇다면 더러움은 위기가 아니라 기쁨에 대한 것이다. 그리고 귀찮은 일이 아니라 긍정적인 감성적 관계에 대한 것이다.

더러움에 대한 사랑은 세제 브랜드로서는 감성적인 전환을 이뤄내는 아이디어이다. 그것은 부모들이 부딪히는 도전, 즉 '빨래를 해야 한다는 의무' 뿐 아니라 '부모자식 관계' 전체의 질과 그것이 아이의 인생에 미칠 영향을 포함하는 도전에 대해 개인적인 방식으로 얘기를 건다. 부모의 관점에서 볼 때 더러움에 대한 예찬은 부담보다는 감성적 드라마를 더욱 부각시킨다. 세제는 열망의 대상이자 웰빙의 도구이며 귀찮은 일에 대한 걱정을 덜어주는 강력한 친구가 된다. 유니레버는 이러한 전략을 통해 브랜드 관계에 '기쁨' 이란 개념을 가져왔다. 그 메시지는 이제 좀더 재미있고 더러우며 땀나는 것에 대한 것이다. 인생을 제대로 살고 즐겨라. 더러움과 싸우지 말고 더러움을 끌어안아라. 세제는 당신의 '더러움'에 대한 걱정을 덜어주기 위해 존재한다. 유니레버는 당신이 즐거움을 누리는 것을 방해하는 것이 아니라 더 많이 즐길 수 있도록 도와주기 위해 존재한다! 이것이 바로 감성적 전환의 가능성이다. 이 경우 그것은 상품과 가격 전쟁의 심연으로 빠진 세제 제품군을 변화시키는 훌륭한 방법이었다. 유니레버는 관계를 형성하는 브랜드가 되었다.

진정한 브랜드 담론은 디자인적 관점을 활성화해야 한다: 감성의 시각화
이와 같은 강력한 아이디어는 좀더 활성화하여 사람들에게 유니레버의 제품을 사도록 할 모든 커뮤니케이션에 연결되어야 했다. 이 강력한 메시지는 더 나아가 제품 포장과 매장 환경, 그리고 소비자의 생활에서도 표현되어야 했다. 이것이 유니레버의 생각이었고 이를 기준으로 데 그립고베에 새로운 메시지를 좀더 친밀하고 지속적인 방식으로 전달해 줄 방법을 의뢰해왔다. 브랜드는 신화를 필요로 하고 신화는 심벌을 필요로 한다. 마치 나이키가 특정 브랜드 태도의 표현이자 애플 로고가 혁신의 횃불이듯이 말이다. 이 심벌들은 제품군을 넘어 풍부한 의미를 지니면서 브랜드의 약속이 여전히 살아 있다는 메시지를 우리들에게 계속해서 확인시키고 전달한다.

하지만 심벌이 '광고 아이디어'를 표현할 수 있을까? 가령 앱솔루트 보드카나 미니처럼 특이한 아이콘 형태의 제품들은 일종의 브랜드 약속을 전하는 대사(ambassador)가 되었지만, TV를 끈 후에도 그래픽 심벌이 계속해서 감성을 표현하고 소비자들과 대화할 수 있을까? 이것이 데그립고베가 마주한 근본적인 질문이었다. 한편 이보다 더욱 중요한 것은 경험적인 관점에서 브랜딩을 접근하는 것이었다. (감성 브랜딩의 두 번째 십계명은 제품에서 경험으로 전환하라는 것이다.) 우리는 항상 TV 광고가 그들의 메시지를 소비자들의 생활 차원에까지 전달하지는 못해왔다고 생각했다. 이것은 제품에 대한 경험과 분리되어 있기 때문이다. 이 간극을 좁히고 유대 관계를 만들어내야 했다. 사람들로부터 반향을 불러일으킨 훌륭한 TV 광고들도 기대치에 못 미치는 매출 결과를 낳았는데, 왜냐하면 사람들이 제품 및 매장 환경에서 겪는 경험은 아무런 변화도 없거나 또는 최상의 메시지로부터 단절되어 있었기 때문이다.

우리는 심벌이야말로 아이디어의 힘을 TV가 꺼진 후에도 계속해서 사람들의 제품 경험 속으로 전달해줄 것이라고 생각했다. 그 메시지가 진정으로 깊은 내용을 지니고 있고 변화를 일으키며 무엇보다 적절하다면 심벌은 계속해서 그 메시지를 전달하는 강력한 지원자가 되기 때문이다.

스플랫!이 탄생하다

데그립고베는 '때'를 형상화한 이 유기적인 별 모양의 그래픽을 스플랫!(Splat!)이라 부르기로 했다. 이제 이것은 오모(Omo), 스킵(Skip), 린조(Rinso)를 비롯해 유니레버 세제 대부분의 포장을 장식한다. 스플랫!은 그동안 두려움의 대상이었던 '땟자국'에 아름다움을 가져오고 소비자들에게 자유와 해방의 정신을 전달한다.

'때'를 형상화한 스플랫! 로고

코카콜라의 역동적인 리본이나 나이키의 스우시와 마찬가지로, 이제 막 태어난 이 스플랫!도 인생에서 낙관주의를 추구하는 사람들에게 곧 널리 알려진 아이덴티티가 될 것이다. 이 심벌은 모든 행사와 브랜드 프

스플랫! 로고가 들어간 유니레버 세제

로그램에 등장해 부모와 아이들이 그들의 세제와 더 가까워지게 만들 것이다. 브라질에서 유니레버의 세제 캠페인은 달에 간 닐 암스트롱과 축구를 하다가 진흙탕에 넘어진 펠레, 그리고 100년은 되어 보이는 비행기가 땅에 부딪히며 먼지 구름을 일으키는 장면 등을 담은 광고를 통해 시험 판매되었다. 스플랫! 로고는 프랑스의 주요 광고 업계지인 〈스트래티지Strategies〉의 표지를 장식했고 2005년 디자인 대상을 수상하기도 하였다.

코카콜라의 감성 아이콘

코카콜라의 이미지 요소들은 효과적으로 관리될 경우 사람들과 강력한 감성적 연결을 구축해낼 강력한 브랜드 자산들이다. 이 브랜드 자산들의 의미를 확실히 밝힘으로써 코카콜라는 자신의 브랜드와 브랜드 약속에 대한 긍정적인 인지도를 구축할 수 있다. 이들은 모든 형태의 커뮤니케이션에 역동적으로 통합될 경우 강력한 도구가 된다. 코카콜라의 포장에 관한 브리핑을 바탕으로 우리가 젊은이의 정신과 에너지, 낙천주의를 핵심 가치로 커뮤니케이션할 필요가 있다는 것을 알게 되었다. 하지만 근본적으로는 브랜드의 감성적 측면을 부각시키기 위해 그래픽 표현을 변화시킬 필요가 있었다.

코카콜라의 유명한 병 모양을 포함하여 그 시각적 상징들은 소비자들에게 감흥을 주는 것으로 변화할 필요가 있었다. 50년이 지난 후에도 지금과 똑같은 포드 무스탕을 운전해야 한다고 생각하면 기분이 어떻겠는가? 기념비적인 디자인이라고 해서 이것을 새로워진 소비자 경험과 혼동하게 되면 사람들과 감성적 소통을 멈추는 메시지를 초래할 수 있다. 이를 위해 코카콜라는 예전의 것을 버리는 것이 아니라 끊임없이 새로운 것을 도입할 필요가 있었다. 미니와 비틀 자동차는 신형 모델로 탈

변화 전　　　　　　　　　　변화 후

바꿈했고 샤넬도 샤넬 파이브 향수만 제공하는 것은 아니다. 샤넬 파이
브는 다양한 고객층과 연결되는 수많은 향수 제품 중 하나일 뿐이다. 코
카콜라의 새로운 시각적 언어를 디자인하기 위해, 우리는 먼저 코카콜
라의 이미지와 그 감성적 의미를 이해할 필요가 있었다. 우리가 이 프로
젝트를 시작하기 전까지 코카콜라의 시각적 이미지는 수십 년 동안 똑
같았다. 그리고 언제 어디서나 똑같은 브랜드 접근법은 이와 같은 브랜
드 캔이 일으킬 수 있는 모든 활기를 침체시켰다. 전 세계적으로 이 브
랜드의 시각적 언어는 비슷하고 도그마적이며, 감성적 표현이 부족했
다. 한편 타깃의 사례나 우리의 패션업계 작업들은 새로운 방식으로 브
랜드 구축을 바라보고 있었고 그래서 우리는 세계에서 가장 잘 알려진
이 브랜드에게 이후 이 브랜드 사상 최초로 진정한 감성적 표현과 해석
이 될 디자인을 제안했다.

이 새로운 시각적 접근법은 기능과 감성의 균형을 향상시켰다. 우리의 목표는 이 시각적 자산을 깊이 탐색해 들어가 각각의 디자인이 전달하는 것이 무엇인지를 이해함으로써 무언의 브랜드 약속을 새로운 감성언어로 찬양하는 것이었다. 이를 통해 분명한 그래픽 언어를 제품 포장뿐 아니라 프레즌스(presence)나 광고, 스포츠 및 엔터테인먼트 행사장, 인터넷 등에도 배치할 수 있었다. 이것은 세 가지 차원의 소비자 참여를 이끌어냈다. 우리는 그것을 기능적, 감각적, 감성적 차원으로 분류한다. 기능적 차원은 주로 코카콜라의 글씨체와 붉은색을 통해 지원됐다. 감각적 차원은 코카콜라의 병 모양과 연관되었고 감성적 차원은 새로운 시각적 언어의 토대이자 다이내믹 리본을 중심으로 한 새로운 포장의 기초가 되었다.

우리의 아이콘 이미지는 어떤 감성을 이끌어내는가?

코카콜라가 자신의 브랜드 역사를 통틀어 함부로 관리해온 주요 아이콘에는 다섯 가지가 있었다. 이것들은 모두 다른 차원의 의미와 감성적 연결을 가지고 있다. 우리의 첫 번째 단계는 먼저 브랜드의 의미와 그 커뮤니케이션 목표를 명확히 하는 것이었다. 우리는 다음과 같은 질문을 던졌다. 브랜드의 발전과 미래를 위해 이 시각적 자산들 중 어느 것을 부각시키고 각각에게 어떤 역할을 할당할 것인가?

1. **코카콜라 병**: 가장 신화적이고 널리 알려진 제품 아이콘으로서 페리에(Perrier) 생수 병이나 앱솔루트(Absolut) 보드카 병보다 훨씬 더 강력하다.
2. **다이내믹 리본**: 현대적인 시각적 아이콘으로서 이 브랜드에게 새로운 세계적인 시각 언어와 기회를 제공했다.
3. **코카콜라 글씨체**: 세계에서 가장 인지도가 높은 서체이자 이 브랜드의 역사를 담는 시그니처이다.

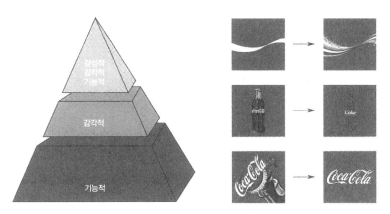

코카콜라의 시각적 이미지 변화

4. 붉은 원반: 대부분 코카콜라 병이나 글씨체의 배경으로 사용되고 주로 매장 표현에 쓰인다.

5. 붉은색: 코카콜라의 캔 아이덴티티와 판촉 언어에서 고유한 맥락을 지닌다.

이들은 모두 소중한 브랜드 자산들로서 코카콜라의 광범위한 이미지와 브랜드 핵심을 형성한다. 브랜드의 의미와 인식은 주로 사람들이 이 아이콘과 맺는 경험을 중심으로 일어난다. 따라서 이들의 해석과 표현은 브랜드 인식의 변화를 강화하는 데 핵심적이다. 2000년에 도입된 '센세이션' 캔에서 표현되었듯이 코카콜라 브랜드가 주로 감각적이고 기능적인 접근에서 감성적인 접근으로 전략적으로 이동함에 따라 전 세계가 흥분할 감성적 가치를 중심으로 이 브랜드의 시각적 표현을 업데이트할 때가 되었다. 데그립고베의 목표는 새로운 동시대적 신뢰성 (authenticity)을 중심으로 브랜드의 핵심 가치와 자산들을 커뮤니케이션하는 것이었다. 이것은 좀더 업데이트된 시각적 프로그램을 도입하도록 했고, '감성 브랜딩' 전략에 대한 승인은 이 브랜드의 아이콘을 해체하고 분할하여 새로운 감성 건축을 시도하도록 만들었다. 또한 젊은 층을 끌어들일 수 있는 새로운 청량음료의 이미지와 그래픽을 만들어내기 위해 필요하다면 아이콘들을 업데이트하고 현대화하려는 욕망도 작동하고 있었다.

센시디엄의 리서치 결과와 우리 자신의 관찰로부터 우리는 이 아이콘들을 근본적인 인간 동기 및 다양한 삶의 경험들과 연결할 수 있었다. 리서치 결과 사람들을 새로운 방식으로 참여시키기 위해 중요도와 소비자와의 연결 정도에 따라 일부 시각적 자산들을 재배치할 필요가 있다는 결론을 내릴 수 있었다. 이것은 브랜드에 더 많은 혁신을 가져오고 혁신과 상상력, 그리고 강렬한 상호작용이라는 '직감적' 가치들과 연결할 필요를 낳았다. 데그립고베는 코카콜라 브랜드의 새로운 감성 이미지를 만들기 위해 다음과 같은 핵심 단계들을 밟아나갔다.

1. 이 브랜드의 국제적 상징으로서 다이내믹 리본을 부활시키는 것이야말로 새로운 시각적 구축의 기본이었다. 다이내믹 리본은 이제 이 브랜드의 모든 표현을 장식하는 코카콜라의 가장 중요한 국제적 시각 자산으로서 나이키의 스우시와 같은 아이콘이 될 가능성을 가지고 있다.
2. 다이내믹 리본에서 두드러진 역할을 맡는 청량한 느낌의 거품은 갈증이라는 요소를 첨가했다. 이러한 연관은 이 브랜드 경험에서 감각적 요소를 활성화한다.
3. 빨간색 배경에 통합될 제3의 색으로 노란색은 직감적 차원에서 낙천적이고 역동적인 브랜드 존재(presence)를 창조할 또 다른 기회를 제공하였다. 노란색은 또한 이 브랜드를 문화와 연결시켰다.

머리, 가슴, 배를 통한 브랜드 존재 프로그램의 구축
모든 브랜드 존재(brand-presence) 표현물에 감성 브랜드의 의미를

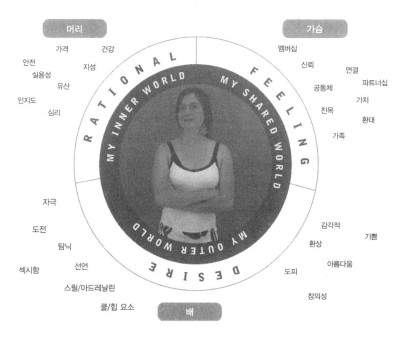

연결하고 새로운 그래픽을 배치하기 위해 우리는 다양한 종류의 브랜드 사용법과 그것이 사람들과 소통하는 환경을 확인하고 평가할 필요가 있었다. 소비자와 맺는 가장 중요한 세 가지 감성적 연결(머리, 가슴, 배)은 코카콜라 사상 최초로 종합적인 시각 프로그램을 구축하고 활성화하는 기준이 되었다.

머리 그래픽(Head graphics)은 이성적 연결을 만들어내는 것으로서 문자적인 커뮤니케이션이나 브랜드 아이덴티티, 기업 브랜딩, 그리고 프리젠테이션 템플릿 등에 사용된다. 이들은 가시적이고 쉽게 인식할 수 있는 그래픽들이어야 한다. 코카콜라의 빨간색과 글씨체가 이러한 효과와 일관성을 만들어내는 데 가장 소중한 자산들이라 할 수 있다. 가슴 그래픽(Heart graphics)은 '효과(impact)'보다는 '접촉(contact)'을 위해 만들어진다. 이들은 좀더 감각적이고 사교적인 연결을 만들어낸다. 이들은 친목 모임이나 가족 외출, 스포츠 행사 등을 위해 만들어진다. 이들은 제품을 예찬한다. 코카콜라의 병은 이 브랜드 경험의 궁극적인 진술(statement)이자 이 브랜드가 제공하는 기분 전환력과 사람들과 함께 보낸 즐거운 시간을 나타내는 최고의 상징이다. 해변이나 영화관의 팝콘 가방, 교통 시설, 공항, 슈퍼마켓 판촉회 등과 같은 '놀이' 영역에 배치될 경우 코카콜라의 병은 신체 및 정신적 안녕을 찬양하는 기초가 된다. 그것은 이 브랜드를 집단 혹은 가족의 맥락에서, 함께 나눈 인상 깊고 편안한 순간이라는 맥락에서 찬양한다. 사회적 및 지속가능성 (sustainability)의 관점에서 볼 때 붉은 원반도 아직 과소평가되었지만 그 둥근 형태와 사회적 영향력은 코카콜라의 세계를 나타낼 수 있는 흥미로운 아이콘이다. (우리는 프로그램 본 과정에서는 이 아이디어를 발전시키지는 않았지만 프로그램 준비단계에서는 고려 대상으로 삼았다.)

배 그래픽(Gut graphics)은 감성적인 브랜드를 통해 젊은 층과 소통하고 그들의 활기찬 라이프스타일을 반영하기 위해 만들어진다. 훌륭한 배 그래픽들은 스포츠와 음악에서 발견할 수 있다. 이들은 다른 삶을 산다. 그리고 우리의 현실과 높은 인식 사이의 간극을 연결한다. 배 그래픽들은 대담한 진술과 사회적 지위와 관련된다. 그들은 놀랍고 과감하며 활기차다. 그들은 벽면이나 나이트클럽, 의상, 급진적 포스터, 그리고 새로운 제품 개발 등에서 발견된다. 그들은 흥분을 유발하고 불쑥 튀어나오며 사람들에게 회자된다. 나이키와 아디다스는 오늘날 마케팅 분야에서 가장 강력한 배 그래픽의 창조자들이며 우리는 우리의 다이내믹 리본이 세 번째로 그러한 아이콘이 될 것이라 믿는다.

이 새로운 시각적 자산들은 핵심적인 감성 및 감각적 기회들을 밝히고 찬양할 전체적인 커뮤니케이션 프로그램의 일환으로 마련된 브랜드

214

비디오에 통합되었다. 이 비디오는 코카콜라에게 자신의 브랜드가 가진 엄청난 감성적 힘을 신뢰하게 해주었고 다른 시장에서는 어떻게 변신할 수 있는지 자유롭게 상상하도록 도와주었다. 우리는 코카콜라가 가진 시각적 자산에 대한 이해와 통합 부족이 이 브랜드의 전체적 효과를 희석시킨다고 생각했다. 이 자산들을 활용함으로써 브랜드가 사람들과 맺는 관계는 더욱 강력해질 수 있었다. 다이어트 코크는 최초로 이 새로운 아이디어를 최근 TV 광고에 활용하여 큰 성공을 거둔 바 있다. 다이어트 코크는 시각적 연결의 힘을 이해하고 이 브랜드에 대한 사람들의 헌신을 예찬하는 광고 캠페인을 만들었다. 광고 약속과 포장 그래픽을 연결하는 것은 TV 광고에 일관성과 역동성, 감성적 효과를 증대시켰다. 뉴욕의 풋 콘 벨딩(Foote Cone Belding)이 만든 이 광고는 케이트 베킨세일과 아드리엔 브로디와 같은 배우들이 다이어트 코크 캔에서 흘러나오는 거품에 반응하는 장면을 담고 있다.

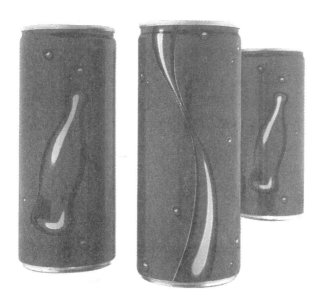

직감적(gut) 관점으로 브랜드를 바라보는 것은 새로운 '슬림 캔(slim can)' 과 같은 혁신을 만들어냈다.

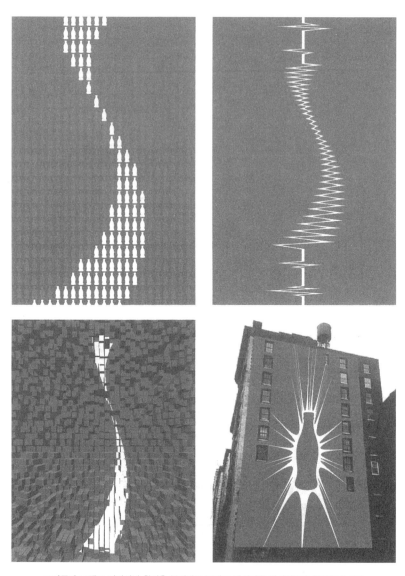

코카콜라 브랜드 이미지에 활력을 불어넣고 브랜드 메시지를 감성적으로 확장해낸 예들

코카콜라 아이콘의 포트폴리오에 대해 감성적 정의를 제공하는 것은 새로운 접근이었다. 이를 통해 경영진은 브랜드가 가진 풍부하고 역동

적이며 아직 충분히 개발되지 않은 감성적 생애를 깨달았을 뿐 아니라 커뮤니케이션의 목적을 위해 기존의 아이콘을 깨뜨리고 좀더 자유롭게 혁신할 수 있었다. 이는 많은 사람들이 공감할 수 있는 고유하고 적절한 시각 언어로 향하는 길을 열어주었다. 핵심은 브랜드를 감성적으로 차별화하고 확장시키며 활기를 불어넣고 광고 메시지를 강화할 독창적인 시각적 이미지를 구축하는 것이다. 이것은 아직까지 사용되지 않은 방식으로 이루어져야 하고 브랜드가 언제나 환영받고 감탄을 일으키게 해야 한다. 유연하고 재미있으며 쌍방향적인 브랜드 아이콘의 표현은 최고의 브랜드잼으로서, 감각적 자극으로 충만한 브랜드를 구축하기 위해 이 시각적 자산들을 활용하는 강력한 방법이다.

아이콘들의 전쟁

브랜드의 시각적 자산이 가지는 아이콘으로서의 힘과 가치는 스포츠 브랜드에서 가장 잘 나타난다. 여러분은 모두 나이키와 푸마, 아디다스가 사람들의 마음을 얻기 위해 치열한 로고 전쟁을 벌이고 있다는 것을 잘 알 것이다. 또한 나이키의 스우시와 푸마의 비주얼, 그리고 아디아스의 줄무늬에 대해서도 잘 알고 있다. 그들은 어디서나 있고 쉽게 알아볼 수 있으며 노련하고, 우리가 존경하는 대부분의 스포츠 스타들의 의상을 장식해왔다.

이 아이콘들의 인지도는 광고와 스포츠 행사, 운동선수의 기용, 매장의 프레즌스에 들인 수십억 달러의 결과이다. 그렇다면 단순히 사람들이 알아볼 뿐 아니라 선망의 대상이 되는 것은 왜 그렇게 중요할까? 이 로고들이 너무나 특별한 나머지 우리가 이 로고들을 가방이나 티셔츠, 또는 신발에 기꺼이 달고 다니고자 하는 것은 왜일까?

아이디어의 시각적 표현은 그것이 사람들과 감성적으로 연결되었을 때 다른 어떤 것보다도 우리의 가장 심원한 감성과 느낌의 발현수단이 된다. 국가대표 선수가 올림픽 메달을 딴 후 국기가 올라가는 것을 보며 우리가 우는 것은 바로 이런 이유 때문이다. 국기는 몇몇 그래픽이 새겨진 천 조각 이상을 의미한다. 그것은 우리가 누구인지, 어떤 사람이 되고 싶어하는지, 그리고 어떤 신념을 가지고 있는지에 대한 시각적 표현이다. 그리고 이 신념의 소유가 바로 마케팅 전쟁에 걸려 있는 핵심으로서 브랜드들로 하여금 그들의 시각적 프랜차이즈를 보호하기 위해 수백만 달러를 쓰게 만드는 것이다. 이 시각적 아이콘들에 대한 감성적 인식은 사업의 성패를 좌지우지하거나 적어도 매출에 큰 영향을 미친다.

나는 언제나 모든 스포츠 아이콘들 중 가장 강력하고 똑똑한 것은 아디다스라고 생각해왔다. 그 이유는 세 줄로 이루어진 아디다스의 줄무늬가 어떤 크기의 패션 아이템에도 다른 브랜드 아이콘들은 따라할 수 없는 강력한 방식으로 적용가능하기 때문이다. 사실을 직시하자. 나이키의 스우시는 자신의 시그니처를 진술하는 것 이외에는 제한적이다. 푸마도 마찬가지이다. 아디다스의 역동적인 세 개의 줄무늬는 마케팅적 관점에서 볼 때 그들의 의류를 더욱 스타일리쉬하고 가시적으로 만들어준다. 가장 중요하게는 그 옷을 입는 사람들에게 왠지 더욱 운동선수 같은 느낌이 들도록 만든다는 것이다.

이 논쟁은 이제 비약적으로 불거지며 마침내 법원까지 갔다. 세계적인 스포츠 브랜드들인 나이키와 푸마는 모두 아디다스의 줄무늬가 그들의 아이콘 포트폴리오보다 우수하다는 사실을 인정하고 국제테니스연맹(International Tennis Federation)에 로비하여 4개의 모든 그랜드 슬램 행사에서 모든 선수들의 의상으로부터 이 유명한 줄무늬를 금지시키도록 했다.[2] 선수들은 항상 그들의 스폰서 로고를 입을 수 있는 권한을 가

아디다스의 줄무늬는 다른 스포츠 아이콘들보다 시각적으로 뛰어나다.

지고 있었지만 나이키와 푸마는 선수들이 입는 의상 및 제품에 세 개의 줄무늬가 새겨지는 것이 아디다스에게 불공평한 시각적 혜택을 제공하는 것처럼 느꼈던 것이다. 이에 대항하여 아디다스는 이러한 금지 명령을 중단시키고 선수들이 자신의 시각적 스타일을 표현할 권리를 보유하게 하는 명령을 구하고 있다. 바야흐로 스우시 대 줄무늬의 전쟁이 시작되었고 이 전쟁은 그리 쉽게 끝나지 않을 것 같다.

에어 프랑스의 시각적 터치

비행기는 매장일 수도 있고 레스토랑, 영화관, 라운지, 또는 호텔일 수도 있다. 만약 비행기 내부가 엉망이고 서비스는 형편없으며 라운지는 더럽고 영화도 재미없으며 음식도 끔찍하다면 훌륭한 광고 캠페인이 무슨 소용이겠는가? 당신 자신이 꿈을 꾸지 않는데 어떻게 다른 사람들에게 꿈을 꾸게 만들 수 있겠는가? 에어 프랑스는 새로운 감성적 아이덴티티를 만들기 위해 데그립고베에게 소비자와 접촉하는 모든 곳에서 이 브랜드의 모습과 느낌을 전달해줄 시각 및 감각적 어휘를 만들어줄 것을 의뢰했다. 이것은 그래픽 스타일뿐 아니라 고객 라운지, 기내실과 좌석의 스타일, 레스토랑 액세서리의 디자인, 그리고 메뉴와 안내 브로셔 등 모든 인쇄물도 포함하고 있었다.

여기에서의 아이디어는 디자인을 통해 에어 프랑스의 경험을 인상적이고 감성적인 경험으로 만들어내는 것이었다. 개인적으로 나는 이 프로젝트에 관여하지 않았지만(이 프로젝트는 파리 지부 관할이었다.) 내가 두 번째 저서 『마크 고베의 공익적 브랜딩』에서 썼듯이, 나는 이 크리에이티브 프로세스에 대단한 흥미를 가지고 지켜보았다. 프랑스 서부의 한 농가에서 태어난 나는 어렸을 때 파리와 뉴욕을 잇는 슈퍼소닉 콩코드를 보던 것을 생생하게 기억한다. 푸른 하늘에 남겨진 상징적인 흰 연기 자국은 내 모든 열망을 나타냈다. 나는 언젠가 저 비행기를 타거나 비행기가 가는 곳에 가 있는 꿈을 꾸곤 했다. 그래서 파리 지부의 크리에이티브 디렉터가 흰 연기 자국을 에어 프랑스 프로젝트에 영감으로 사용하는 것을 보고 나는 이 작업에 매료될 수밖에 없었다. 파리의 크리에이티브 팀과 나는 같은 꿈을 꾸고 있었던 것이다. 우리는 사람들에게 감흥을 주기 위해 이 브랜드에 똑같은 스토리를 붙이고 싶어 했다.

에어 프랑스는 세계에서 가장 성공적인 항공사 중 하나로서, 나는 우리의 스토리가 사람들에게 긍정적인 이미지를 남기는 회사 메시지의 일부가 되었다는 사실이 더할 나위 없이 자랑스럽다. 나중에 데그립고베가 에어 프랑스의 퍼스트클래스 실과 비즈니스클래스 실의 스타일링을 의뢰받았을 때 우리는 편안한 브랜드 이미지를 최우선 순위로 두고 우아하고 부드러운 재료와 색상들을 선택했다. 이것은 에어 프랑스의 휘장과 자수가 새겨진 빨간색의 승객용 베개 디자인을 통해 드러났다. 이 베개는 물리적, 감각적 물건으로서 에어 프랑스가 고객들에게 제공하는 '달콤한 꿈'을 상징하는 역할을 했다. 에어 프랑스의 새로운 아이덴티티는 사람과 감성을 중시하는 관점에서 만들어졌고 이것은 프랑스의 문화와 매력을 따뜻하고 우아한 방식으로 표현해주었다.

도시 예술의 감성 메시지

크리스토와 진 클로드의 작품이 어떻게 더 이상 감성적일 수 있을까? 그들은 몇 주 만에 끝나버리긴 하지만 이후 사진과 영화, 책 등을 통해 우리 마음속에 되살아 날 엄청난 규모의 예술을 만든다. 기술의 발전은 창조자들에게 새로운 미디어를 주었다. 그것은 바로 흙이다! 오늘날 예술은 더 이상 박물관에 걸려 있을 필요가 없게 되었다. 대신 영원히 사라지기 전에 모두가 즐길 수 있도록 우리들 마음속에서 호흡하고 기술이 만들어낸 기억을 통해 저장된다. 크리스토는 디자이너이자 사업가이자 자본가이다. 재정에 대한 계획이 마련되어 있지 않으면 그의 예술은 모두 불가능할 것이다. 소비주의와 엔터테인먼트의 시대에 아름다움은 삶의 기쁨에 동참해야 한다. 최고 부유층의 거실에만 있는 엘리트주의적인 예술은 크리스토가 상상하는 것과 정반대이다. 그의 작품은 많은 사람들이 볼 수 있도록 좀더 큰 거실이라 할 수 있는 해변이나 다리, 공공건물, 그리고 공원에 걸려 있다. 이제 최고의 예술은 모두에게 프로젝트의 유효성을 납득시키고 현실화될 수 있기 전에 어떤 비전을 파는 것이다. 이러한 민주적인 과정은 브랜딩의 과정과 그리 다르지 않다. 작품은 모두가 공유하기 위해 만들어진다. 그의 작품은 아름다움을 대중이 경험할 수 있도록 한다는 점에서 흥미롭다. 그것은 자유와 활력의 메시지로서 우리에게 삶이 아름답고 소중하다는 점을 환기시킨다.

(1983년에 기획되어 22년 후인 2005년에 마침내 실현된) 〈게이트〉를 센트럴 파크에 세움으로써 크리스토는 삶을 다르게 볼 것을, 우리의 상상력과 기존과는 다른 시각 언어를 통해 현실을 해석할 것을 세상에 요구하였다. 그것은 일종의 도발이자 도전이며 잠시 동안이지만 마치 번개처럼 뉴욕커의 삶에 파고들어 우리가 마음만 먹으면 우리의 상상력이 어떤 힘을 발휘할 수 있는지 생생히 보여주는 찬란한 빛과 같았다. 디자인이란 바로 이러한 도전과 티저(teaser)에 대한 것이자 우리 안의 좋은 면을 이끌어내는 느낌과 동기부여에 대한 것이다. 크리스토가 부활시킨 것은 새로움과 아름다움에 대한 우리의 열망과, 언제나 우리의 가장 큰 장애물이자 좌절처럼 보이는 인간 한계에 대한 도전, 그리고 놀라움에 대한 우리의 열망이다. 번뜩이는 천재성을 보여줌으로써 우리는 모두 천재성을 느끼고 좀더 위대한 현실에 눈뜨게 된다. 크리스토와 진 클로드는 그들의 작품 속에서 우리의 감성적 열망을 끄집어낸다.

이 작업은 금액을 막론하고 그 어떤 광고 캠페인이 이 도시에 해줄 수 있을 거라 상상할 수 있는 것보다 더 많은 것을 뉴욕 시의 명성과 관광 산업에 해줄 것이다. 크리스토의 도움으로 뉴욕은 낙천주의와 혁신이 그 어느 때보다 예술에 대한 뉴요커의 열정을 구성하고 있다는 사실을 온 세계에 보여주었다. 그리고 여느 때와 마찬가지로 그들은 그것을 자랑하기를 부끄러워하지 않는다.

태양의 서커스

태양의 서커스의 그 유명한 파란색과 노란색 줄무늬 '텐트'와 로고, 그리고 쇼를 본 사람이라면 누구나 즉시 자신이 어떤 종류의 경험을 하게 될 것인지 알 수 있다. 이 브랜드의 아이덴티티와 외관, 느낌, 공연 스타일 사이에는 그들만의 고유하면서도 뚜렷하고 일관된 음색과 느낌이 담겨 있다. 그들의 쇼는 인간의 공연능력뿐 아니라 상상력의 한계를 넓히는 것에 대한 것이다. "상상력은 지식보다 더 중요하다." 태양의 서커스의 창립자이자 CEO인 기 랄리베르테(Guy Laliberte)가 자신의 쇼에 대해 말할 때 즐겨 인용하는 아인슈타인의 말이다. 이 말은 브랜드에도 한수 가르침을 준다. 태양의 서커스의 팸플릿에는 이렇게 적혀 있다. "엔터테인먼트는 청중의 상상력 속에서만 살아있기 때문에 순간적(ephemeral)이다." 이것은 태양의 서커스에게 항상 뭔가를 창조하고 사람들에게 영감을 주도록 독려한다.

브랜딩의 관점에서 볼 때 이 엔터테인먼트 회사의 철학은 그들이 누구이며 어떤 일을 하는지를 정확히 반영하는 듯하다. 이탈리아 광대들의 의상에서 발견할 법한 그래픽으로 웃고 있는 태양을 나타내는 그들의 독창적인 로고는 그들이 라스베이거스로 영원히 이주하기 전의 공연장이었던 '텐트'의 톤을 설정해준다. '스펙태큘러라(SPECTACULERA)'

태양의 서커스의 독창적이고 일관된 브랜드 이미지

라는 네이밍 자체도 태양의 서커스의 환상적인 세계에 어울리는 독창적
언어와 일관된 브랜드 약속을 전달한다. 이때부터 모든 것은 타의 추종

을 불허하는 마법의 경험이 된다. 광대는 공연장에 들어서는 당신을 즐겁게 반기고, 실내 장식은 당신을 다른 세계로 이동하게 하며, 매혹적인 쇼는 당신이 이전까지 전혀 경험해보지 못한 판타지 세계로 뛰어들게 한다.

그들의 브랜드는 약속이다. 그것은 처음부터 끝까지 모두 약속과 느낌으로 디자인되어 있다. 태양의 서커스가 가진 강력한 문화는 그것이 제공하는 제품과 열정에 완벽히 통합된다. 하나의 비전이 완벽히 표현되고 집행되는 것이다. 태양의 서커스가 길거리에서 유래한 자신의 보잘것없는 기원과, 수익의 1%를 젊은 층을 대상으로 한 공익적 지원 프로그램에 기부하는 것을 자랑스러워하는 것은 전혀 놀라운 일이 아니다. 이러한 태도는 청중과 연결되게 할 뿐 아니라 함께 일하는 공연예술가들의 충성심을 이끌어낸다. 내부적으로 그들은 직원들이 창조적인 프로그램의 컨텐츠 생산에 참여할 수 있도록 새로운 아이디어의 등장을 독려하는 지원제도를 만들었다. 이것이야말로 브랜드잼이 아니고 무엇이겠는가?

타이포그래피, 아이콘의 언어

아내와 나는 몇몇 친구들과 함께 뉴욕 시에 위치한 유명한 세인트 존 성당에서 공연하는 헨델의 〈메시아〉를 즐겨 보러간다. 이 곡의 웅장함과 코러스의 사운드, 악기들, 그리고 고딕적(Gothic) 공연 환경에 감동받지 않기란 불가능하다. 이 곡은 자신만의 고유한 아름다움과 힘을 지녔다. 내게 그것은 매우 빼어난 아름다움과 영감의 경험이 아닐 수 없다.

2시간 반의 황홀한 논스톱 공연 동안 나의 마음은 정처 없이 떠돌아다니고 내 잠재의식은 이 음악의 특정 순간마다 느끼는 감성의 시각적 표현을 찾아내려 애쓴다. 그것은 꿈을 꾸는 동시에 〈메시아〉의 감성적 내용이 창조한 새로운 현실에 뛰어드는 것이다. 음악은 항상 나를 창조적이면서 시각적인 자기발견의 시간으로 이동시켜준다.

어느 날 나는 매우 새로운 경험을 했다. 그것은 고딕(gothic) 타이포그래피에 대한 것이었다. 고딕 서체들이 계속해서 내 머릿속에 맴돌기 시작했다. 아마 세인트 존 성당의 고딕미에 영향을 받았을 것이다. 특히 하나의 글자가 내 눈앞에 계속 아른거렸다. 그것은 T라는 고딕 서체였다.

나는 미신이나 종교를 믿는 타입이 아니기 때문에 혹시라도 종교적인 의미나 신의 부름과 연결될 수 있는 신호들은 모두 무시하려 했고 어떠한 결론도 내리려 하지 않았다. 나는 〈뉴욕 타임스〉의 앞면을 우아하게 장식하는 서체에 대해 생각했다. 고딕 스타일의 강력한 글자 하나가 그토록 강력한 메시지를 규정하고 권위 있게 자신의 스타일과 아름다움을 규정해낼 수 있다니! 가늘고 굵은 섬세한 굴곡과 강력한 구조를 통해 이 고딕 서체는 나에게 인생과 권위, 아름다움과 규율, 그리고 상상력에 대해 말해주는 듯했다.

그러다가 나는 내가 생각하던 T가 〈뉴욕 타임스〉 스타일의 타이틀이었음을 깨달았다. 물론 앞면 왼쪽 상단 끝을 장식하던 T는 완벽한 장엄함과 권위, 그리고 확신에 있어 독보적이었다. 그 글자는 자신의 권위를 나타내는 언어로 브랜드와 스타일을 궁극적으로 표현하고 있었다. 코카콜라와 마찬가지로 〈뉴욕 타임스〉의 서체는 분명 세상에서 가장 인지도가 높은 서체 중 하나이지만 나는 이 서체가 예술적인 생활 잡지 표지에서도 권위를 잃지 않으면서 쿨하고 심각하지 않을 수 있다는 사실에 놀라지 않을 수 없었다. 이 얼마나 훌륭하게 제품을 확장하고 돋보이게 만드는 방식인가!

음악은 많은 영감을 주었고 그에 따라 내 생각도 무럭무럭 자라났다. 어느새 나는 프로그램 뒷면에 내 생각과 영감을 적기 시작했다. 바로 그때 메조소프라노가 다음 구절을 노래했다. "그러면 장님의 눈은 열릴 것이요 귀머거리의 귀는 뚫릴 것이며, 절름발이는 수사슴처럼 뛰어다니고 벙어리의 혀는 노래를 부르리라."

그날 밤 내가 고딕 서체에 대해 생각하고 있었다는 것 자체가 어떻게 시각화를 통해 창의력과 생각이 직관적으로 연결될 수 있는지 신비로운 방법을 보여주는 사례라 할 수 있다. 나는 그 활활 타오르는 듯한 권위 있는 스타일의 글자들이 흥미로웠다. 이들은 교회의 공식 서체이자, 활자가 발명되기 전 고대

권위와 쿨함을 동시에 갖춘 고딕 서체

의 필사본을 장식하던 글자들이다. 또한 정부 건물 벽면에서는 권위를 나타낸다. 게르만의 전통을 가지고 있는 이 글씨체는 2차 세계대전 당시에는 대부분의 독일 군대 표지에서 두려움과 지배의 상징으로 사용되었고, 우리가 어렸을 때 들었던 모든 중세 이야기들을 담아내기도 한다. 이제 서체는 힙합의 사랑을 받고 있기도 하다. 고딕은 티셔츠와 음반 심지어 리복의 광고 앞면을 장식하는 세련되고 멋진 글씨체가 되었다. 그것은 현장과 힘, 그리고 나쁨(badness)을 하나의 메시지로 규정하는 것처럼 보인다. 케텔원 보드카의 성공은 자신의 라벨과 광고에서 사용한 서체와 뭔가 연관이 있을 것이다.

이 서체는 확실히 유명해졌고 존경심을 불러일으킨다. 그리고 가짜에서부터 진짜, 그리고 전통적 유산에서 위안을 찾으려는 젊은 세대의 감성을 투영하고 있다. 서체가 얼마나 많은 의미를 전달할 수 있는지는 종종 과소평가되는 면이기도 한다. 그것이 브랜드의 문화와 성격을 규정할 수 있는 매우 중요한 시각적 어휘임에도 불구하고 말이다. 그래픽과 그것이 나타내는 감성적 내용이 어떻게 다양한 그룹에 의해 사용되고 새로운 의미가 부여되는지를 관찰하는 것도 흥미로운 일이다. 가장 중요하게는 고딕 서체가 그 자체로 '아이콘'적인 브랜드라는 사실이다. 이 서체는 감히 자신을 사용하고자 하는 브랜드라면 누구에게나 자신의 아이콘적 힘을 빌려준다.

아이콘성(Iconicity)은 〈뉴욕 타임스〉의 특징이기도 하다. 그리고 그들은 너무나 영리하고 당당하게 이 특성을 얻어낼 수 있었다. 고귀하고 아름다우며 우아하고 웅장한 모습으로 서 있는 단 하나의 글자가 이 신문의 정수가 되어 여가와 패션을 모두 나타내고 있는 것이다. 아이콘적인 서체와 아이콘적인 신문 모두 전통을 새로운 방식으로 재해석함으로써 자신들의 메시지를 가장 도발적이고 현대적인 방식으로 혼합시키고 있다.

서체는 소유할 수 있고 또 소유물이 되어야 한다. (지금 나는 매우 열성적으로 쓰고 있고 콘서트에 참여한 어떤 이들에게 이것은 경멸의 대상이다.) 디자이너들은 브랜드의 고유한 시그너처이자 그 브랜드만이 사용하게 될 알파벳 서체를 만들어낸다. 그것은 브랜드의 이미지와 메시지를 강화하는 놀라운 방법이다. 회사의 필기 스타일은 차별화되고 쉽게 알아볼 수 있으며 기억에 남는 것이 될 수 있다. 그것은 또한 어떤 회사인지를 나타내는 성명이 될 수도 있다.

"그들의 밧줄을 산산이 부수고 굴레를 던져버리자!" 합창은 계속되었다.

이것은 내가 4년 동안 다니던 파리의 디자인 학교 시절을 떠오르게 한다. 매우 엄격하고 아카데믹했던 이곳에서는 크리에이티브 프로세스를 정당화할 수 있도록 모든 것이 합리적으로 설명되어야 했다. 이것은 포스터 디자인과 광고를 만들며 즐거운 시간을 보낼 것이라고 생각했던 내게 충격이었다. 훈련은 고됐다. 첫 1년 동안은 남의 것만 모방했고 그 이후부터 새로운 서체 발명에 돌입할 수 있었다. 그 당시에는 컴퓨터가 없었기 때문에 모든 것을 컴퍼스와 내경측정기, 그리고 낡은 도구를 가지고 손으로 해야 했다. 한 알파벳의 세리프 하나를 망치면 처음부터 다시 시작해야 했다. 나도 이것을 끝없이 반복했다. 완벽함을 기하기 위해 며칠 밤을 울면서 보내던 나는 어느 순간 서체는 기술성(technicality)이나 정확성이 아니라 감성에 대한 것임을 깨닫게 되었다. 그 서체와 친해지면 실수하지 않고 더 수월하게 아름다움을 만들어낼 수 있었다. 겉으로 보이는 것을 뚫고 들어가 그 서체의 정수와 핵심적 특징을 찾는 과정은 이 프로젝트를 훨씬 더 즐겁게 만들었고 이를 통해 나는 서체를 존중하고 사랑하는 법을 배우게 되었다.

서체의 고유한 성격과 직감을 이해하고 강력한 의미를 구축함으로써 당신은 삶의 현실에 좀더 가까이 다가가고, 브랜드의 진정한 아름다움과 스타일을 드러낼 수 있다. 새로운 서체가 탄생하는 것을 보는 것은 일종의 마법과도 같다. 하지만 최고의 순간은 각각의 알파벳들이 모여 하나의 단어를 이룰 때 경험하게 되는 조화이다. 그것은 위대한 느낌이자 미학적 즐거움이다.

이 시점에서 나는 콘서트에서 연주하는 음악인들을 바라보다가 갑자기 서체를 음악의 음표와 연결짓게 되었다. 음과 박자, 하모니 등 음악의 모든 개별 요소가 모여 어떻게 전체 노래를 이루는지를 이해하는 음악인과 마찬가지로 타이포그래피 디자이너도 어떻게 타이포그래피 디자인의 각 요소가 모여 완전하고 조화로운 캐릭터들을 만드는지 이해한다. 그들은 단어에 형상을 부여하고 보이지 않는 의미와 표현을 결합시킨다. 그것은 독창적인 느낌과 성취를 제공하는 정교한 작업이다.

왜 우리가 이걸 해야 합니까? 언젠가 교수에게 나는 이렇게 물은 적이 있다. 전문 직업인의 세계에서는 손으로 서체를 만들 시간도 없을뿐더러 미리 제작된 서체를 돈으로 살 수도 있다는 사실을 알기 때문이었다. 교수의 대답은 "존경하는 법을 배우기 위해서"였다. 이제 우리는 서체의 힘을 감상할 줄 안다. 그의 가장 유명한 프로젝트는 항상 우리에게 성냥갑의 표지를 디자인하라고 시키는 것이었다. 이처럼 평범하고 작은 공간에서도 아름다움을 창조할 수 있는지를 보기 위함이었다. "세 글자 이상은 안 됩니다!" 카페의 모든 이들이 보게 될 디자인을 위해 그는 이렇게 외쳤다.

아름다움은 크기가 아니라 개성과 결의의 문제이다. 항상 새로운 메시지에 부딪히는 시각적 세계에서 우리는 어떻게 눈에 띄고 어떻게 문화적으로 적절하면서도 아이콘적인 표현을 지닌 아이덴티티를 만들어낼 수 있을까? 아이콘적인 브랜드는 우리의 눈에 음악을 안겨줄 그래픽 언어를 구축할 필요가 있다. 이 느낌을 한 번에 한 글자씩 전달하는 언어 말이다.

이것이 의미하는 바는 다음과 같다. 먼저, 회사의 재무적 자산은 그 회사의 시각적 자산에 매우 깊이 뿌리박고 있다. 하지만 사람들의 삶과 소통하는 최고의 수단으로서 이러한 시각적 자산이 가지는 감성적 힘을 탐험하거나 보호하는 데 투여되는 투자는 너무도 적다. '시각 관리(Visual Management)'는 광고와 적어도 같은 위치의 우선 사항이 되어야 한다. 왜냐하면 광고는 쉽게 식별할 수 있고 의미가 담긴 그래픽 언어의 지원을 받을 때 좀더 효과적이기 때문이다. 그렇지 않은 광고는 대부분 감성이 결여된 것처럼 느껴진다.

경험으로서 광고를 사고하라

광고는 여전히 건재하고 브랜드를 구축하는 최고의 미디어 중 하나이다. 그러나 최고의 미디어 '중 하나'라는 말은 한때 텔레비전 광고가 누렸던 지배적 위치에 변화가 일어났음을 나타낸다. 또한 매우 다양해진 소비자 시장과 미디어 세계에서 이 미디어가 가지는 '상대적인' 영향력을 강조한다.

역사적으로 광고는 민주주의 국가에서 브랜드가 성공하는 가장 중요한 요인 중 하나이자 라디오와 텔레비전의 새로운 힘을 활용해 기업과 제품을 판촉하는 최초의 커뮤니케이션 도구였다. 사실, 광고는 전후 세계 경제의 활발한 성장으로부터 큰 덕을 보았지만 또한 다양한 신제품에 대한 사람들의 식욕을 돋우며 경제 성장을 활성화하는 가장 강력한 행위자 중 하나이기도 했다. 광고는 프랭크 퍼듀(Frank Perdue)의 가족 농장처럼 새로운 사업을 만들어내기도 하였다. 이 회사는 2만 명의 직원과 30억 달러 상당의 매출을 지닌 대규모 닭고기 가공회사가 되었다.[1]

이후 미국 광고는 전 세계의 존경을 받는다. 역동적인 30초짜리 광고는 마치 아카데미 수상작과 같았고 광고인들은 마치 유명 스타와 같았다. 매체 전문대행사에게 지불되던 15%의 커미션은 모두에게 만족할 만한 보상과 수입원을 제공하였다. 광고는 가장 뛰어난 창조력을 지닌 사람들을 끌어들이기도 하였다. 그러나 가장 중요하게는 그것이 효과를 나타내었다는 것이다! 그것은 공장이 영웅이고, 광고는 그 당시 새롭게 등장한 마법적 플랫폼이던 텔레비전을 통해 끊임없이 새로운 발견을 가져오는 반가운 '푸쉬(push)' 메시지 역할을 하던 시절, 마케팅에 대한 지배적인 '모더니즘'적 접근을 반영했다. 그것은 새로운 제품 선택권이 끊임없이 주어지길 원하는 상당히 동질적인 소비자 집단에게 말을 걸었다. 이들의 지갑은 새로운 제품과 서비스에 걸맞은 능력을 지니고 있었다. 어떤 것에도 제약받지 않는 혁신이 당시의 규범이었다. 이것이 바로 오늘날 '소비자' 또는 '시장' 경제라 불리는 것의 탄생이었다.

광고는 성장 산업으로서 많은 투자자들을 끌어당겼고, 인수 합병을 통해 다국적 기업들의 마케팅 업무를 돌봐주는 거대 커뮤니케이션 제국을 건설하였다. 전 세계적으로 텔레비전과 라디오를 구입하는 사람들이 증가함에 따라 이 모델은 지배적인 위치를 차지하게 된다. 바야흐로 메가-브랜드 전략이 대세가 되었다. 언제 어디서나 누구에게나 맞는 동일한 제품이 제공되었고 전 세계는 브랜드가 규정하는 똑같은 가치와 신념을 승인하였다. 브랜드들은 세상에게 한 목소리로 합창하도록 가르쳤다. '우리는 하나다!'

선택의 자유

21세기는 마케터와 전통적 광고 모델에 여러 가지 새로운 도전을 야기하였다. 세상은 비즈니스, 소비자, 그리고 미디어적 관점에서 멀어져

사람들은 더 이상 '광고'의 지배를 받지 않는다.

갔다. 세계화, 가격 경쟁, 이윤 감소, 세분화된 청중 및 미디어 창구, 쏟아져 나오는 신제품들, 다양한 유통서비스, 그리고 짧아진 혁신 수명 등은 기업에게 새로운 소비자 현실에 맞게 그들의 예상 성장치를 낮추고 가격과 판촉 경쟁을 하도록 강요했다. '선택의 자유'에 기초하고 있는 소비자 민주주의는 사람들의 높아진 힘과 욕망을 반영한다. 이제는 상황이 역전되었다. 사람들은 선택을 내리는 데 있어 더 많은 힘을 갖게 되었다. 새롭지만 파악하기 어려운 다양한 타깃층을 더 이상 통제할 수 없게 됨에 따라 제조업체들은 좌절과 부담감을 맛봐야 했다. 그러나 안타깝게도 그들은 이미 과부하에 걸린 채널에 더 많은 돈을 쓰며 계속해서 똑같은 커뮤니케이션 도구를 통해 사람들에게 도달하고자 한다.

더 이상 소비자들과 발을 맞추지 않는 광고

광고회사들이 주로 사용하던 창구인 TV, 라디오, 인쇄 매체, 길거리 광고판 등은 케이블 TV와 인터넷, 엔터테인먼트 브랜딩, 매장 혁신, 포드캐스팅(podcasting), 블로그 등에 의해 도전받고 있다. 최근 몇 년간 일어난 가장 근본적인 변화는 이 모든 미디어들이 쌍방향적인 정보 공유 과정을 중심으로 융합되고 있다는 것이다. 이 정보 공유 과정은 사람들에게 한 미디어에서 다른 미디어로 이동하게 만든다. 가령 텍스트 문자 메시지를 통해 내 딸은 새해 전날 밤 약 40명의 사람들을 한 술집에서 다른 술집으로 단 몇 분 만에 이동하게 만들 수 있었다.

브랜드 차원에서도 결정은 점점 더 이러한 방식을 통해 신속하게 이루어지고 있다. 구매나 쇼핑 여부에 대한 최종 결정은 전통적인 대중 매체를 우회하는 새로운 연결수단을 통해 이루어질 것이다. 이것은 우리가 알던 방송과 인쇄 매체 광고를 뭔가 새롭고 아마도 쌍방향적인 것으로 바꿔놓고 있다. 이동성이 높은 현대 사회의 라이프스타일을 반영하는 '모바일' 기구들은 정보의 주요 원천이 되고 있다. 휴대폰은 이제 광고가 제외된 콘텐츠를 사람들에게 제공하고 있다. 사람들은 언제 어디서든 자신이 원할 때 이 콘텐츠들을 볼 수 있다. 아이팟에서 아이팟 나노와 GPS, 스포츠 게임을 보면서 온라인 베팅을 할 수 있는 휴대용 전자장치, 전자적으로 연결될 수 있는 광고판, '잉크바이트(Inkbyte)' 메시징을 통해 가지고 다니면서 인터페이스할 수 있는 커피잔, 달리면서 들을 수 있는 전기 암밴드(armband)까지 우리는 연결성과 이동성이 강화된 삶을 살고 있다. 우리는 항상 서로에게 연결되어 있다. 그리고 가장 중요한 것은 우리가 인터페이스하고자 하는 커뮤니케이션을 우리가 통제할 수 있다는 사실이다.

이것은 청중이 수동적으로 메시지를 전달받는 '고정된' 미디어에만 의존하던 오늘날의 광고 모델과 정면으로 배치된다. 모든 것이 경험적이고 움직이는 포스트모던 사회에서 우리는 전통적인 광고가 직면하는 한계와 함께, 일방향적인 광고 세계와 오늘날의 시장 현실 사이에 놓인 엄청난 간극을 엿볼 수 있다. 사람들이 웹에 사용하는 시간이 늘어난다는 사실(업계 정보에 따르면 전체 매체 사용 시간의 약 32%를 차지한다고 한다.)은 서서히 그러나 분명히 중요한 마케터들에 의해 이해되고 있다. 유튜브(YouTube)나 마이스페이스, 또는 집잽(JibJab)과 같은 웹사이트들의 놀라운 성공은 새로운 청중 세대를 반영하는 개방적이고 참여적인 커뮤니케이션 모델을 보여주고 있다. Adage.com에서 TNS 미디어 인텔리전스가 포춘 500대 기업의 CMO들을 상대로 분기마다 실시한 설문조사에 따르면, 점점 더 많은 회사들이 자신의 광고 예산을 온라인에 쓸 것이라고 대답했다. 예상액은 166억 달러로서 전년보다 32% 증가한 수치이다.[2] 온라인에 돈을 적게 쓰는 현실(현재 온라인은 전체 홍보 예산의 5%만을 차지하고 있다.)은 점점 더 이해하기가 어려워지고 있다.

방송 광고는 시대에 뒤떨어졌을 뿐 아니라 사람들도 보지 않는다

광고가 소통되는 방식에 엄청난 영향을 미치게 될 미디어 혁명이 일어나고 있다. 이 글을 쓰는 현 시점까지 아직은 텔레비전과 인쇄매체가 주요 광고 매체로 군림하고 있지만, 주요 방송사들은 정보가 소비되는 방식의 변화를 보면서 구글 비디오나 유튜브처럼 전통적인 방송사 외부의 대안적 플랫폼들을 통해 경험을 만들어내는 것으로 빠르게 이동하고 있다.[3] NBC 유니버설과 CBS 방송사는 주문형 비디오(VOD) 서비스에 자사의 톱 프로그램들을 제공하기로 했다. "우리는 훌륭한 콘텐츠를 가지고 있고 우리에게 필요한 건 새로운 수입원이다." CBS의 CEO 레슬리 문베스는 이렇게 말한다.[4]

방송사들은 사람들이 새로운 방식으로 콘텐츠를 보기 위해 돈을 내는 방법을 이해하려 하고 있다. 90센트를 내고 노래를 다운받는 사람들이 있다면 TV 프로그램도 돈을 받을 수 있지 않을까? 애플은 신세대에게 돈을 지불하고 음악을 선곡하는 방법을 훈련시키고 있다. 그렇다면 시트콤도 이렇게 해보면 어떨까? 사실 이것은 벌써 현실화되고 있다. 2005년 ABC는 〈위기의 주부들〉을 애플의 비디오 아이팟에서 한 에피소드당 1.99달러에 다운로드받을 수 있도록 하는 계약을 체결했다. 모든 종류의 포드캐스팅이 언제 어디서나 개별 이동화면을 통해 수신이 가능해짐에 따라 TV 방송국들은 곧 우리가 알던 것과 완전히 다른 종류의 생물이 될지도 모른다.

엄청난 간극

뉴미디어에 대한 이해 부족과 이러한 미디어로 이동하는 사람들의 발길은 사람들의 마음을 억지로 통제하려는 브랜딩 세계와 열린 대화의 장에서 혁신과 새로운 경험을 찾고자 하는 소비자 사이의 오해를 심화시키고 있다. 사람들에게 더 많은 옵션을 제공하는 미디어 범람과 미디어 회사의 반(反)직관적인 전술, 그리고 사람들이 브랜드와 맺고 싶어하는 관계에 대한 이해 부족은 브랜드와 사람들 사이의 간극을 만들어내고 있다. 브라이언 스타인버그와 수잔 브라니카는 〈월스트리트 저널〉에서 이렇게 말한다.[5] "청중들은 수십 가지의 방향으로 나뉘고 있다. 어떤 이들은 아이팟에서 TV를 보고 어떤 이들은 비디오 게임기에서 영화를 보며 어떤 이들은 인터넷에서 라디오를 듣는다." 이 간극과 오해는 너무나 커서 마케터들은 제품 경험에 집중하거나 제품의 아이디어를 갱신하는 대신 계속해서 대중 매체에 엄청난 돈을 들여가며 무차별적이고 매력 없는 제품들을 밀어붙인다. 엄청난 광고 세례가 이를 반기지 않는 구매자들에게 제공되고 있다. 거대 미디어 기업들은 사람들이 이러한 정보의 홍수를 어떻게 느끼며 살아갈지에 대해서는 아무런 관심이 없다. 그들은 마치 더 크게 떠들수록 사람들이 브랜드에 감성적 애착을 느끼게 될 것이라고 생각하는 듯하다.

이보다 더욱 나쁜 경우는, 별로 적절치 않거나 흥미롭지 않은 제품을 홍보하기 위해 기존의 값비싼 방송 미디어를 통해 엄청난 광고를 내보내는 것이다. 이것은 소비자들에게 좌절감을 안겨준다. 이러한 접근이 어떤 제품에서나 매출을 증가시키고 성공을 만들어낼 것이라는 잘못된 믿음은 (특히 사람들이 무관심한 제품의 경우) 마케터들이 가장 신경 써야 할 중요한 초점을 가리고 있다. 그 초점이란 바로 스스로 매출을 만들어내는 훌륭한 제품 아이디어의 중요성이다. 엄청난 돈을 들여가며 만들어진 과장되고 허황된 약속들이 너무 많아서 소비자들은 광고계가 만들어내는 어떤 약속에 대해서도 믿음과 신뢰를 잃어버리고 있다. 너무나 많은 관심이 TV에 집중됨에 따라 좀더 강력한 다른 기회들은 뒤로 남겨지고 있다. P&G의 마케팅 총책임자인 짐 스텐겔(Jim Stengel)은 텔레비전 광고가 예전의 위력을 잃어버리고 있고, 30초짜리 광고는 소비자들에게 도달하는 광고자들의 능력을 훼손시켰다고 말했다고 한다.[6] 이쯤

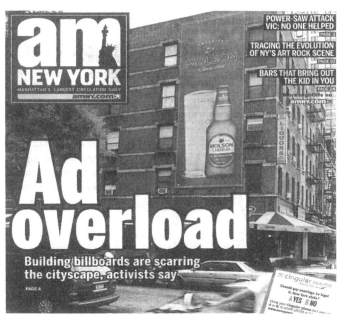

세상은 광고로 넘쳐나고 있다.

되면 상황이 변했다는 것을 충분히 알 수 있을 것이다.

〈위민스 웨어 데일리Women's Wear Daily〉에 실린 기사에서 발레리 세클러는 광고가 그들이 홍보하는 제품보다 나을 때가 많다는 새로운 개념과 함께 훌륭한 광고가 자동적으로 매출 증대로 이어진다는 기존의 개념이 오늘날 더 이상 사실이 아니라고 말한다. 이 기사에서 리바이스 경영진은 매우 큰 반향을 일으킨 광고에도 불구하고 그들의 매출에는 거의 변화가 없었음을 털어놓는다.[7] 이것은 전반적으로 브랜딩에 나쁜 영향을 미친다. 로이 디즈니가 월트 디즈니 이사회에 터뜨린 좌절과 분노에서 살펴볼 수 있듯이 말이다. "브랜딩은 소에게나 하는 것이다. 브랜딩은 제품에 독창적인 것이 아무것도 없을 때나 하는 것이다."[8]

재정적인 관점에서 보면 왜 광고에 수십억 달러의 돈을 들여도 성공하지 못하는지 그 원인을 알아내기 위해 광고 모델을 검토해볼 필요도 있다. 광고의 창의성이 부족하기 때문일까? 아니면 제품이 흥미롭지 못하기 때문일까? 예를 들어 도요타는 한창 잘 나가는 것처럼 보이는 반면 왜 미국의 자동차 산업은 수십억 달러의 광고 예산을 들이고도 효과를 보지 못하는 것일까? 엄청난 광고 세례가 대중에게 등을 돌리게 만든 것일까? 아니면 대중들은 제조업체에서 계속 밀어붙이는 저질 제품에 분노한 것일까?

이제는 광고 홍수의 맨 꼭대기에 광고를 '덤핑'하는 전략이 브랜드의 저조한 시장 성적을 해결해줄 것이라는 믿음을 재고해볼 때이다. 심지어 코카콜라도 고객들 사이에 번지고 있는 새로운 분위기와 관련하여 이러한 문제를 인식하고 있다. 코카콜라 북미 지부의 수석 부사장인 케이티 베인의 말처럼, "우리는 절대 사람들에게 광고를 밀어붙이지 않을 것이다. 그렇게 하면 사람들은 도망간다."[9]

닐슨(Nielsen)의 모니터 결과와 몇몇 정보를 살펴보면 브랜드가 어떤 종류의 지출을 하고 있는지 대강 알게 된다. 내가 깜짝 놀란 것은 혁신적이고 훌륭하게 디자인되었으며 존경과 신뢰를 받는 브랜드일수록 광고에 돈을 적게 지출해도 된다는 것이다! 광고에 돈을 많이 쓰는 것은 케이티 베인의 말을 빌리자면, 경쟁에서 밀리는 브랜드들의 영역인 것 같다. 예를 들어 타깃은 연평균 6억 2백만 달러를 쓰고 시어스는 7억 7천만 달러를 쓴다. 이것은 거의 비슷한 금액이지만 인지도는 타깃이 훨씬 높다. 마이크로소프트가 4억 6천3백만 달러를 쓸 때 왜 애플은 1억 5천5백만 달러만 쓰는 걸까? 그리고 코카콜라가 4억 2천6백만 달러를 쓸 때 왜 레드 불은 단지 5천1백만 달러만 쓰는 걸까? 레드 불은 코카콜라보다 훨씬 작은 브랜드이지만 전 세계적으로 만만치 않은 인지도를

2005년 광고 지출액(미국)			
포드	10억	도요타	7억 7천6백만
시어스(케이마트 포함)	7억 7천만	타깃	6억 2백만
맥도널드	7억 4천2백만	스타벅스	3천 6백만
마이크로소프트	4억 6천3백만	애플	1억 5천5백만
코카콜라	4억 2천6백만	레드불	5천 1백만
콜스(KOHLS)	4억 1백만	이케아	8천 6백만
버드와이저	2억 3천만	코로나(CORONA)	5천 2백만
캐딜락	2억 2천5백만	BMW	1억 3천7백만
익스페디아(EXPEDIA)	1억 6천8백만	트래블로시티	8천 5백만
e-베이	1억 2천9백만	구글	8백만
유나이티드	7천 8백만	버진 애틀랜틱	7백만
아쿠아피나(AQUAFINA)	2천 7백만	피지(FIJI)	2백만

(단위: 달러)

전통적인 광고에 들어가는 지출을 늘리면 매출도 늘어날까?
출처: TNS Media Intelligence, copyright 2006.
TV, 라디오, 인쇄매체, 옥외 광고, 인터넷 포함

누리고 있다. 한편 콜스(Kohls)가 4억 1백만 달러를 쓸 때 이케아(Ikea)는 8천6백만 달러를 쓰고, 맥도널드가 7억 4천2백만 달러를 쓸 때 스타벅스는 3천6백만 달러를 쓴다. 왜 아르마니는 1천5백만 달러를, 타미 힐피거는 2천1백만 달러를, 랄프 로렌은 3천7백만 달러를 쓰면서도 지금과 같은 명성을 얻어내는 반면 다른 브랜드들은 훨씬 더 많은 돈을 쓰는 데도 이와 같은 결과를 얻지 못하는 것일까?[10]

이 논쟁은 브랜딩계에서 매우 큰 화제가 되었고 사람들은 문제의 원인을 제공한 새로운 악당을 찾아내야만 했다. 과연 누가 이 악당의 자리를 차지하게 되었을까? 바로 30초짜리 TV 광고였다! 미디어 홍수나 혁신적인 제품의 부재, 혁신을 일으킬 용기가 부족한 일부 마케터, 브랜드가 소비자들에게 했던 약속을 지키지 못하면서 실추된 신뢰도 아닌 바로 TV 광고와 그것의 창의성 부족이 문제라는 것이다. TV 광고가 위력을 잃어버린 것일까 아니면 아예 아무런 위력도 가지고 있지 않은 제품 서비스가 문제인 걸까?

미디어 창조자들은 30초 광고의 죽음을 요구하기보다는 오히려 그것을 부활시켜야 한다. 30초 광고는 위대한 약속의 사절로서 자신이 지녔던 예전의 후광을 되찾을 필요가 있다. 사람들이 궁금해 하는 훌륭한 제품을 홍보하는 훌륭한 TV 광고는 항상 환영받을 것이다. 훌륭한 광고가 다양한 장소로 이동할 수 있다면 그것은 다른 커뮤니케이션 수단들처럼 문화적 표지(marker)가 될 수 있다. 그들은 훌륭한 제품을 찬양할 수 있다. 물론 여기에는 사람들이 진정으로 원하는 제품을 만들고자 하는 모든 마케터들의 열정이 있어야 하지만 말이다. "이 모델 전체가 재활 시설에 가야 한다. 힘 있는 거대 미디어 기업들은 소비자들을 세뇌시키고자 하는 욕망에 중독되어 있다. TV에서의 과대광고는 소비자들이 가장 먼저 꼽는 불만 사항이다." ARF에서 광고를 담당하다가 현재 리서치 부서를 책임지고 있는 조 플러머(Joe Plummer)는 이렇게 말한다. "문제는 과대광고뿐 아니라 사람들의 삶에 가치를 창출하지 않는 제품들이 넘쳐나고 있다는 것이다. 그리고 이렇게 나쁜 아이디어들이 우리의 안방에 들어와야 하는 이유는 꼭 회사가 현금을 많이 가지고 있기 때문만도 아니다."[11]

21세기는 드디어 기존과는 다른 형태의 좀더 직관적인 미디어가 있다는 것을 인식할 때가 되었다. 공익 마케팅(cause marketing)이나 웹에서의 명성 구축, 그리고 매장 표현이나 디자인 전략 및 포장을 통한 경험과 같은 프로그램은 그 적절성이나 파워 면에서 전통적인 미디어보다 결코 영향력이 뒤떨어지지 않는다. 이러한 이니셔티브들은 최근까지는 주변적이거나 부차적인 것으로 여겨졌지만 사실 감성 경제에서는 지속적인 효과를 만들어내는 데 있어 핵심적인 요소들이다. 사람들의 일상적인 현실과 소통하기 위해서는 이제 방송 광고에 들이는 돈을 바로 이곳에 써야 할 것이다.

TV는 당신을 알아보지 못하지만 인터넷은 안다

게다가 방송 광고는 불청객이 될 수 있다. 특히 광고의 타깃이 아닌 사람들에게는 더욱 그러하다. TV에만 의존하는 광고는 자신의 메시지를 맞춤화(customize)하는 기회를 놓치게 되며 점점 더 일방적으로 밀어붙이는 '푸쉬(push)'형 미디어가 되고 있다. "콘텐츠는 더 이상 소비자들에게 푸쉬되는 것이 아니라 소비자들이 그것을 잡아당기는(pull) 것이 되었다." 소니의 회장이자 CEO인 하워드 스트링어(Howard Stringer) 경은 이렇게 말한다. 그는 소니의 새로운 초점으로 고화질 비디오와 오디오 기술, 디지털 시네마, 비디오 게임, 그리고 e-엔터테인먼트를 들었다. 기사에 따르면 스트링어는 이것이 엔터테인먼트에 접근하는 데 있어 좀더 많은 선택과 편리함을 추구하고자 하는 소비자들의 욕망을 반영한다고 생각한다.[12] 이것은 광고에도 바로 적용될 수 있는 진실이다. 사람들은 브랜드 커뮤니케이션에 접근하는 데 있어 더 많은 선택권을 추구하고 있다.

반면 인터넷은 당신을 개인적으로 알아본다. 아마존은 당신이 내리는 선택이 무엇인지, 그리고 당신이 필요로 하는 콘텐츠와 기능들이 무엇인지 안다. 구글은 당신이 필요로 하는 것을 어떻게 찾아내는지 안다. 당신이 누구이고 무엇을 하는지에 대한 정보를 알아내기 위해 정부에서 이런 미디어에 접근할 정도이다. 이 세상 곳곳의 야후와 구글들은 합법적인 권력 중개자가 되고 있고, 그들이 온라인에서 누리고 있는 존재감을 디지털 텔레비전에서 다시 구축하고자 한다. 이것은 마치 텔레비전의 미래가 인터넷에게 실질적으로 포섭될 것처럼 보이기까지 한다. 창의성의 관점에서 볼 때 나는 '비디오 광고'의 탄생을 손꼽아 기다리고 있다. 이것은 사람들이 다운로드하고 돈을 지불하는 뮤직 비디오와 별반 다르지 않은 새로운 형태의 쿨하고 연결적인 광고가 될 것이다. 뮤직 비디오가 음악 밴드의 광고이듯이 비디오 광고는 브랜드들의 광고로서 기능할 것이다. 이렇게 되면 팸퍼스는 '록'을 하고 캠벨 수프는 재즈를 해야 한다는 것일까? 아마도 그렇진 않겠지만 많은 브랜드들이 이런 기회를 활용할 수는 있을 것이다. 음악도 소비자에게 다가가는 새로운 통로가 될 수 있다. 그것은 또한 새로운 수입원을 의미할 수도 있다. 글로벌 에이전시이자 WWP의 계열사인 그레이 월드와이드(Grey World wide)는 광고에서 사용한 노래들로 '히트 레코드'를 만들어서 이를 통해 매출수익을 올리려 한다.

시류를 거스르기

기업들이 접근 방식을 바꿈에 따라, 한때는 광고대행사들이 처리하던 일(이 중 콘텐츠 제작은 제외하고)을 이제는 기술 주자들이 맡게 될 것 같다. 이러한 변화는 좀더 유연하고 직관적으로 사람들과 상호작용하도록 해줄 것이다. 디지털은 매체 전문대행사에게 새로운 도전의 시작이다. 구글과 같은 기술 주자들이 매체 대행을 하고 콘텐츠를 다양한 멀티미디어 플랫폼에 중개하고 배포할 것이기 때문이다. 구글은 소비자들이 디지털 미디어와 맺는 인터페이스에 대한 풍부한 이해와 다양한 디지털 '터치 포인트'를 통해 사람들을 이동시킬 수 있는 유연성을 바탕으로 디지털 메시지의 배포와 맞춤화를 이뤄내고 있다.

예를 들어 구글에서 광고는 최후의 순간까지 특정 행사나 소비자의 새로운 선호도에 따라 바뀔 수 있다. 이것은 마케터들에게 극도의 융통성을 제공한다. 구글은 콘텐츠를 위해 광고대행사와 파트너십을 맺길 원하지만, 곧 라디오와 텔레비전을 포함해 다양한 디지털 미디어와 맺고 있는 자신의 풍부한 관계를 통해 사람들에게 다가가게 될 것이다.

광고는 브랜드잼에 반드시 참여해야 한다

포스트모던 사회는 브랜드 통제(control)에 대한 개념을 새롭게 정의하며 광고업계에 도전을 안겨주고 있다. 이 사회는 전통적인 브랜딩의 도그마주의로부터 해방되고 싶어한다. 광고업계가 아직 완전히 깨닫지 못하고 있을지라도 포스트모던 사회는 광고 산업 전체를 쇼크와 의심의 상태로 던져놓고 있다. 기존 모더니즘의 '푸쉬형' 광고 모델은 이제 힘이 막강해지고 마케팅에 능숙한 소비자들의 현실과 정면으로 대치된다. 이 소비자들은 자신이 원하는 대로 선택하고 자신의 의지에 따라 정보에 접근할 수 있는 자유를 가지고 있다. 21세기의 소비자들은 그들의 삶을 스스로 책임진다. 이들은 브랜드의 커뮤니케이션과 어떻게 인터페이스할지를 통제하고 싶어한다. 메시지 자체는 사람들이 좀더 참여할 수 있는 방식으로 사람들에게 다가가고 사람들이 좀더 직접적이고 풍부하게 쇼핑을 경험할 수 있도록 바뀌어야 할 것이다.

주목할 만한 사례로 QVC와 같은 쇼핑 네트워크(shopping network)가 여성들을 성공적으로 공략한 것을 들 수 있다. 이러한 쇼핑 네트워크들은 잘 알려지진 않았지만 브랜드를 구축하는 좋은 비결이다. QVC에서 사업을 하고 있는 내 친구가 있는데, 이 친구는 비싸고 복잡한 전통적인 유통망에서는 자신의 브랜드를 출시할 수 없었을 것이라고 말한다. 그녀만 그런 것이 아니다. 〈월스트리트 저널〉은 한 소매업자가 어떻게 QVC를 통해 자신의 럭셔리 화장품을 전국적 무대로 올려놓고, 광고에 돈 한 푼 들이지 않고서도 33%의 매출 신장을 이뤄낼 수 있었는지에 대해 소개하고 있다.[13] 이러한 노출 덕분에 그녀가 벤처 투자가들의 연락을 받을 뿐 아니라, 그녀의 웹사이트가 16%의 매출 증가를 기록했다는 사실도 덧붙인다면, 우리는 이것이 얼마나 효과적인 브랜드 구축 방법인지를 알 수 있을 것이다. 베어 이센추얼(Bare Escentuals)의 회장이자 CEO인 레슬리 블로제트(Leslie Blodgett)는 자신에 대한 소개 기사에서 어떻게 그녀가 QVC를 통해 6백만 달러에서 1,500만 달러로 사업을 성장시킬 수 있었는지를 설명했다. 이 분야에서 베스트 판매자가 된 그녀는 "사람들과 연결되는 오래된 방식이 다시 돌아오고 있다."고 말한다.[14]

실제로 쇼핑 네트워크는 즉각적인 매출로 연결되는 지속적인 광고이다. 이들의 제품 설명 방식은 여성친화적이다. 아직까지 나는 이 네트워크에서 '크레이지 에디' 식의 판매 스타일은 발견하지 못했다. (크레이지 에디는 1980년대 전자제품 회사의 고래고래 소리 지르는 스타일의 악명 높은 상품 홍보원이다.) 화장품과 같은 포장 제품을 파는 회사에게 디자인은 그 자체가 메시지이자 어필 지점으로서 매우 중요하다. 제품 패키지는 사람들의 주목을 끄는 핵심이다. 게다가 이 여성들이 제품을 판매하는 방식에는 뭔가 진실함이 묻어나온다. 그들은 분명 자신들의 제품에 대한 애정이 있다.

이러한 실생활 '광고'들은 티보(TiVo)에 대해 걱정할 필요가 없다. 하지만 그것들은 자유롭고 자발적인 청중들을 그들의 브랜드로 확실히 끌어온다. 이 기법에 대해 업계에서는 저급한 커뮤니케이션이라 무시하지만 이들은 확실한 효과로서 보답한다. 배스&바디웍스(Bath & Body Works)는 자신의 Patricia Wexler MD 스킨케어 콜렉션을 판촉하기 위해 크리스티 브링클리를 상품 홍보원으로 하는 인포머셜을 추가하였다. BBW의 마케팅 책임자인 카밀 맥도널드는 다음과 같이 말했다. "인포머셜은 다차원적이고 매우 차별화된 이야기를 하려는 브랜드에게는 언제나 실용적인 소매 채널이다."[15] 브랜딩이란 바로 이런 것이다. TV 앞에서 금방이라도 팔리기를 기다리는 고객이라면 이 외에 무엇이 또 필요할까? 직접 판매는 잠재의식적 차원에서 사람들이 브랜드와 맺고 싶어하는 관계를 보여준다. 공손하고 신뢰할 만하며 참여적이고 대중적인 관계 말이다.

영원한 인기스타

오늘날 기업들은 잃어버린 고객을 다시 사로잡으려면 상상력을 발휘해 매체를 넘나드는 확장(outreach)을 해야 할 것이다. 〈뉴욕 타임스〉에는 "구식은 가라"라는 헤드라인이 실렸고, 〈애드 에이지Ad Age〉에 실린 "GM, 새로운 마케팅 시대를 알리다"라는 기사는 "전통적인 TV 광고로부터 지속적으로 벗어나려는 이 회사의 노력"을 소개하고 있다.[16] 한편 파나소닉은 "전통적인 마케팅을 넘어 이벤트나 인터넷 판촉 등 새로운 접근과 활동을 처리할 수 있는 좀더 총체적인 광고회사를 찾기 위해" 2005년 기존의 광고회사와 결별했다.[17]

〈뉴욕 타임스〉의 광고전문 기자인 스튜어트 엘리어트가 2005년 미국 광고대행사협회(American Association of Advertising Agencies) 모임에서 가지고 온 소식은 사실 깜짝 놀랄 만한 뉴스는 아니다. 그에 따르면, 미국 광고업계의 주요 주자들은 "점점 더 자주 광고의 메시지를 무시하는" 소비자를 한탄하며, 의뢰인들이 "큰 아이디어의 힘"을 찾고 있으며 "우리 산업이 마주하고 있는 도전은 광고 산업을 단순히 광고와 이들의 유통에 관한 산업이 아니라 아이디어의 산업으로 만드는 것"이라고 주장했다고 한다.[18] 이렇게 광고업계가 좌절에 빠져 있다는 사실을 알면 기업들이 왜 그들이 고용한 광고대행사로부터 좌절감을 느끼는지 이해하기도 쉬울 것이다. 매년 900억 달러 이상이 상위 100개의 광고업자들

"브랜딩의 미래가 뭔가요, 부인?"

"당신의 제품은 향상되지 않을 것이고,
새로운 물결을 일으키지도 않을 겁니다.
또한 당신은 위험을 감수하지도 않을 것이고,
매년 리서치와 광고에 950억 달러를 쓸 것입니다."

에 의해 지출되고 있고, 67억 달러가 리서치에, 520억 달러가 미디어에 쓰이고 있지만, 이러한 투자의 결과를 확인하기 위해 어떤 슈퍼마켓이나 자동차 전시장에 가보더라도 그 결과는 확실히 우려할 만하다![19] 슈퍼마켓이나 매장에 가보면 선반에 놓인 브랜드들의 허약함과 대부분의 제품에 드리워진 유사함과 평범함을 누구나 쉽게 발견할 수 있기 때문이다. 이 제품들이 팔리는 것은 판촉 행사일 때가 유일하다. 예전과 지겹게 똑같은 제품들을 지원하는 데 수많은 돈이 쓰이고 있는 것이다. 사실 최고의 '뉴스'는 제품 자체와 이들의 디자인 혁신, 그리고 창조적인 메시지에 있는데도 말이다.

세계에서 가장 비싼 슈퍼볼 광고는 잘못 매치된 광고의 또 다른 예를 제공한다. 도대체 왜 슈퍼볼 방송시간에, 그러니까 지금까지 언제나 주로 맥주에 취한 남성 청중들(후반전을 제정신으로 보는 사람도 있는가?)을 위한 시간이라 공인된 이 시간에 맥주와 음료 기업들은 모두 그들의 자매품인 '다이어트' 음료를 판촉하려 드는 것인가? 2006 슈퍼볼도 예외가 아니었다. 이들은 정말로 따분한 제품들을 위해 얼마나 많은 창조적 재능이 쓰이는지를 보여주었다. 내가 보기에 2006 슈퍼볼 중 유일하게 괜찮은 광고는 하프 타임에 일어났다. 이 광고는 단 한 푼도 들일 필요가 없는 브랜드, 즉 롤링 스톤스에 대한 것이었다! 혀를 내밀고 있는 그 유명한 로고와 이 밴드의 에너지는 깜짝 놀랄 만한 브랜드 아이덴티티를 보여주며 브랜드의 특성을 유감없이 드러냈다. 전국 대부분의 신문들은 롤링 스톤스를 전면 기사로 다뤘다. 〈USA 투데이〉는 이 밴드의 공연을 다루며 스포츠 페이지의 일면 제목을 '영원한 인기스타(One Hot Ticket)'라 지었다. 이 공연 후에 얼마나 많은 CD가 판매되거나 인터넷 다운로드가 일어났는지는 모르겠지만, 이와 비교해볼 때 맥주와 음료 광고의 매출 결과는 별로 신통치 못할 것이라 확신한다. 모두가 경험하고 '흔들어댈' 수 있는 활기 넘치고 자극적인 환경을 통해 사람들과 문화적으로 소통하지 못하는 브랜드라면 그에 대한 투자는 별다른 결과를 만들어내지 못할 것이다.

월마트와 같은 브랜드들은 창립 이후 처음으로 TV 광고로 과거의 판촉 광고 대신 '라이프스타일 광고'에 주력하겠다는 결정을 내렸다. 그러나 결과는 신통치 않았다. (2005년 크리스마스 동안 이 회사의 매출은 단지 2% 증가했을 뿐이다. 반면 경쟁자인 타깃은 4.7% 성장했다.) 이것은 이 장의 주요 메시지를 잘 말해준다. 낮은 가격을 선전하는 광고에 돈을 쓰는 것은 가치가 없다. 왜냐하면 사람들은 더 이상 낮은 가격에 흥분하지 않기 때문이다. 가격이란 컨셉은 감성 경제에서 여러 한계를 갖는다. 항상 다른 누군가는 더 낮은 가격을 제공할 것이기 때문이다. 타깃은 디자인에 대한 신념을 보여주는 좀더 직관적이고 감성적인 브랜드 이미지 캠페인을 통해 성공을 거둘 수 있었다. 그들의 브랜드는 감성적인 차원에서 중요성을 띠기 때문이다. 이것은 사람들이 원하는 감성 브랜드가 오늘날 마케팅에서 왜 가장 중요한 요소인지를 보여준다.

광고인들은 이러한 새로운 미디어의 세계에 있는 소비자들과 접촉할 필요가 있다. 갈수록 이러한 도전은 심각해질 것이다. 매체 간의 경계를 넘나드는 최고의 사례들(가령 슈퍼볼 하프타임에 빅토리아 시크릿이 수백만 청중들에게 온라인 속옷 패션쇼를 보도록 초대했던 것처럼)도 영감을 주지 못하고 있다! 가장 큰 기회는 소비자들이 직관적인 방식으로 그러한 다양한 경험들을 넘나들도록 하는 데 있다. 이는 그들이 브랜드에 대해 좀 더 많은 것을 찾아내도록 간접적으로 안내하는 것이다. 그리고 이제 기업들은 광고의 원래 목적에 부합하는 방식으로 광고 산업을 활용해야 한다. 즉 광고는 콘텐츠 창조자이자 아이디어 제공자이며, 새로운 미디어 도구를 중심으로 브랜드를 구축하는 이니셔티브인 것이다. 불안정한 미래와 변화하는 감성적 현실에서 브랜딩 커뮤니케이션은 좀더 직관과 창조적 유연성에 기대야 한다. 커뮤니케이션 비즈니스란 바로 이런 것이다.

광고만 내보내지 말고 제품을 고쳐라

비록 우리가 알던 기존의 광고 모델이 지금 대대적인 혁명을 맞고 있지만, 이것이 창조적인 인재들 때문에 일어난 것은 아니다. 즉각적인 결과에 단기적으로 초점을 맞추는 기업들, 전통적인 푸쉬형 광고로 소비자에게 다가가는 협소한 관계 접근법, 형편없는 제품 및 서비스 성능, 그리고 크리에이티브 프로세스에 대한 두려움 등이 이 모든 문제의 핵심에 놓여 있다. 소비자 조사에 대한 강박적인 의존은 가장 창조적인 아이디어들로부터 생명력을 앗아갔다. 또한 창조적인 가능성과 마침내 시장에서 도달하는 작업을 비교해보면 사람들이 제대로 일을 안 하고 있다는 사실을 알게 된다. 누군가가 새로운 아이디어를 시장에 가져오는 데 필요한 위험을 감수하지 않는 것이다. (이것은 '다섯 번째 전환: 디자인 리서치를 사고하라'를 보라.)

상황을 더욱 악화시키는 것은 모두가 널리 알다시피 오늘날 광고가 소비자들을 타깃으로 삼지 않는다는 것이다. 그보다 이들은 월스트리트 분석가들을 대상으로 한다. 이 분석가들은 브랜드의 미래 가능성을 점치기 위해 전통적인 미디어 아이디어들을 연구한다. 이들의 시험대를 통과하고 밥 가필드의 〈애드 에이지〉 칼럼에서 운 좋게 좋은 평가를 받으면 이것은 회사 주식에 엄청난 영향을 미칠 수 있다. 하지만 이 과정에서 회사가 더 중요한 브랜드 이슈에 대처할 기회는 뒤로 미뤄진다. 간혹 광고는 투자로 효과를 보기에는 너무 늦었을 때 쓰는 마지막 보루로 여겨진다. 무선 기술이 가져온 노트북 수요의 성장을 놓쳤을 뿐 아니라 고객들의 경험에도 제대로 신경 쓰지 못했을 때 델은 회사의 이미지를 개선하기 위하여 무려 1억 5천만 달러를 광고에 투자하기로 결정했다. 이와 같은 경우 사람들의 마음을 돌리기 위해서는 문제를 해결하는 데 어마어마한 돈을 필요로 한다. 그리고 얼마를 들이든 광고 하나만으로도 되는 것도 아니다. 이것이 또 다른 '과대광고'의 사례는 아닐까?

커뮤니케이션 업계는 제정신인가?

어떤 브랜드들은 광고비용으로 얼마를 들이든 마케팅이 불가능하다. 엄청난 상품 세례와 광고 세례에 또다시 뭔가를 추가하기로 했을 때는 사람들로부터 심한 거절을 받을 각오가 되어 있어야 한다. 〈USA 투데이〉 기사에서 개리 레빈은 사람들이 쇼 프로그램에 등장하는 높은 비율의 광고에 불평하고 있다는 점을 지적했다. 이것은 점점 더 악화되는 광고 회상도와 티보에 대한 관심 증가, 그리고 광고 냄새가 나는 것이면

무엇이든 지루해하는 반응을 낳고 있다.[20]

일부 브랜드의 강박적이고 반직관적인 마케팅 기법에 대한 부정적인 반응들도 존재한다. 예를 들어 사람들을 등록시킨 후 그들의 친구들에게 특정 제품을 사용하도록 부추기는 '버즈 마케팅' 전술이 실패한 경우를 들 수 있다. 이들은 친구에게 자신들이 돈을 받고 이 일을 한다는 사실을 숨긴다. 한편 버드와이저는 새로운 마시기 게임을 통해 전국적인 프로모션을 펼치고자 했다. '버드 퐁(bud pong)'이라는 이름의 이 게임은 원래 물로 하기로 되어 있었으나 사람들이 맥주로 이 게임을 하는 바람에 곧 중단되어야 했다. 소비자들에게 도달하기 위해 '무엇이든 하는' 경향은 중국에서 도를 지나쳤다. (중국은 대부분의 경제 부상국처럼 광고를 즐긴다.) 그레이(Grey)가 만든 P&G의 팬틴 광고는 너무나 부풀려진 약속을 제공하는 바람에 중국 정부가 개입해 이 브랜드의 주장을 뒷받침하는 증거를 요청할 정도였다. 예를 들어 '팬틴은 당신의 머리를 10배 더 강하게 만들어줍니다'와 같은 주장에 대해서 말이다.[21]

최악의 경우는 이 사건 이후 중국 소비자가 남긴 다음과 같은 코멘트이다. 그녀는 "다시는 광고를 믿지 않겠다."고 말한다. 그녀만 이런 것이 아니다. 미국의 선두적인 광고 잡지 〈애드 에이지〉가 발행한 2004년도 설문조사에서는 사람들이 오늘날 광고에 대해 느끼는 좌절감이 잘 표현되어 있다. 한 어린 시청자는 광고에 대해 이렇게 말한다고 한다. "(광고는) 거짓말과 쓰레기를 파는 일이다. 처음부터 그냥 쓰레기 같은 제품이라고 밝히는 것이 어떨까?"[22] 이러한 마케팅 관행의 합법성은 차치하고서라도, 브랜드들 스스로 사람들의 브랜드 수용을 오염시키고 장기적으로는 브랜드 명성에 악영향을 미치는 방식으로 마케팅 기법들을 사용해오고 있다는 것을 보여준다.

브랜드 자체가 공격받고 있다는 것은 놀라운 일이 아니다. 모든 맥도 널드 광고마다 우리는 〈슈퍼사이즈 미Super Size Me〉와 같은 영화들을 만나게 된다. 또한 모든 오레오 광고마다 우리는 가공식품과 어린이들의 건강에 대해 논의하는 블로그들을 보게 된다. 〈뉴욕 타임스〉의 칼럼 리스트이자 작가인 토머스 프라이드먼(Thomas Friedman)은 제너럴 모터스가 미래의 소비자들에게 휘발유를 일 년간 1갤런당 1.99달러에 무제한 제공하기로 한 것에 대해 반애국적이라고 비난했다.[23] 블로그는 또한 방송에서 효과를 보지 못해 좌절한 마케터들과 그들의 반대자 모두를 위한 장소이기도 하다. 브랜드가 블로그에 등장하는 것은 꽤 위험한 일일 수도 있다. 코카콜라는 코카콜라 제로를 출시하면서 이를 절실히 깨달았다.

코카콜라 제로를 출시하면서 코카콜라는 이 캠페인의 복병으로 직접 가짜 블로그를 만들었다. 이 사실이 발각되자 블로그 커뮤니티의 반발은 거셌다. 이들은 그러한 침입이 정직하지 못하다고 여겼다. 한 블로그는 이 브랜드의 자폭에 대해 거론했고 다른 코멘트들도 "거짓말", "가짜", "오해를 불러일으킨다" 등의 단어를 사용했다. 코카콜라는 본능적으로 사람들이 활발하게 활동하는 공간에 브랜드를 노출시킬 필요가 있다고 판단했고 소비자가 통제하는 공간인 블로그가 바로 그러한 장소라고 생각했다. 하지만 그들이 택한 접근법은 분명 옳지 않은 것이었다. 왜 이 모든 위험을 감수하려 하는가? 이들이 미처 생각지 못한 것은 원치 않는 침입에 대한 고려이다. 만약 제품이 훌륭하다면, 사람들은 자연스럽게 그쪽으로 이끌리게 될 것이고 커뮤니케이션도 자리를 잡게 될 것이다. 하지만 만약 제품이 충분히 혁신적이지 않거나 조작적이라고 인식되면, 시장은 당신에게 처음부터 다시 시작하라는 신호를 보낼 것이다. 그러나 이것만 해서 되는 것도 아니다. 여기에서도 소비 민주주의가 작동한다. 당신은 먼저 게임의 규칙을 배워야 한다.

기업들은 종종 그들의 브랜드가 사람들에게 미치는 영향을 잘 보지 못하고 그들의 따분한 메시지가 사람들의 사적 시간을 어떻게 망칠 수 있는지를 잊어버리는 듯하다. 만약 '더부룩하지 않고 맛은 뛰어난 맥주!(tastes good, less filling)' 논란에 사람들이 지겨워한다면 그냥 철회하라. 이로 인해 광고의 신뢰성이 위기에 처할 수도 있지만, 마케터들이 제품의 잠재적 가능성과 제품이 실현할 수 있는 약속에 대해 현실적이지 않으면 더 큰 신뢰성의 위기가 찾아올 수도 있다.

그렇다고 광고 비즈니스에 표준이 없다는 말은 아니다. 이제는 브랜딩 산업 전체가 표준을 가지고 있다는 사실에 모두 동의한다. 다만 이 표준이란 것이 매우 낮을 뿐이다. 브랜드의 퀄리티에 관해 어떤 마케터들은 사실성이 부족하다. 한편 광고업계는 의뢰인을 잃으면서까지 소비자들의 편을 들려 하지는 않을 것이다. 왜 아니겠는가? 기업이 계속해서 이 진부한 모델을 영구화하는 광고회사를 고용함에 따라 그들의 행동은 처벌되지 않는다. 2005년도 영화들의 흥행 성적이 엔터테인먼트 산업의 예상에 못 미쳤던 이유 중 하나는 한 마케팅 전문가의 말처럼, "영화 관객들이 광고 홍수에 시달렸기 때문"이다. 그리고 원래의 약속을 지키지 못한 과대광고 영화들도 많았다.[24] 스크린 미디어를 사용하는 소매점들도 이러한 미디어 홍수의 증가에 한몫 하고 있다. 예를 들어 월마트는 이미 광고주들에게 자신의 매장 공간을 판매하고 있다. 이것은 소비자들이 쇼핑을 하는 동안 어쩔 수 없이 광고를 봐야 한다는 사실을 의미한다.

지금의 상황을 표현하는 비유로, 나는 사막에서 낙타 한 마리가 목이 말라 거의 쓰러지려고 하는데 일하지 않는다고 거의 죽음에 이를 정도로 매 맞는 장면을 떠올린다. 물 한 모금이면 다시 기운을 회복할 텐데도 말이다. 마케터와 광고회사 모두 지금처럼 계속해서 유연함과 민첩성을 잃어버리면 우리가 알던 방식의 대규모 광고회사 모델은 사라질지도 모른다. 소비자들이 다른 곳에서 정보를 찾게 됨에 따라 미디어는 파트너를 바꾸게 될 것이고 새로운 종류의 크리에이티브들이 등장하여 브랜드 매니저들의 필요에 좀더 효율적으로 부응하게 될 것이다. 이 새로운 모델은 '신세계' 커뮤니케이션 패러다임의 모든 측면을 통합하는 멀티미디어 회사의 콘텐츠와 크리에이티브 과정을 중심으로 모이게 될 것이다.

크리에이티브들은 다 어디로 사라졌는가?

가장 창조적인 인재들은 직접 광고회사를 차리고 위험과 열정, 일에 대한 사랑, 그리고 '아니오'라고 말할 수 있는 선택권에 기대어 번성하고 있다. 거대 광고회사에서 5억 달러가 넘는 글로벌 고객의 작업을 맡고 있다면 당신은 아마도 위험부담을 줄이려 할 것이고 절대로 타깃(Target)과 같은 시각적 캠페인을 벌이지 않을 것이다. 설사 그것이 브랜드의 이해에 가장 잘 부합하는 것이라 할지라도 말이다. 반면 소규모의 광고회사들은 과감하게 도전할 것이다. 왜냐하면 그들은 진지한 창조성에 의존하여 먹고 살기 때문이다. 최고의 아이디어들은 위험을 감수하는 이 소규모 커뮤니케이션 회사들로부터 나오는 듯하다.

우리는 소규모의 좀더 민첩하고 도발적인 광고회사들이 선호되는 경향을 볼 수 있다. 영국의 잘 나가는 크리에이티브 회사인 바틀 보글 히가티(Bartle Bogle Hegarty)는 세계에서 가장 큰 광고회사 중 두 회사인 (인터퍼블릭 그룹의) 로우(Lowe & Partners Worldwide) 사와 (WPP 그룹의) JWT로부터 대부분의 유니레버 세제 작업을 빼앗아왔다. 〈뉴욕 타임스〉에서 스튜어트 엘리엇이 쓴 기사에 따르면 "로우는 OMO 브랜드의 업무 일부를 유지할 것이나 바틀 보글 히가티가 만든 캠페인과 함께

BMW 미니를 SUV 위에 싣고 다니며 홍보하고 있다.

일할 것"이라고 한다. 이것은 대규모 모델들이 크리에이티브 프로세스에서 선도적 역할을 포기해야만 하는 운명을 보여준다.[25] 거대 광고회사의 회장인 마틴 소렐(Martin Sorrell)은 심지어 요즘 자신의 그룹에서 나오는 최고의 아이디어들 중 일부는 브랜딩 에이전시와 같은 자신의 소규모 사업부들로부터 나온다고 말했다.[26] 크리스핀 포터 & 보구스키(Crispin Porter & Boguski, CPB)는 누구나 선망하는 BMW 미니의 미국 홍보를 따냈다. 그들은 이를 위해 SUV 위에 미니를 싣고 미국의 주요 도시를 돌아다니며 보여주었다.

코카콜라와 나이키는 위든앤드케네디(Wieden & Kennedy)와 함께 일하는 반면 폭스바겐과 버거킹은 CPB와 함께 일한다. 2005년 영예의 올해의 광고 대상을 수상한 뒤 〈크리에이티비티Creativity〉라는 잡지와 가진 인터뷰에서 CPB의 척 포터(Chuck Porter)는 이러한 아이디어를 가장 잘 표현한다. "우리가 지금과 같은 작업을 만들어낼 수 있었던 이유는 우리가 두려워하지 않고 일하려 노력하기 때문이다." 모든 유망한 광고회사들은 그들의 지역과 웹에서 사람들을 즐겁게 하는 새로운 아이디어를 활발히 활용하고 있다. CPB는 이 경향을 선도하는 것으로 유명하다. 버거킹을 위해 CPB가 만든 '말 잘 듣는 통닭'은 웹을 통해 수백만 명의 사람들을 브랜드로 끌어들이는 방법이었다.

말 잘 듣는 통닭

가장 훌륭한 최근의 광고들은 광고 시간에만 즐거움을 선사하는 것이 아니라 인터넷 톱 콘텐츠들이 되었다. 예를 들어 온라인에 들어가 버거킹의 프로모션을 검색하면 '말 잘 듣는 통닭(the subservient chicken)'이 나온다. 엄청난 인기를 얻은 이 캠페인은 인터넷 이용자들에게 이 광고를 반복해서 보도록 만들었다. 광고가 엔터테인먼트 콘텐츠가 된 것이다.

말 잘 듣는 통닭 홈페이지에 방문하여 로그인하면 저예산 웹캠 비디오로 촬영된 남자의 모습을 보게 된다. 이 남자는 허름한 거실에서 통닭 옷을 입고 서 있다. 방문객들은 이 닭에게 문자 메시지를 통해 그들이 원하는 행동을 지시할 수 있다. 통닭은 진짜 살아있는 사람 노예처럼 제공된다. 이 닭은 '푸쉬업을 한

말 잘 듣는 통닭 광고

다', '책을 읽는다', '지옥에 간다'(그는 이것을 좋아하지 않는다), '근육을 보여준다' 등 다양한 명령에 따른다. 물론 이것은 통닭 복장을 한 남자가 수천 개의 명령에 따르는 것을 미리 녹화해둔 비디오이다. 그가 소화할 수 있는 어휘는 믿을 수 없을 정도로 크고, 대부분의 방문객들은 닭이 어디까지 할 수 있는지를 보기 위해 다양한 명령들을 시도해보며 10~20분을 보낸다. 또 어떤 이들은 단지 진짜 살아있는 사람인지를 테스트해보고 싶어한다.

가장 중요한 것은 이 사이트가 경솔하게 만들어진 것이 아니라는 점이다. 이 사이트는 버거킹의 "먹고 싶은 대로 드세요(have it your way)"라는 기존 캠페인을 흥미로운 방식으로 재구성해놓은 것이다. 개별적 메시지들은 전통적 미디어와 뉴미디어의 혼합을 통해 전달된다. 이를 통해 사람들을 새로운 목적지로 이동하고 좀더 신나는 발견들과 연결된다.

누구나 브랜드 메시지를 창조할 수 있다

광고계에서 나오는 혁신의 결핍에 좌절한 브랜드 행동주의자들은 그들의 손으로 직접 브랜드 메시지들을 만들어내고 있다. 가장 혁신적인 회사에서조차 그들의 작업은 거부된다. 큰 광고회사에 대해 마케터들이 가졌던 본질적인 좌절을 넘어, 그들은 끊임없이 고객들과 소통하는 새로운 방법들을 선도해야 할 것이다. 디자인을 중시하는 회사들은 한 발 뒤로 물러서서 그들의 작업이 사람들의 감각적 필요와 잘 연결되고 있는지 고려해봐야 한다. 심지어 소위 가장 창조적이라는 회사들도 사람들이 '그들의 브랜드 삶'에서 살길 원하는 절충적인(eclectic) 방식을 이해하는 데는 매우 뒤처져 있다.

광고업계가 천천히 도그마적인 브랜드 구축 방식에서 빠져나오고 있는 반면, 자신의 커뮤니케이션에 대한 전적인 통제권을 가진 선각자들은 그것을 뛰어넘고 있다. 구치(Gucci) 시절 광고를 총괄하던 톰 포드(Tom Ford)는 이제 에스티 로더에서 브랜드 구축을 진두지휘하고 있다.

WWD에 따르면 에스티 로더의 회장 존 뎀지(John Demsey)는 흥미롭게도 이렇게 말했다고 한다. "톰은 최종적인 밴드 지휘자였고 우리는 그의 오케스트라였다."[27] 이것은 크리에이티브와 의뢰인의 관계를 설명하는 적절한 비유이기도 하다. 이것은 심지어 내가 이 책에서 얘기한 많은 문제들에 대해 어느 정도 대답해주는 것이기도 하다. 자신의 디자인 사업을 하고 있는 칼 라거펠드(Karl Lagerfeld)도 샤넬의 크리에이티브 디렉터를 맡고 있다. 그는 심지어 직접 광고를 찍기도 한다. 더리미티드(The Limited)의 최고 마케팅 책임자인 에드 라젝(Ed Razeck)도 이와 마찬가지로 빅토리아 스크릿의 광고를 총책임지고 있다.

모든 시대를 통틀어 가장 강력한 브랜드 아이디어 중 하나는 바로 다름 아닌 보노와 바비 슈라이버(Bono and Bobby Shriver)가 내놓은 '프로젝트 레드(Project Red)'였다. 이 비전은 갭과 컨버스, 모토롤라, 애플과 같은 브랜드들이 모여 고객들의 성원과 함께 에이즈 퇴치 싸움에 동참하도록 했다. 이러한 노력은 최고의 '브랜드잼'이 아닐 수 없다. 즉, 비즈니스가 세계에서 가장 치사율이 높은 질병 중 하나와 싸우기 위해 사람들과 손잡고 인간적인 면모를 보여주는 것이다.

이 전장에 새롭게 들어오는 것은 웹을 통해 안타깝게 놓친 기회나 더 나은 광고라고 생각되는 것들을 다른 사람들에게 알려주길 원하는 소비자들 또는 미래의 크리에이티브들이다. 이 경향은 기존의 광고를 '조롱'하며 갑자기 이들을 유명인으로 만들어놓기까지 한다. 예를 들어 마스터스 골프대회 16번 그린에서 모든 사람들은 타이거 우즈의 공에 새겨진 나이키의 로고가 전체 화면으로 확대되어 구멍에 들어가는 모습을 슬로 모션으로 구경했다. 광고업계의 인습 타파주의자이자 자칭 '뉴 마케터'인 조셉 야페(Joseph Jaffe)는 이 역사적인 브랜드 순간을 그 누구보다도 먼저 자신의 웹사이트에 광고하기 시작했다. 나이키의 광고회사가 이 기회를 활용하기도 전에 (후에 이 회사는 그렇게 하였다.) 자페는 이미 자신의 블로그(www.Jaffejuice.com)에 두 개의 광고를 올려놓고 전 세계가 보도록 하였다.

코카콜라와 애플도 웹에서 '비공식적인' 광고자들을 가지고 있다. 해리 웹스터(Harry Webster)는 그가 더 나은 커뮤니케이션이라고 생각되는 것들을 다루는 웹사이트(www.MadisonAveNew.com)에 대해 기사를 썼다. 그는 매디슨 애비뉴(Madison Avenue)가 감을 잃었으며 이제 브랜드의 대의를 주도하는 것은 사람들에게 달려 있다고 믿는다.[28] 드디어 포스트모던 소비 민주주의 시대에 들어선 것이다. 디자이너들도 똑같이 하고 있다. 28세의 프랑스 디자이너 오라 이토(Ora Ito)는 루이비통과 애플, 리바이스, 아디다스와 같은 브랜드들을 위한 '가짜 디자인'을 해주고 두 개의 프랑스 유행잡지 〈크래시Crash〉와 〈잘루즈Jalouse〉에 소개가 나감으로써 어린 나이에 명성을 쌓을 수 있었다. 〈비즈니스위크〉지에 실린 "디자인 앙팡 테리블"이라는 제목의 기사에 따르면 그러한 대범한 행동은 이 디자이너에게 하이네켄, 도요타, 아르테미데(Artemide)의 주요 프로젝트들을 가져다주었다고 한다. '허위' 디자인에 관한 기사가 나간 뒤 오라의 웹사이트에는 하루에 20만 명의 사람들이 방문했고 루이비통은 그가 디자인 한 존재하지도 않는 '가짜 가방'의 수요를 따라잡지 못해 애를 먹어야 했다.[29]

소비 민주주의 사회에서 크리에이티브 프로세스는 멈출 수 없는 일이자 사람들은 그들이 브랜드와 맺는 관계에 관한 한 커뮤니케이션 전문가들보다 훨씬 앞서 있다. 이것은 사람들이 자신이 아끼는 브랜드들에 대해 신경 쓰고 흥분을 느낀다는 사실을 보여준다는 점에서 고무적이다. 그러나 그것은 또한 사람들이 불만족스러워한다는 것을 의미한다. 그것은 그들이 브랜드 커뮤니케이션을 사랑하지만 지금 그들이 받는 종류는 아니라는 것을 보여준다. 소비자들은 좌절감을 느끼고 있고 그것이 무슨 의미인지를 우리에게 보여주는 데 거리낌이 없다. 만약 사람들이 가장 많이 보는 비공식적인 커뮤니케이션이 TV 광고보다 더 많은 노출을 받게 된다면 그때는 멈춰서 생각해봐야 한다. 광고란 대부분의 전문가들이 믿는 것처럼 지적인 디자인에 관한 것인가 아니면 대부분의 소비자들이 기대하는 것처럼 진화(evolution)에 관한 것인가?

브랜딩은 광고 이상이다

우리는 오늘날 변화하는 소비자들을 제대로 이해하지 못하고 있다. 또한 감각적이고 감성적인 차원에서 사람들과 연결되는 디자인 및 커뮤니케이션 양식의 힘에 대한 이해도 부족하다. 이것은 감성 경제에서 광고 자본이 새롭고 다양한 형태의 통합적 연결에 좀더 균등하게 분배됨에 따라 달라질 것이다. "창조적인 사고와 커뮤니케이션 채널 관리 간에는 현재 단절이 있다." 유니레버의 글로벌 미디어 디렉터인 알랜 루더포드(Alan Rutherford)는 이렇게 말한다. 그는 유니레버의 광고 예산이 이제 이 회사 글로벌 예산의 65%를 차지한다는 점을 강조한다. 이것은 2000년도의 약 85%에서 감소한 수치이다.[30] 유니레버가 출시한 '병은 작아지고 편리함은 훨씬 커진(Small Bottle, Mighty Convenient)' 컨셉의 농축 세제는 통합적 연결을 활용한 좋은 예이다. 이 회사는 뉴욕 시내 교통 요지에 옷들로 뒤덮인 버스를 배치했다. 이 버스를 본 사람들은 휴대폰이나 웹사이트 www.spotthebus.com에 들어가 콘테스트에 응모할 수 있다. 상금은 5,000달러의 쇼핑 상품권이다.

브랜드는 사람들과 친밀해져야 한다. 그리고 진정으로 그들에게 감흥을 줄 준비가 되어 있어야 한다. 광고는 진정으로 차별화되고 참신한 새로운 아이디어, 즉 사람들에게 사용해보고 싶게 만드는 제품 아이디어

유니레버는 세제 프로모션을 위해 옷들로 뒤덮인 버스를 시내 곳곳에 배치했다.

를 위해 통합된 인식을 만들어낼 때 효과를 발휘한다. 아이디어가 핵심
이다. 강력한 아이디어가 없으면 브랜드도 없다. 그리고 우리가 이 시대
에 경험하는 모든 새로운 미디어들에 활용될 수 있는 아이디어 없이는
어떠한 커뮤니케이션도 없다.

예를 들어 애플 컴퓨터가 최고의 광고를 가지고 있는 것은 그들의 제
품이 최고이기 때문이다. 애플은 또한 고객과의 관계에 가장 많은 것을
투자하는 회사 중 하나로서 그들의 제품은 사람들에게 영감을 주도록
디자인되어 있고, 그들의 매장 환경은 쇼핑객들이 찾는 제1의 관광 목
적지가 되었다. 이 브랜드는 절대 한 곳에 머물지 않는다. 그리고 이 브
랜드의 커뮤니케이션은 브랜드 약속을 강화한다. 아이팟이 나온 지 1년
만에 아이팟 나노가 나왔다. 〈월스트리트 저널〉의 한 기자는 아이팟 나
노에 대해 언급하며 이렇게 코멘트한다. "이 제품의 성능은 광고와 같

다농에서 나온 콜레스테롤 완화 요거트 - 다나콜

거나 그 이상이다."[31] 광고보다 더 낫다고? 와! 그것은 우리가 지금까지 이 장에서 만난 그 어떤 소비자 증언보다 반가운 반응이다. 이것은 모두 가 본받을 만한 벤치마킹이 아닐 수 없다. 그러니 뭘 더 기다리는가?

만약 어떤 제품에 특별한 장점 또는 특성이 없거나 가격 경쟁으로는 더 이상 성장을 견인해낼 수 없다면, 오직 감성 디자인 중심의 접근법만 이 그 브랜드를 소비자들의 선호대상으로 만들어줄 수 있을 것이다. 예 를 들어 스페인에서 판매되는 요거트 다나콜(Danacol)은 콜레스테롤 수 치를 낮춰주는데, 이들은 스페인 공항에 '건강 검진 부스'를 설치하고 여행객들에게 혈액 검사를 통해 콜레스테롤 수치를 알려주었다. 이 브 랜드는 자신이 뭔가 중요한 일을 하고 있다고 생각하게 되었고 이에 대 한 자신의 결심을 분명히 드러냈다. 앱솔루트 보드카는 자신의 브랜드 와 보드카 전반에 관한 독창적인 메시지를 세상에 널리 알렸다. 혁신적인 패션과 제품 디자인에 대한 앱솔루트의 결심을 강화하는 프로그램과 연계함으로써 그들은 사람들의 인식을 바꾸고 대범하고 기억에 남는 메시지를 구축했으며 이는 매출 증가로 이어졌다.

당신이 소통하고자 하는 사람들을 잘 이해하고 있고 당신에게 획기적인 새로운 아이디어가 있다 해도 이러한 차이는 결국 경쟁에 의해 점점 시야에서 퇴색하게 될 것이다. 그러므로 브랜드 구축의 중요한 요소는 혁신이나 제품의 혜택을 좀더 높은 차원의 감성적 메시지와 연결해냄으로써 브랜드 충성도와 신뢰를 유지하는 것이다. 이 감성적 메시지는 신뢰와 브랜드 충성도 위에 구축된 혁신적인 디자인 접근법을 통해 가장 잘 표현된다. 브랜딩은 광고 이상이다. 그것은 항상 새로운 발견으로 가득 찬 모험이다. 많은 질문들이 대답을 기다리고 있지만, 대부분의 광고자들이 탐색하는 것은 미디어가 다양한 전달 수단들의 모자이크가 아니라 사람들의 인생 전반을 통틀어 각 시기마다 다른 식으로 다가가는 통합적인 시스템이라는 아이디어이다.

어떤 미디어는 오랜 기간 동안 광고가 허용되지 않을 수 있다는 것도 커뮤니케이션 업계가 알아두어야 할 개념이다. 사람들은 이제 휴대폰에서부터 PDA에 이르기까지 그들의 휴대용 전자 장치와 친밀한 연결 관계를 형성하고 있다. 획일적이고 융통성 없는 TV 세트와 달리 이 새로운 휴대 기술들은 반갑지 않은 상업적 콘텐츠로 침해하기에는 너무나 친밀한 미디어들이다. 이곳에 들어가려면 적어도 상업적인 콘텐츠처럼 느껴지지 말아야 한다. 그리고 이것이 바로 소비자들이 우리에게 제공하는 도전이다. 그들은 우리에게 묻는다. 당신은 우리 정체성의 큰 일부를 이루는 친밀한 제품들을 위해 우리의 사적 공간을 침해하지 않으면서도 우리가 원하는 커뮤니케이션을 만들어낼 수 있는가?

오늘날의 광고는 모든 해답을 가지지 못할 뿐더러 앞으로도 그럴 것이다

이제 다들 모든 종류의 브랜드 서비스를 제공하는 거대 광고회사란 아이디어가 어떻게 크리에이티브 프로세스를 훼손하는지 잘 알 것이다. "도대체 어떤 소비자가 광고로 둘러싸이길 원하는가?" 내 친구인 한 광고업계 간부는 내게 이렇게 물었다. 이에 대한 거대 광고회사들의 반응은 (그들의 소규모 비즈니스 단위들의 말을 경청하는 것과 함께) 브랜드 전문 분야를 중심으로 자신을 재구축하는 것이다. 내가 만난 파리의 한 선두적인 광고회사 사장은 그녀가 어떻게 건축가로서의 페르소나를 구축할 수 있었는지 설명해주었다. "나는 경영학과를 다니면서 부전공으로 건축을 공부했다." 광고업자로서 그녀는 그녀가 받은 건축 교육을 그 어느 때보다 더 잘 사용하고 있다.

갈로(Gallo)가 새로운 와인를 가지고 '패션' 분야 사람들을 공략한 것은 잠재적 소비자들과 다른 통로, 즉 패션이라는 통로를 통해 연결을 시도한다는 점에서 꽤 주목할 만하다. 전도유망한 패션 디자이너들에게 장학금을 주는 패션 재단을 설립함으로써 이 새로운 패셔니스타처럼 보이는 이탈리아 이름의 검은 병 와인 브랜드는 패션쇼뿐 아니라 미디어에까지 이름을 알렸다. CNN과 〈월스트리트 저널〉, 〈워싱턴 포스트〉와 같은 신문들이 그 소식을 보도했기 때문이다. "갈로는 총 60만 달러를 27명의 디자이너들에게 수여했다. 이는 30초 광고의 연평균 제작비보다 약 15만 달러 낮은 액수이다." 〈월스트리트 저널〉은 이렇게 말한다.[32] 사실 갈로 와인은 별다른 특징이 없고 '에코 도마니(Ecco Domani)'라는 이탈리아 이름도 특별히 독창적이진 않다. 이 제품의 성공은 그것이 감성적인 영향력을 가지고 있었다는 사실과 더욱 관계가 있다. 이 제품이 그럴 수 있었던 것은 그것이 제대로 된 명분을 가지고 제대로 된 장소에 제대로 된 사람들과 나타났기 때문이다.

타임의 CEO이자 회장인 앤 무어(Ann Moore)는 광고 지형의 변화, 새로운 기술의 부상, 청중층의 분화 등으로 인해 이 회사가 콘텐츠를 중심으로 방향을 전환하고 있다고 말한다. "우리는 독자들이 선택하는 어떤 미디어에도 등장할 수 있는 콘텐츠 제공자가 될 것이다."[33] 잡지업자들은 광고가 다른 형태의 미디어로 빠져나가는 충격을 느끼고 있다. 이것은 출판업자에게 좀더 통합적인 멀티미디어 플랫폼의 관점에서 사고하도록 만들고 있다. 〈포춘〉, 〈피플〉, 〈인 스타일〉과 같은 타이틀과 함께 〈타임〉지는 자신의 브랜드를 위해 다른 종류의 미래를 구상하면서 광고 의존도를 줄여나갈 수도 있다. 그렇다면 이 신세계에서 광고 자본은 어디로 가고 있는 걸까? 그 해답은 에코 도마니와 같은 와인 브랜드가 가는 곳과 같다. 즉, 사람들의 생활 속으로 들어가는 것이다.

출판업계에게 이것은 사람들이 얼마나 돈을 지출할 의향이 있을 것이며 사실에 근거한 뉴스가 얼마나 가치를 지닐지를 다시 생각해보는 것을 의미한다. 이 콘텐츠에 관심을 가지는 독자들에게 돈을 조금 더 내는 것은 문제가 되지 않을 수 있다. 한편 블로그에 완전히 익숙한 사람들에게 이것은 별다른 차이를 만들어내지 않을 것이다. 광고주들에게 이것은 사람들에게 다가가는 방법을 다시 생각해보는 것을 의미하는 반면, 광고대행사에게 이것은 대중에게 좀더 창의적인 방식으로 콘텐츠를 제공하는 것을 의미할 것이다.

우리가 알던 광고의 종말

비즈니스는 혁신과 놀라움을 제공하는 방향으로 태도를 전환해야 한다. 사람들에게 그들의 브랜드가 제공하는 혁신을 더 많이 원하도록 만들어야 하는 것이다. 나는 회사들이 새로운 제품 발견과 브랜드 구축, 의미 있고 진실된 이니셔티브들, 기억에 남고 감흥을 주는 브랜드 경험을 조사해볼 것을 권한다. 그러면 우리가 디자인과 디자인 커뮤니케이션을 제대로 활용하고 있지 못하다는 사실을 알게 될 것이다. 즉, 소비자들에게 흥미를 주고 계속해서 또다시 찾아오고 싶게 만드는 감각적인 브랜드 표현과 프로그램들을 통해 신뢰를 구축할 수 있는 기회들을 소홀히 하고 있는 것이다. 예를 들어 도나 카란(Donna Karan)은 인쇄광고를 사용한 흥미로운 컨셉을 선보인다. 이 컨셉은 영화 포스터처럼 보이는 광고를 통해 사람들을 웹사이트로 연결시켜 브랜드가 만들어낸 내러티브를 바탕으로 비디오를 볼 수 있도록 하는 것이었다. 이를 통해 이들은 소비자들에게 수많은 광고들 사이에 묻혀 단 몇 초 동안 광고를 보도록 하는 대신 온라인에서 더 많은 시간을 브랜드에 쏟도록 할 수 있다.

최근 나는 미용 브랜드에 관한 조사 작업을 하고 있었다. 광고들을 모아 보드에 붙이는 동안 나는 메이블린이나 카버 걸, 레블론과 같은 강력한 브랜드들이 서로 매우 비슷하다는 사실을 깨달았다. 아마도 세 브랜드가 사용하는 리서치 기법이 똑같기 때문일 것이다. 그것은 상상력의 결핍과 함께 이 광고들이 제안하는 브랜드 적실성(relevance)의 결핍을 보여주었다. 한편 타깃은 이와 다르게 매우 독창적인 접근법과 시각적 어휘를 사용하며 두각을 나타냈다. 그들의 메시지는 사람들의 생활에 새로운 경험을 가져오겠다는 디자인 신념을 선보이며 사람들에게 어필했다. 한편 독창적인 잡지 광고 아이디어로 엘르(Elle)의 에디토리얼 사례가 있다. 이 잡지는 페이지를 반으로 나눠 독자들에게 직접 패션 제품을 섞어보고 매치해볼 수 있게 했다. 이 아이디어는 곧 〈보그Vogue〉에서 갭에 의해 채택되었다. 한 보석 브랜드도 팝업 인쇄 광고를 통해 종이 보석을 착용해보도록 함으로써 여성들이 구매 여부를 판단할 수 있도록 했다.

눈에 띄기 위해서는 다른 광고들과 달라질 필요가 있다.

갭은 잡지 독자들이 직접 패션 제품을 섞어보고 매치해볼 수 있게 했다.

여기서의 **변화**는 스팸 과잉 시대가 사람들에게 무엇이 스팸이고 무엇이 그렇지 않은지를 선택하고 인식하도록 만들었다는 사실을 광고 미디어가 깨닫기 시작했다는 것이다. 이것은 전통적인 미디어에서의 광고 홍수도 포함한다. 어떤 의미에서 원치 않는 '광고' 들은 우리 마음속에서 잠재의식적으로 삭제되어왔다. 이것은 민감한 청중들이 만들어낸 트렌드이다. 오늘날의 소비자들은 점점 더 모든 광고 장치에 적응하면서도 탄력적으로 변하고 있다.

얼마나 많은 사람들이 도널드 트럼프(Donald Trump)의 〈어프렌티스 The Apprentice〉 도전자들이 도브와 같은 브랜드를 위해 볼품없는 광고를 만들어내는 것을 공포 또는 환희에 차서 바라보았던가? 이 사건을 회상하며 저널리스트 롭 워커(Rob Walker)는 다음과 같이 놀라워했다. "〈어프렌티스〉가 마케팅과 엔터테인먼트 사이에 선을 긋는 방식에는 뭔가 놀라운 것이 있다. 기본적으로 그러한 선이란 존재하지 않는다. 마케팅이 곧 엔터테인먼트인 것이다."[34] 나는 이것이 도브의 경우처럼 브랜드에게 부적절한 방식으로 인지도를 얻어내기 위한 광적인 돌진이 아니라 '브랜드적으로 올바른' 엔터테인먼트인 한 이 말에 동의한다.

특별한 경험이 되는 방법

브랜드 커뮤니케이션의 새로운 모델은 이제 좀더 개방적이고 감각적인 것이 될 것이다. 전통적인 방송 및 인쇄 매체의 광고 과잉은 '건강한 자극'과 반복적 커뮤니케이션에 대한 식욕을 감퇴시켰다. 광고는 이제 새로운 미디어 현실에 적응하고 디자인 경험과 같은 새로운 커뮤니케이션 수단을 통해 자신을 갱신해야 한다. 신뢰성은 아직도 주로 신문의 사설란에 존재하는 것으로 여겨진다. 왜냐하면 사람들은 실제로는 브랜드를 옹호하더라도 적어도 겉으로 보기에는 상업적이지 않은 것처럼 보이는 정보에 높은 신뢰를 보내왔기 때문이다. 하지만 이제 블로그와 문자 메시지처럼 자발적인 형태의 미디어들에도 브랜드의 수용에 영향을 미치는 신뢰성이 존재한다. 이들의 여과장치도 사람들이 뉴스에 대해 가지는 것과 같은 의미의 신뢰를 제공하는 것이다.

진정으로 좋은 제품으로 알려진 것에 공익과 같은 의미 있는 메시지를 결합하고 소비자들을 대화에 참여시키는 것이야말로 바로 브랜드가 자신의 약속을 대중에게 전달하기 위해 취해야 할 용기 있는 발걸음이다. 뭔가 할 말이 있는 브랜드들은 잘 돌파해나갈 것이다. 하지만 그들의 제안은 사실성도 포함해야 한다. 이 새로운 규칙은 브랜드에게 대중의 승인을 받기 위해선 다른 이의 평가를 받거나 투명하게 정보를 공개할 것을 요구할 수도 있다.

브랜딩 비즈니스는 한 마디로 제품의 근접성(proximity)과 소비자 경험에 좀더 초점을 맞출 필요가 있다. 새로운 디자인이나 포장은 단순한 판촉 수단이 아니라 완전히 새로운 방식으로 브랜드를 구축하는 수단이 되는 것에 초점을 맞출 필요가 있다. 디자인은 마케팅의 풍경을 극적으로 바꿔놓았다. 또한 비용이 적게 들면서도 장기적으로 더 큰 영향력을 발휘하는 새로운 차원의 메시지를 가져오고 있다. 기업은 메시지와 경험의 구분을 잊어버릴 필요가 있다. 당신의 메시지가 경험의 형태로 나오지 않는다면 그건 당신이 할 말이 없거나 훌륭한 디자이너가 간절히 필요하다는 얘기다. 디자인은 단순히 새로운 '눈요기'나 판매 도구, 또는 순간적으로 호소하는 언어가 아니다.

- 디자인은 기업 내부에 혁신의 문화를 구축하는 방법이다.
- 디자인은 이전과는 다른 방식으로 발견을 다루는 방법이자 새로운 아이디어를 인식하고 활용하며 실현시키는 강력한 기회이다.
- 디자인은 즉흥성과 놀라움을 제공하며 심지어 애초에 재즈에 영감을 준 유혹적이고 스캔들적인 것을 암시하는 능력을 가지고 있다.
- 디자인은 뜻밖의 것으로 이끈다. 그것은 소비자들에게 대담하고 섹시하고 달콤하고 스타일리쉬하고 굉장한 것을 보여준다.
- 디자인은 소비자를 직접적인 방식으로 건드린다.

즉, 디자인이야말로 새로운 형식의 대담한 광고인 것이다.

약속이 이루어질 때

훌륭한 제품은 훌륭한 광고로 이어진다. 하지만 가장 중요한 것은 그것이 훌륭한 감성과 신뢰로 이어진다는 사실이다. "좋은 아이디어가 진실로 여겨진다면, 그건 거기에 일말의 진실이 들어 있기 때문이다." 광

브랜드는 좀더 직관적인 방식으로 연결되어야 한다.

고의 대가 레오 버네트(Leo Burnett)는 이렇게 말한 바 있다.[35] 브랜드의 신뢰도는 브랜드의 약속과 사람들의 경험 사이에 단절이 없다는 사실에 기초한다. 약속이 실현되지 않는 순간 브랜드와 사람들 사이의 계약은 파기된다. 대부분의 브랜드는 광고 세례와 돈만 있다면 표준 이하의 제품이라도 팔 수 있다는 잘못된 개념에 눈이 멀어 있다. 심지어 최고의 커뮤니케이션이라 할지라도 그 제품이 사람들에게 혁신을 제공하지 못한다면 무능해질 것이다. 광고보다 제품이 더 기억된다면 그게 바로 성공한 것이다.

이것이 의미하는 바는 다음과 같다. 사람들에게 강력한 메시지를 남기는 새로운 방법이 있다. 디자인이 그 중 하나이다. 훌륭한 제품일수록 전통적 미디어 외에도 입소문을 만들어내고 사람들의 브랜드 충성도를 높일 수 있는 선택들이 더 많이 주어진다. 소비자, 마케터, 광고업자, 디자이너들은 크리에이티브 프로세스에서 브랜드잼을 해야 한다. 기존 제품에 대해 논의하기보다는 새로운 아이디어에 대해 논의하라. 더 이상 위대한 TV 광고에 현혹되지 마라. 이제는 그것들이 제품을 팔아주지 않는다. 광고는 반드시 실현될 약속을 메시지로 삼아야 한다. 그렇지 않으면 효과가 없다.

광고로서 소매 매장을 사고하라

광고업자들은 소비자들에게 도달하는 새로운 방법을 찾아 고심하는 과정에서 사고를 넓혀 소매(retail)의 힘을 발견하기 시작했다. 소매는 브랜드와 좀더 경험적인 관계를 만들어냄으로써 메시지를 확대하고 사람들의 주의를 포착하는 방법이 될 수 있다. 흥미롭게도 가장 강력한 고객과의 연결 관계를 보유하는 소매 산업도 사람들에게 감흥을 줄 감성 디자인을 찾고 있고, 소매 모델을 재창조하기 위해 애쓰고 있다. 브랜드 전문가와 소매업자 모두 서로 결정적인 순간에 도달하면서 서로에게서 배우고 있는 중인지도 모른다. 가장 중요한 것은 둘 모두 사람들이 쇼핑을 사랑한다는 사실을 배우고 있다는 것이다. 설사 사람들이 쇼핑에서 구하는 것이 아이디어와 동기가 전부일 경우라도 말이다.

메시지를 팝업해라

노키아 극장에서 하이네켄 술집, 렉서스 홀로그램과 뉴욕 타임스퀘어에 있는 코카콜라 애니메이션 간판에 이르기까지 새로운 브랜드 존재 (brand presence) 프로그램에 대한 기사에서 브랜딩과 경제 담당 기자들은 소비자들에게 더 잘 도달하기 위해 전통적인 창구(venue)를 넘어설 것을 전파하고 있다. 이러한 종류의 '브랜드 존재 프로그램'들은 브랜드 커뮤니케이션에서 디자인에게 더 큰 역할을 요구한다. 브랜드 소매는 내가 진정으로 신뢰하는 형태의 존재 프로그램으로서, 만약 성공적으로 치러지고 브랜드의 일관성이 유지될 수만 있다면 최고의 새로운 브랜드 기회가 될 것이다. 그러나 이 기회는 단지 창구에 대한 것이 아니라(전통적인 TV에서 환영받지 못하는 브랜드는 다른 어떤 브랜드 존재 프로그램에서도 성공하지 못할 것이다.) 사람들이 이미 신뢰하는 브랜드를 좀더 놀랍고 흥미로운 창구를 통해 활용하는 것에 달려 있다.

타깃과 리바이스는 '팝업 점포(pop-up store)'라 알려진 소매 모델을 성공적으로 활용한 바 있다. 팝업 점포란 아이콘적인 장소에 단기적으로 소매 현장을 차리고 혁신적인 메시징을 통해 그들의 이미지를 전시하는 것을 의미한다. 팝업은 사람들에게 브랜드를 재발견하도록 할 뿐 아니라 언론의 취재거리가 되기도 한다. 예를 들어 리바이스는 뉴욕 시 소호 지역에 공간을 임대하고 다섯 가지 색상의 501 진 한정판을 한정된 기간 동안 판매했다.

타깃은 한때 뉴욕항에 '타깃 보트'를 정박시키기도 했다. 최근에는 타임스퀘어에 단기 소매 점포를 차리고 판매 수익금을 유방암 퇴치에 쓰겠다는 강력한 메시지를 전하기도 했다. 타깃의 '팝업' 점포는 어떠한 광고판이 할 수 있는 것보다 훨씬 더 효과적인 브랜딩 이니셔티브의 완벽한 사례이다. 수익은 전액 유방암연구재단으로 간다. 이 점포는 캐시미어 스카프에서 우산, 의류, 화장품 가방, 조리 샌들에 이르기까지 5~25달러의 저렴한 가격으로 온통 핑크색 제품만을 취급했다. 이것은

타임스퀘어에 설치된 타깃의 팝업 점포

엄청난 성공을 거두었고 타임스퀘어 점포가 해체된 이후에도 오랫동안 온라인으로 이어졌다. 타깃은 단기적인 이니셔티브를 통해 장기적인 감성적 유대를 만들어낼 수 있었다.

브랜드 소매가 가장 성공적일 경우는 언론에서 이 행사들을 뉴스로 보도할 만큼 그것이 강력한 영향력을 발휘할 때이다. 이것은 전국적인 뉴스 채널이나 신문에 무료 광고를 얻는 훌륭한 방법이자 당신의 메시지에 신뢰를 구축하는 방법이기도 하다. 광고로서의 디자인은 궁극적으로 사람들이 느낄 수 있는 아이디어, 공동체에 관심을 불러일으키는 아이디어, 그 결과 미디어 산업에게 매력적인 아이디어를 통해 사람들과 더 잘, 그리고 풍부하게 연결된다. 소매 디자인의 광고 효과는 너무나 강력해서 가장 성공적인 기업과 문화 기관 및 정부 기관들은 디자인의 언어를 이해하는 감성적 아이덴티티가 사람들에 삶에 해결책을 제공할 뿐 아니라 가치와 의식을 만들어내는 '브랜드 실험실(brand lab)'로서 어떤 일들을 할 수 있는지에 눈뜨기 시작했다.

소매 매장을 통한 감성적 연결

도브의 〈비교를 넘어Beyond Compare〉 캠페인 컨셉은 캐나다에서 처음으로 활용되었다. (이에 대해서는 '여섯 번째 전환: 일상용품의 디자인을 사고하라'에서 다시 다루고자 한다.) 이것은 한정된 예산 내에서 대중에게 강력한 컨셉을 전달할 수 있도록 특별히 마련된 예술 전시회를 통해 이루어졌다. 아름다움을 좀더 개인적인 관점에서 다시 정의내리는 것이 바로 도브 팀이 탐험하고자 했던 전환이었다. 그러한 강력한 컨셉은 여성들과 깊은 연결고리를 가지지 못했다면 실패했을지도 모른다. 그리고 가장 중요하게는 도브의 경영진에게 커뮤니케이션을 바라보는 이 새롭고 혁명적인 방식을 채택하도록 만들지 못했을 수도 있다. 캐나다에 배정된 한정된 예산을 고려한 오길비 & 매더는 이 용감한 아이디어를 예술 전시회로 표현할 것을 제안한다. 이 전시회는 캐나다 여성들에게 새 브랜드 약속을 선보이는 자리가 될 것이다. 이처럼 간혹 주류 광고 공세를 펼치기에는 모자란 금액이 뭔가 새롭고 기발한 아이디어를 만들어내기도 한다.

사진 전시회를 활용한 〈비교를 넘어〉 캠페인

도브는 '아름다움이 의미하는 것'을 주제로 사진 전시회를 열었다.

첫 번째 단계는 애니 레이보비츠와 매리 앨런 마크 등 유명인에서부터 유명하진 않지만 재능 있는 여성 사진작가들에 이르기까지 전 세계 67명의 여성 사진작가들에게 아름다움이 그들에게 실제적으로 의미하는 바를 사진으로 찍고 코멘트와 함께 보내달라고 요청하는 것이었다. 그들의 반응은 단순히 긍정적인 것이 아니라 압도적이었다. 연락이 닿은 대부분의 여성 사진작가들이 기꺼이 시간을 들여가며 보수도 마다한 채 이 전시회에 참가했다. 왜냐하면 매우 중요한 일에 기여하고 있다고 느꼈기 때문이다.

사진에서 구현된 매우 다양한 선택들은 너무나 강렬해서 이 브랜드와 여성을 매우 진실되고 심원한 차원에서 연결시켰다. 사진에 담긴 여성들은 패션 잡지를 도배하며 많은 여성들에게 엄청난 비판과 자긍심의 문제를 일으키는 전형적인 '스테레오타입의 모델들'이 아니었다. 그 사진들은 현실과 일상적 싸움에서 자긍심을 보여주는 평범한 여성들을 담고 있었다. 실로 인생의 다양성과 궁극적으로는 내적인 아름다움에 대한 강력한 증언이 아닐 수 없었다. 그것은 우리가 아는 방식으로서의 광

언론은 도브가 미에 대한 인식을 바꾸고 있다고 보도하였다.

Dove promotes 'positive energies'

BY PAUL-MARK RENDON

Unilever Canada's Dove brand is going on a cross-Canada tour to promote healthy living to women.

Dove has partnered with the National Eating Disorder Information Centre, a Toronto-based charitable organization, to sponsor a photography exhibit highlighting the beauty inside all women–not just the ones on magazine covers and television.

"We really want to start to stand for real women, versus stereotypes, and helping women feel beautiful every day as op-posed to feeling inadequate," says Erin Iles, Dove's master brand marketing manager.

Inhale your beauty. Exhale your beauty. (repeat) Love, Dove.

Ads preceded photography exhibit

Entitled "Dove's Beyond Compare: Women Photographers on Beauty," the travelling exhibit will visit six Canadian cities starting Feb. 25 in Toronto. The showcase features works from renowned photographers like Annie Leibovitz and Sam Taylor-Wood, and will eventually move on to Europe.

Iles says the sponsorship marks Dove's effort to align itself with women who may be unhappy with stereotypical female imagery. She says the partnership came about as a result of a review of charities the marketer wanted to support.

The tour marks the latest phase of Dove's marketing to women. The brand recently began a campaign for its face care line, featuring card-sized reminders placed directly on weight and fitness machines at gyms across the country, with "uplifting messages" such as: "Inhale your beauty. Exhale your beauty (repeat)."

"It all ties together into what we're trying to do," Iles says. "Instead of making women feel like they have a lot of imperfections, make them feel like they're glowing and they're happy and get the positive energies going."

The gym advertising runs through to March, with a reprisal set for the fall.

Dove also plans self-esteem workshops for young girls as part of its empowerment efforts.

도브의 〈비교를 넘어〉 캠페인에 대한 언론 보도

고가 아니라 광고가 지향해야 할 바로서의 광고, 또는 이 광고회사의 창립자인 레오 버네트의 말을 빌리자면, "사람들에게 뭔가를 되돌려줌으로써 광고를 보도록 부추기는 캠페인"이었다. 2004년, 〈비교를 넘어 Beyond Compare〉라는 이름의 이동 전시회는 캐나다 전역을 돌며 공공장소에서 여성들과 직접 소통했다. 전시회의 사진들은 또한 희귀품 수집가용 카탈로그로 인쇄되어 사람들이 소장할 수 있도록 했다. 프로그램 전체가 큰 성공이자 애초의 목적을 초과 달성했다. 그 목적은 여성들에게 도브 제품의 신뢰성과 인지도를 높이는 것이었다.

대부분의 비판자들은 이렇게 물을 것이다. "하지만 어떻게 그렇게 제한적인 전시회가 폭넓은 대중과 소통하는 데 필요한 종류의 도달력을 가질 수 있겠는가?" 답은 간단하다. 사회를 올바른 방향으로 움직이게 할 수 있는 아이디어만 있다면 이것은 사람들의 지지를 받게 되어 있다는 것이다. 이 캠페인은 대부분의 캐나다 인쇄 매체와 TV에서 다루어졌고 이는 여성들에게 적절한 메시지를 전하는 수백만 달러의 무료 광고를 창출해냈다. 이 행사의 수익금은 여성들의 의식 증진 및 자긍심과 같은 사회적 이슈들을 돕는 데 쓰였다. 이 캠페인은 광고가 단지 스크린에 대한 것일 뿐 아니라 연결에 대한 것임을 증명한다. 또한 브랜드가 사람들의 삶을 위해 애쓸 경우 사람들은 그 브랜드를 사랑한다는 것도 보여준다. 가장 중요하게는 더 적은 수의 매체라도 현실적이고 성실한 방식으로 다뤄질 경우 더 큰 효과를 낼 수 있다는 것도 보여준다. 이 경우에는 디자인이 미디어를 이끌었다. 이 전시회의 디자인 아이디어는 메시지가 사람들에게 도달하는 방식을 변화시켰고 그 메시지가 사람들의 감성적 현실과 소통할 경우 사람들이 어떻게 그 브랜드를 그들의 삶 속으로 반갑게 맞이하는지를 보여주었다.

한편, 단순한 옆 동네 매장을 넘어 소매를 일종의 광고로 구현한 마케터들 중에서 나이키는 단연 돋보이는 선구자였다. 전통적인 본점 매장들을 넘어 나이키는 고객들에게 도달하는 또 다른 방법들을 탐험한다. 2004년, 나이키는 두 개의 건축가 팀에게 LA와 뉴욕에서 '스피드의 계보학(Genealogy of Speed)'이라는 제목으로 초청 전시회를 열어줄 것을 의뢰한다. 이 전시회의 목적은 단순히 신발을 전시하고 판매하는 것보다 훨씬 더 원대했다. 그들은 디자인을 통해 스피드라는 요소를 선택된 오피니언 리더 그룹에게 전달하길 원했다. 〈메트로폴리스〉에서 제이드 창 기자가 쓴 기사에서 내가 이렇게 말했다고 한다. "나이키가 젊은 디자이너들과 제휴하는 것은 쇄신의 메시지를 전달한다. 나이키가 스피드에 초점을 맞추고 있다는 것은 매우 똑똑한 일이다. 왜냐하면 스피드는 그들 사업의 핵심과 잘 어울리는 감성이기 때문이다"[1] 그러한 이니셔티브와 함께 나이키는 브랜드 소매 자체를 광고로 인정하고 있다. 사람들의 브랜드 충성도를 얻어내고 그들에게 혁신과 놀라움을 안겨주기 위해서 말이다.

AOL의 아이덴티티 작업을 하면서, 데그립고베는 이 가상현실 브랜

AOL의 시각적 아이덴티티가 소매 매장으로 구현되었다.

드에게 감각적 관점에서 현실이 될 것을 제안했다. 우리는 AOL의 음악 다운로드 기능이나 이메일을 통해 친구와 동료, 가족들에게 사진을 보낼 수 있는 광대역 서비스를 아는 사람이 거의 없다는 사실을 발견했다. 우리는 바로 이러한 일을 할 장소를 제안했다.

우리는 그곳에서 사람들이 사진을 찍을 수 있도록 했고, 그들의 허락을 받은 사진은 디지털 벽에 전시되었다. 이를 통해 사람들이 그들 '부족'의 다른 멤버들을 볼 수 있게 했다. 기능적으로 볼 때 그 공간은 사람들이 브랜드의 약속에 좀더 실제적이고 감각적인 방식으로 참여할 수 있게 했고, 감성적으로 볼 때에는 브랜드에 따뜻하고 친근하며 인간적인 면모를 부여함으로써 엄청난 현실감을 제공하였다. 나는 이 컨셉을 미용 및 패션 회사들에게 적극적으로 추천했는데, 왜냐하면 새로 발견한 메이크업이나 드레스를 엄마나 친한 친구(그리고 출장 중인 남편도 잊

AOL 스토어는 온라인 브랜드 AOL에 현실감을 부여한다.

지 말자)에게 보여주고 공유하길 좋아하는 여성들이 많듯이, 이 기술이
브랜드를 중심으로 가족과 친구들 사이에 쌍방향적인 대화를 만들어낼
수 있기 때문이다. 나는 이 아이디어의 가능성을 진심으로 믿는다.

타임스퀘어에 위치한 허쉬(Hershey)의 매장은 단순한 광고판 디자인
작업으로 시작했다가 허쉬 세계 전체의 경험으로 확장되었다. 15층짜
리 건물 외벽과 매장 안에는 제1차 세계대전이 끝날 무렵 허쉬 초콜릿
의 탄생에서부터 현재의 허쉬까지 허쉬 초콜릿의 전 인생을 말해준다.
사운드 시스템에서 흘러나오는 사탕을 테마로 한 노래에서부터 공중에
떠도는 초콜릿 향기와 풍부한 시식꺼리에 이르기까지 모든 것이 고객의
즐거움을 위해 디자인되었다. 이제 그것은 미국에서 가장 성공적인 매
장 중 하나로 여겨진다. 매년 230만 명의 사람들이 이 매장의 문을 통과
한다.[2]

타임스퀘어에 위치한 허쉬 매장은 허쉬의 전 인생을 말해준다.

"디자인은 어떻게 장식할까에 대한 계획이 아니다. 디자인은 행동을 위한 계획이다." 허쉬의 매장 컨셉을 지휘한 오길비 & 매더의 브라이언 콜린스(Brian Collins)는 이렇게 말한다. 이 컨셉의 디자인은 존 그린버그 어소시에이츠(Jon Greenberg and Associates)가 맡았다.[3] 이 아이디어는 한때 슈퍼마켓 브랜드에 불과했던 허쉬를 가장 개인적이고 감각적이며 자극적인 방식으로 되살린다. 그것은 사람들이 브랜드에 대해 갖고 있는 숨겨진 감성들을 드러내고 소비자들을 예기치 못한 방향으로 데려간다. "수백만 명의 방문객들이 이곳에서 허쉬의 인생을 직접 체험하고 그 모든 약속들을 이해하게 된다. 더 나아가 이 매장에서 산 물건은 이 브랜드를 집에서 가까이 보관할 수 있는 기념품이 된다." 존 그린버그 어소시에이츠의 사장이자 크리에이티브 디렉터인 켄 니치(Ken Nisch)는 이렇게 말한다.

"갤러리아 일리에 오신 것을 환영합니다 : 일리는 갤러리이자 도서관이자 극장이자 대학이며, 뉴욕에서 가장 믿을 만한 에스프레소 가게입니다."

뉴욕 소호에 위치한 일리 팝업 점포의 광고는 이렇게 주장한다. 〈뉴욕 타임스〉에 실린 반 페이지짜리 기사에서는 이 가게를 "디자인이 만든 커피 테마파크(A Coffee Themeland, Temporary by Design)"라 설명한다. 이러한 기사는 누구나 열망하는 바람이자 어떠한 광고도 줄 수 없는 신뢰성을 만들어낸다.[4] 일리의 경우, 현실의 경험과 연결된 광고나 확실한 브랜드 경험의 약속은 사람들에게 감성적으로 연결되는 많은 브랜드 전략 중 하나일 뿐이다. 사람들을 일단 이곳으로 데려올 수만 있다면 그들은 영원히 이곳을 기억하게 될 것이다. 사람들에게 뭔가를 돌려주면 그들은 이 브랜드를 신뢰하게 될 것이다. 이러한 언어는 기대와 감각적 발견의 언어이다. 다음의 광고 카피를 한번 읽어보기만 해도 다른 대부분의 광고에서 빠져 있는 것이 무엇인지 알게 될 것이다. 그것은 바로 감각의 즐거움이다.

> "갤러리아는 열려 있습니다. 이곳에서 완벽한 이탈리아 에스프레소나 카푸치노를 즐기는 동안 여러분은 고유한 커피 문화에 푹 빠져들게 될 것입니다. 여러분은 이곳에서 새로운 제임스 로젠퀴스트를 볼 수 있습니다. 데이비드 로젠가르텐의 커피 연극 공연도 감상해보십시오. 커피 도서관과 예술 도서관도 갖추어져 있습니다. 커피 전문가들의 대학에서 커피에 대해 배울 수도 있습니다. 바리스타들이 정통 이탈리아 방식으로 커피를 만드는 모습을 직접 관람하십시오. 또한 예술적인 에스프레소 컵이 어떻게 맛의 품격을 높이는지 경험하십시오. 맛보다 더 많은 것을 누릴 수 있는 곳은 이곳밖에 없습니다."

천연 광고판

도쿄에 머물던 나는 어느 날 이 도시의 주요 호화 쇼핑가인 오모테산도 한가운데에서 식물로 뒤덮인 벽을 발견했다. 도쿄에서 활동하는 건축회사 클라인 다이덤(Klein Dytham Architecture)이 디자인 한 이 프로젝트는 보통의 경우 대부분 눈엣가시이기 마련인 건축 현장 주변의 장식용 울타리의 개념을 재창조해낸다. 주요 부동산 개발 프로젝트를 둘러싸는 장벽으로 그래픽 디자이너들 사이에서 인기를 끌고 있는 전형적인 화려한 장벽을 사용하는 대신, 클라인 다이덤은 매일 조금씩 자라는 식물과 풀, 꽃들로 둘러싸인 유기적인 바리케이드를 창조해냄으로써 도시 경관에 자연의 느낌을 가져왔다. 이러한 어휘는 도시의 거주민들에게 재빨리 그 가치를 인정받을 수 있었다.

식물과 풀, 꽃을 이용해 만든 도쿄의 한 건축 현장 울타리

"이 장벽은 3년 동안 이곳에 머무를 계획이다. 그래서 우리는 계절과 날씨의 변화에 반응하면서도 시간이 지남에 따라 상태가 나빠지는 것이 아니라 더욱 좋아지는 것을 찾고 있었다." 아스트리드 클라인과 마크 다이덤은 〈ID〉 잡지와의 인터뷰에서 이렇게 말했다. 이것의 효과는 정말 놀랄 만하다. 가장 도발적인 방식으로 세워진 이 수직적 정원은 이곳을 더욱 아름답게 만들고 완벽한 도시 속에 자연의 긍정적인 느낌을 가져오기 때문이다.

사람들은 길을 가다가 멈춰 서서 이 상업예술에 감탄한다. 이 작품은 길가의 나무들과 잘 어울리기 때문이다. 즐거움과 변화의 느낌은 심지어 나와 같은 전문가에게도 제법 생생하다. 나는 이 독창적인 아이디어에 한껏 고무되었다. 이미지의 관점에서 볼 때 이 긍정적인 메시지는 사람들의 마음속에 남아 앞으로 이들이 이 장소에서 겪게 될 경험들에 가치를 더해줄 것이다. 이처럼 웅장한 메시지를 전달하면서도 사람들의 삶의 질을 향상시키는 강력한 아이디어가 또 있을까?

이것은 순수한 소매 아이디어라고 하기엔 어려울 수 있지만 내가 보기엔 동일한 차원과 표현 양식을 가지고 있다. 이것도 길거리에 있고 도시 경관의 일부이기 때문이다. 흥미로운 것은 자연이 위대한 디자인 아이디어와 브랜드, 점포, 사인 시스템에 활력을 불어넣을 수 있는 새로운 관점을 도입한다는 사실이다. 전통적인 방송 광고를 사는 데 들어가는 수백만 달러가 없다면 길거리의 사람들을 만나거나 〈뉴욕 타임스〉에 실려 세상과 대면하라. 이것은 최고의 새로운 '퓨전' 커뮤니케이션이 될 것이다. 이것은 또한 정보를 찾아 돌아다니는 5억 명 이상의 사람들을 생각할 때 더욱 큰 장점을 갖는다. 〈뉴욕 타임스〉의 기사는 모든 사람들에게 발견될 수 있기 때문이다.

마침내 퓨전 광고가 찾아왔다!

도브의 〈비교를 넘어Beyond Compare〉 캐나다 캠페인과 AOL의 새로운 실제 점포, 그리고 클라인 다이덤의 천연 광고판 등에서 우리는 21세기 광고가 앞으로 작동할 방식과 새롭게 등장하는 모델들을 발견할 수 있었다. 광고는 이제 사람들의 현실과 관련을 맺고, 그들의 삶을 향상시키는 일에 참여하고 있다. 미디어 융합과 함께 이 새로운 포스트모던 '퓨전 광고'는 소비자의 입장에서 브랜드를 즐기는 방법과 더 많은 욕망의 다양성을 반영하게 될 것이다.

내가 연설할 때마다 항상 하는 말이 있다. 즉, 모든 브랜드가 똑같이 창조된 것은 아니며 모든 브랜드가 똑같은 임무를 맡거나 심지어 그 도전을 이해하는 것은 더더욱 아니다. 모든 제품이 브랜드이지도 않을 뿐더러, 모든 브랜드가 단순히 머리가 아니라 가슴에 도달함으로써 얻을 수 있는 거대한 가능성을 이해하고 있는 것도 아니다. 여전히 사람들과 공유할 만한 의미 있는 메시지를 마련하지 못한 제품들도 있고 이들은 계속해서 짜증나는 메시지로 커뮤니케이션 채널을 시끄럽게 달굴 것이다. 대부분의 사람들이 기꺼이 귀를 기울이고자 할 때 이것은 부끄러운 일이 아닐 수 없다. 왜냐하면 사람들은 그들 자신에 대해 더 많은 것을 발견하게 해주거나 그들의 상상력을 자극시켜줄 수준 높은 메시지를 찾고 있기 때문이다.

새로운 광고 모델

과거의 광고 모델은 매체 수익에 기반한 모델로서, 거의 전통적 미디어에 집중되어 있는 미디어 통제와 이 관계에서 나오는 커미션을 바탕으로 100년간 지속되어온 공식을 반영한다. 그러나 새로운 광고 모델은 아이디어의 가치와 매출, 평판, 그리고 제품의 혁신에 근거를 두어야 한다. 만약 벤처 자본이 간혹 시장에 도달하지 못할지도 모를 새로운 아이디어들에 수십억 달러를 쓰고 있다면, 그들은 차라리 브랜드의 인지도를 확실히 변화시켜줄 단 하나의 아이디어에 투자하는 것이 나을지도 모른다. 단 5년 만에 그레이 구스 보드카(Grey Goose Vodka)는 자신의 브랜드를 20억 달러에 매각할 수 있었다. 비즈니스들은 크리에이티브 프로세스와 그것이 가져올 보상을 인정할 필요가 있다. 이것이야말로 마케터가 차이를 만들어내는 브랜드 회사를 지원할 수 있는 유일한 방법이다. 이러한 조건에서야말로 사람들은 그들의 브랜드를 위해 결연히 일어서고, 나쁜 제품을 바로잡기 위해 싸울 것이며 그들이 믿는 바를 실현시키기 위해 강력하게 밀어붙일 것이다.

브랜드 건축은 광고다

이전 책에서 나는 프랭크 게리의 구겐하임 빌바오 미술관의 성공에 대해 말한 적이 있다. 이 프로젝트는 전 세계 수백만 명의 관광객들을 끌어들임으로써 이 미술관이 세워진 지역 공동체에 엄청난 경제적 성공을 안겨주었다. 이것은 스페인에게 기존의 관광 산업에 이와 같은 시도를 더욱 추가하도록 용기를 주었다. 2005년 2월 뉴욕현대미술관(MoMA)에서 열린 스페인 건축의 부활에 관한 전시회는 새롭게 발견된 스페인의 민주주의와, 관광객과 기업을 유치하려는 스페인의 의지를 보여주는 신호와 같았다. MoMA에서 건축 및 디자인 책임 큐레이터를 맡았던 테렌스 라일리(Terence Riley)는 〈뉴욕 타임스〉 기사에서 다음과 같이 말했다. "스페인에서 건축은 관광을 제치고 가장 큰 경제 분야로 성장했다."[5] 이 전시회를 다룬 전 세계의 미디어 보도는 어떤 광고 캠페인보다도 더 많은 일을 해냈다.

프랑스의 미요 대교

2005년 프랑스 남부의 작은 도시 미요(Millau)도 이와 마찬가지로 전 세계의 주목을 받은 바 있다. 미요는 생태학과 책임감, 환경에 근거한 대담하고 극적인 디자인으로 유명한 영국의 건축가 노먼 포스터(Norman Foster) 경

미래지향적인 건축물 – 미요 대교

을 기용해 여행 성수기 동안 일어나는 교통 체증을 경감시켜줄 다리를 짓도록 했다. 이 다리는 도시를 그냥 지나치도록 되어 있었다. 포스터의 이 멋진 다리는 에펠탑보다 15m 더 높이 솟아있다. 반면 이 공사는 이 도시의 경제에 치명적인 영향을 미칠 수도 있었다. 왜냐하면 다리가 도시를 그냥 지나침에 따라 관광객을 도심부로 데려오지 못할 수도 있기 때문이다. 그러나 세계적으로 유명한 건축가를 고용한 것은 가히 천재적인 선택이었다. 그리고 새 다리의 우수성과 아름다움, 상상력은 이 작은 도시를 이제 우리 시대 최고의 미래지향적인 건축물 중 하나로 평가되는 관광목적지로 바꿔놓았다. 교량 작업에 참여한 노동자 중 한 명은 〈뉴욕 타임스〉에 이렇게 말했다고 한다. "이것은 우리 모두를 감동시키는 예술 작품이다."[6] 수십만 명의 사람들이 이미 미요를 방문해 이 걸작을 감상했다. 그리고 이 도시의 지역 경제에 대해 걱정하는 사람은 이제 더 이상 아무도 없다.

이러한 시도는 단순히 다리 공사에 대한 것이 아니라 삶에 대한 것이다. 그것은 이 도시의 주민과 노동자 그리고 그것을 기념하러 올 모든 관광객들의 열망을 집약시켜놓았다. 조그만 도시를 지도에 올려놓은 것

은 바로 디자인이었다. 흥미롭게도 사람들은 이 프로젝트를 이 소도시의 관점에서 바라본다. 즉 친밀한 관점을 택하는 것이다. 아무도 그것을 '프랑스 프로젝트'로 이야기하는 것이 아니라 이 작은 도시의 비전이자, 훨씬 더 다가가기 쉬운 인간적인 노력으로서 이야기 한다. "왜 굳이 다리까지 짓는가?"라는 질문에 대한 대답은 꽤 설득력 있다. 그리고 그 경제적 결과는 지역 주민들에게 많은 것을 말해준다.

이러한 프로그램으로부터 우리는 무엇을 배울 수 있는가? 첫째, 어떠한 비용을 들인 광고도 하나의 건축물보다 이곳을 더 유명하게 만들 수는 없었다는 것이다. 둘째, 상상력을 예찬하는 작업은 항상 사람들의 찬양을 받는다. 왜냐하면 우리는 자연스럽게 특별한 것에 끌리기 때문이다. 나는 미요와 빌바오의 재탄생을 카트리나 허리케인이 뉴올리언스에 가져온 비극과 연결하여 많이 생각한다. 사상 처음으로 미국은 21세기 도시 계획의 모델이 될 수 있는 것을 만들어낼 기회를 얻었다. 이 도시의 재건축이 미국의 진정한 발명 정신을 드러내며 다른 나라의 도시 계획과 건축 모델이 될 경우 이 도시가 끌어들일 관광객 및 다시 돌아오게 할 주민의 수는 기하급수적으로 늘어날 것이다. 뉴올리언스는 이제 자신을 미국에서 가장 혁신적인 도시로 지어낼 기회를 얻게 되었다. 그러나 이 도시의 공무원과 도시 계획자들이 이 기회를 잡을 것인지, 또는 실제로 그렇게 만들어낼 수 있을 것인지는 여전히 좀더 두고 봐야 할 것이다.

중국도 한창 변화 중에 있다. 상하이의 성장이 그러한 예 중 하나로서, 상하이는 지금 세계에서 가장 큰 항구를 짓고 있는 중이다. 양산항은 바다에서 32km 떨어진 곳에 위치한 섬에 지어지고 있다. 이 섬에 가기 위해서 상하이는 32km 길이의 다리도 짓고 있다. 이것은 현재 시점에서 세계에서 가장 긴 다리이다. 6,000명의 노동자가 투입된 이 프로젝트는 2년 반 만에 공사를 끝마쳤는데, 이는 보통 다른 나라에서 이러한 구조물을 짓는 데 드는 시간에 비해 거의 절반에 불과하다. 대중적 이미지의 관점에서 볼 때 신생 국가는 미래의 모습을 보여주는 프로젝트를 통해 국가의 활력을 기념하고자 한다. 국가도 일종의 브랜드로서 그러한 가치를 인정받을 필요가 있는 것이다. 앞으로 상하이도 전 세계 사람들의 사랑을 받는 관광지가 될 것인가?

도시 예술은 광고다: 뉴욕현대미술관의 그라운드스웰 전시회

도시도 이제 기업과 방문객들을 유치하기 위해 서로 경쟁하는 브랜드가 되었다. 그들의 가장 좋은 면모를 보여주기 위해서는 예쁘게 찍은 역사적 건물 사진만으로는 부족하다. 삶의 질이야말로 그곳에 사는 거주민과 새로운 손님들에게 중요한 요소이다.

MoMA에서 열린 그라운드스웰(Groundswell) 전시회 카탈로그 서문에서 미술관장인 글렌 로우리(Glenn D. Lowry)는 이렇게 말한다. "1990년대 초 이래로 현대 경관 디자인에서 일어나는 창조적 활동의 약진은 도시들이 공간을 개간하고 너무나 새롭고 아름다운 공적 공간으로 빠르게 바꿔놓고 있는 데서 그 증거를 찾아볼 수 있다." 이 전시회는 미국, 유럽, 중동, 북아프리카, 그리고 아시아 등지에서 진행되는 가장 혁신적인 도시 프로젝트 중 일부를 전시하고 있다. 모든 프로젝트들은 감성적 경험의 메타포이자 우리의 커뮤니티에 좀더 인간미를 더하고자 하는 욕망을 나타낸다. 어떤 것들은 독일 엠셔의 되스부르그-노드파크(Duisburg-Nord Landscape Park)의 경우처럼 오래된 산업 현장을 복원하거나, 미군 활주로였던 샌프란시스코의 크리시 필드(Crissy Field)를 전환해놓는다. 그리고 뉴욕의 브루클린에서는 아무도 살지 않는 버려진 곳이자 약간 위험하기까지 한 조선소와 창고 구역이던 윌리엄스버그와 그린포인트 부두를 재건하여 호화 주택과 공원으로 바꿔놓기도 하였다. 마을이 얼마나 바뀔 수 있는지에는 끝이 없다.

한편 베이루트의 중심가에는 '용서의 정원(garden of forgiveness)'이 놓여 있다. 그라운드스웰 카탈로그에 따르면, "이 구역은 말 그대로 전쟁으로 폐

브래드포드 중심 시가지 마스터플랜

허가 되었으나 재건 과정에서 이 도시의 고대 모습을 가늠하게 하는 토대들을 되살릴 수 있었다."고 한다. 이 지역을 방문한 고고학자들은 고대에서 중세에 이르기까지 여러 시대의 건축물과 거리의 토대들을 발견했다. 가장 중요한 것은 이 토대들이 레바논인의 다양한 종교적 삶의 결을 드러낸다는 것이다. 이런 방식으로 자신의 유산을 다시 떠올리고 싶어하는 이 도시는 문화적 다양성을 되살릴 수 있었다. 한편 뉴욕의 스테이튼 아일랜드 후레쉬 킬즈 라이프스케이프는 쓰레기 매립지를 활성화하고 공원으로 바꿔놓은 프로젝트이다. 이 프로젝트는 이 지역의 야생 동물뿐 아니라 문화적, 사회적 삶에도 새 생명을 불어넣었다.

만약 영국 브래드포드의 시청을 둘러싸고 있는 거대한 인공 호수를 마음속에 그려낼 수 있다면 당신은 세계 곳곳에서 공적 공간을 재건하는 데 들어가는 새로운 사고법을 제법 많이 이해하고 있는 편이다. 역설적이게도 개인주의가 넘쳐나는 이 시대에 사람들은 그들의 도시에서 더 많은 사회적 상호작용과 자연미를 요구하고 있다. 여기서의 교훈은 사람들이 그들의 안녕에 긍정적인 영향을 미칠 새로운 아이디어의 발굴에 적극적으로 참여하길 원한다는 사실이다. 이러한 아름다움과 마주칠 때 느끼는 강렬한 감성과 감각은 사람들의 삶에 새

파리 중심부에서 만나는 해변의 모습

로운 시각과 희망을 불어넣는다.

　도시에서의 삶과 경험에 대한 우리의 기대치가 변하고 있다. 우리가 사는 맥락(context)도 변화하고 있다. 사람들은 현실을 도피하고 싶어한다. 사람들은 삶에 자극을 주고 의미 있는 변화를 가져오는 환경에서 숨쉬고 싶어한다. 우리의 삶의 질이 이제 얼마나 포스트모던한 방식으로 변화하고 있는지를 보고 싶다면 단지 도시 경관에 일어나는 변화를 보기만 하면 된다. 사람들이 함께 공유할 만한 거주지와 환경을 만들어내는 데 도시가 얼마나 많은 신경을 쓰는지를 바라보는 것은 매혹적인 일이다. 내부 도심지와 공적 공간들은 우리의 일상에 연결성과 센세이션을 가져오기 위해 다시 재건되고 있고, 상업은 이러한 재건으로부터 이득을 볼 수 있다. 매년 여름 파리에서는 아직 휴가를 떠나지 못했거나 휴가에서 가져온 감각적 느낌을 잃고 싶어하지 않는 사람들을 위해 센 강을 따라 인공 해변이 만들어진다.

어쩌면 건축이 브랜딩에 관해 한두 가지를 가르쳐줄 수도 있다

〈나의 건축가 ─ 아들의 여행My Architect: A Son's Journey〉이라는 영화에서 루이스 칸(Louis Kahn)은 학생들에게 그들이 디자인할 때 사용하는 재료들은 살아 있고, 자연과 재료가 어떤 식으로 연결되길 원하는지를 건축가가 이해할 때만이 그들의 디자인은 아름다워질 것이라고 가르친다. 내가 보기에 이 영화는 지식인으로서의 그의 믿음과 열정을 새롭게 조명한 것처럼 보인다. 영화는 그의 작품에 대한 내 강렬한 사랑과 이러한 이끌림에 대한 미스터리를 풀어주었다. 그에게 건축은 인간과 환경의 완벽한 균형과 합일을 통해 사고될 때만이 가능한 것이었다.

한편 자하 하디드(Zaha Hadid)와 렘 쿨하스(Rem Koolhaas)와 같은 다른 건축가들은 "사회적 역동성과 자유, 즉 생동하는 민주주의의 이상을 내뿜는다." 고 니콜라이 우루소프(Nicolai Ouroussof)는 〈뉴욕 타임스〉에서 선언하였다.[7] 그리고 나는 브랜딩이 바로 이래야 한다고 생각한다.

칸이 그의 학생에게 한 유명한 말이 있다. "내가 벽돌에게 무엇이 되고 싶은지 물었더니 아치가 되고 싶다고 하더구나." 여기서의 가르침은 자신의 재료를 이해하는 인간적인 디자인이야말로 아름다운 환경을 낳을 수 있다는 것이다.

'센서라운드' 경험

"현대의 모든 생활조건(그 물질적 풍요로움과 번잡함)이 모여 우리의 감각 능력을 무디게 한다. 이제 중요한 것은 감각을 되찾는 것이다. 우리는 더 많은 것을 보고 더 많은 것을 들으며 더 많은 것을 느끼는 법을 배워야 한다."[8] 이것은 20세기 가장 영향력 있는 미국 작가 및 철학가 중한 명으로 꼽히는 수잔 손탁(Susan Sontag)이 남긴 말이다. 그녀는 1960년대에 이미 상품화된 현대 사회가 우리의 삶과 행복의 질을 좀먹고 무뎌지게 할 것임을 재빨리 알아차렸다. 지금까지 감각적 경험을 제공하는 것에 대한 브랜드의 대답은 우리의 이성에 맞는 해결책들을 기계적이고 과학적으로 제공하는 방식이었다. 반면 사람들이 기대하는 것은 내가 '센서라운드(sensurround)' 감성이라 부르는 것으로, 삶을 고양하고 감성을 해방시키며, 그들이 아직 모르는 자신들의 개성과 면모를 드러내주는 것이어야 한다.

감성 디자인의 힘을 이야기하기 위해서는 예술가의 열정과 비전, 그리고 상상력이 가져올 수 있는 인생의 전환과 '무의식'에 대한 얘기를 빼놓을 수 없다. 미국의 건축가 모리스 라피두스(Morris Lapidus)는 호텔 작업과 점포 디자인을 통해 인상적인 디자인 및 건축 작업을 선보였다. 독창적이고 비관습적인 재능을 지녔던 라피두스는 인간의 특성과 형태가 지니는 감성적 언어를 이해하고자 노력했다. 건축에서 감성을 부르짖은 그의 주장은 모더니즘에 흠뻑 취해 있는 예술사가들에게는 모독일지도 모르지만, 인간 중심의 유쾌한 브랜드 디자인이 가지는 포스트모던 정신을 표현한다. 이는 작업에 엔터테인먼트적 요소를 구축하는 새로운 건축가 집단의 특징이기도 하다. 하지만 미국 플로리다 마이애미 해변에 위치한 그 유명한 에덴 록과 퐁텐블로 호텔들이 라피두스의 아이디어란 사실을 아는 사람이 오늘날 얼마나 될까?

러시아 오데사에서 태어난 라피두스는 유태인 이민자의 아들이었다. 1950년대에 그는 전후 번영을 만끽하던 낙천적인 국가를 위해 플로리다 최초의 꿈의 호텔 중 일부를 만들었다. 라피두스 밑에서 일했던 데보라 데질레츠는 자신의 책 『모리스 라피두스』에서 이 건축가가 자신의 세대에게 미친 영향에 대해 설명한다. 라피두스의 건축은 기쁨의 건축으로 묘사되었다. 이 새로운 개념은 그가 쓴 책의 제목인『감성 건축의 추구A Quest for Emotion in Architecture』에 잘 표현되어 있다. 데질레츠는 이렇게 적고 있다. "라피두스는 인간의 특성과 형태가 지니는 감성적 언어를 이해하려고 애썼다."[9]

이후 동료들의 인정을 받은 라피두스는 포스트모던이란 용어가 생겨나기도 전에 이미 포스트모던한 건축가였다. 그는 사람과 그들의 꿈을 최우선에 두는 호텔 및 주택, 매장 경험을 디자인했다. 이것은 오늘날 마케팅에서 가장 의미 있는 화제들이 되었다. 라피두스는 사람들을 관찰하는 것을 좋아했고 어떻게 하면 조명과 형태가 가장 눈길을 끌면서도 풍요로운 건축과 매장 디자인을 만들어내고 사람들의 삶에 마법을 가져올 수 있는지를 알고 있었다. 그는 사람들에게 할리우드의 슈퍼스타가 된 것처럼 느끼게 해줄 매력을 만들어내는 방법을 알고 있었다. 그에게 건축이란 사람들을 냉담한 상태로 남겨둬서는 안 되는 것이었다. 상업과 예술을 결합함으로써 그는 기존의 규칙을 깨뜨리고 당대의 엘리트주의 디자인 이론가들의 품을 뛰쳐나왔다. 콜롬비아 대학 연설에서 그는 다음과 같은 고무적인 말을 남긴다. "당신의 머리와 가슴, 손을 사용하라. 느낌이 형태를 찾도록 하라."

라피두스가 뛰어난 재능을 보였던 '센서라운드' 경험은 디자이너들의 비옥한 마음의 토양에서 매일 이글이글 타오르고 있다. 이케아(IKEA)와 같은 디자인 중심의 소매업자들은 오늘날 이러한 컨셉이 실현되는 것을 볼 수 있는 좋은 장소이다. 〈USA 투데이〉에 실린 기사에서 한 기자는 이 매장이 온통 '제품을 보고, 만지고, 느끼며 노는 것'에 대한 곳임을 발견했다.[10] 바로 이 때문에 2,000명의 사람들이 이케아의 애틀랜타 지점 개장을 손꼽아 기다렸던 것이다. 첫 고객에게는 4,000달러의 상품권 증정이 약속되어 있었다. 어떤 이는 심지어 일주일을 기다리기도 했다. 그 매장은 이제 "사람들의 인생은 아닐지라도 적어도 라이프스타일의 큐레이터"가 되어 있을지도 모르겠다.[11] 디자인과 브랜드 가치 그리고 타의 추종을 불허하는 경험의 고유한 결합 덕분에 이케아는 매년 전 세계적으로 4억 1천만 명의 방문객을 유치하며 '전대미문의 감성적 반응'을 이끌어내는 모델을 구축하고 있다.[12] 이 컨셉에 대한 칭찬은 그들의 웹사이트에 넘쳐난다. 게시판에 올라온 글들은 인생을 전환시킬 만큼 대단한 경험이었다는 것에서부터 매장의 핵심 자산 중 하나가 제품 혁신인 만큼 제품 묘사에 이르기까지 다양하다.

좀더 비싼 디자인 제품을 얻기 위해 사람들은 기꺼이 스스로 제품을 조립하기도 한다. 우리 모두 이것이 얼마나 귀찮은 일인지 잘 알고 있지만 결국 당신은 당신이 제품 디자인에 참여했다고 느끼며 당신 내면의 목수를 밖으로 꺼내 무언가를 성취했다는 사실에 자랑스러워할 것이다. (나는 항상 언젠가 자동차들이 부품을 키트로 판매하여 사람들이 최소의 도움으로 최대의 비용절감 효과를 느끼며 직접 조립할 수 있도록 하게 해야 할 것이라고 생각해왔다.) 비록 이 브랜드의 주요 초점은 '아름다운 제품을 저렴한 가격에 디자인하는 것'이지만 말이다. 이 컨셉은 좋은 아이디어에 대해 이미 사회적으로 열려 있는 분위기가 있을 때에는 브랜드 홍보에 정말 큰 도움이 된다.

이케아의 창립자 잉그바르 캄프락(Ingvar Kamprak)이 사업을 시작했을 때 그가 수잔 손탁의 문학작품을 읽었는지는 잘 모르겠지만, 사람들은 이 매장에서 그들의 내적 '감각'과 다시 연결되고, 보통 대부분의 백화점에서 쇼핑할 때 느끼는 답답한 좌절감으로부터 해방된다. 이케아에서의 감성적 경험은 단지 물리적 차원뿐 아니라 영혼적 차원에서도 통합된다. 이케아는 시민의식을 중요한 브랜드 사조로 삼는 몇 안 되는 매장들 중 하나이다. 여기서 디자인은 브랜드 약속과 경험에서 큰 역할을 차지한다. 이케아의 광고는 사회적으로 민감하고 브랜드 약속과 잘 연결되어 있다. 이케아는 가령 동성 커플을 보여준 최초의 브랜드들 중 하나였고 항상 재미있고 아름다우며 예민하고 책임감 있고 기억에 남는 메시지를 전달한다. 마치 자신의 매장에 있는 제품들이 그러하듯이 말이다. 또한 디자인은 항상 이 광고들의 영감이 되기도 한다.

애플 스토어: 브랜드 혁신이 모든 일상과 연결되는 방법

애플사에게 자신의 제품을 충분히 선보일 수 있는 유통 공간이란 존재하지 않는다. 럭셔리 제품 이외의 전통적인 유통공간은 따분할 뿐 아니라 브랜드를 예찬하는 데 서툴다. 그러니 직접 자신의 판매점을 차릴 수밖에. 어떤 애플 매장을 갈 때마다 나는 이런 생각을 한다. 나는 애플 스토어를 사랑한다. 나는 이 브랜드가 내게 끊임없이 가져다주는 놀라움과 발견을 만끽한다. 그러므로 애플의 유통 담당 부사장인 로널드 존슨(Ronald B. Johnson)이 전 세계 최고의 소매업자들만을 초청하는 〈위민스 웨어 데일리WWD〉의 CEO 회담에서 연사로 초대받은 것은 내게 전혀 놀랍지 않았다. WWD에서 로널드의 연설을 다룬 기사를 읽으며 나는 어떻게 타깃의 간부였던 그가 타깃 매장의 발전을 주로 브랜드 구축과 사람들과의 연결 도구라는 관점에서 바라보았는지에 진정으로 놀랄 수밖에 없었다. 기사에 따르면 애플의 접근법은 '소속감을 느끼는 장소(a place to belong)'라고 표현되었는데, 항상 혁신적인 모습으로 고객들의 삶 속에 찾아가겠다는 애플의 태도를 요약하여 보여준다.[15]

애플 스토어에서 당신은 제품을 사고, 우수한 서비스를 받으며, '천재 바(genius bar)'에서 당신의 장비에 대해 알아둬야 할 것들을 모두 배울 수 있다. 단지 쇼핑하는 장소를 넘어, 이 매장은 다양한 제품들을

뉴욕 5번가에 있는 애플 스토어

살펴보고 당신에게 맞는 제품을 찾아낼 수 있는 최적의 환경을 제공한다. 녹색 유리와 모던한 회색 톤, 그리고 iBooks에서 iPod까지 이제는 널리 보급된 흰색 제품들이 이루어내는 즐거운 조합과 밝은 조명으로 가득 찬 이 매장은 당신이 마치 컴퓨터 기술의 향후 흐름을 비롯해 모든 것을 알고 있는 누군가의 캘리포니아 집에서 시간을 보내고 있다고 착각하게 만든다.

애플 스토어는 미국, 캐나다, 일본에서 점점 그 수를 늘려가고 있는데 이 137개의 점포들은 소비자들의 삶에서 이제 어느 정도의 존재감을 나타내기 시작했다. 이들은 또한 2005년 25억 달러의 매출과 1억 5천만 달러에 가까운 수익을 올리며 애플의 주요 수입원이 되고 있다. 애플 스토어는 평방피트당 약 4,000달러의 매출을 올리며 갭 매장이 올리는 총수익보다 더 많은 수익을 만들어낸다.[14] 그러나 애플 소매 담당자의 철학은 그가 브랜드와 감성, 경험, 즐거움을 하나로 혼합하여 사람들이 원하는 메시지와 함께 찾아간다는 점에서 흥미롭다. 애플은 현실과 상상의 교차점이다. 이것은 분명 브랜딩 구축의 일부로서, 건물이 있는 실물 세계의 점포가 정보보다는 감성을 선보이기 위해 자신을 재창조하는 모습을 보여준다. CEO가 스톡옵션을 제외하고 단 1달러의 보상만을 받는 브랜드 회사에서 우리는 이 회사의 운영 방식이 많은 확신으로 가득 차 있는 것을 보게 된다.

자동차 브랜드의 소매 매장

자동차 산업은 소매가 브랜드 판촉 '수단'으로서 갖는 힘을 가장 잘 찾아냈다. 이들은 과거 기종들의 마법을 기념하는 박물관에서부터 현대의 자동차 판매 대리점을 재창조해내기에 이르기까지 자신의 메시지를 전달하기 위해 다양한 시도를 보여준다.

예를 들어 도쿄에서 나는 여러 층으로 이루어진 닛산 대리점의 1층에서 신형 차 모델 대신 그들의 정비 서비스를 노출하는 것을 보고 깜짝 놀란 적이 있다. 그러나 자동차 전시장을 기대할 법한 1층에서 모두가 바라보는 가운데 정비 서비스를 받게 한다는 발상은 분명 흥미로운 아이디어가 아닐 수 없다. 기계공들은 깨끗한 유니폼을 입고 가장 청결하고 전문적인 환경에서 자동차 수리 작업을 하고 있었다. 감추거나 두려워할 것이 아무것도 없다는 뜻이다. 그것은 위기의 순간에 당신의 차에 일어나는 왠지 미스터리하고 무서우며 숨겨진 측면을 드러내 보여주는 방법이었다. 감성적인 차원에서 볼 때 그것은 완벽한 안심을 제공한다.

이들의 메시지는 강력하고 감성적이었다. 마치 모두가 볼 수 있도록 주방을 개방하거나 심지어 어떤 때는 고객들에게 요리의 아름다움을 경험할 수 있도록 주방 안이 훤히 들여다보이는 테이블을 제공하는 레스토랑과 비슷하다. 닛산은 단순히 고객들에게 자신의 서비스 부서가 일하는 방식을 보여주려 했던 것이 아니라 서비스가 진정으로 우수하고 보여줄 가치가 있다는 점을 고객들에게 설득시킴으로써 다른 브랜드와 차별화를 이뤄내려 하고 있었던 것이다. 이 경우에 브랜드 소매는 메시지의 전부이자 그것도 매우 강력한 메시지가 된다.

세계에서 가장 가고 싶은 쇼핑 거리 중 하나인 파리의 샹젤리제에서는 패션 및 문화적 영감과 혼합된 전 세계 온갖 자동차들의 판매 대리점을 만날 수 있다. 그들은 시선을 잡아끄는 신형 자동차 디자인의 배경으로서 라이프스타일과 장난감에서부터 자동차 산업의 혁신에 이르기까지 다양한 주제로 계절별 전시회를 개최하고, 세계 최고의 레스토랑과 부티크 쇼핑을 제공한다. 그들은 인상 깊고 영향력 있으며 무엇보다 모두가 보고 기억할 수 있도록 눈에 잘 띄는 곳에 배치되어 있다.

자신의 빈티지 모델에 부여된 엄청난 감성을 깨달은 메르세데스도 이와 마찬가지로 캘리포니아 어빈에 빈티지 모델을 서비스하는 메르세데스 클래식 센터를 세웠다. 2만7천 평방피트에 달하는 이 센터는 또한 메르세데스의 클래식 차종들을 선보이는 전시장과 함께 빈티지 액세서리와 자동차 관련 책들을 판매하는 부티크도 포함할 것이다. 이곳에서 수집자와 열광자들은 클래식 모델과 연관된 그들의 꿈을 재발견하게 될 것이고, 어쩌면 청소년층들은 이곳에서 발견한 꿈들을 고이 간직하였다가 성인이 되었을 때 이 브랜드와 감성적으로 연결될 수도 있을 것이다.

가장 흥미로운 것은 메르세데스가 스투트가르트 유리 철강 박물관을 지음으로써 문화계에 진출했다는 것이다. 이 공간은 '자유의 여신상 만큼이나 큰 높이에 뉴욕 구겐하임 미술관보다 거의 세 배나 넓은 전시 공간'을 갖춘 곳이 될 예정이다.[15] 그러한 방식으로 브랜드를 축하하고 브랜드 경험에 감각 및 감성적 측면을 가져오는 것이 바로 매장 환경이 새로운 브랜드 관점에 가져올 수 있는 변화이다.

BMW도 이에 뒤지지 않는다. BMW는 런던의 건축가 자하 하디드와 함께 현재 가장 흥미로운 포스트모던 건축 중 하나로 여겨지는 것을 짓기 위해 한창 작업 중이다. 그것은 바로 독일 라이프치히에 지어질 새로운 BMW 공장이다. "하디드의 프로젝트는 이동 사회에 대한 강력한 비전을 제공한다. 동시에 그녀는 기계 시대의 이미지에 비인간적인 면모를 부여했던 강력하게 통제된 조직 질서를 거부한다." 〈뉴욕 타임스〉 기사에서 니콜라이 우루소프는 이 프로젝트에 대해 이렇게 설명한다. 공장의 유동적 라인은 단순히 아름다움을 더할 뿐 아니라 우루소프에 따르면, "라이프치히 조립 공장은 사회적 엔지니어링(social engineering)에 관한 정교한 시도이다. 경영자, 엔지니어, 자동차 노동자, 그리고 자동차가 한데 뒤섞이는 것처럼 보이는 유동적인 노동 환경을 만들어냄으

자하 하디드가 디자인한 BMW 공장

로써 하디드는 전통적인 공장문화를 규정하던 위계질서를 무너뜨리려 하고 있다. 오늘날의 세계에서 정보는 자유롭게 흐르지 않는가."[16]

BMW 공장은 이 브랜드의 가장 큰 특징인 디자인과 엔지니어링에 매우 세심한 주의를 기울이면서도 이와 동시에 기존의 선형적이고 위계적인 공장 질서와 단절하고 좀더 역동적인 문화를 만들어내는 것의 중요성에 대해서도 새롭게 깨닫고 있다. BMW는 자신의 과거를 활용하는 동시에 현재를 혁신해낸다. 이것은 최고의 디자인이 거두는 성과이다. 라이프치히 공장 프로젝트는 이 섹시한 독일 자동차 회사가 자신의 브랜드에 쏟는 투자의 일부에 불과하다. BMW는 또한 85만 명을 수용할 수 있는 미래지향적인 BMW 월드를 짓기 위해 1억 3천만 달러를 들이고 있다. 이 건물에는 쇼핑 매장과 레스토랑, 그리고 'BMW' 브랜드를 보고 듣고 만지고 냄새 맡고 맛볼 수 있도록 하는 인터랙티브 전시회가 설치될 예정이다. (내 첫 번째 저서『감성 디자인 감성 브랜딩』에서 감각적 경험에 관해 쓴 글이 전혀 소용없지는 않았나 보다.)

이 컨셉은 새로운 것이 아니다. 프랑스 자동차 회사 푸조(Peugeot)는 자신의 푸조 거리 컨셉과 함께(푸조 거리란 푸조가 판매되는 전 세계 유명 거리들에 바탕을 둔 매장 경험 아이디어이다.) 최고의 프랑스 요리와 혁신적인 전시회 및 패션쇼, 새로운 미래지향적인 발명들, 스타일리쉬한 액세서리, 그리고 인터랙티브한 게임들을 제공한다. 폭스바겐 AG도 천만 명 이상의 사람들을 독일 볼프스부르크에 위치한 자신의 테마파크로 끌어들였다. 이곳에서 자동차 쇼핑객들은 공장에서 직접 최신 모델들을 구경하며 박물관 투어와 레스토랑, 기타 레저 활동들을 즐길 수 있다. 심지어 이곳에는 호텔도 마련되어 있어 주말 휴가까지 보낼 수 있다.

이처럼 브랜드 소매는 기업문화의 긍정적인 측면, 그것의 톤과 가능성, 그리고 지역 커뮤니티와 직원을 위한 브랜드 약속을 전달하는 능력을 지니고 있다. 창조적인 소매 환경은 회사에 브랜드의 맥락(context)을 활성화하는 방법을 제공하고 회사는 이를 통해 인간적인 브랜드 경험을 만들어낼 수 있다.

럭셔리 브랜드의 소매 매장

럭셔리 산업이 자신의 매장을 활성화하지 않으면 광고로는 더 이상 고객들을 자극할 수 없을 것이란 사실을 깨닫는 데는 그리 오래 걸리지 않았다. 소비자들은 끊임없는 자극원에 둘러싸여 있고 사람들에게 다가가기 위해 브랜드는 지속적으로 혁신할 필요가 있다. 사람들이 타깃을 '저렴한 럭셔리 브랜드'로 인식하기 시작했을 때 럭셔리 산업은 자신의 가격과 감성적 배타성을 보호해야만 했다. 이에 대한 대답은 대담하고 가시적이었다. 럭셔리 브랜드가 다른 브랜드에게 절대로 밀릴 순 없었다. 프라다, 디오르, 샤넬, 루이비통, 버버리, 아르마니, 그리고 이제는 에르메스(Hermes)까지 이들은 단순히 제품의 품질과 스타일 면에서 뿐

만 아니라 사람들의 인식에 있어서도 매장의 큰 규모와 호화로움을 앞
세우며 경쟁에 돌입했다. 그들은 최고의 건축가들을 고용해 매장 디자
인을 맡겼다. 이들은 저명한 건축가만을 엄선함으로써 그들의 최근 활
동을 취재하려는 미디어를 통해 브랜드 노출을 증가시켰다. 그들의 배
타적인 지위가 갖는 친밀성과 꿈의 약속을 결합시킴으로써 그들은 심지
어 박물관과 같은 일부 가장 혁신적인 문화기관들과 경쟁하기도 한다.
부유층과 아름다운 외모를 갖춘 이들은 그곳에 구경하러 그리고 구경
당하러 간다. 특히 디자인의 일부인 경우가 많은 거대한 계단 앞에서 말

디오르의 럭셔리한 매장

루이비통 매장(위), 프라다 매장(아래)

이다. 이 새로운 호화 점포들은 분석가들에게는 가시성에 관한 곳이다. 이들의 일부는 또한 부동산 비용의 일부를 광고비용으로 여기고 아예 없는 셈 치기도 한다.[17]

럭셔리 브랜드들은 고객의 흥미를 붙잡아두기 위해서는 항상 놀라움과 동기를 부여해야 한다는 사실을 안다. 새롭게 생기는 매장들은 단지 판매를 위한 공간일 뿐 아니라, 파티와 사교의 장소이자 패션 및 라이프스타일 잡지와 주류 미디어에서 사람들이 알아보는 장소가 된다. 그들은 이 매장들이 브랜드에 가져오는 여분의 명성에 충분히 투자할 가치가 있다는 것을 안다. 이 브랜드들은 또한 모방을 피하는 최고의 방법이 항상 변화하고, 앞장서서 새로운 디자인 경험을 만들어내는 것이라는 것도 안다.

소매업자를 위한 브랜드 소매 매장

여러분은 아마 소매업자들이 브랜드 소매를 가장 먼저 생각해낸 사람들일 것이라 생각할 것이다. 하지만 소매업자들이 브랜드 차원에서 경쟁하길 원한다면 이들도 분명 약간의 자기분석을 할 필요가 있다. 점점 더 틈새시장을 추구하는 시장에서('일곱 번째 전환: 감성적 맞춤화를 사고하라'를 참조하라.) 노련한 소매업자들의 새로운 목표는 사람들의 감성적 필요를 좀더 충족시킬 수 있도록 그들에게 개별적으로 다가가는 것이다. 소매 형식은 아이디어 실험실(lab)이 되어간다. 일종의 정교하고 실시간으로 움직이는 R&D 부서라고나 할까? 사람들과 가장 쌍방향적인 방식으로 직접 연결하며 얻은 정보는 전통적인 리서치나 컨설팅의 결과를 앞지른다.

소비자와 소매업자가 맺는 새로운 관계를 이해하는 일반 소매점과 틈새 브랜드들은 새로운 서비스에 대한 입맛이 어디에 존재하는지 알게 해줄 혁신적인 아이디어 실험에 그 어느 때보다도 열심히 매진하고 있다. 너무 확장하여 이제는 브랜드의 지위마저 위협받고 있는 갭(Gap)은 35세 이상의 여성들을 위해 포스앤타운(Forth and Towne)이란 새로운 브랜드 컨셉을 들고 나왔고, 지금의 밋밋한 모습을 바꾸기 위해 좀더 색상이 화려해진 새로운 매장을 테스트하고 있다. 어쩌면 이것은 그들의 화려한 전통에 대한 회귀일 수도 있다. 더리미티드(The Limited)는 새로운 미용 벤처인 비글로우(Bigelow) 스토어 브랜드와 젊은 여성들을 위한 새로운 란제리 라인인 핑크(Pink) 등 계속해서 새로운 포맷으로 사람들을 찾아가고 있다. 앤테일러(Ann Taylor)는 새로운 소비자를 발굴하고 메인 브랜드에 활력을 불어넣기 위해 데그립고베가 만든 브랜드 아이디어인 로프트(Loft) 컨셉에 기대고 있다.

아베크롬비앤피셔, 아메리칸 이글, 에어로포스탈(Aeropostale) 등도 새로운 소매 아이디어들을 내놓고 있다. 어번 아웃피터스(Urban Outfitters)는 자신의 앤스로폴로지(Anthropologie) 매장들의 성공을 자축하고 있다. 어번 아웃피터스의 성공은 많은 부분 자신의 매장에서 쇼핑하는 사람들의 열망에 부응하고 이를 예찬하는 디자인 컨셉을 만들어낼 수 있는 이 회사의 능력에 빚지고 있다. 그들은 새로운 벤처를 설립하기 보다는 소매 실험실(retail lab)을 통해 충분한 시간을 들여 그들의 컨셉을 발전시키면서 이 컨셉들이 제대로 맞는지 확인한다. 브라질의 상파울로에서 나는 주기적으로 디자인을 바꾸는 갈레리 멜리사(Galerie Melissa)라는 매장에 깊은 인상을 받았다.

일본에서 프랑스 호화 그룹 루이비통이 만들어낸 개인적 쇼핑 환경인 세룩스(Celux)는 스트레스가 완전히 제거된 환경에서 미리 선별된 아이템을 구매하는 특권에 기꺼이 2,000달러를 지불하고자 하는 엘리트 소비층을 타깃으로 하고 있다.[18] 경영진은 이 컨셉을 곧 다른 지역에도 히트를 불러일으킬 '직접 마케팅의 귀재'로 여긴다. 이것은 브랜드 소매가 브랜드의 강력한 커뮤니케이션 수단이 될 수 있다는 점을 확인시켜 준다.

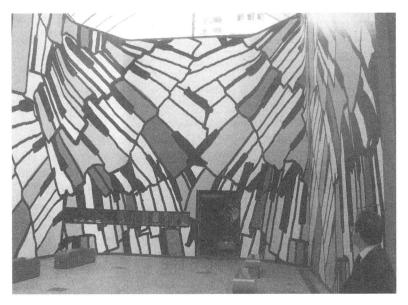

상파울로에 있는 갈레리 멜리사 매장은 주기적으로 디자인을 바꾼다.

작은 것이 아름답다

마침내 소매 체인들 사이에서도 쇼핑 스타일에 맞게 매장 디자인을 적용하려는 아이디어가 생겨나고 있다. 작을수록 좋고 더 친밀하다는 개념은 소매에도 적용된다. 소매업자들은 모두에게 맞는 기존의 포맷을 버리고 좀더 개인적인 방식으로 고객들의 입맛을 맞추는 작은 규모의 틈새 매장들을 만들어내고 있다. 작다는 것은 좀더 귀중하고 질적으로 승부하며 신경을 많이 쓴다는 느낌을 만들어낸다. 사람들은 그들을 위해 '편집(editing)'을 해주는 신뢰할 수 있는 브랜드로 이동하고 있다. 너무나 많은 다양성은 위협적일 수 있기 때문이다. 즉, 그들은 수백만 가지의 브랜드들에서 선택하길 원하는 것이 아니라 그들이 신뢰할 수 있는 단 하나의 브랜드를 원할 뿐이다.

예를 들어, 베스트바이(Best Buy)는 좀더 새롭고 작은, 그러면서 친밀한 컨셉 스토어(concept store)를 통해 특성화된 집단에게 맞춤형 서비스를 제공하는 개념을 실험하고 있다. 부티크 호텔들에서도 비슷한 진화가 일어나고 있는데, 감성적인 제안을 하는 부티크 소매업자들에게 손님들이 더 몰리는 것으로 나타나고 있다. 베스트바이의 컨셉 스토어들인 스튜디오 D와 이스케이프(Escape)는 매장 자체를 넘어서는 기획을 통해 고객 서비스에 대한 새로운 차원의 관심을 보여주고 있다. 이들은 손님을 야구 경기장까지 태워준다거나 개인적 파티의 용도로 매장 공간을 사용할 수 있도록 하고 있다. 이 아이디어의 흥미로운 점은 베스트바이가 이러한 노력을 '경제적인 모델보다는 배우는 차원'으로 본다는 것이다. 이것은 다시 한 번 소매업이 단지 사업 행위일 뿐 아니라 소비자들에 대해 더 많이 알고 그들과 어떻게 사업해야 하는지 배우는 방법이기도 하다는 것을 확인시켜준다.[19]

그릭 스퀘드는 베스트바이의 찾아가는 고객 서비스이다.

서비스를 받고자 하는 사람들의 필요를 깨달은 베스트바이는 '그릭 스퀘드(Greek Squad)'를 출범시킨다. 그릭 스퀘드에서 고도로 훈련된 전문가들은 반팔 흰 셔츠와 검은 넥타이를 매고 흑백의 폭스바겐 벅스(Bugs)를 몰고 다니며 고객들의 필요를 지원한다. 이 재미있는 외모의 전문가들은 '정보원'과 '이중간첩', 그리고 '특수 요원'이라 불린다. FBI를 인용한 이러한 명칭은 꽤 유머러스하다. 베스트바이는 또한 자신의 소매 형식을 통해 브랜드 컨셉을 테스트하기도 한다. 예를 들어 베스트바이는 중국 소비자들에 대해 배우기 위해 중국에 '실험실 매장 (lab store)'들을 오픈하고 있다. 손님들의 반응을 관찰하고 다양한 서비스를 탐험할 수 있는

그릭 스쿼드 로고

완전한 체험 공간을 갖는 것보다 더 통찰력 있는 방법이 또 어디 있을까? 다른 소매업자들도 그들의 소매 환경으로부터 배울 수 있다. 소매는 사람들의 욕망에 대해 알아내는 훌륭한 방법이다. 장기적으로 봤을 때 소매는 회사에 좀더 풍부한 형태의 시장 조사를 지속적인 방식으로 제공할 수 있다.

그러나 이 주제에 대한 얘기를 끝마치기 전에 현재 백화점이 마주하고 있는 곤경과 기회를 짚고 넘어가도록 하자.

브랜드 소매는 엔터테인먼트를 제공한다: 앞으로 백화점의 행보

트레이시 로존 기자는 최근 다음과 같은 기사를 썼다. "백화점은 더이상 쇼핑몰의 여왕이 아니다. 소비자들은 설문 조사원들에게 백화점의 모든 옷들이 똑같이 생겼고 점원들은 고객들을 기다리기보다는 전화통화에 더 많은 시간을 쓰고 있다고 수년에 걸쳐 말해왔다."[20] 한때 백화점을 디자인의 목적지로 만들던 특징들이 하나씩 사라지고, 이제는 크고 밋밋한 박스만이 남게 되었다. 쇼핑객들은 이에 대해 먼저 전문 소매 매장들을 찾아갔고 이후에는 타깃처럼 좀더 역사가 짧고 세련된 백화점으로 이동하는 것으로 반응했다.

그들의 실패는 따분한 제품으로 가득 찬 부진한 매장 때문만이 아니

다. 쇼핑몰 자체에도 변화가 일어나고 있다. 컨설턴트 마샬 코헨은 다음과 같이 설명한다. "더 이상 쇼핑몰의 매력은 백화점에 있지 않다. 쇼핑몰 자체도 더 이상 매력의 대상이 아니다. 이제는 극장과 시민회관, 그리고 레스토랑이 갖춰진 엔터테인먼트 및 라이프스타일 몰이 대세다."[21]

백화점의 쇠퇴는 너무나 오랫동안 지속되어온 일이라 백화점이 특별했던 때가 언제인지 기억하는 것조차 거의 어려워졌다. 현재 10대 초반에서 20대 후반까지 가장 인기 있는 소비자층은 한때 백화점이 쇼핑객들 사이에서 가장 잘 나가던 디자인 명소였을 당시 기저귀를 차고 있었다. 나이키는 백화점의 불황에 너무 좌절한 나머지 실제로 시어스 백화점에서 자신의 모든 제품을 끌어내린 바 있다. 그런 따분한 매장에 앉아 있는 것 자체가 손해라고 여긴 것이다. 나와 같은 백화점 애호가들에게 이것은 얼마나 우울한 소식인가! 우리는 〈34번가의 기적〉과 같은 영화를 보고 자라면서 오랫동안 이 오랜 도시의 소비 경험 및 감성의 메카를 동경해왔었는데 말이다.

그러나 디자이너로서 나는 앞으로의 발전 가능성을 백화점에서 찾고자 한다. 나는 지금의 매장들이 무엇을 가지고 있는지, 그리고 새로운 소비자를 위해 이 자산들이 어떻게 재즈식으로 승화될 수 있는지를 찾으려 한다. 전문 부티크, 인터넷 쇼핑 등의 성장에도 불구하고 나는 여전히 소비자들이 흥미롭게 디자인된 백화점 매장에 기꺼이 반응할 것이라고 믿는다. 특히 이 백화점들이 다른 소규모 매장들에서는 찾을 수 없는 규모와 엔터테인먼트, 커뮤니티 등과 같은 추가적 가치와 특징들을 제공할 수 있다면 더욱 그러하다. 영국의 셀프리지(Selfridges) 백화점은 영국 버밍엄 시와 벤처 계약을 맺고 백화점뿐 아니라 도시 전체를 진흥하기 위해 독특한 건축물을 사용하여 새로운 형태의 백화점을 만들어냈다. 그들은 이와 같은 소매 혁신이 최종적으로 이 도시를 관광지로 만들

영국의 셀프리지 백화점은 독특한 건축물을 통해 새로운 형태의 백화점을 만들어냈다.

어놓을 것이라는 판단이었다. 지금까지 이것은 효과를 거두고 있다. 언론은 이 독특한 접근법을 열심히 취재해왔고 이 소매 컨셉은 도시에 새로운 활력을 불어넣고 있다.

적어도 수치상으로는 생명의 신호가 끊임없이 감지된다. 2003년 12월과 2004년 12월 사이 백화점들의 평방피트당 매출액은 4.2% 증가했다. 업계 관계자에 따르면 2005년 5월 보고서에서 전통적인 백화점의 매출 성장률은 월마트와 같은 경쟁업체를 앞질렀다고 한다. 비록 한때 누렸던 교외지역 쇼핑몰의 핵심이자 대도시의 주요 나들이 장소로서의 명성을 잃었다 하더라도, 백화점들이 평범함을 벗어 던져버리고 사람들에게 감흥을 주는 감성 디자인으로 그것을 대체할 수 있다면 그들에게도 여전히 생명력은 남아 있다. 살아남고 번성하기 위해서는 더 많은 백화점들이 기존 개념을 바꾸어야 할 것이다. 머천다이징(merchandising)

의 관점에서 볼 때 선반 배치는 물론 하다못해 CD와 데님 바지에 이르기까지 모든 것은 문화적 표현과 기념을 위해 '디자인' 된 도구로서 이해되어야 한다.

백화점은 항상 다양한 소매 브랜딩 표현의 고향으로서 유동인구를 끌어들이기에 충분한 에너지와 흥분을 가지고 있었다. '빅박스(big box)' 백화점은 특정 고객을 노리는 기업들에게 아마 완벽한 기회를 제공할 것이다. 이 점에서 월마트가 최근 가정용 DVD 대여사업을 시작한 것은 적절한 선택이 아닐 수 없다. DVD가 찾아와서 즐거움을 선사한 후 다시 돌려보내지는 것이다. 한 때 소비자들은 이따금씩 우연히 멋지게 디자인된 청바지들을 살 수 있었다. 오늘날 소비자들은 우연히 청바지가 된 멋진 디자인을 산다. 오늘날의 소매 문화는 소매 사업이다. 감흥을 주는 디자인을 통해 그것은 기쁨의 사업이 될 수 있다.

인간적인 브랜드 안식처 만들기

그러나 지금의 새로운 브랜드 패러다임은 단순히 '적을수록 좋다' 식의 접근법을 넘어, 위안을 얻고자 하는 소비자들의 필요를 끌어안아야 한다. 그것은 브랜드가 좀더 소극적인 역할을 맡고 소비자들에게 적극적인 역할을 부여하는 것이다. 여기서 브랜드는 사람들이 스스로 발견할 수 있도록 상쾌하고 감성적인 장소를 만들어내는 역할을 맡는다. 여기서의 핵심은 궁극적으로 소비자들에게 가치와 의미 있는 무언가를 만들어내는 것이다. 소비자들의 삶에 실제로 도움이 될 수 있는 것 말이다. 이 아이디어는 사람들의 가치를 반영하고 그들을 편안하게 만들며 바쁜 일상의 요구들로부터 벗어나 휴식의 순간을 경험하도록 하는 인간적인 '브랜드 안식처'를 만들어내는 것이다. 이를 위해서는 비전이 필요하다. 소매업자들은 그들의 매장을 중심으로 버즈와 흥분을 만들어낼

매복 마케팅

새로운 방법들을 계속 찾아야 한다. 고객의 개별적 취향과 욕망에 부응하는 공간을 계속 디자인하는 것이다. 만약 기업들이 '소비자들을 어떻게 기습할 것인가?' 대신에 '사람들은 어떤 종류의 브랜드와 함께 살고 싶어할까?' 라고 묻기 시작한다면 어떨까? 소매 환경은 그것이 고정적이든 유동적이든, 내용과 성실함에 대한 좋은 아이디어들과 함께 조율된다면 흥미로운 브랜드 연결의 중심이 될 수 있다.

이것이 의미하는 바는 다음과 같다. 소매 매장들은 다른 기업 커뮤니케이션 이니셔티브들과 마찬가지로 브랜드 이미지에 대한 투자이다. 전문소매점이든 백화점이든 매장을 짓는데 드는 비용은 '미디어'에 대한 투자이자 그런 방식으로 디자인될 필요가 있다. 일반적인 제품들은 심지어 최고의 환경에서도 사람들에게 영감을 주지 않는다. 이케아가 '당신 안의 목수'를 밖으로 끌어낸다고 한다면, 그 회사의 소매 형식도 그러한 제안과 일관되어야 한다. 만약 록시탕이 프랑스 남부의 풍부한 향과 라이프스타일에 대한 완전한 감각적 경험을 제안한다면, 소비자들과 연결되는 방식도 그러해야 할 것이다. 만약 자동차 회사가 패션 스타일을 통해 우리에게 구애하고자 한다면, 그들의 판매 대리점도 그런 느낌이 나야 할 것이다. 소매 환경은 위대한 디자인이 빛을 발하고 구매를 자극하는 분위기를 만들어내야 한다. 감성 경험을 제공하는 디자인이야말로 최고의 브랜드 메시지이다.

디자인 리서치를 사고하라

『성공하는 사람들의 7가지 습관』에서 스티븐 코비는 이렇게 말한다. "우리는 세상을 있는 그대로 보는 것이 아니라 우리의 방식으로 또는 우리가 세상을 바라보도록 조건 지어진 방식으로 바라본다." 리서치와 관련해서 이 말은 사람들은 그들에게 브랜드를 어떻게 보는지 이성적으로 설명해보라고 하면 대부분 익숙한 것을 대답하기 마련이다로 해석할 수 있다. 지난 30년 동안 기업들은 미국에서만 조사 연구비에 매년 70억 달러를 써왔다. 이쯤 되면 어딜 보나 모든 것이 똑같아진 현상이 혹시 핵심을 간파하지 못하고 우리가 이미 아는 정보들만 가져오는 리서치의 결과는 아닌지 궁금해 할 분들도 계실 것이다.

창조적 해결방안으로 이끄는 시각적 리서치

가장 성공적이고 혁신적인 브랜드 컨셉과 디자인 또는 그래픽 의상은 리서치를 통해 나온 것이 아니다. 빅토리아 스크릿의 성공은 포커스 그룹에 기반한 것이 아니다. 레드불이라는 20억 달러의 에너지 음료수 회사의 소유주, 디트리히 마테시츠(Dietrich Mateschitz)에 따르면 레드불은 시장 조사에서 참패했다고 한다. "사람들은 레드불의 맛과 로고, 그리고 브랜드 네임을 신뢰하지 않았다."고 그는 말한다.[1] 포커스 그룹에서 사용되는 통찰력 도구(insight tool)는 마케터들의 업무 능력을 제한하고 있다. (포커스 그룹은 사람들에게 브랜드 창조에서부터 컨셉과 주제, 커뮤니케이션과 디자인 프로그램에 이르기까지 모든 것에 대한 의견을 물어보는 기법을 좋아한다.) 리서치의 한 기법으로서 포커스 그룹에 대한 거의 강박적인 의존은 혁신을 장려하기보다는 오히려 제한한다.

통찰력을 얻는 유일한 원천으로서 이렇게 리서치에만 의존하는 것은 브랜드 기회를 좁히고, 제조와 광고, 미디어 구매에 많은 예산을 사용하게 하는 값비싼 결정으로 이끌었다. 사람들에게 새로운 아이디어의 유효성을 물어보는 기존의 소비자 조사는 이제 신뢰할 만한 통찰력의 원천인지 다시 평가되고 심지어 폐기되고 있다. 〈비즈니스위크〉 지에 실린 "포커스 그룹을 쏴라(Shoot the Focus Group)"라는 기사는 이러한 좌절감의 표현 중 하나이다. 그것은 "소비자들의 머릿속을 알려면 좀더 직관적인 과정"에 눈을 돌릴 것을 권한다.[2]

브랜드 마케터들은 사실 의사결정 과정에서 분리된 채 불완전하고 때로는 의심스러운 통찰력에 근거하여 선택을 내려왔다. 경우에 따라서는 포커스 그룹 모델과 좀더 정량적인(quantitative) 기법들이 기업에 수십억 달러의 비용을 들게 하면서도 브랜드 혁신으로 가는 길을 흐려놓기도 하였다. 이것들은 우유부단한 마케터들에게 비난을 피할 수 있는 연막이 되었고 결국 시장 실패로 판명된 아이디어들을 밀어붙이게 만들었다. 센시디엄의 글로벌 디렉터 크리스토프 포코니에(Christophe Fauconnier)에 따르면, 오늘날의 리서치는 "영감보다는 평가에 대한 것

318

이 되었다. 하지만 우리는 벤치마크를 측정하는 것이 아니라 그것을 움직여야 한다. 리서치는 인간을 이해하는 것이자 인간적인 감성을 통해 브랜드에 빛을 밝히는 것이다."

이러한 이해 없이는 실패의 공식이 계속될 것이다. 왜냐하면 이 공식은 혁신을 지원하고 장려하는 접근법을 전혀 허용하지 않기 때문이다. 예를 들어 사람들에게 사과향의 향수가 팔릴지 물어본다고 치자. 사람들은 그것이 놀라운 포장과 DKNY의 도발적인 광고로 뒷받침되기 전까지는 부정적으로 대답할 것이다. 사람들에게 세련되고 스타일리쉬한 여피 스웨덴 보드카를 사겠느냐고 물어보아도 반응은 냉담할 것이다. 하지만 트렌디 바에서 '쿨'한 사람들의 손에 담긴 모습으로 등장하면 이야기는 달라진다. 그레이 구스 보드카의 창시자 시드니 프랭크는 마케터들의 우유부단함에 대해 아마 최고의 답변을 가지고 있을 것이다. 그는 〈아메리칸 웨이American Way〉라는 기내 잡지에서 이렇게 말한 바 있다. "어떤 이들은 뭔가에 돈을 투자하기를 두려워한다. 그것이 그들이 신뢰하는 것이라 할지라도 말이다. 하지만 인생에서는 두려워해서는 안 된다. 왜냐하면 두려움은 성공을 방해하기 때문이다."[3]

이 장에서 나는 시장 조사를 수행하는 '브랜드잼'의 방법을 소개하고자 한다. 혁신과 본능, 디자인 그리고 시각화(visualization)의 힘을 예찬하는 이 새로운 접근법은 소비자와 마케터, 디자이너가 맺는 새로운 파트너십의 핵심에 크리에이티브 프로세스를 위치시킨다. 제품의 최종 모습과 판매 환경에 대한 시뮬레이션, 또는 그 환경에서 소비자들이 표현하는 문화적 열망을 고려하지 않는 조사는 실패할 수밖에 없다. 이러한 맥락에서 리서치는 마케터들에게 브랜드의 독특함과 적실성을 차별화하거나 변화시킬 아이디어들에 활력을 불어넣음으로써 브랜드를 성공으로 이끌 수 있다는 확신을 제공하는 것으로 자신의 목표를 바꿔야 한다. 심리학이나 사회학, 그리고 마케팅 분야의 주요 저서들은 모두 최고의 아이디어란 기존의 패러다임을 깨는 것들이고, 이러한 탈관습적인 아이디어들은 합리적인 사고를 통해 창조되기에는 변수가 너무 많다는 사실에 동의하고 있다.

감성과 상상력, 그리고 관찰

이 장은 바로 이렇게 디자이너를 리서치 과정에 포함시킴으로써 가장 풍부한 통찰력을 가져온 새로운 방법의 일부를 좀더 자세히 살펴보고자 한다. 이 '브랜드잼' 리서치는 사람들의 일상생활에서 일어나는 잠재의식적 상호작용과, 주변 환경이 그들의 일상적 경험에 미치는 영향을 자세히 관찰하도록 도와준다. 디자이너가 '시각적, 문화적 통찰력'에서 새로운 중요한 역할을 맡아야한다고 생각하는 나는 언제나 시각 및 관찰 기법의 힘에 애정을 느껴왔다. 이 기법들은 무엇이 행동과 선택에 영향을 미칠 것인지, 그리고 사람들이 일상생활에서 브랜드를 어떻게 경험하는지를 알아내는 좋은 방법이다. 디자이너들은 사람들의 문화를 관찰하고 그들의 일상적 경험으로부터 정보를 읽어내는 초자연적인 우뇌 능력을 지니고 있다. 이러한 능력은 이후 크리에이티브 프로세스에서 기존의 한계를 뛰어넘게 해준다. 이 장을 읽은 후 최고의 리서치란 첫째 신념, 둘째 디자인의 힘, 그리고 마지막으로 사람들과의 깊은 감성적 연결의 지도를 받아야 한다는 것을 여러분들이 확신하게 되었으면 한다.

감성: 디자인과 잠재의식

우리는 끊임없이 변화하는 세계에 살고 있다. 과거의 아이디어들은 미래의 결정을 내리는 근거가 될 수 없고 선택은 예측불가능하다. 이러한 불안정한 세계는 사람들에게 감성적이고 변덕스러운 선택을 내리게 만들고, 기업은 이에 대한 해답을 찾길 강요받는다. 비즈니스에서 요구되는 직관적인 의사결정 과정과 변화에 적응하는 능력, 그리고 경쟁에서 민첩하고 변화무쌍해질 필요는 브랜드 매니저의 본능적인 반응능력과 직감적인 느낌에 더 많은 부분을 의존해야 한다. 여기에서 리서치를 위한 시간은 줄어들 수밖에 없다. 시간은 경쟁사의 공격이나 시장 변화에 반응하는 데 필수적이다. 하지만 이 감성 경제에서 우리는 제대로 된 도구와 벤치마크를 가지고 있는가?

시장은 불규칙하다

리서치는 의견이 아니라 영감에 대한 것이어야 한다. 그것은 아이디어를 움직이게 만들고 고객에게 감흥을 일으키는 새로운 길을 뚫는 것이어야 한다. 애플의 아이팟 광고 캠페인처럼 "인생은 불규칙하다(Life is random)." P&G와 애플, 타깃은 모두 소비자들과 차별화된 방식으로

"인생은 불규칙하다."– 애플의 아이팟 광고

재연결하는 데 있어 디자인을 우선순위에 둠으로써 성공할 수 있었다. 갑자기 브랜드 매니저들은 인류학적 조사의 가치를 발견하고 있다. 이것은 인간공학적 방법론으로서 창조적인 사람들이 항상 선호해왔지만 충분히 '과학적'이지 않다는 이유로 무시되어온 영역이다. 하지만 여기서의 관찰 결과를 어떻게 차트와 그래프로 나타낼 수 있는가?

나는 회계사들을 기쁘게 하는 리서치가 재앙을 초래하고 혁신을 질식시킨다는 사실을 어렵게 배웠다. 브랜드를 혁신하는 데 있어 감성은 오늘날 가장 중요한 마케팅 자산이 되었다. 이미 어느 정도 성숙한 브랜드들은 대부분 더 이상 사람들에게 자극을 주지 못하기 때문이다. 지속적인 혁신을 요구하는 기술 분야를 제외하고 불가해한 상품의 세계에서는 감성적으로 적절한 제품을 제공하는 것으로 바꾸는 것이 중요하다. '때와의 싸움'으로부터 '때는 좋은 것이자 우리를 자유롭게 합니다.'로 바꾸는 것은 브랜드가 사람들의 삶에서 맡는 역할을 부정적인 경험에서 긍정적인 경험으로 바꾼다. ('세 번째 전환: 경험으로서 광고를 사고하라'를 보라.) 사람들이 브랜드와 맺는 감성적인 관계를 이해하는 것은 브랜드의 가치를 높여주는 창조적인 작업으로 이끌 수 있다.

떠오르는 복음 전도의 슈퍼스타 릭 워렌(Rick Warren)은 브랜딩 천재로 칭송받고 있다. 그의 베스트셀러 『목적이 이끄는 삶The Purpose-Driven Life』에서 그는 '기독교'란 브랜드에 새로운 의미를 불어넣는다. 그는 아프리카의 빈곤과 문맹, 에이즈 퇴치가 교회가 직면한 도전이라는 새로운 아이디어를 제기한다. 휴머니티의 최전선에 섬으로써 그의 교회는 죄악과 구원, 천국을 넘어 그들의 삶에서 의미를 찾고자 하는 사람들에게 새롭고 동시대적인 목적을 제공했다. 낙태나 줄기세포 연구, 인간 복제, 동성애에 대해 다소 근본주의적인 입장을 취하는 이 집단의 믿음에 우리가 동의하는지의 여부는 중요한 것이 아니다. 여기서의 교훈은 릭 워렌이 기독교 예배에 새 생명과 열정을 가져왔다는 것이다.

안타깝게도, 우리 사회에서 변화하는 아이디어들을 관찰하는 것은 오늘날 리서치 과정에서 찾아보기 어렵다. 새로운 이니셔티브에 관해 경영진의 승낙을 얻어내는 데 있어 세계적 컨설팅 기업의 이성적인 접근법이 몇몇 창조적인 사고가와 심리학자들의 '정황적(circumstantial)' 증거보다 훨씬 더 신뢰를 받는다. 그것은 우리가 이미 알고 있는 내용과 사람들이 우리에게 말해줄 수 있는 내용, 그리고 새로운 아이디어를 통해 자극받고 드러나기 전까지는 마케터들이 도저히 알 수 없는 내용들이 있다는 사실만을 단순히 뒷받침할 뿐이다. 하지만 문제는 이보다 더 심각하다. 지난 30년간 준비되지 않은 소비자 포커스 그룹의 검토를 받은 아이디어들이 지속적으로 실패했음에도 불구하고, 이것이 이 리서치 방법에 조금의 흠집도 남기지 못했다는 것이다. 브랜드들은 점점 더 똑같아졌다. 마케터들이 선택할 수 있는 다양한 리서치 방법의 부재는 심각하다. 이로 인해 어떤 이들은 사람들이 불규칙적이고 비논리적이며 감성적인 세계에 살고 있는 논리적이고 이성적인 존재라는 생각에 바탕을 둔 이니셔티브를 시도하기도 하였다.

그러나 이제는 모두 잠에서 깨어나야 할 때다. 사람들은 그들이 눈으로 보고 몸으로 느끼기 전까지는 그들이 원하는 것을 당신에게 말해줄 수 있는 방법을 모른다. 심지어 그들의 잠재의식 속에서 무엇이 끓어오르고 있는지를 말해주기란 더더욱 어렵다. 그러므로 혁신으로 가는 리서치 과정이란 오직 새로운 경험의 물리적 자극과, 청중들과 적극적인 관계를 맺고자 하는 리더들의 동기부여를 통해서만 일어날 수 있다.

영감과 직관도 리서치라 볼 수 있는가?
새로운 아이디어는 참된 영감과 혁신에 대한 노하우, 그리고 잘 알려지지 않은 사람들의 기대 심리에 대해 높은 통찰력을 가지고 있는 리더들에 의해 창조된다. 이러한 점에서 리서치는 확신과 지원을 제공하는 종속적인 활동이다. 중요한 것은 매일 위대한 아이디어들이 탄생하지만 이것을 알아보는 데에는 직관과 문화적 지식이라는 특별한 재능이 필요하다는 사실이다. 경우에 따라서는 마케터들이 의사결정을 내릴 때 의지할 수 있는 것이라곤 오직 그들의 육감(gut feeling)과 창조적 기술(creative skill)밖에 없을 때도 있다.

나는 최고의 아이디어들이 그냥 탁상공론으로 그치는 브레인스토밍 세션에 참가한 적이 많다. 그 중의 하나는 리복과 관련된다. 리복은 첨단의 스포츠 마케터와 운동선수 그리고 디자이너들을 모아 놓고 회의를 열었다. 하루 종일 잡지를 오리고 스케치를 그리며 아이디어 회의에 참여한 이 그룹은 수백 가지의 새로운 신발에 관한 아이디어를 만들어냈다. 문제는 여기서 어떻게 하는가이다. 회의에서 나온 한 가지 아이디어는 '미니멀'한 신발 컨셉으로서 제2의 피부처럼 맨발로 걷거나 뛰는 느낌을 내는 것이었다. 디자이너는 이것이 훌륭한 아이디어라고 생각했다. 하지만 그렇게 생각한 사람은 그 디자이너밖에 없었고 이 아이디어는 사람들의 지지 부족으로 서랍 한 구석에 처박히게 되었다. 그런데 얼마 후 리복의 경쟁사인 나이키에서 '나이키 프리 슈즈(Nike free shoe)'라는 이름으로 매우 비슷한 컨셉을 출시하는 것이 아닌가! 어떤 이들은 창의성에서 영감을 얻고 디자인의 바다에서 훌륭한 아이디어를 알아본다. 하지만 그것을 실행에 옮기는 용기를 가진 자는 별로 없다. 이것이 바로 차이를 만들어내는 재능인데도 말이다.

한편 모토롤라의 레이저 휴대폰은 탄생하기까지 3년이 걸렸다. 모토롤라가 크레딧 카드 두께의 휴대폰을 만들어내는 기술을 발명한 것은 1999년의 일이지만 소비자 경험의 관점에서 봤을 때 마케팅 부서가 제시한 좀더 큰 화면이나 7시간의 배터리 지속 시간, 그리고 사진 기능은 휴대폰을 계속 두껍게 만들었고, 결국 원래의 디자인 아이디어를 완전히 없애버릴 정도였다. 그러자 모토롤라는 선두적인 자신의 지위가 노키아의 디자인 공격으로 인해 계속해서 추락하는 것을 목격해야만 했다. 타이밍을 놓친 것이다.

선 마이크로시스템(Sun Microsystems)에서 일하다가 모토롤라 회장으로 부임한 에드 잔더(Ed Zander)는 지난 몇 년간 모토롤라가 개발해온 모든 새로운 컨셉들을 보고 싶어했다. 그는 너무나 독창적인 이 초박형(ultra-thin) 디자인을 보고 거기서 눈을 뗄 수 없었고 곧 이 제품에 집중하기 시작했다. 몇 개월이 걸릴지도 모르는 리서치나 발견은 필요없었다. 지금은 허먼 밀러와 함께 일하는 국제적인 명성의 디자이너 프랑코 로데이토(Franco Lodato)도 이 프로그램에 참여하였다. (그는 이 휴대폰의 아름답고 혁신적이며 직관적인 키패드를 디자인했다.) 그는 이 회사가 얼마나 갑자기 '혁신에 눈뜨기 시작했는지'를 잘 기억하고 있다. 회사의 리더로부터 나오는 이러한 믿음의 도약(leap of faith)은 위험 감수자들에게 꿋꿋이 디자인 과정을 추진하도록 도와주었다.

어떻게 에드 잔더는 다른 이들이 보지 못하는 것을 볼 수 있었을까? 그는 최고의 기술 팀뿐 아니라, 이보다 더 중요하게는 소비자 경험 디자인의 신임 부사장 디렉터인 짐 윅스(Jim Wicks)와 함께 아이콘 제품을 선도할 창조력을 갖추고 있었다. 훌륭한 아이디어는 그에 의해 경쟁자를 물리치고 모토롤라가 필요로 하는 '경쟁력'을 제공하도록 실현되었다. 그의 결정은 리서치를 통해 얻은 자료를 분석해서 나온 결과가 아니라 디자인의 중요성에 대한 그의 신념에 기초하고 있었다. 레이저 휴대폰이 모토롤라의 매출을 새롭게 견인하며 미국 시장에서 1위를 차지하도록 한 사실은 디자인 전환이 어떻게 브랜드 문화에 기여할 있는지를 보여주는 또 다른 증거가 아닐 수 없다.

　잡동사니들 속에서 획기적인 제품과 훌륭한 아이디어를 발견할 줄 아는 능력은 그 자체로 훌륭한 재능이고, 많은 경우 브랜드 전문가들이 피하고 싶어하는 이러한 커다란 믿음의 도약을 필요로 한다. 리서치는 사람들에게 무엇을 원하는지 물어보는 것 이상이어야 한다. 그것은 시장의 핵심을 직접 경험해보는 직관적 기술(skill)에 관한 것이기도 하다. 가장 훌륭한 리서치는 이러한 믿음의 도약을 만들어내는 것이다. 수많은 아이디어들이 글이나 스케치 형태로 시작한다. 하지만 이것은 준비 단계일 뿐이다. "당신이 하는 일과 브랜드가 나타내는 가치에 대해 당신은 직감적으로 믿어야 한다." 〈패스트 컴퍼니Fast Company〉에서 윅스는 이렇게 말한다.[4]

벌거벗은 소비자

　새로운 리서치는 사람들의 동기를 좀더 심도 깊게 이해하는 방법이기도 하다. 단, 그 방법론은 검증(validating)이 아니라 탐사(probing)가 되어야 한다. 최근 뉴저지 프린스턴의 갤럽 여론조사 기관은 일본에서 뇌주사(brain scan) 사진을 사용하여 브랜드 선호도와 충성도를 측정하는 연구에 착수하였다. 그 결과 뇌마다 강렬한 감성과 느낌을 다른 방식으로 처리한다는 사실이 밝혀졌다. 한편 〈뉴욕 타임스〉에 실린 기사에 따르면, 시각적 기억 및 감성과 관련된 뇌의 영역(안와전두피질, 측두엽, 그리고 편도체)은 적절한 자극을 주면 활성화된다고 한다.[5] 그러므로 감성적 상호작용이 이성뿐 아니라 사람들이 브랜드와 나누는 깊은 정신적 경험에 근거한다는 것은 분명하다. 이것은 디자인을 통해 자신을 차별화하려는 매장이나 제품들이 왜 훨씬 더 많은 고객들을 끌어들이는지를 정당화해준다.

소비자들의 머릿속에 있는 '큰 아이디어'에 대한 광적인 탐색

2002년 노벨 경제학상 수상자이자 프린스턴 대학에서 심리학 교수로 재직 중인 다니엘 카너먼(Daniel Kahneman) 박사는 감성이 이성보다 경제적 행동을 결정하는 더 중요한 요소라고 말한다. 디자이너로서 나는 항상 브랜드가 사람들과 맺는 감성적 관계만이 그 브랜드를 특별한 것으로 만들어준다고 생각해왔다. 이 유대관계는 신경학적(neurological)이고 철학적이다. (내 첫 저서 『감성 디자인 감성 브랜딩』은 안토니오 다마지오의 작업에 다소 영향을 받았다. 그는 초기 신경학자 중 한 명으로서 신경학을 사람들의 안녕 및 행복과 연결시켰다.)

기업들은 상당한 돈을 사람들의 마음, 또는 이 경우에는 머릿속을 읽고자 하는 데 쓴다. 내 심리학자 친구는 마케터들이 전구와 전선을 혼동하지 않는 것이 중요하다고 적절히 지적한 바 있다. 정보가 우리의 뇌 속에서 어떻게 연결되는지를 아는 것이 반드시 다음의 '빅' 아이디어로 이끈다거나, 동료 효과나 환경 또는 특정 순간의 심리 상태와 같은 외부 요소들이 소비자 결정에 어떤 영향을 미치는지를 보여주지는 않는다.

소비자들이 물건을 사는 진짜 이유는 무엇이고 그것이 마케팅에 던지는 의미는 무엇인지를 담은 책 『벌거벗은 소비자Naked Consumer』에서 센시디엄의 파트너들인 얀 칼보(Jan Callebaut), 헨드릭 헨드릭스(Hendrick Hendricks), 마들렌 얀센스(Madeleine Jansens), 그리고 크리스토프 포코니에는 다음과 같이 묻는다. "만약 시장조사가 그렇게나 설득력 있고 통찰력 있다면, 그 많은 마케팅 실패는 왜 일어나는가?" 그들은 대부분의 리서치 회사들이 사람들에게 왜가 아니라 무엇을 사는지를 물어보기 때문이라고 말한다. 그리고 그 왜는 인간의 무의식 속으로 깊이 파고들어 사람들을 진짜로 움직이게 하는 것이 무엇인지를 밝혀내야만 알 수 있다. 이에 대한 비유로서, 센시디엄은 다음의 이야기를 즐겨 말한다. 소비자에게 상당히 비위생적인 원천에서 나온 머리카락 세포를 완전히 변형하여 만든 파우더를 사용하고 싶은가라고 물어보면 그들의 대답은 아마 부정적일 것이다. 하지만 애정생활을 개선시키려는 평균적인 소비자들의 욕망을 찾아내고 이 욕망을 뭔가 코뿔소의 뿔에서 발견되는 신비로운 최음적 특성들과 연결시킨다면 어떤 나라에서는 이야기가 꽤 달라진다. 크리스토프 포코니에는 사람들의 행동을 '움직이는' 두 가지 가장 강력한 힘으로 사람들의 공통적인 투쟁(striving)과 믿음을 꼽는다. 이들은 모두 의식 바깥에서 작동하고 그 특성상 상당히 비이성적일 수 있다.[6]

소비자들의 행동은 사실 별로 합리적이지 않고 이러한 비일관성은 센시디엄에 따르면 신체적, 심리적, 그리고 철학적 관점에서 깊이 간직된 욕구들을 충족시키려는 노력에서 기인한다고 한다. 그러므로 센시디엄은 소비자들의 구매 동기를 찾기 위해 '정신역학적(psychodynamic)' 조사방법을 사용한다. 이 접근법은 수치를 제공하는 대신 특정 제품이나 브랜드와 관련된 소비자 동기와 만족감에 대해 좀더 풍부한 이해를 제공한다. 이 과정은 소비자들이 자신의 문화 속에서 직접 관찰한 결과를 포함한다. 문화는 사람들의 구매 방식에 많은 영향을 미치기 때문이다.

가령 유럽에서 아이스크림이 갖는 의미는 나라마다 다르다. 영국에서는 쾌락의 개념이 보상과 연관되어 있다. "나는 열심히 일했고 착하게 굴었다. 그러므로 이것을 받을 자격이 있다!" 이것은 큼직한 아이스크림 용기를 낳게 한다. 반면 이탈리아에서는 쾌락이 강렬함과 연관되어 있다. 따라서 아이스크림의 용기는 작고 보석처럼 생겼으며 신중하고 천천히 맛있게 먹는 소비를 전달한다. 문화적으로 접근하는 심리학을 브랜딩에 적용하면 이것은 무의식적 욕망을 탐구하는 가장 강력한 방법 중 하나가 될 수 있다.

센시디엄의 공식은 유니레버가 새로운 미션을 발표하고 시각적 아이덴티티를 포지셔닝하는 데 매우 효과적이었다. 이 기업은 사람마다 차이가 있고 다국적 기업은 사람들의 필요를 해결하는 다리 역할을 해야 한다고 믿는다. 반면 이 기업의 '얼굴'은 이 회사의 세계관이나 성장에 대한 소망과 그다지 잘 어울리지 않았다. 그리하여 근본적으로 다국적 기업의 사회적 역할과 이 회사가 회사 내외부의 파트너들과 함께 어떤 다리를 지을 수 있는지에 대해 제대로 이해하고자 하는 프로젝트가 진행되었다. 이 접근법은 정말로 포스트모던한 특성을 지니고 있다. 왜냐하면 기업문화와 시장의 현실을 실용적이면서도 감성적인 방식으로 연결시키고 있기 때문이다. 크리스토프 포코니가 내게 설명한 바에 따르면, 이 리서치는 브랜드가 사람들의 삶에서 맡는 역할을 이해함으로써 "리서치가 리서치를 넘어설 수 있고 또 그래야 한다는 사실"을 보여주었다고 한다. 센시디엄의 리서치는 유니레버에게 새로운 로고 디자인을 위한 훌륭한 플랫폼을 제공하였고, 앞으로도 이 회사가 활용할 수 있는 통찰력 있으면서도 실천 가능한 조사인 것으로 밝혀졌다.

오늘날의 마케팅에 영향을 미친 위대한 철학가들

● 칼 융(1875~1961)

브랜드 인지도 구축에 뛰어난 통찰력을 제공한 철학가들 중 먼저 칼 융(Carl Jung)이 있다. 그의 이론은 우리가 모두 자신이 태어난 문화에 연결되어 있고 어린 시절 받았던 인상이 우리의 마음에 지울 수 없는 흔적을 남긴다는 것이다. 이것은 새로운 브랜드 조사 기법을 이해하는 데 사용될 수 있다. 융 학파가 원형(archetypes)이라 부르는 감성적 프로파일을 만드는 과학은 리서치 사업에 매우 깊은 영향을 끼친 몇 안 되는 철학 이론들 중 하나이다.

센시디엄에 따르면, 브랜드들은 "원시적 정신과정이 의식이 이해할 수 있는 이미지로 변환된 것"으로서 "상징이나 메타포라는 방법을 사용할지라도 원형들은 본능과 감성의 자화상"이라 표현할 수 있다. 소비자들의 무의식을 탐색하는 과정에서 시각 및 상징적 자극을 통해 그들의 깊숙한 욕망을 끌어낼 수 있다. 융의 이론은 브랜드의 의미를 파악하는 데 있어 소비자와 심리학을 연결 짓도록 도와주었다. 이것은 사람들이 그들이 사용하는 브랜드와 맺는 감성적 관계에 관해 좀더 깊고 진정한 통찰력을 제공한다. 융의 심리학은 또한 시각적 아이콘이 감성을 응축시키거나 발현하는 데 가지는 효과를 드러내준다.

융이 '집단 무의식'이라 부른 것(나는 이를 '문화적 지혜'라 부르고자 한다.)의 중요성과 우리 뇌의 본능적 능력들에 대한 분석은 사람들이 집단적으로 아는 것과 느끼는 것이 무엇인지 드러낸다. 내가 실시한 대부분의 조사에서 나는 소규모 집단이 합리적 사고과정을 건너뛰고 자신의 집단 무의식을 표현할 경우 얼마나 신속하게 결론에 도달할 수 있는지를 보며 깜짝 놀랐던 적이 많다.

정신역학적 융 학파의 철학가들은 여러 가지 면에서 디자이너와 코드가 맞다. 먼저 시각적 상징이야말로 디자이너들이 하는 일의 핵심에 놓여 있고, 둘째 이들은 모두 시각적 상징이 미학을 넘어 의미를 가져야 한다는 믿음을 공유하기 때문이다. 사람들은 신화를 사랑하고, 신화는 사람들과 감성적으로 연결되기 위해 상징을 필요로 한다.

● 바루크 스피노자(1632~1677)

바루크 스피노자(Baruch Spinoza)는 17세기 가장 영향력 있는 철학가 중 한 명이었다. 그는 포르투갈계 세파디(Sephardic) 유태인으로서 그의 가족은 보복과 강압적 종교 개종, 말뚝 화형 등 스페인 및 포르투갈에서 벌어지는 종교 탄압의 만행을 피해 네덜란드로 이주했다. 네덜란드에서 그의 가족은 종교적 자유와 다양한 문화에 열려 있는 민주적인 사회를 발견했다.

사람들의 삶 속에 안전과 기쁨을 만들어내는 이 자유라는 요소는 스피노자가 그의 대부분의 연구에서 집중하던 주제였다. 그는 자유에 기반한 기쁨이야말로 개인의 성장과 창조성을 위한 궁극적인 통로이며, 사람들이 창조력과 발명을 통해 그들의 현실을 초월하도록 도와주는 환경이자 꿈과 진보를 위한 완벽한 영역이라고 보았다. 이러한 철학은 곧 주목을 받았다. 많은 지식인들이 스피노자에게서 개인의 힘을 강화하는 이론을 발견했다. 프랑스 작가 장–폴 사르트르는 그의 실존주의 운동의 근거를 스피노자의 이론에 두었다. 좀더 최근에는 안토니오 다마지오 교수의 연구를 통해 신경과학계에서 인간의 정신을 이해하고 그 질병을 치료하는 데 스피노자의 연구가 풍부한 기반을 제공한다는 사실을 깨닫기도 했다. 『스피노자를 찾아서Looking for Spinoza』라는 저서에서 안토니오 다마지오는 이렇게 말한다. "스피노자는 기쁨과 그것의 다양한 표현이 좀더 훌륭한 기능적 완성으로 이끄는 것을 보았다." 반면 슬픔은 건강 악화로 이어진다.

브랜딩의 관점에서 볼 때 스피노자는 브랜드가 사람들과의 관계를 기쁨과 균형의 관계로 만들어낼 때 가질 수 있는 엄청난 긍정적 효과에 문을 열어주었다. 더 나아가 우리는 사람들이 그들의 삶을 향상시키는 브랜드들에 이끌릴 것이라고 추론할 수 있다. 한편 포커스 그룹에서 우리는 "이 디자인이 당신을 행복하게 합니까?"라는 질문을 과연 몇 번이나 듣는가?

● 알프레드 아들러(1870~1937)

알프레드 아들러(Alfred Adler)의 철학은 환멸이 만연하던 시절에 희망을 제공하기 위한 것이었다. 바루크 스피노자와 마찬가지로 아들러도 자유로운 사회의 개인을 찬양했다. 이 강력한 아이디어는 민주주의의 이상을 개인의 이상으로 연결시키고, 이후 그 가치들은 다른 가치들로 퍼져나간다. 그러나 아들러의 가장 강력한 컨셉은 우리가 빈 껍데기로 태어나서 이후 인생을 (우리의 인생에 있어 신체적, 심리적, 영혼적 해답을 가져다줄 해결책을 찾으며) 이 껍데기를 채우는 데 사용한다는 것이다. 이것은 우리가 태어날 때 가지는 열등감이 이후 우리에게 항상 뭔가를 추구하고 탐험하게 만드는 동기가 된다고 설명한다. 브랜드는 감성적 관점에서 이러한 추구의 대상이 되었다. 왜냐하면 브랜드는 이러한 생활의 빈 공간과 느낌의 일부를 채워주기 때문이다. 아들러의 접근법에는 내재적으로 자신을 완성시키기 위해 적극적으로 탐험하는 의지의 힘, 즉 자유의지가 깃들어 있다.

이것은 '심리학적 브랜딩'에서 가장 강력한 통찰력 중 하나이다. 왜냐하면 이를 통해 우리는 왜 브랜드가 우리의 가장 내밀한 감성 및 신체적 욕망을 발견하고 달성하도록 도와줄 수 있는지를 더 잘 이해할 수 있게 되기 때문이다. 예를 들어 레드불은 인생을 좀더 즐길 수 있도록 에너지를 찾고, 언제든지 그리고 가장 중요하게는 자의에 의해 살아있음을 느끼고자 하는 사람들의 필요를 개척했다. 이것은 바로 자유의 핵심이다.

● 빌헬름 라이히(1897~1957)

비트 세대에 영감을 준 한 명으로 추앙받는 빌헬름 라이히(Wilhelm Reich)는 성적 만족을 개인적 행복의 핵심으로 삼는 철학을 발전시켰다. 이 철학은 그를 1960년대 성해방 운동의 영웅으로 만들었고 이는 당시 이 세대들의 모토였던 "전쟁이 아니라 사랑을 하자(Make love, not war)."라는 문장으로 표현되었다. 라이히의 철학이 브랜딩에 남긴 가르침은 바로 우리 사회의 가장 강력한 동기요인이 섹스라는 것이다. 섹스는 항상 돈이 되었고 앞으로도 그럴 것이다. 특히 섹스가 일종의 도피이자 심적 위안이 됨에 따라 사회적 규칙과 종교적 도그마가 그것을 강력하게 단속하면 단속할수록 그럴 것이다. 예를 들어 음식은 그러한 금지를 다른 곳으로 전환시키는 방법인 것으로 판명되었다. 폭력도 어떤 경우에는 성적 좌절이 원인이 된 경우도 있다.

브랜드 내러티브는 항상 이 강력한 감성을 성공적으로 개척해왔다. 가령 향수는 항상 사회적 처벌을 피하면서 이러한 성적 이야기들을 안전하게 즐기게 하는 내러티브를 만들어낸다. 〈플레이보이〉는 누드를 '심각한 기사'와 함께 팔수 있는 잡지였다. 인터넷의 등장과 함께 특히 포르노에 대한 접근이 확대되면서, 이러한 긴장감은 대부분 남성들 사이에서 고조되었고, 이러한 자극들의 의미를 이해하는 것은 브랜드에게 중요하다. 광고를 통해 아베크롬비앤피치와 빅토리아 스크릿은 성적 갈망을 패션의 첨단과 연결시키는 감성을 독점할 수 있었다. 그렇다고 아베크롬비앤피치의 구매자들이 단지 성적 위안만을 위해 제품을 구매한다는 것은 아니다. 하지만 성적 관점에서 볼 때 그들의 광고는 성적자유와 방종을 강조한다. 이것은 쾌락주의의 문화에 열려있는 대학생들에게 적절하다. 사람들은 이 브랜드를 통해 그들의 개인적이지만 사회적으로 용납될수 있는 반항적 메시지를 표현할 수 있기 때문에 이 브랜드의 비관습적인 포지셔닝을 구매하는 것이다.

브랜딩계는 이제 사람들의 마음속에 깊숙이 자리 잡은 관심과 열망을 이해하고 그들의 심리에 좀더 많은 관심을 쏟으려 하고 있다. 이와 동시에, 디자인은 점점 사람들의 심리적 열망과 브랜드의 약속을 매개하는 진정한 촉매제임이드러나고 있다.

상상력: 시각화를 통한 디자인

시각화(Visualization)는 창조적인 사람들을 위한 새로운 언어이다. 그것은 같은 언어로 강력한 아이디어를 추구하는 브레인스토밍법이다. 재즈 용어로 바꿔 말하자면, 시각화는 감성적으로 소통하는 언어이자 음악이다. 우리와 같은 창조적인 회사에게 이것은 혁신에 더 빨리 도달하는 방법이다. 여기에서는 이 과정에서 생기는 풍부한 감성적 비주얼과 감각적 인풋이 중요하다.

온라인에서의 시각화

세인트 조셉 경영대학원에서 마케팅 방문 교수로 있는 마이클 솔로몬(Michael Solomon)은 새로운 리서치 작업에 적합한 사람들을 참여시키기 위하여 온라인에서의 독특한 시각적 접근법을 개발했다. 조사 목적상 사람들은 수백 장의 사진에 접근할 수 있다. 이러한 시각화의 과정을 통해 사람들은 비범한 통찰력을 얻을 수 있다.[7] 전통적인 포커스 그룹 리서치에 관해 말하자면, 그는 오늘날 의사결정 과정에 고객들을 실질적으로 참여시키려는 노력이 거의 전무하다고 생각한다. "어떤 경우에 기업들은 몇몇 포커스 그룹을 세워 그들이 이미 지적(intellectually) 또는 재정적으로 투자한 아이디어들의 가치를 검증하는 데 만족한다."

 '참여적 마케팅(participatory marketing)'이란 아이디어를 중심으로 표현된 솔로몬의 이론은 소비자들이 조사 과정에서 온전한 참여자가 되어야 한다는 사실에 근거하고 있다. 그들은 기업의 안내자이자 경우에 따라서는 자문의 역할을 맡는다. "소비자의 임파워먼트는 새로운 기회를 제공한다." 그는 이렇게 말한다. 그는 그를 고용한 기업들에게 소비자들의 진정한 목소리를 대변하는 것에 매우 열성적이다. 그의 작업은 다차원적인 시각적 접근법을 사용하여 감성적 가치나 감각적 경험의 관점에서 소비자들이 브랜드에 대해 연상하는 기저의 의미들을 살피는 것이다. '신선함'이나 '웰빙(well-being)'이 그런 의미들이다. 소비자들이 진술한 감각 및 감성적 필요를 시각화함으로써 이 과정은 다음을 가능하게 한다.

1. 특정 제품과 용도에 대한 컨셉 및 의미의 차원을 시각화할 수 있다.
2. 이러한 컨셉이 가장 적절하게 전달될 감각적 양식(modality)을 탐험할 수 있다.
3. 소비자들이 감성 또는 감각적 가치를 우선시하는 제품군과 용도를 제시할 수 있다.

 세계 곳곳의 참여자들은 웹에서 다양한 시각적 범주로부터 핵심 이미지를 선택하는 콜라주 크리에이션 방법(collage creation approach)을 통해 인터페이스할 수 있다. "참여자는 각 개별 연구의 필요성에 따라 전국 각 지역에서 통계적 대표성을 지닌 패널들로 이루어진다. 웹사이트가 이들에게 다양한 제품군의 이미지를 제공하면 이들은 콜라주로 이 이미지들을 정렬시킨다." 솔로몬은 이렇게 말한다. 이것은 그들에게 가장 유효한 사회적 맥락을 포함해 해당 제품에 대한 그들의 강렬한 반응을 여과 없이 제공한다.

마인드쉐어사(Mind/Share Inc.)는 전에 듀폰 어패럴 앤 텍스타일(Dupont Apparel & Textiles)이었던 인비스타(Invista)를 위해 흥미로운 프로젝트를 실시했다. 라이크라, 탁텔, 쿨맥스와 같은 브랜드를 소유한 이전 회사가 주로 엔지니어링 중심이었다면, 인비스타는 뭔가 소비자들의 필요에 기반한 리서치를 실시하고 싶어했다. 마인드쉐어사는 자료 구축을 위해 세 단계로 이루어진 자료-수집 단계를 개발해냈다. 첫 번째 단계는 전통적인 포커스 그룹을 사용해 잠재적인 컨셉에 대한 소비자들의 아이디어를 수집했다. 예를 들어 신선함이란 컨셉을 주고 사람들이 이 컨셉을 어떻게 시각적으로 재현하는 경향이 있는지를 알아보는 것이다. 다음 단계는 온라인 설문조사로서 사람들에게 다양한 제품 컨셉과 사용 시나리오를 연결시키고 이것을 선호도에 따라 구분하는 것이다. 마지막 단계도 온라인 형태로서 응답자들이 선호한 제품과 기꺼이 프리미엄을 지불하겠다고 반응한 새로운 제품 아이디어들에 좀더 집중하였다.

"이것은 우리에게 기존에 충족되지 못한 소비자들의 필요를 확인하고 이러한 필요를 충족시키는 섬유를 개발하는 '시장 중심'의 접근을 하도록 해주었다. 이러한 방법은 새로운 섬유 기술을 먼저 개발한 다음 그것을 응용하는 일반적인 '분자 중심(molecule-forward)'의 방법과 대조를 이룬다." 솔로몬은 이렇게 말한다. 이 접근법은 사람들이 특정 제품군에 대해 느끼는 바를 바탕으로 새로운 기회를 열어줌으로써 인비스타의 제품 개발 이니셔티브에 엄청난 영향을 미쳤다. 인터넷이란 형태는 사람들의 대화를 최소화하는 전통적인 포커스 그룹과는 달리 좀더 자유로운 반응을 이끌어낼 수 있었다. 인터넷에서는 그들을 판단할 동료 집단도 없을 뿐더러 형식에 구애받지 않아도 되기 때문이다. 이것은 재미있고 새로운 시각적 자극에 좀더 적극적으로 그들의 속을 열 수 있게 해준다.

디자이너에게 인간과학에 기반을 둔 이 새로운 유형의 리서치 발견들은 사람들의 내밀한 열망과 감성적 현실을 밝혀내는 훌륭한 도구들이다. 캠프파이어가 항상 발견과 우정이란 의미를 전달한다고 할 때, 만약 사람들이 어떤 브랜드의 개성을 표현하기 위해 캠프파이어를 선택한다면, 우리는 이들이 이 브랜드에 대해 실제로 어떻게 생각하는지를 알 수 있다. 무의식적으로 사람들은 시각적 커뮤니케이션을 통해 합리적인 포커스 그룹의 맥락에서는 절대 표현될 수 없는 정보들을 소통시킨다.

감성의 시각화

반 고흐는 인상주의 화가로서 단순히 자신이 본 것을 있는 그대로 그리는 것이 아니라 그것에 대해 어떻게 느끼는지를 그렸다. 디자이너로서 나에게 브랜딩이란 항상 그 제품이 단순히 어떤 기능을 가지는지가 아니라 "사람들이 이 브랜드에 대해 어떻게 느낄까?"라고 묻는 것이었다. 만약 느낌도 조사할 수 있다면 시각화는 바로 이러한 느낌에 대한 것이다. 강의를 위해 한번은 전형적인 교외 지역 여성과 그녀의 자동차, 집, 그리고 남편 사진에 대한 시각적 프리젠테이션을 준비한 적이 있다. 그런 다음 청중에게 이렇게 물었다. "이 사진의 문제는 무엇일까요?" 대부분의 청중은 내가 무슨 말을 하고 있는지 이해하지 못했다. 그러면 나는 같은 여성이 좀더 신나는 옷을 입은 모습을 보여주고 질문한다.

"만약 그녀가 좋아하는 것이 이런 거라면 어떡하죠?" 두 번째 사진은 모두가 선망하는 꿈의 자동차와 훨씬 더 아름다운 집, 그리고 "그녀가 좀더 함께 있고 싶어할" 잘생긴 젊은 남성의 사진이었다. 첫 번째 사진은 마케터와 연구조사자들이 고객의 프로파일을 시각화하는 일반적인 방법을 보여주는 반면, 이것의 문제점은 이 '완벽한' 고객의 숨겨진 감성적 열망에 대해서는 아무것도 드러내주지 못한다는 것이다.

예를 들어 겉보기에는 보수적으로 보이는 중년 여성이 빅토리아 시크릿에서 매우 섹시한 속옷을 산다고 해보자. 비록 속옷이라 할지라도 일탈하는 것은 뭔가 변신하는 느낌을 제공한다. 〈당신이 그녀라면In Her Shoes〉이라는 영화는 신발에 대한 사랑으로 성격이 규정되는 두 자매의 이야기를 다룬다. 이 영화에서 영화배우 카메론 디아즈는 (좀더 사회적으로 성공한) 변호사 언니의 어마어마한 신발장을 시기어린 눈으로 바라보며 이렇게 말한다. "이 신발들은 신발장에 이렇게 처박혀 있으면 안 돼. 이들도 멋진 삶을 살아야 한다구." 그녀의 언니(토니 콜레트 분)는 나중에 그녀의 구매가 정당함을 이렇게 주장한다. "이들은 내게 뭔가를 줘. 옷은 어떤 옷을 입어도 내게 어울리지 않고 음식도 먹으면 살찌기만 하지만 신발은 언제나 꼭 맞는단 말이야." 신발은 안전하고 재미있으며 어떠한 심적 부담이나 부정적 요소도 없는 순수한 만족감을 제공한다. 이것은 신발 산업이 성공하게 된 부분적 이유이기도 하지만 이 대화에서 우리는 스타일과 맞음새(fit)를 넘어서 여성들이 일반적으로 어떻게 느끼는가에 대한 훨씬 더 흥미로운 통찰력을 얻게 된다. 이것은 감성적인 맥락에서 신발을 자세히 관찰할 때만이 얻을 수 있는 정보이다.

감성을 시각화하는 것은 피상적이고 물리적인 소비자 묘사보다 좀더 깊이 사람들의 행동을 이해할 수 있는 통찰력을 제공한다. 그것은 우리가 얼마나 복잡하고 모순적인지 그리고 우리가 살아있음을 느끼기 위해 또는 남과 다름을 느끼기 위해 어떻게 우리의 감성을 모두 경험하고 활성화하고 싶어하는지를 보여준다. 감성적인 소비자 프로파일은 사람들의 동기와 열망을 좀더 잘 이해할 수 있도록 해주는 핵심이다. 특히 자긍심과 동료 관계는 더욱 그러하다. 첫 번째 전환에서 구축한 다섯 가지 감성 프로파일들(시민의식, 자유, 지위, 조화, 신뢰)은 소비자들의 감성을 식별하고 그리기 시작하는 훌륭한 방법이다.

미 국방부와 시각화

요즘 미 국방부는 테러리스트처럼 생각하는 것에 매우 민감하다. 비행기를 무기로 시각화할 수 있는 사람들이라면 아직 병참서에 쓰여 있지 않은 다른 형태의 파괴 수단들도 발견해낼 수 있을지 모르기 때문이다. 테러리스트들은 민첩하고 기동성이 강하며 상상력이 풍부하고 예측 불가능하다. 군대는 좀더 형식적인 훈련을 받은 전문 군인 외에 항상 창조적인 사고가들을 동원하여 다른 시각을 확보하고자 했다. 1974년 두비 브라더스(Doobie Brothers)에 합류하며 음악의 길을 걷기도 했던 제프 백스터(Jeff Baxter)는 그의 엉뚱한 아이디어를 사용해 미 국방부가 테러리스트들의 전술과 전략을 예상하도록 도와준다. 미 국방부는 이렇게 자신의 안전지대 밖에 위치한 이니셔티브들을 받아들이고 있다.

반면 기업들은 이와 대조적인 모습을 보인다. 그들은 제한된 브랜딩 접근법만을 따라가며 기존의 관습에 도전할 수 있는 어려운 질문들은 회피한다. 이 과정에서 영감은 자연스럽게 실종된다. 그 어려운 질문들은 다음과 같다. 경쟁자들은 어떻게 생각하고 있을까? 다음의 경쟁자는 누가 될까? 우리는 어떻게 대응하고 우리를 보호할 것인가? 이에 대한 해답은 상상력에 기초한 시각화의 시나리오를 그려내는 것에 있다. 이러한 접근법은 제3자가 해줄 수 있는 그 어떤 방법보다 더욱 강력하다. 특히 브랜드의 새로운 길을 결정하는 일에 있어서는 더욱 그러하다.

에스티 로더의 회장 레너드 로더(Leonard Lauder)나 인텔의 CEO를 지낸 바 있는 앤드류 그로브(Andrew Grove)와 같은 유수 기업들의 선구자들은 사업의 성공을 예측하거나 주요 변화를 시도하기 위해 시각화 기법을 활용했다. 앤드류 그로브가 자신의 책 『편집광만이 살아남는다 Only the Paranoid Survive』에서 설명하듯, "죽음의 계곡을 성공적으로 통과하기 위해서는 먼저 당신의 회사가 반대편에 도달했을 때 어떤 모습으로 보여야 할지에 대한 심적 이미지를 만들어내야 한다. 그 이미지는 충분히 시각화할 수 있을 만큼 분명해야 할 뿐 아니라 지치고 무기력하며 혼란에 빠진 당신의 직원들에게 간단하게 전달할 수 있을 만큼 뚜렷해야 한다."[8] 레너드 로더는 그의 어머니에 관한 책 『에스티의 성공 이야기Estée: A Success Story』에서 이렇게 말한다. "나는 성공을 시각화하고 그 이미지로부터 현실을 만들어냈다." 이 둘은 모두 회사와 브랜드의 미래를 예상하기 위해 그들이 시각화의 기법을 사용했음을 보여준다.

『당신의 분야에서 슈퍼스타가 되기 위한 포켓 가이드The Pocket Guide to Becoming a Superstar in Your Field』의 저자이자 뉴욕에 위치한 스핏파이어 커뮤니케이션(Spitfire Communications)의 이사인 올리비아 캐베인(Olivia Fox Cabane)은 시각화의 효과에 대해 절대적으로 신뢰한다. 왜냐하면 우리의 잠재의식은 상상과 현실을 구분하지 않기 때문이다. "영화에서 피와 창자가 튀기는 장면을 보는 동안 우리는 설사 의식적인 차원에서는 이것이 허구라는 것을 알면서도 잠재의식적 차원에서는 '싸우거나 아니면 도망치거나' 둘 중 하나의 모드로 바뀐다. 우리 몸의 기능을 거의 대부분 담당하는 잠재의식은 자신이 보는 것이 진짜라고 믿기 때문이다." 그녀는 바로 이 때문에 운동선수들이 몇 시간씩이나 들이며 승리의 모습을 시각화하는 것이라고 말한다. 그들의 잠재의식은 승리를 현실로 받아들이고 그에 맞게 신체가 행동하도록 만들어줄 것이다.[10] 이처럼 감성이나 느낌을 중시하는 시각화의 힘은 모든 브랜드 형성과정에 통합되어야 한다. 디자이너는 이를 매우 잘 해낼 수 있고 또 매일 실천하기도 한다. 하지만 아직도 이들은 제대로 활용되지 못하고 있다.

관찰: 디자이너의 눈을 통한 리서치

거의 20명에 달하는 우리 회사의 크리에이티브 실무진들이 국제회의를 위해 일본을 방문한 적이 있다. 그들은 여느 때처럼 새로운 장소를 돌아다니며 새로운 트렌드와 아이디어를 탐험하는 시간을 배치해두었다. 최고의 리서치 형태는 디자이너가 외부의 정보와 자극을 관찰하고 창조적인 목적으로 여과하는 능력을 고려하는 것이다. 오늘날 브랜딩 세계에서 디자이너의 시각적 감각은 상호보완적인 리서치 방법으로 여겨지기보다는 시험의 대상이 되고 있다. 이러한 감각은 수년에 걸쳐 문화와 예술, 사람들과 맺은 감성적 연결의 결실인데도 말이다.

도쿄는 이러한 목적에 적합한 장소이다. 특히 일본의 젊은이들은 매우 획일적이고 까다로운 사회의 엄격함에서 벗어나기 위해 브랜드를 통해 그들의 개성을 표현하는 듯하다. 이와 함께 그들은 외국 아이콘 브랜드에서 그들에 대한 긍정(affirmation)을 발견한다. 도쿄에서는 또한 어린이 같은 만화 캐릭터들과 매우 독특한 액세서리 및 패션 소품들도 발견할 수 있다. 이들은 모두 일본을 새로운 아이디어와 트렌드를 관찰하는 실험실로 만든다. 외국과 아이콘 브랜드의 힘을 빌려 도피하고자 하는 욕구는 일본을 혁신의 요람으로 만들었다. 전 세계 수많은 제품들이 도쿄의 트렌드에 기반하여 만들어졌다. 로레알의 염색 브러시도 그런 예이다. 그러므로 이들에 대한 탐사는 필수적이면서도 도전적이다. 일본 시장은 항상 너무나 많은 신제품과 아이디어로 분주하다. 이 중에는 모방도 있지만 오리지널도 많다. 탐색 과정은 항상 계속되고 진지한 조사와 편집 과정을 필요로 한다. 이번 일본 여행에 합류한 사람들은 우리 회사의 대표적인 크리에이티브들이다. 그들은 모든 것이 좋아 보이는 것들 속에서도 '진정 놀랄 만한' 아이디어를 끄집어낼 수 있다. 우리의 크리에이티브 디렉터들은 그 사회나 트렌드를 보여주는 핵심적인 관찰 결과들을 가지고 올 것이다. 이 관찰 결과들은 나머지 직원들에게 디자인과 인류학적 관점에서 바라본 문화적 변동에 대해 알려줄 것이다. 이 팀원들은 눈에 보이는 뻔한 것을 넘어 특별한 것을 식별해내는 독특한 능력을 지니고 있다.

최근 도쿄의 장난감 매장에서 발견되는 유행 중 하나는 '글루미 (Gloomy)'였다. 글루미는 작고 귀여운 곰 인형으로서 자세히 보면 진짜 발톱을 지녔다. 이 곰 인형은 자세한 내막을 알기 전까진 귀여워 보인

곰 인형, 글루미

일본의 청소년들은 작고 귀여워 보이지만 사실은 잔혹한 글루미에 열광한다.

다. 하지만 알고 보면 글루미는 사실 못된 악동으로서, 그가 주인공으로 나오는 만화에서 어린이들을 공격하고 때리며 날카로운 발톱으로 할퀸다. 그의 공격은 피가 사방에 튀길 만큼 꽤 잔혹하다. 하지만 이 이미지들이 던져주는 초기의 충격이 가시고 나면 당신은 일본의 십대 청소년들이 이 난폭한 인형에 얼마나 열광하는지 알게 될 것이다.

서구인들과는 달리 일본 십대들에게 글루미의 극단적인 이야기는 충격적이기 보다는 재미있는 것으로 받아들여진다. 이 이야기의 강력한 사실주의는 일본 십대들의 눈에는 오히려 비현실적인 것으로 받아들여지고, 이 맥락에서 난폭성은 재미있는 것으로 여겨진다. 십대들은 이 작은 괴물을 너무나 아낀다. 이 인형은 지금처럼 유명해지기 전에는 길거리 예술가의 초라한 창작물에 불과했다. 물론 폭력은 언제나 동서고금을 막론하고 십대 생활의 일부였다. 권총과 군대 차량, 전쟁 장난감, 살육과 파괴에 기초한 비디오 게임 등은 전혀 새로운 것이 아니다. 하지만 곰 인형처럼 궁극적으로 '귀여운' 장난감과 연결된 폭력은 뜻밖의 영역으로써 감성적으로 더욱 도전적이다. 자고로 곰 인형이란 이와 같은 행동을 하지 않는 것이다!

위기의 시대에서 비현실적이고 안전하며 귀여운 것에 대한 이러한 거부는 하나의 경향으로서 이해될 필요가 있다. 이것은 젊은 세대들이 세상을 위험한 것으로 인식하고 있음을 보여준다. 십대들은 그들의 현실과 대면하고 있고 유머를 통해 이를 회피하는 방법을 찾고 있다. 심리학적 관점에서 봤을 때, 호러 이야기가 어린이들에게 밤과 미지의 세계에 대한 두려움을 없애는 데 도움이 된다는 것은 널리 알려진 사실이다. 세계의 십대 청소년들도 그들의 획일적인 일상이나 부모들의 기대에서 벗어나는 깜짝 놀랄만한 제품 연관(association)이나 심벌을 통해 그들의 정체성을 확인하고 싶어한다. 십대들은 우습게 무섭거나 무섭게 우스운 것을 만들어내는 것처럼 자신들의 근심에 맞게 현실을 창조하거나 재창조하는 최고의 집단이다.

디자이너의 눈을 통해 여과된 이러한 종류의 정보는 매우 다양한 모자이크로 이루어진 사람들의 삶을 이해하거나 시장을 분석하는 데 있어 가장 강력한 방법 중 하나이다. 앞으로도 우리가 사실적인 것을 극적인 것과 뒤섞고 난폭한 것을 기묘한 유머로 재포장하는 제품이나 브랜드 전략을 더 많이 보게 될지는 미지수다. 하지만 사람들에게 다가가는 방법은 분명 그들의 심리적 상태를 통과하는 일이 될 것이고 창조적인 사람들은 이런 일을 잘 수행할 준비가 되어 있다. 이러한 관점이 브랜드 메시지에 남기는 궁극적인 감성적 효과는 이미 시장에서 찾아볼 수 있다. 리얼리티 TV의 성공은 모험적이고 위험한 삶의 단면을 안전하게 이용하는 것이라 할 수 있다. 패션계의 고딕 룩은 분명 어린 시절 우리를 무섭게 했던 동화책의 유령과 괴물, 그리고 악당들을 상기시킨다. 우리의 무의식은 독특한 방식으로 작동한다. 그리고 디자이너들은 브랜드가 청중에게 도달하는 가장 의미 있는 방식을 찾는 데 있어 이러한 무의식을 이해하도록 도와준다.

일반적으로 크리에이티브 분야 사람들은 오늘날 새로운 디자인과 아이디어를 평가하는 데 적절한 절차란 존재하지 않는다고 생각한다. 그리고 그들이 옳을 수도 있다. 본능적인 크리에이티브 프로세스가 가장 획기적인 혁신의 원천이 되는 경우가 많은 만큼 이를 리서치로 여기지 못할 이유가 어디 있겠는가? 왜 우리는 사람들에게 실용적인 관점에서 눈에 뻔히 보이는 질문들만 묻는 대신 그들과 그들의 주변을 관찰하고 그들의 꿈을 알아내지 못하는가? 만약 디자이너나 크리에이티브 분야 출신을 연구조사원으로 두게 된다면 당신은 직관적이고 미래 지향적인 통찰력을 추가하게 될 것이다. 창조적인 사람들은 새로운 아이디어나 색상, 그래픽, 또는 형태에 대해 의견을 표명하면서 브랜드의 새로운 비전과 관점, 그리고 우리가 사는 세상에 관한 새로운 시각을 탄생시킨다. 이것은 단순히 제품에 관한 것이 아니라 브랜드와 그것이 맺는 감성적 연결에 관한 것이다.

디자인 관찰

디자인 리서치는 '새롭게 향상된' 연구조사이다. 이 연구조사에서는 이해력과 영감의 불꽃이 만난다. 이러한 영감은 창조적인 사람들이 회사나 브랜드의 미래를 예측하기 위해 상상력을 사용할 때 일어난다. 디자이너가 가장 두려워하는 문구는 디자인이나 새로운 아이디어 및 컨셉을 평가하는 궁극적인 도구로 사용되는 '포커스 그룹 리서치'이다. 소비자에게 새로운 디자인 컨셉의 최종 판단자가 되도록 부탁한다거나 오직 그들만이 새로운 아이디어의 영감이 될 수 있다고 주장하는 것은 너무나 불공평하다. 소비자들은 브랜드와 브랜드 전략, 그리고 브랜드가

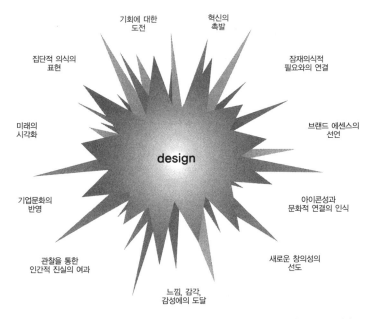

기회에 대한
도전

혁신의
촉발

집단적 의식의
표현

잠재의식적
필요와의 연결

미래의
시각화

design

브랜드 에센스의
선언

기업문화의
반영

아이콘성과
문화적 연결의 인식

관찰을 통한
인간적 진실의 여과

새로운 창의성의
선도

느낌, 감각,
감성에의 도달

리서치로서의 디자인: 기업들은 이제 순수 미학을 넘어 영감의 원천으로서 디자인에 눈뜨고 있다.

이 치열한 경쟁세계에서 맞닥뜨리는 도전에 대해 우리가 알고 있는 정보를 미처 알지 못한다.

내 말이 의심스러운가? 그렇다면 시장에 가서 직접 눈으로 확인하라. 예를 들어 WWD가 버버리의 최고운영책임자를 맡고 있는 스테이시 카트라이트(Stacey Cartwright)와 나눈 인터뷰에 따르면, 이 회사는 자사의 고객들이 어떤 제품을 구매하고 있고, 왜 그런지를 이해하기 위해 새로운 소프트웨어 시스템을 구축하고 있다고 한다. 이 시스템을 통해 그들은 "만약 드레스와 함께 전시했을 때 가방의 매출이 증가하는지 알 수 있거나 또는 왜 모스크바 매장의 고객들은 이브닝웨어와 함께 트렌치코트를 구매하는지를 분석"할 수 있게 될 것이다.[11] 최고의 디자인 리서치 과정은 소비자들의 동기와 무의식적 욕망에 관한 관찰 연구를 통합한다. 오늘날 효과적인 리서치는 사람들에게 브랜드에 대해 어떻게 생각하는지를 묻기 보다는 실제 생활과 맥락에서의 관찰 결과에 점점 더 의존하고 있다.

이러한 사실은 또 한 번 브랜드 경험이 사람들의 인식을 바꿀 수 있을 뿐 아니라 디자인 아이디어를 주변 맥락에서 벗어나 테스트하거나 조사하는 것이 예를 들어 훌륭한 윈도우 디스플레이가 만들어낼 수 있는 감성적 상호작용의 이해를 제한할 수 있다는 주장을 뒷받침한다. 벤자민 니사노프와 그의 아내가 아이스크림 향에 기반한 비누사업을 시작했을 때(네 번째 전환을 참조하라.) 그들은 이 아이디어를 테스트해보고 싶어했다. 그러나 그들은 황량한 환경에서 진행되기 마련인 포커스 그룹 방법을 사용하긴 싫었다. 그래서 그들은 중서부에 있는 재래시장 몇 군데에 부스를 차리고 직접 사람들을 만나기로 했다. 이것은 분명 더 대담한 방법이었다. 현장에서 사람들의 코멘트뿐 아니라 (성공의 최종 증거인) 지갑이 열리는 소리를 직접 들을 수 있기 때문이다.

다행히도 그들의 제품은 좋은 성과를 거두었다. 그러나 그들이 사업을 시작하고 마침내 성공까지 거두게 된 아이디어를 발견한 곳은 바로 사람들과 나눈 가벼운 대화에서였다. 재래시장 손님들은 그들의 둥근 비누에서 한 스푼의 아이스크림의 느낌과 모습을 발견했던 것이다! 이 사업가들은 곧 브랜드의 초점을 목욕 비누에서 목욕 아이스크림으로 전환하였고, 이 컨셉은 이들에게 미국 최고의 스파들로 통하는 문을 열어주었다. 벤자민의 말에 따르면, 감성적인 차원에서 사람들이 이 아이디어에서 발견한 것은 아이스크림과 연관된 즐거움을 목욕 제품과 연결해주는 동시에 어린 시절을 상기시키는 신선한 컨셉이었다. 니사노프 부부가 행한 생생한 리서치는 브랜드와 고객들 간의 진짜 대화를 이끌어

아이스크림 컨셉의 비누에 대한 시장 테스트

낼 수 있었다. 그들이 마련한 환경은 대화를 이끌어내는 데 적합했고 사람들의 반응은 진실되고 솔직했다. 덕분에 사업은 성공할 수 있었다.

숨겨진 디자이너

리서치 때문에 좋은 아이디어가 사라지는 것은 디자이너에게는 악몽과 같다. 우리 회사는 어느 주요 기업을 위해 새로운 패키징을 개발한적이 있다. 6개월간 혹독한 디자인 탐구와 소비자 조사를 거친 후 얻은최종 솔루션은 겉보기에는 애초의 디자인과 거의 동일해 보였다. 브랜드를 더 좋은 위치에 올려놓았을지도 모를 수백 개의 혁신적 아이디어들을 탐험한 결과 우리는 결국 우리가 처음 시작한 곳으로 되돌아온 것이다. "혁신에 문을 여는 것은 대부분의 사람들에게는 그들의 안전지대에서 벗어나는 것을 뜻한다." 허먼 밀러에서 디자인 부사장으로 있는프랑코 로데이토(Franco Lodato)는 이렇게 말한다. "그리고 브랜드의 두려움을 해소하는 리서치 기법들도 이미 나와 있다."[12]

나는 모든 회사에 혁신 팀장(innovation captain)을 둘 것을 권한다. 혁신 팀장의 역할은 "아냐, 너무 못생겼어." 또는 "아직 충분히 차별화되지 않았어."라고 말하는 것이다. 이 사람은 디자인의 힘과 사회적 영향력을 잘 이해하고 있는 사람이어야 한다. 크리에이티브 작업을 이끄는 것은 마케터의 역할이 아니다. 이 일을 할 수 있는 사람은 애플의 스티브 잡스처럼 몇 안 된다. 차이를 만들어내기 위해서 마케터와 연구조사원들은 창조적인 사람들과 손을 잡음으로써 그들의 인식을 훨씬 개선시킬 수 있다. 디자이너나 건축가, 아트 디렉터, 그리고 스타일리스트들은 생각과 느끼는 작업을 동시에 한다. 그들은 놀라운 삶의 관찰자들이고 아직 훈련받지 못한 사람들이 보지 못하는 것을 본다. 그들은 가장 평범한 곳에서 특이한 것을 찾아낸다. 고유한 색상과 서체, 트렌드, 만지고 싶은 질감, 이야기를 전달하는 구조, 맥락에 따라 다른 호소력을 지니는 물건들, 인간과 자연 간의 마법과 같은 영원한 동반자 관계 등. 다른 이들과 함께 보내는 순간의 시간과 냄새, 그리고 소리는 함께 공유하고픈 결정적인 아이디어가 된다.

패션쇼에 대해 한 번 생각해보자. 패션쇼는 패션 디자이너들이 문화를 재규정하는 좋은 벤치마크이다. 패션쇼는 소매업계 최고의 구매자들과 미디어, 심지어 자신의 투자가 잘 선방하고 있는지 확인하고 싶어하는 월스트리트 사람들의 행렬에 이르기까지 많은 사람들을 끌어들인다. 청중들의 분위기와 태도를 보면 그 패션쇼의 컬렉션이 적중했는지, 또는 내년의 유행과 혁신은 무엇이 될지를 알 수 있다. 패션계는 그들의 컬렉션을 계절별로 평가한다. 그들은 고객들의 흥미를 이끌어내는 핵심이 변화라는 것을 잘 안다.

348

유행을 발견하기 위해 사람들이 가장 많이 방문하는 패션쇼는 '프리미어 비전(Premiere Vision)'이다. 프랑스 파리에서 매년 두 번씩 열리는 이 행사는 6만 평방피트에 달하는 직공들의 시사회장으로서 가장 창조적인 최신 옷을 선보인다. 이 쇼는 패션 전문가뿐 아니라 디자이너와 마케터, 그리고 마이클 델과 같은 선각적인 기업가들도 끌어온다. 이 쇼에서는 미래의 색상이 무엇이 될지, 그리고 패션 디자이너들의 다음 컬렉션에 영감을 줄 직물은 무엇이 될지 알 수 있다. 그곳은 진정으로 당신의 감각과 상상력을 자극하는 곳이자 창의성의 교차로이며 사람들이 입을 스타일과 디자인의 그림이다. 이곳에서 우리는 가장 창조적으로 표현된 세상의 정취를 느낄 수 있다.

대량 시장의 소비재 세계에서 일부 브랜드들은 충성스런 고객을 만들어내는 핵심이 변화에 달려 있다는 사실을 깨달았다. 코카콜라, 펩시, 그리고 캐드버리(Cadbury)는 패션계에서 영감을 얻고 계절별 전략으로 이동하고 있다. 패션쇼는 브랜드를 총체적인 시각적 표현으로 제시하는 감각적 방법이자 감흥에 대한 것이다. 이곳은 또한 전문가들이 디자이너의 창조성과 생명력을 판단하는 최종적인 테스트의 장이기도 하다. 그렇다면 전통적인 포커스 그룹을 사용하는 대신 이 형식을 차용하는 것은 어떨까? 이곳에서 브랜드는 창의성을 선보일 것이고 이는 좀더 전문적인 판단력을 갖춘 사람들에게 검토될 것이다. 이것은 또한 마케팅 전문가들이 브랜드 출시를 소중한 행사로 여기도록 만들어줄 것이다.

몇 년 전 P&G(그 당시에 이 회사는 우리의 고객이 아니었다.)가 내게 그들의 미용 브랜드들을 평가해달라고 의뢰한 적이 있다. 그들은 내게 최대한 솔직하고 진실되게 말해줄 것을 요청했다. P&G의 최고 경영진들은 신선한 외부인의 관점에서 회사를 들여다봐줄 디자이너의 눈을 원했다. 나는 이러한 과정이 용감하고 영리하다고 생각했다. 이제 P&G는 업계를 새롭게 변화시켜나가고 있다. 디자인과 크리에이티브 프로세스는 이 회사 내에서 진정한 변화의 동력이라는 역할을 맡게 되었다. (두 번째 통찰을 참고하라.)[13] P&G는 클라우디아 코치카(Claudia Kotchka)를 디자인 혁신 부사장으로 임명했다. 하지만 대부분의 기업에서 이런 역할은 아직도 찾아보기 힘들다. J&J가 고용한 유명 디자이너 크리스 해커(Chris Hacker)는 아베다의 미용제품을 부활시키고 이를 J&J가 생산하는 모든 제품의 시각적 어휘로 삼았다. 그러나 대부분의 기업에서 이런 지위는 그들에게 합당한 권위나 창조의 자유를 제공받지 못하고 있다. 그리고 이 때문에 브랜드는 피해를 입는다. "주로 포장 그래픽에 초점을 맞추는 회사에게 디자인은 항상 뒷전이었다. 하지만 오늘날 좋은 디자인이 시장에서 브랜드 차별화를 이뤄낸다는 것은 자명한 사실이다."라고 클라우디아 코치카는 말한다.[14]

리서치의 관점에서 볼 때 P&G는 〈뉴스위크〉가 "고객들의 집에 들어가기(Going Home with the Customer)"라고 부른 것을 발명해냈다. P&G의 디자이너들은 1차 정보를 수집하기 위해 고객들의 가정을 직접 방문한다. 이러한 노력의 결과로 탄생한 것 중 하나가 캔두(Kandoo)라는 어린이용 화장실 훈련 화장지였다. 리서치 결과 어린이들이 스스로 일을 처리하고 싶어한다는 사실을 알게 된 P&G는 뚜껑에 크고 쉽게 식별할 수 있는 버튼을 눌러 사용하는 새로운 화장지 박스 디자인에 착수했다. 코치카는 "어린이들이 이에 열광했다."고 말한다.[15]

이러한 접근법은 물론 다른 이들에게도 영감을 주었다. 하지만 놓치지 말아야 할 것은 새로운 제품 아이디어가 기능성을 뛰어넘어 훌륭한 미학을 창조할 수 있을 때 고객들에게 더욱 사랑받는다는 사실이다. 스타일은 브랜드가 더욱 친근하고 쉽게 다가가도록 만들어주며 사람들의 마음에 잊지 못할 감성을 남겨놓는다. 리서치는 디자이너와 마케팅 전문가들에게 더 많은 영감을 제공할 창조적인 감흥을 탐색하는 과정도 포함해야 한다. 한 가지 중요한 사례를 살펴보자. 뉴욕에서 열린 전국소매협회(National Retail Federation) 컨벤션에서는 유용한 소매관련 전자 제품들이 선보였다. 어떤 부스에서는 소비자가 원하는 제품을 더욱 빨리 찾고 이전에 구매했던 제품을 검색하도록 해주며 (이는 책과 같은 제품을 살 때 매우 유용하다.) 어떤 판촉 행사들이 있는지 알려주고 매장에서 줄을 서지 않아도 체크아웃할 수 있도록 도와주는 휴대용 전자 제품을 선보였다. 소매업자들에게 이것은 공급과 수요를 통합함으로써 비용을 절감하는 훌륭한 방법이었다. 하지만 이 휴대용 장치는 크고 무거우며 그다지 매력적으로 생기지 않았고 오늘날 우리가 익숙한 대부분의 휴대폰의 섹시한 외양과는 거리가 멀었다. 이 제품이 주는 경험은 유기적이지도, 감각적이지도 감성적이지도 않았다. 그것은 첨단기술의 인공적이며 비인간적이고 사실상 인간을 기계로 바꿔놓는 경험이었다. 이것은 시간을 단축시킴으로써 사람들에게 다가가고자 했던 이 프로그램으로서는 안타까운 단점이었다. 특정 제품에 대한 소비자들의 행동을 조사하는 것은 마케터에게 엄청난 기회가 될 수 있다. 하지만 조사 대상을 잘못 선정하는 경우도 많다. 소비자들의 행동 대신 제품을, 경험 대신 수용가능성을 조사하는 것이 그런 예이다.

디자인 발견

디자이너들은 잡동사니 속에서도 아름다움을 찾아내고 만들어내는 초자연적인 능력을 가지고 있다. 스코틀랜드 출신의 예술가 앤디 골즈워디(Andy Goldsworthy)는 세상 사람들이 다른 방식으로 자연을 바라보도록 하는 데 선두적인 역할을 하고 있다. 그는 자연의 언어를 환경친화적인 방식으로 재규정한다. 그는 자연 환경에서 발견해낸 조각들로 우리의 삶을 떠받치는 핵심 토대와 우리가 우주와 맺는 관계를 찬양한다. 자연은 그의 언어를 이해하고 그를 놀라운 발견으로 인도한다. 예를 들어 그는 뉴욕 주에 위치한 어느 한 강가에서 부서지면 놀라운 붉은색을 만들어내는 돌들을 찾아냈다. "나는 표면 속으로 들어가길 원한다." 골즈워디는 이렇게 말한다. "내가 나뭇잎이나 돌, 막대기와 작업할 때 그것들은 그 자체로서의 물질들이 아니라 그 속과 그 주변의 삶의 과정으로 들어가는 입구가 된다. 내가 이들을 떠난 후에도 이 과정은 계속된다."[16] 골즈워디의 작업은 본능적이고 원초적이며 우리에게 친숙한 자연 예술의 형태를 인간 예술로 바꿔낸다. 그는 오직 손에 의지하여 새로운 자연 언어를 만들어낸다. 우리는 이 언어에 친숙하지만 간혹 이를 오해하기도 한다. 이 언어는 우리에게 친숙한 물건들을 새로운 방식으로 바라보고 낯선 물건들을 자연스러운 방식으로 바라보게 만든다. 그는 우리의 주변 환경을 예찬함으로써 우리의 삶을 예찬한다. 그는 또한 우리가 누구이고 어떤 사람인지 그 핵심을 발견하도록 도와준다. 디자이너들은 이러한 내적 감수성을 통해 우리의 가슴을 뛰게 하는 시각적, 감각적 작업을 만들어낸다.

최고의 디자이너는 상상력이 주도하는 직관적 감수성의 세계에 거주한다. 어떤 이는 이러한 종류의 사고를 모방하거나 가두고 해체하려 했으나 대부분의 디자이너들은 그들의 발견에서 자유로 향하는 문을 발견한다. 이를 통해 그들은 예상 가능한 세계에서 마법의 세계로 이동한다. 디자이너를 위한 궁극적인 감성 상태는 자유이다. 이것은 다른 이들이 마음의 문을 열고 그들의 현실과 세계를 이해할 때 더욱 증가한다. 브랜딩은 우리가 새로운 가능성에 눈을 뜨고 마음을 열면 이러한 과정으로 통하는 문을 제공한다. 대량 정보 뒤에 숨어있는 진실을 끄집어내고 현실에 도전하면서도 깊은 열망에 조우하는 혁신적인 제품을 그려내는 능력이야말로 바로 디자인 리서치의 핵심이다. 디자이너들은 시각적 정보를 건축, 신제품, 그리고 커뮤니케이션 수단에 이동시킨다. 우리는 포커스 그룹의 임상실과 같은 '어두운 방' 안이 아니라 모든 감각이 살아있는 우리의 생활 속에서 브랜드에 반응한다. 포커스 그룹에서는 아무리 획기적인 CF와 그래픽, 그 외 어떤 커뮤니케이션 수단을 테스트한다하더라도 절대 혁명적인 아이디어를 발견해내지 못할 것이다. 리서치는 크리에이티브 프로세스를 장려해야지 억눌러서는 안 된다.

디자이너가 소비자이다

나는 브랜딩계가 소비자 조사를 재고하고 디자인 리서치를 채택할 것을 주장한다. 한편 이것도 충분히 혁명적이지만 여기서 한 발 더 나아가 나는 디자이너들이 '소비자'들이라고 말하고자 한다. 시각적 인류학자로서 디자이너들은 그 누구보다도 시각적 커뮤니케이션을 잘 이해한다. 디자인의 힘을 바탕으로 소비자와 크리에이티브 전문가 그리고 혁신적 마케터 사이에 진정한 파트너십을 이뤄낸다면 우리는 다음의 일을 할 수 있을 것이다.

- 창의적 아이디어를 개발하고 기존의 공식들에 도전할 수 있을 것이다.
- 마케터와 소비자, 디자이너가 브랜딩의 초기 과정부터 혁신적인 파트너십을 구축할 수 있을 것이다.
- 마케터와 디자이너들이 내놓은 가설을 좀더 풍부한 방식으로 검증할 수 있을 것이다.
- 크리에이티브 프로세스에서 나온 영감을 논리의 힘과 똑같이 존중하는 발판을 마련할 수 있을 것이다.

이것은 기존의 브랜드 개발 과정에서 중추적 역할을 맡았던 위계적인 의뢰인-조사원 관계가 끝나는 것을 의미한다. 그렇다고 내가 모든 디자인 아이디어가 성공할 것이고 모든 디자이너가 완벽한 베테랑이라고 주장하는 것은 결코 아니다. 어떤 아이디어들은 실패할지도 모르고 심지어 어떤 아이디어들은 현재 다른 아이디어들이 실패하는 것과 같은 방식으로 실패를 반복할지도 모른다. 하지만 투자비용에서 봤을 때 기존 방법에서의 실패율과 새로운 브랜드 구축 아이디어들이 거두는 엄청난 성공을 비교해보면 후자의 경제적 효과가 브랜드 측면에서 훨씬 더 긍정적인 것으로 나타난다. 디자이너들은 잘못된 아이디어 하나 때문에 모든 비난을 받는 반면, 리서치 회사는 이 모든 비난으로부터 면제되는 것이다. 이러한 책임 전가의 오류는 시정되어야 한다.

오늘날의 마케팅은 경영능력은 뛰어나지만 최고의 아이디어들에 노출되고 이로부터 도전받을 필요가 있는 사람들에 의해 지도되고 있다. 하지만 이러한 노출과 도전의 과정은 일어나지 않고 있고 대화도 존재하지 않는다. 소비자들이 눈으로 직접 볼 수 있는 즐거움과 혁신, 그리고 아이디어를 찾는 시대에서는 더 이상 포커스 그룹에 의존해 그들이 존재할 수 있을 것이라고 상상조차 못했던 것들을 이끌어낼 수는 없다. 이제 목표는 획일성의 세계를 벗어나 이를 신나고 적절한 아름다움의 세계로 바꾸는 것이다.

브랜드잼: 협력적 발견을 통한 통찰력 찾기

브랜드잼은 데그립고베가 브랜드 포커스로부터 발전시킨 통찰력 프로세스(insight process)로서, 주요 기업들과 수년간 컨설팅한 결과에 기초하여 만들어진 브랜딩 접근법이다.(『감성 디자인 감성 브랜딩』을 참고하라.) 그것은 새로운 혁신적 언어로서 감성적 열망과 시각화가 가지는 힘을 중심으로 디자이너와 마케터, 그리고 소비자들이 펼치는 협동 과정의 힘을 증명하고 있다. 브랜드잼은 네이밍 솔루션을 창조하고 소비자의 통찰력을 제시하며 기업문화에 활력을 불어넣고 새로운 제품 기회와 혁신적인 시각적 아이덴티티의 창조를 적극 육성한다.

브랜드잼은 경영진에게 신선하고 소비자 중심적인 크리에이티브 비전을 갖도록 도와주고 개별성보다는 협동 과정의 중요성을 강조한다. P&G는 직원들에게 더 많은 소비자 교류 과정을 장려하는 동시에 모든 차원에서 협동 과정을 증진하는 경영 모델로 바꿔나감으로써 이러한 경향을 선도하고 있다. 제임스 워맥(James Womack)은 미국 자동차 산업이 일본 경쟁사들에 대해 가지는 일반적인 단점으로 훌륭한 사업 모델의 부재를 꼽는다. "GM과 포드는 미국인들이 '도요타' 대신 사고 싶은 차량을 디자인하지 못한다." 그는 또한 그들의 사업 모델이 렉서스처럼 소비자들과의 대화나 상호작용을 북돋우지도 못한다고 덧붙였다.[18]

간혹 기업이 느끼는 브랜드 인식은 사람들이 느끼는 브랜드 인식에서 크게 벗어나지 않는다. 하지만 진짜 통찰력은 감성적 뉘앙스에 달려 있다. 한 세션에서 어떤 주요 브랜드는 흥미롭게도 자신과 고객의 관계를 아버지와 아이처럼 한 쪽이 다른 쪽을 보호해주는 힘의 관계로 보았다. 이에 따라 그들은 브랜드 이미지로 어린이가 '아빠'를 올려다보는 비주얼을 택했다. 한편 그들의 고객들은 아버지라는 인물에 대해 거부감은 없었으나 대신 아버지가 의자에 앉아 아이와 눈높이를 맞추며 이야기하는 비주얼을 골랐다. 그들은 사실상 브랜드에 대한 신뢰를 표현하고 있었으나 좀더 겸손한 브랜드를 원하고 있었다. 이것은 같은 아이디어라 할지라도 감성적으로는 다른 인식을 보여주는 경우가 아닐 수 없다.

안타깝게도 브랜드는 다양한 사람들에 의해 관리되는 경우가 많다. 가장 대표적으로 이 팀에는 CEO와 CMO, 크리에이티브 디렉터, 제품 개발 책임자, 선임 엔지니어, 광고대행사, 브랜딩 회사, 리서치 회사, PR 회사, 프로모션 컨설턴트, IT 부서, 그 밖에 우리가 떠올릴 수 있는 수많은 사람들이 있다. 이들은 개인적인 브랜드 버전을 만들어내는 경향이 있다. 개개인들은 그들에게 개인적으로 효과를 발휘하는 것들을 통해 소비자들의 브랜드 인식과 상반되는 이니셔티브들을 고립적으로 만들어낸다. 대부분의 브랜드는 또한 그들이 이미 알고 있는 내용을 말해주거나 그들이 실행하고자 하는 것과 정반대되는 내용들을 가져오는 무수한 연구조사 자료들을 가지고 있다. 기업들은 그들이 보기에 적절한 정보라 여겨지는 것을 추적하는 데 엄청난 돈을 쓴다. 그러나 소비자들이 보기에는 이것이 복잡하거나 혼란스러운 커뮤니케이션을 밀어붙이는 것일 수도 있다는 사실에 대해서는 간과하는 경우가 많다.

브랜드잼은 모든 의사 결정자가 한자리에 모여 세상에 내보이는 브랜드의 외적 얼굴과 내적 의미에 집중하도록 함으로써 브랜드를 '안착(landing)' 시킨다. 그것은 내러티브를 통해 브랜드 감성을 구축함으로써 강력한 브랜드 혁신 도구로서 기능한다. 또한 브랜드잼은 다음의 네가지 핵심 이슈들을 성취하도록 고안되었다.

1. 분명한 브랜드 비전, 언어, 그리고 플랫폼을 중심으로 한 팀 배치
2. 브랜드가 의미하는 바에 대한 시각적, 감각적 선언
3. 브랜드적으로 올바르고 타이밍이 적절하며 전략적인 진행형 브랜드 스토리
4. 신봉자로 만들 수 있도록 내부 팀을 교육하는 도구

언어는 고정되어 있는 반면 비주얼은 거짓말을 하지 않는다
브랜드잼 과정은 브랜드의 새로운 의미 변화나 달라진 가치를 소개할 뿐 아니라 브랜드의 핵심적 특징을 가장 잘 대변해주는 하나를 찾기 위해 수천 개의 비주얼을 조사하는 과정을 포함한다. 하루 동안 게임과 같은 환경에서 고위 간부들을 포함한 브랜드 팀은 새로운 브랜드 모습을 그리기 위해 이 비주얼들에서 적절한 비주얼을 고르고 의견을 개진한다. 브랜드잼은 주요 기업들이 분명한 시각적 언어와 톤, 메시지, 대의,

적절한 상품 홍보인, 핵심 색상, 서체 등을 선택하도록 도와주었다. 우리는 이와 같은 브랜드잼 세션을 〈포춘〉에서 선정한 미국 500대 기업과 세계 유수 기업들을 상대로 15년 이상 실시해왔다. 우리는 1,000명이 넘는 가장 뛰어난 능력을 지닌 사람들을 상대로 이야기를 나눴다. 우리가 유서 깊은 의류 소매업체 브룩스 브라더스(Brooks Brothers)의 젊은 층 공략을 위해 리포지셔닝 작업을 도와준 일은 〈뉴요커〉에 보도되기도 하였다.

이 과정은 우리에게 브랜드의 새로운 의미를 가져다주었다

처음에 브랜드잼 과정의 전초인 브랜드 포커스를 선보였을 때의 반응은 "우리가 이 툴을 충분히 이해했는지는 모르겠지만 혹시나 모르니까 한번 해봅시다."였다. 이것이 한창 번영기를 구가하던 1990년대의 일이다. 예산은 책정되어 있었지만 우리의 결과물과 조언을 수용하고 실행하고자 하는 브랜드 팀의 의지는 그리 크지 않았다.

한편 21세기 초의 몇 년간은 시범적이었다. 브랜드잼이 기업문화에 어떤 결과를 가져올지는 아무도 장담할 수 없었고 혁신보다는 비용절감에 대한 분위기가 강하던 시기였다. 브랜드잼은 좀더 빠르고 저렴하게 해결방안에 이르는 방법으로서 사용되었다. 9·11 사태 이후부터는 현실 인식이 강하게 자리 잡았다. 재창조란 컨셉은 하나의 성장 전략이 되었다. 혹독한 경제 상황에서 사람들은 굳게 마음을 먹었다. 사람들은 혹독한 현실에서 살아남기 위해 싸우고자 했다. 바야흐로 이 시대는 우리를 (높은 이미지의 음료와 미용제품, 패션, 보석 브랜드 등과 같은) 안전지대로부터 끌어내 대학과 신문, 은행, 제약회사, 보험회사, 그리고 소비자 서비스의 세계로 내몰았다. 이 기업들은 모두 이제 그 어느 때보다 그들의 이야기와 외관 그리고 분위기에 신경 쓰기 시작했고 그들 브랜드에 대한 외부 인식이 어떤지 알고 싶어한다.

글로벌 기업의 시각적 묘사

이 기간 동안 우리에게 가장 흥미로운 발견은 주요 글로벌 기업의 최고 경영진들을 인터뷰하고 이들과 함께 브레인스토밍을 하면서 배우게 된 것들이다. 우리는 혁신과 자유에 대한 무의식적 요구를 볼 수 있었다. 재능 있는 사람들의 팀들이 관료주의와 기득권층, 사내 정치, 비효율적인 경영체계, 변화에 대한 두려움, 기존의 핵심 소비자들에 대한 소외, 점증하는 경쟁 등으로 인해 마비되어 있었다. 앞으로 나아가고자 하는 욕망은 회사 생활에서 질식해버렸고 우리는 이러한 좌절이 언젠가는 폭발하리라 생각했다. 급변하는 소비 풍경과 함께 통제하길 좋아하는 베이비부머, 실험을 좋아하는 X세대, 그리고 브랜드와 단절된 Y세대가 인생을 바라보는 방식에서 나타내는 뚜렷한 차이를 반영하는 전략은 전무했다.

팀들은 자신의 이야기를 발견하기 위해 비주얼을 사용한다

수천 개의 비주얼 중 기업들은 항상 그들의 '얼굴' 또는 감성을 나타내기 위해 우리가 '잭팟 비주얼(jackpot visual)' 이라 부르는 몇 개의 것들을 선택하는 듯했다. 이것은 세대별 차이나 전반적으로 체념적인 기업 분위기 등 중요한 이슈들을 드러냈다. 그 중 1위부터 3위까지는 다음과 같다.

1위. 여성이 손으로 흰 커튼을 열고 창문 밖의 풍성하고 푸른 숲을 바라보는 그림. 가장 많은 선택을 받은 이 비주얼은 현재 상황에서 벗어나 새로운 길로 가길 간절히 요청하는 것이었다. 여기서의 메시지는 변화에 대한 희망으로서 경영진이 기존의 경계를 넘어 다음 단계의 영감과 창조성을 찾고자 한다는 것을 분명히 지시하고 있다.

2위. 엄지와 검지가 마치 빛나는 햇빛을 붙잡으려는 듯 태양 앞에서 마주하고 있는 손의 모습. 이 비주얼은 다음의 생각을 찾아내고 불가능한 것을 잡아내며 미지의 것을 발견하고 브랜드와 천연 자원의 연결 관계를 활성화할 필요에 대해 말해주는 감성적 메시지이다.

3위. 다양한 형태의 조각들이 모여 완벽한 정사각형을 이루는 역동적인 붉은 조형물의 모습. 이것은 다양성과 다차원적 파트너십에 대한 메시지이다. 그 모든 조각들이 일관된 무언가에 도달하는 것은 지금의 글로벌 세계에서 다양한 근무 환경의 열망들을 충족시켜야 한다는 도전을 드러낸다. 이 조각들이 하나로 들어맞는 것은 다양한 배경과 개성을 가진 사람들이 혁신과 통합을 통해 혼란으로부터 의미를 만들어내는 데서 나오는 아름다움과 인정에 대한 필요를 절규한다.

브랜드잼 과정은 기업인들이 변화를 일으킬 재능과 재력을 가지고 있지만 기존의 비즈니스 모델이 그러한 기회를 제공하지 않는다는 사실을 보여주었다. 감성 경제에서는 따라갈 수 있는 모델도 없고 감성적 분석의 여지를 남겨주는 벤치마킹도 없다. 워크숍에 참여한 기업인들에게 우리의 결과물을 전하는 동안 우리는 감성 경제에 대한 기업의 준비가 얼마나 미흡한지 느낄 수 있었다. 우리는 이 결과물들을 실행하기가 얼마나 어려울지 그리고 새로운 아이디어를 시도해볼 자유가 얼마나 부족할지 느낄 수 있었다. 이러한 아이디어를 회사 내적으로 소통할 감성적 언어는 부재했고 새로운 감성 아이디어를 바깥 세계와 연결할 모델도 거의 존재하지 않았다.

전통적인 회사와 좀더 혁신적인 회사는 엄청난 차이가 있었다. 은행, 보험회사, 산업회사, 또는 전통적인 소비재 회사들은 주로 새로운 기회를 규정하는 것에 관심이 있고, 정교하게 만들어진 구조물이나 물체와 같은 비주얼을 선택한 반면, 소매업자와 웹 중심의 사업자들은 주로 아이디어를 실행하는 것에 관심이 있고, 전구나 다채로운 예술작품과 같은 비주얼을 선택했다. 브랜드잼을 통해 우리는 그 팀의 혁신 과정이 어느 단계에 와 있는지, 그리고 변화에 대한 그들의 관용은 얼마나 형성되어 있는지 평가해볼 수 있었다. 우리의 의뢰인 중 어떤 이는 중요하고 흥미로운 변화를 만들어낸 반면, 어떤 이들은 아직도 고려중이다. 그러나 브랜드잼은 직관적인 과정이다. 그것은 기업 내에서 인간 드라마를 펼쳐내고 좋은 아이디어를 역동적인 시장 현실에 연결해내는 새로운 대화와 언어를 껴안을 때 가장 큰 위력을 발휘한다.

디자이너들이 꿈꾸는 리서치

리서치가 만약 문화적, 심리적, 감성적 그리고 인류학적 관점을 탐사하는 것으로 바뀐다면 그것은 사람들의 동기와 행동, 그리고 생활양식에 대해 깊은 통찰력을 제공할 수 있을 것이다. 나는 사람들이 디자인에 대해 어떻게 '느끼는지'에 대해 질문하는 리서치를 사랑한다. 그러한 리서치는 단지 사람들의 그래픽 선호 여부가 아니라 숨겨진 현실과 감성을 드러내주기 때문이다. 가령 어떤 브랜드가 사회적으로 책임감 있는 모습을 보여주기 때문에 많은 사람들이 그 브랜드를 구매하겠다는 사실처럼 말이다. 융의 원형들은 기업의 정신과 기운을 시각적으로 규정하는 데 많은 도움을 줄 수 있다. 융의 영향을 받은 심리학적 접근법을 오늘날의 시장에 맞게 기업에 적용하면 가장 집중된 형태의 최고의 작업을 이끌어낼 수 있을 것이다. 나는 사람들의 감성적 욕망과 문화적 열망을 더 잘 이해하도록 도와주는 모든 리서치를 사랑한다. 나는 사람들의 근심과 압박감에 대해 너무나 알고 싶다. 나는 나의 디자인을 사용할 사람들의 감성적 프로파일을 너무나 얻고 싶다.

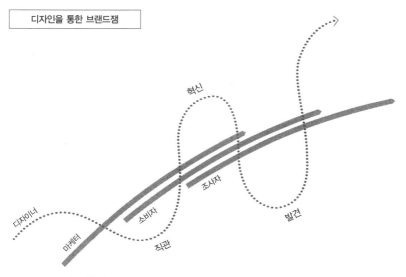

혁신

조사자

소비자

디자이너

마케터

직관

발견

디자인은 음악과 마찬가지로 크리에이티브 프로세스에 영감과 도움을 준다.

만약 대량 마케팅(mass marketing) 시대가 끝났다면 이제는 다양한 틈새시장의 사람들과 그들의 기대를 감성적으로 이해하는 것이 새로운 통찰력을 가져올 수 있다. 리서치는 제도화될 수 없다. 간혹 최고의 리서치는 똑똑한 관찰결과에서 나오기도 한다. 이것은 당신이 도달하고자 하는 소비자의 입장에서 브랜드를 바라보는 용기를 요구한다.

이것이 의미하는 바는 다음과 같다. 사람들은 우리에게 그들 자신에 말해주고 싶은 것이 너무나 많다. 그리고 그들의 잠재의식 속에 숨겨진 정보도 있다. 그 잠재의식 속으로 들어가는 문은 오직 직관력과 상상력에 의해서만 열릴 수 있다. 사람들에게 그들의 감성을 표현할 수 있는 새로운 언어를 주어야 하는 것이다. 그들의 잠자는 감성을 자극하는 이야기와 함께 공동 작업으로 이루어지는 내러티브를 통해 브랜드를 시각화하는 것은 사람들의 충족되지 못한 욕망을 이해하는 새로운 차원을 열어낸다.

일상용품의 디자인을 사고하라

디자인보다 더 큰 아이디어는 없다.
- 스티브 헤이든, 오길비 & 매더, 뉴욕 부회장

오늘날 디자인을 이해하는 나라가 하나 있다면 그것은 바로 중국이다. 2005년 11월 21일 〈비즈니스위크〉아시아 판의 표지 제목은 다음과 같다. "중국의 디자인: 중국이 어떻게 '최신' 제품의 글로벌 센터가 되고 있는가?" 이 기사는 어떻게 중국 기업들이 그들의 성공적인 이웃이면서 영감 제공자인 한국과 마찬가지로 디자인의 렌즈를 통해 미래를 바라보고 있는가를 강조하고 있다.[1] 중국뿐 아니라 전 세계의 젊은 인재들은 이제 혁신과 발명의 스릴을 경험하고자 이 새롭게 부상하는 경제 체제로 이동하거나 이미 참여하고 있다. 디자인이 이제 중국의 대학들에서 인기 있는 전공이 되자, 새로운 중국 브랜드들을 위해 존재하는 전 세계의 수많은 기회들을 지원하려는 움직임이 일어나고 있다.

중국의 발명

2005년 5월 IBM의 PC 부문을 인수한 레노보 그룹(Lenovo Group

중국이 최신 제품의 글로벌 센터가 되고 있다.

Ltd.)은 "눈부신 속도로 일어나는 혁신을 통해 세계적인 브랜드 신뢰를 구축하기 위한 방법으로 디자인에 집중하고 있다." 내가 참석했던 콜롬비아 대학 컨퍼런스에서 레노보의 수석 부사장이자 최고마케팅경영자인 디팍 아드바니(Deepak Advani)는 이렇게 말했다.[2] 그는 그들의 제품에서 IBM이란 강력한 로고가 사라지는 날을 대비해 새로운 레노보 브랜드가 성공적으로 부각될 필요가 있다는 사실을 잘 알고 있었다.

레노보의 수석 디자이너인 야오 잉지아(Yao Yingjia)는 이미 전 세계적으로 100명 이상의 인원으로 이루어진 디자인 팀을 운영하고 있고 심지어 미국 IBM이 '씽크패드'의 자산을 관리하던 방식까지 바꿔놓고 있다. 디자인을 통한 혁신은 중국과 같은 국가에게는 선택사항이 아니라 생존과 관련된다. 야오는 또한 중국 특유의 방식으로 창조성에 접근한다. 자신의 디자인 팀과 회사 간부들에게 창조의 힘을 이해하도록 하기 위해 야오는 그들을 수련회로 데리고 간 후 폐품으로 뗏목을 만들고 호수를 건너도록 했다.[3] 이것은 최고의 브랜드잼이다. 사람들이 특정한 목적의식을 공유할 뿐 아니라 그들의 상상력에 불을 지필 수 있는 자유와 함께 크리에이티브 프로세스에 참여하도록 해주기 때문이다. 레노보는 인상적인 에너지로 브랜드의 지위를 상승시키고 있다. 〈비즈니스위크〉에 따르면 엄청난 성공을 거두고 있는 그들의 신형 휴대폰은 여러 가지 특징 가운데 배터리에 열이 발생하면 달콤한 향기를 내뿜는 유일한 전자제품이라고 한다. 혁신의 한계를 밀어붙여 감각적이고 도발적인 브랜드가 되는 것은 이 브랜드가 성공하기 위한 선택사항이 아니라 생존과 관련된다. 이 회사는 좀더 열정적으로 실험하고 분발해야 한다.

〈비즈니스위크〉 같은 호에 "TV의 종말"이란 기사가 실린 것도 우연은 아니다. 여기서 TV의 종말이란 광고로 유지되는 TV 프로그램의 종말을 의미한다. 고객들의 관심을 잃고 있는 미디어 풍경에서 새로운 커뮤니케이션의 실세로서 디자인의 등장은 점점 더 분명해지고 있다. 디자인이야말로 사람들과 가장 잘 소통할 뿐 아니라 기존의 TV 광고 비즈니스가 남긴 공백을 채우기 때문이다.

커뮤니케이션 임파워먼트의 신세계에서(이 책의 첫 번째 전환을 참고하라.) 사람들을 설득시키기 위해서는 제품들이 더욱 분발해야 한다. 이제 제품은 브랜드 약속의 증거일 뿐 아니라 새로운 발견에 참여하는 것이 되었다. 제품은 영웅이고 디자인은 전략이다. 현실을 직시하자. 우리는 브랜드뿐 아니라 브랜드로 하여금 그것의 주변 환경도 변화하도록 만드는 급격한 혁신의 경제에 살고 있다. 우리의 상업적, 개인적, 공적 공간들은 디자인된 공간들이다. 감성 브랜딩을 통해 우리는 사람들의 열망을 이해한다. 오프라 윈프리가 자신의 TV 쇼에서 실내 장식에 관해 언급했듯이, "우리는 뭔가 아름다운 것을 가질 자격이 있다."

미국산업디자인협회: 디자인의 신세계

나는 미국산업디자인협회(The Industrial Design Society of America, IDSA)에서 개최한 2005년 산업디자인 시상식의 심사위원으로 초대받은 적이 있다. 이곳에서 나는 엄청난 재능과 명성을 지닌 미국, 유럽, 아시아, 남미 출신의 심사위원들과 함께 앉는 영광뿐 아니라 전 세계에서 응모한 산업 디자인 작품들을 검토할 기회를 가질 수 있었다. 이들은 그들의 다양한 사회상과 기업 가치, 그리고 진보에 관한 아이디어를 포착하고 있었다. 시상식의 경쟁부문에서는 디자인이 사회에 끼치는 영향을 전반적으로 살펴볼 수 있었다. 어떻게 디자인이 미래에 영향을 끼칠 것이며 어떻게 디자이너가 소비자들의 기대를 전환시킬 수 있을지에 대한 감을 얻을 수 있다고나 할까? 최첨단의 의학 기술에서부터 가장 단순한 방법으로 '스파와 공예 솜씨'를 표현한 물결 모양의 조리 샌들까지, 섹시하게 잘 빠진 자동차에서부터 아기 젖병까지, 동력 천공기에서부터 디지털 카메라까지, 잠재의식적인 것에서부터 쾌락적인 부분까지 다양한 디자인이 출품되었다. 그 중에는 나쁜 디자인 때문에 훌륭한 혁신이 손해를 보는 경우도 있고 훌륭한 디자인이 형편없는 제품 때문에 손해를 보는 경우도 있었다.

그러나 가장 매력적인 것은 어떻게 한 제품군에서의 훌륭한 아이디어와 시각적 코드들이 다른 제품군에도 중요한 영감을 미칠 수 있는가 하는 것이었다. 가령 우리는 세탁기와 드라이어 부문에서의 영감이 디지털 영사기에도 유효하고 많은 영감을 줄 수 있다는 사실을 발견했다. 또한 내놓으라 하는 선두 기업들이 기대했던 활약을 보여주지 못한 반면 작은 신생 브랜드들(가령 타깃에서 성공적으로 팔리고 있는 새로운 세탁제

메소드(Method) 등)이 자신의 경쟁력으로 디자인을 사용하는 경우도 발견할 수 있었다. 가장 혁신적인 디자인은 의학 제품에서 나왔다. MRI 스캐너나 X-레이 기계, 인공심박동기, 심전도 장비, 그리고 수술 도구처럼 딱딱해 보이는 장비들과 무시무시해 보이는 절차들이 점점 인간공학적이고 친숙하며 접근 가능한 것으로 바뀌고 있었다.

심사과정 동안 나는 디자인이 사회에 미치는 영향과 그것이 브랜드 전략을 강화하기 위해 맡아야 할 역할에 관해 몇 가지 관찰한 바를 적어 놓았다. 내가 얻은 4가지 가장 인상적인 느낌은 다음과 같다.

1. **초점은 사람이다.** 디자이너의 작업은 사람들의 생활에 영향을 미칠 것이다. 어떤 제품들은 이용자의 경험과 제품의 지속가능성, 그리고 제품이 환경 및 사회에 미치는 영향을 의식하고 있었다. 나이키는 여기에서 선두를 달리는 브랜드 중 하나였다. 그들은 당신이 운동하는 동안 당신의 심장 박동수와 같은 정보를 안경 안쪽으로 보내 읽을 수 있도록 함으로써 당신의 건강과 운동 성적을 모니터링해주는 선글라스 등 기술적으로 우수한 제품을 선보였다. 그들의 또 다른 제품으로는 마이크와 라디오 홀더가 달린 구명 재킷이 있다. 나이키는 스포츠 의류처럼 특정 제품군과 자신에게 자산이 될 만한 영역 내에서 제품을 늘리고자 한다.

2. **생활의 필요에 답하는 상상력.** 많은 제품들이 사무실이나 아파트의 부족한 공간 문제를 해결하기 위해 탁자용이나 책상용에서 벗어나 벽걸이용이 되고자 했다. 또한 노인 세대(와 특히 남성보다 더 오래 살고 물리적 도움을 더욱 필요로 하는 여성)에 민감한 제품들도 증가하고 있었다. 자동차 지붕에 카약(kayak)을 안전하게 장착할 수 있게 하는 사용자 친화적인 장치나 팔꿈치 통증을 보호하도록 디자

인된 테니스 라켓 등이 그런 예이다. NASA와 같은 기술은 모든 연령을 위한 체력단련(fitness)에 신개념을 도입했다. 이 '세대 초월적인' 제품들은 위대한 미래를 약속한다.

3. 감성적 경험을 만들어내는 디자이너들. 제품의 품질은 이제 좋은 디자인 및 감각적 요소와 짝을 이룬다. 디자인은 메마르고 다소 엘리트적인 모더니즘 디자인에서 독립한 미술 공예 운동의 아이디어들에 다시 귀를 기울이고 있다. 한 심사위원은 이 결과에 대해 "소박하고 장인정신이 돋보이며 감성적으로 아름다운 제품들"이라고 평했다. 디자이너들은 더 이상 진공상태가 아니라 감성적 관점에서 일하고 있다. IBM은 진정으로 혁신적인 독순술(lip-reading) 기술을 선보였다. 렉서스의 새로운 하이브리드 자동차는 시장에 출시되기도 전에 엄청난 프리미엄에 팔려나갔다. 체력단련 기계들은 사람들의 신체 및 감성과 조화를 이루도록 디자인되었다. 이 모든 디자인들은 인간의 문제를 해결하려는 노력인 동시에 사람들의 영혼과 소통하려는 시도이다.

4. 디자인을 활성화할 필요를 발견하고 있는 기업들. 기업계가 이제 디자인을 단순히 미학적 요소가 아니라 메시지 자체로 바라본다는 증거를 찾을 수 있었다. 디자인은 이제 우리 사회의 진보에 대한 증언이자 변화하는 문화 현상과 가치의 표현으로 이해되고 있다. (나는 특히 이브 베하르가 디자인한 미니카 액세서리에 사용된 시각적 언어에서 깊은 인상을 받았다. 로고를 보지 않더라도 우리는 이것이 어떤 브랜드 제품인지 쉽게 알 수 있었다.) 사람들의 행동에 영향을 미칠 수 있는 제품들이 심사위원들에게 가장 강렬한 인상을 남겼다. 유기적이고 직관적이며 단순하지만 새로운 목적을 지닌 디자인이 바로 그러하다.

외국 국가 중 가장 많은 응모작들을 보낸 나라가 한국이란 사실은 놀라운 일이 아니다. 그들은 규모는 작지만 디자인을 중요한 경쟁력으로 여긴다. 예를 들어 삼성은 다른 국가의 브랜드를 합친 것보다 더 많은 디자인을 응모해왔다. 삼성은 혁신을 통해 계속해서 사람들에게 도달하고자 함으로써 자신의 한계를 극한으로 밀어붙이고자 한다. 새로운 한국 기업들은 제품 디자인을 통해 새로운 가능성을 발견하고 그 기회를 활용하고 있다.

심사위원들은 제품 디자이너에서부터 기자, 광고업계 간부, 고급 유럽 가구 소매업자, 그리고 나와 같은 디자인 스타일리스트에 이르기까지 직업이나 국가적으로 다양한 구성을 보인다. 나는 심사위원들 내에서 일어나는 문화적 긴장감을 느낄 수 있었다. 어떤 이들은 주로 모던하고 미니멀한 스타일을 좋아하는 반면 정치적 성향이 강한 이들은 세상에 대한 발언을 중시했으며, 포스트모더니스트들은 감성적이고 감각적인 경험에 초점을 맞추었다. 여러 시간에 걸친 준비와 이틀간의 혹독한 심사를 거쳐 심사위원들이 모두 한 자리에 모여 1만 개 이상의 응모작들 가운데 각 제품군의 우수작들에 대해 자유롭게 코멘트를 하는 자리가 있었다. 우리는 결과와 과정, 그리고 이 모두가 우리 자신들에게 개인적으로 어떤 의미가 있었는지에 대해 논의했다. 최고의 순간은 저명한 제품 디자이너이자 심사위원장을 맡은 터커 바이메스터(Tucker Veimester)가 모두에게 노란 포스트잇을 들고 있다가 셋을 세면 자신이 생각하는 이번 쇼 최고의 응모작에 가서 투표할 것을 제안할 때였다. 수많은 응모작과 그들의 놀라운 실력을 생각해볼 때 나는 투표 결과가 각각의 제품에 골고루 퍼져 있을 거라 생각했다. 그러나 놀랍게도 대부분의 투표는 나이키의 우아한 '컨시더드(Considered)' 운동화에 돌아갔다. 이 운동화는 친환경적인 제품으로서 수많은 스타일 및 제조상의 도전을 해결한 제품이었다. 손으로 만든 외관은 가공 처리된 수많은 제품들 속에서 단연 돋보였다. "내용이 스타일을 이끈다.(Substance leads style)" 나이키의 한 디자이너는 이렇게 말했다. 그리고 나는 이것이 디자인의 방향을 알려주는 위대한 진술이라 생각한다. '컨시더드' 운동화는 인간의 영혼이 깃들지 않은 제품은 단지 제품일 뿐이라는 생각과 희망 그리고 감성적 열망을 집약해놓고 있었다.

우리는 디자인 모자이크를 통해 무엇을 배우는가?

IDSA에서의 디자인은 서로 경합하는 여러 힘이 기업에게 자신을 차별화하도록 압력을 행사하고 있다는 사실을 보여주었다. 바로 여기에 기회가 놓여 있는지도 모른다. 그러나 새로운 디자인 엘도라도에 도달하기 위해 성급히 달려드는 브랜드는 간단한 기능적 차별화만으로는 더이상 충분치 않다는 사실을 잊어버리고 만다. 이제는 감성 디자인의 관점에서도 차별화를 이뤄내야 하는 것이다. 디자인이 강력한 도구가 될수 있는 이유가 바로 이것이다. 같은 항목에 속한 응모작 중에는 동일한 '시각적 스타일'을 가진 제품들도 있었다. 전자제품 항목에서 대부분의 제품들은 유선형으로 검정과 은색을 사용하고 다소 바람직한 방식으로 '애플' 화 되는 경향을 보여주었다. 모든 제품군에서 선두 기업들은 그들의 시각 언어를 사용하는 경쟁자들과 마주쳤다. 이들은 모두 동일한 리서치 기법에 의해 승인된 것이었다. 디자인이 성공하기 위해서는 독창적이고 용감해야 한다. 외관이 좀더 나을지라도 단지 또 하나의 일반 제품을 생산하는 것은 경제적 낭비일 뿐 아니라 신선한 영감을 가져올 수도 있었을 초기 목표에 반하는 것일 수도 있다.

IDSA 경쟁에서 나올 수 있는 가장 든든한 최고의 뉴스는 '라이프스타일 제품(제대로 된 외관과 더욱 중요하게는 제대로 된 느낌을 지닌 제품들)'이란 개념이 급속히 성장하고 있다는 사실이다. 일종의 디자인 전환이 일어나고 있다. 한 심사위원의 코멘트처럼, "모두가 단번에 이해한다. 어떠한 설명도 필요 없다." 이것은 좋은 디자인 대 나쁜 디자인의 문제다. 좋은 디자인은 분명한 목표를 가지고 일련의 새로운 경험들이 창조하는 감성적 현실을 표현한다. 21세기의 디자인은 디자이너가 아니라 문화에 의해 규정된다. 이것이야말로 가장 훌륭한 메시지일지도 모른다.

마케팅 전환: 브랜딩은 용감한 디자인을 필요로 한다

용감한 디자인은 용감한 사람들을 필요로 한다. 끊임없이 변화하는 소비자 행동과 열망이 사람들의 브랜드 인식에 영향을 주는 시대에 디자인은 제품의 홍수 속에서 떠올라 분명하고 일관된 메시지를 전달한다. 디자인은 브랜드를 편리한 상품의 지위에서 감성적 서비스로 전환시킨다. 올바른 디자인을 기업과 소비자 문화에 맞게 다듬을 줄 아는 브랜드는 고객층을 산산이 무너뜨리는 힘들 가운데서도 살아남아 소비자들의 기대를 배가시킬 수 있다. 브랜딩의 규칙이 좀더 개인적인 성질로 변함에 따라 디자인은 이러한 변화 속에서 살아남고 성공하는 데 점점 더 중요한 방법이 되고 있다.

나는 공동 작업의 기법을 통해 새롭고 긍정적인 브랜드 경험을 만들어낸 여러 명의 디자이너와 마케터들을 인터뷰했다. 이들은 성실함과 개인적 믿음, 그리고 사람들의 기대를 충족시키겠다는 열정을 보여준다. 이 혁신가들의 마인드와 개인적 비전, 그리고 그들이 브랜드의 사회적 역할을 바라보는 방법을 통해 우리는 사람들의 신뢰를 얻길 원할 뿐아니라 이를 위해 세심하게 신경 쓰는 전문가들의 진정한 성공비법을 발견하게 될 것이다.

실비아 라냐도
여성들이 스스로 내리는 아름다움의 정의와 사회적 기준 사이의 간극 없애기
"도브의 비누 모양은 아이콘적일 뿐 아니라 경제적 성공에도 매우 중요한 역할을 했다."

왜 (30억 달러 이상의 브랜드 가치를 지닌) 도브는 아이보리보다 더 성공적일까? 둘 다 평범한 비누로 시작했는데 말이다. 그러나 유니레버의 수석 부사장이자 도브의 글로벌 브랜드 디렉터인 실비아 라냐도(Silvia Lagnado)에 따르면 이것은 그렇지 않다고 한다. "도브의 비누 모양은 아이콘적일 뿐 아니라 경제적 성공에도 매우 중요한 역할을 했다." 라냐도는 이렇게 단언한다. "진짜 성공은 비누의 모양과 (아름다움에 대한) 약속, (부드러움과 수분공급에 대한) 설득력 있는 이유, 그리고 (미국과 캐나다) 피부과 전문 의사들의 강력한 추천으로부터 나온다."

그녀에 따르면, 이 비누의 디자인은 이미 여성들과 감성적, 그리고 '감각적'으로 소통하였고 이를 통해 도브는 오늘날 강력한 뷰티 파워하우스가 될 수 있었다고 한다. 〈참 아름다움 캠페인Campaign for Real Beauty〉은 고객과 미디어의 공감대를 얻어낼 수 있었다. 이것은 상업이 문화와 만나는 몇 안 되는 글로벌 브랜드 구축 방식의 하나였다.

여성들이 이 조그만 비누에 갖는 애착에 기대어 도브는 새로운 스킨케어 및 헤어관리 제품을 만들어낼 수 있었다. 강력한 브랜드 아이덴티티를 창조하기 위한 노력으로 도브는 과거로 돌아가 이미 존재하는 훌륭한 감성적 신뢰 관계를 찬양하기로 했다. 전문 모델을 기용한 기존의 럭셔리 미용 브랜드나 패션 브랜드들로부터 위협감을 느끼는 대부분의 여성들에게 항상 더 아름답게 느끼게 될 것이라는 약속은 좀더 민감한 언어를 통해 성취되어야 했다. 라냐도에 따르면, 도브는 열망보다는 영감을 통해 차별화를 이뤄낼 수 있었다.

전 세계 다양한 인종의 여성들을 대상으로 자신의 신체에 대한 인식을 조사한 도브는 라냐도의 말을 빌리자면, "너무나 많은 여성들이 낮은 자존감을 가진 채, 어린 나이에 외모를 포기하기 시작하고 그 결과 그들의 잠재적 가능성을 완전히 실현하지 못한다."는 사실에 깜짝 놀랐다. 여성들은 '럭셔리' 브랜드들이 유포하는 비현실적인 미에 대한 기대로 불행해하고 있었다.

다행히 라냐도가 1994년부터 도브의 브랜드 관리를 맡기 시작했을 때 그녀는 자신의 브랜드가 제공하는 잠재적 가능성을 이해했을 뿐 아니라, 그녀와 같은 여성들이 변화하고 있다는 사실도 직관적으로 간파했다. 브랜드의 관점에서 세계를 바라볼 줄 알아야 한다는 유니레버의 방침은 그녀에게 그녀 자신만의 여성관을 창조하도록 만들었다. 그리고 그녀는 도브가 그러한 메시지를 전달할 수 있을 거라 생각했다. 여성들은 현실적인 방식으로 진실을 확인받길 원했다.

도브의 이야기는 세상에 대해 발언한다는 것이 말보다 실천하기 어렵다는 점을 제외한다면 단지 또 하나의 마케팅 성공 사례가 될 것이다. 세상에 대해 발언하는 것은 거의 언제나 논쟁과 논란을 불러일으키기 마련이고, 마케터들은 이런 주제를 차라리 피하고 싶어한다. 라냐도는 나이키나 애플과 같은 브랜드들이 전하던 강력한 메시지가 회사를 설득하고 그녀의 작업이 갖는 메시지에 의미를 가져오는 데 도움을 주었다는 사실을 인정한다. 이 과정에서 그녀에게 가장 힘이 되었던 것은 그녀의 팀이 현재 대부분의 마케팅 광고에서 발견되는 피상적인 여성 이미지를 넘어서는 메시지를 찾아내기 위해 얼마나 열정적이고 확신에 찬 모습으로 변화해 가는가를 보는 것이었다. 또한 그녀의 비전과 아이디어를 유니레버 경영진에게 설득하는 것이 만만치 않은 일이 될 것이며 이를 위해 싸워야 한다는 사실도 알고 있었다. 후반 작업까지 완벽하게 캠페인을 진행하지 않는 한 어떠한 리서치도 그녀에게 필요한 뒷받침을 제공하지 못할 것이라는 사실을 깨달은 라냐도는 오직 자신의 믿음과 열정만이 이 프로젝트를 현실로 만들어줄 것임을 알 수 있었다.

도브 비누

일반적으로 말해 나는 '게릴라 마케팅'을 좋아하지 않는다. 종종 이 용어는 브랜드 성장시키는 전략들에 대해 이야기할 때 '매복'이란 단어와 함께 사용된다. 반면 이러한 유형의 전략은 간혹 훌륭한 아이디어를 기업의 고위층에게 설득하려 할 때 효과를 발휘하기도 한다. 라냐도의 경우 이것은 가장 터부시되는 일을 하는 것을 의미했다. 즉 그녀를 의심하는 몇몇 관리자들을 (그들이 휴가 간 사이에!) 건너 뛰고 직접 최고위층으로 찾아가는 것이다. 그리고 이것은 효과를 발휘했다. 유니레버의 최고위 간부들은 이미 브랜드가 사회에서 맡는 중요한 역할을 받아들이고 있었다. 라냐도와 같은 경향은 점점 더 많아지고 있다. 브랜드 매니저들은 그들의 브랜드와 고객을 위해 싸우며 브랜딩 전반과 특히 사회를 위한 행동주의자가 되고 있다.

도브의 〈참 아름다움 캠페인〉

그 당시 라냐도가 캐나다 팀과 맺고 있던 긴밀한 관계는 그녀에게 이후 엄청난 성공을 거둔 〈참 아름다움 캠페인〉을 테스트하고 출발시키는 데 중요한 플랫폼을 제공했다. 하지만 그녀의 생각은 비록 분명한 비전을 가지고 있었지만 컨셉은 여전히 좀더 성공적으로 표현될 필요가 있었다. "제대로 된 답을 발견하는 데 일 년의 고통과 노력의 시간이 들었다." 해답은 도브의 광고대행사 오길비 & 매더의 크리에이티브 디렉터로부터 나왔다. 어느 날 밤 아내에게 이 광고 캠페인에 대해 얘기하다가 그는 아내가 그녀와 그녀의 몸에 관한 이슈에 대해 어떻게 느끼는지에 대해 자신이 얼마나 무지한지 깨닫게 되었다. 이것은 그에게 이 브랜드의 커뮤니케이션 해법을 찾는 것에 새로운 (그리고 이제는 개인적인) 관심을 갖게 만들었다.

그가 찾은 해답은 바로 〈참 아름다움 캠페인〉이었다. 이 캠페인은 국제적인 사진 전시회 〈비교를 넘어: 아름다움에 관한 여성 사진작가전 Beyond Compare: Women Photographers on Beauty〉을 통해 아름다움에 대한 토론을 시작하는 것에서부터 출발하였다.('세 번째 전환: 경험으로서 광고를 사고하라'에서 이 아이디어가 어떻게 출발하였는지 보라.) 캐나다에서의 성공을 기반으로 이 아이디어는 도브의 글로벌 브랜드 존재를 위한 영감이 되었다. 즉 평범한 여성들의 신체와 비슷한 모델들을 광고에 기용하는 것이다. 이것은 항상 소비자 테스트를 거치진 않았지만 (실제로 브라질에서는 포커스 그룹에게 거절당하기도 했다.) 이후 전 세계적으로 선풍적인 인기를 끌게 된다. 이 브랜드 이니셔티브의 성공은 어떻게 미지의 직관적 감수성과 사람들의 솜씨에 다가가는 것이 브랜드의 강한 신념과 매우 효과적으로 연결될 수 있는지 보여준다.

라냐도는 이렇게 말한다. "우리는 현실에 기반을 두길 원했다. 우리는 또한 브랜드에서 느낄 수 있는 성실하고 단호한 진실의 메시지를 전달하고 싶었다." 이 혁신적인 아이디어에 대한 여성들의 강력한 감성적 반응은 오직 그 '작은 비누' 모양을 통해 성취될 수 있었다. 이 작은 비누 아이콘이 먼저 여성들에게 기쁨과 즐거움을 가져다주었고 이후 성공적인 사업 확장의 기회를 열어준 것이다. 그것은 또한 문화와 연결될 수 있는 신뢰와 공감대(empathy)를 구축하였다. 코카콜라 캔을 특징짓는 '다이내믹 리본'과 마찬가지로, 도브 브랜드는 무엇보다도 이 브랜드의 감각적이고 감성적인 가치를 많은 대중과 연결시키는 디자인 스타일의 표현이다. 그것은 세계에서 가장 성공적인 브랜드의 하나로서 향후 5년 내에 50억 달러의 사업으로 성장할 가능성을 지녔다. 한편 이 이야기에서 가장 좋은 소식은 도브 브랜드가 여성들에게서 거둔 감성적 성공이 이 브랜드의 수익에도 엄청난 영향을 끼쳤다는 것이다. 전반적으로 도브의 매출은 15% 정도 상승하였고 일부 국가에서 이 수치는 더욱 올라간다.

라냐도와의 인터뷰를 마치고 나는 생각했다. 절대 포기하지 말자. 성공은 항상 단호하면서도 세심하게 신경 쓰는 사람을 기다린다. 나는 또한 이 모든 것을 출발시킨 작지만 위대한 디자인의 중요성에 대해서도 생각했다. 이를 통해 도브는 여성들과 감각 및 감성적 차원에서 강력한 연결 관계를 만들 수 있었다. 평범한 비누에 불과할 수 있었던 디자인이 생활을 바꾸고 신뢰할 만한 광고 캠페인의 무대를 마련해준 것이다.

이것이 의미하는 바는 다음과 같다. 제품 디자인은 사람들과 처음으로 유대관계를 형성하는 데 중요한 역할을 한다. 사람들이 제품에서 얻게 될 처음의 감성적 자극은 그들의 삶에서 브랜드가 차지하게 될 성격을 만들어내고 브랜드의 마케팅 프로그램을 지원한다.

베로니크 가바이
DKNY의 비딜리셔스 런칭과 향수의 인식 바꿔놓기

"지나치게 이성적으로 접근하지 마라. 브랜드의 성공은 제품과 브랜드 전통의 절대적 일관성에 달려 있다. 제품의 품질과 브랜드 내러티브의 적절성, 올바른 가격, 그리고 디자인이 소비자들의 열망에 다가갈 때 이루어지는 감각 및 감성적 연결 사이의 일관성 말이다."

나는 에스티 로더가 DKNY(도나 카란 뉴욕)를 위해 출시한 새로운 향수 컨셉에 깜짝 놀라고 말았다. '비딜리셔스(Be Delicious)'란 이름의 이 향수는 그 태그 라인으로 "인생을 한 입 베어 무세요.(Take a bite out of life)"라는 문구를 사용하고 있었고 이것은 처음에 나를 어리둥절하게 만들었다. 나는 '항상 향기와 섹스에 대해 떠들어대던 향수 시장에서 이 향수는 도대체 무엇을 말하려는 것일까?'라고 생각했다. 사과가 일반적으로 통용되는 뉴욕의 심벌이며 DKNY와도 일관성을 이룬다는 사실은 알고 있었지만 이 이야기 뒤에 숨겨진 의미는 이보다 훨씬 더 강력하고 신나는 것이었다.

나는 너무나 흥미로워서 이 컨셉이 성공적이었는지, 그리고 이 브랜드는 어떻게 만들어졌는지에 대해 더 조사해보기로 했다. 비딜리셔스는 사람들의 감각적 필요와 욕망에 연결되는 언어를 사용하며 향수라는 제품군을 변화시키는 데 필요한 모든 올바른 요소를 갖추고 있었다. 그것은 향수업계에서 사용하는 관습적인 섹스와 유명인으로부터 탈피했다. 비딜리셔스는 엄청난 성공을 거두었다. 그 성공은 확연하기보다는 뭔가 좀더 미묘하고 감성적인 것이었다. 소비자들은 그들 자신의 환상을 만들어낸다. DKNY는 향수 업계에서 그다지 성공적인 기록을 가지고 있진 않았지만, 에스티 로더와 새롭게 맺은 관계는 전문성을 강화시키면서 성과를 내고 있는 듯 보였다. 이 아이디어 뒤에 있는 브랜드 매니저는 누구이며 이 사람은 어떻게 도나 카란의 디자인적 감수성을 이끌어내고 그것을 너무나 매력적으로 병에 담아낼 수 있었던 것일까?

378

이것이 바로 내가 에스티 로더에 있는 도나 카란 팀을 만나게 된 경위이다. 에스티 로더는 도나가 자신의 향수 사업에서 창조성과 재능을 시각화하도록 돕고 있다. 이 팀을 이끄는 것은 해석의 대가인 베로니크 가바이(Veronique Gabai-Pinsky)였다. 그녀는 에스티 로더의 수석 부사장이자 디자이너 향수의 총책임을 맡고 있다. 그리고 그녀가 바로 DKNY와 그 설립자의 내면에 숨겨진 마술을 밖으로 꺼낼 수 있게 한 사람이다. 브랜드잼의 관점에서 볼 때 우리는 여기서 최고의 향수 회사와 신화적인 디자이너 그리고 브랜드에 생명을 불어넣는 진정한 마술가들인 마케팅 전문가 팀을 발견할 수 있다.

가바이는 향수 업계에서 새로운 인물이 아니다. 그녀는 아르마니의 남성용 향수 아쿠아 디 지오를 만들었고 이는 세계에서 가장 성공적인 남성용 향수가 되었다. 그녀에 대한 내 첫 번째 질문은 일단 그녀에게 어떤 숨겨둔 제조법이 있는지, 그리고 이러한 마케팅 접근법이 다른 브랜드에도 적용이 가능한지였다. "지나치게 이성적으로 접근하지 마라.(Don't over-intellectualize.)"가 그녀의 대답이었다. "브랜드의 성공은 제품과 브랜드 전통의 절대적 일관성에 달려 있다. 제품 품질과 브랜드 내러티브의 적절성, 올바른 가격, 그리고 디자인이 소비자들의 열망에 다가갈 때 이루어지는 감각 및 감성적 연결 사이의 일관성 말이다."

"실패하는 브랜드들은 대부분 이 중 하나를 놓치고 있다. 그들의 비전은 분열되어 있다. 이미지는 제대로 된 반면 제품은 브랜드의 감성적 전통에 연결되어 있지 않거나 하는 식이다. 일관성이 없고 서로 충돌되는 메시지는 브랜드를 혼란스럽게 만든다." 비딜리셔스는 미각적 호소력이 뛰어나기 때문에 마치 이 향수의 냄새를 맡을 뿐 아니라 마실 수도 있겠다는 생각이 들게 하는 동시에 직감적으로도 뛰어나게 호소한다. 사과 이미지는 '뉴욕의 빅애플'과도 연결될 뿐 아니라 사과라는 심벌

자체에도 감성적인 연결 관계가 존재하기 때문이다.

가바이는 언어 및 시각적 프로세스를 매우 중요하게 생각한다. 그녀는 이것이 감성적 관점에서 브랜드 영역을 구축하는 방법이라고 말한다. 사과는 과수원, 자연, 건강, 과일 가판대 등 여러 가지를 뜻할 수 있다. 뉴욕이라는 맥락에서는 심지어 금지된 과일이나 죄악, 또는 브로드웨이, 호화로운 쇼핑과 부를 뜻할 수도 있다. 또한 야망과 목적지로서의 뉴욕,

DKNY의 비딜리셔스 향수

당신의 인생의 꿈을 다시 설정하게 만들어주는 장소를 의미할 수도 있다. 가바이와 카란은 모두 뉴욕이라는 테마와 느낌이 다시 시작하는 것, 뭔가 인생에서 더 많은 것을 이뤄내는 것이라고 생각했다. 두 여성은 모두 뉴욕이 그들에게 준 에너지와 기회 덕분에 성공한 경험을 공유하고 있었다. 그들은 이 정신을 고객들에게도 말하고 싶었다.

그들의 손을 통해 사과라는 상징은 뉴욕의 정수를 신선한 관점으로

380

비딜리셔스 향수는 사과라는 심벌을 매개로 뉴욕의 이미지와 연결된다.

담아냈다. 뉴욕은 단순히 잘 나가는 관광지가 아니라 삶의 숨결을 내뿜는다. 다운타운의 갤러리와 첼시 마켓, 그리고 할렘에서 뉴욕은 매력으로 빛난다. 뉴욕은 거칠고 투박한 것이 세련되고 모던한 것과 나란히 공존하는 곳이다. '추한 것'이 대단히 아름다울 수도 있다는 사실을 기억하자. 이 브랜드는 또한 뉴욕이 인상 깊고 결정적인 일들이 일어나는 곳이라는 점도 반영해야 했다. 그 일들은 영원히 지속되는 것일 수도 있고 '뉴욕의 일 분' 동안에 이루어지는 것일 수도 있다.

'깊은(Deep)'이란 단어는 가바이가 브랜드에 대해 말할 때 자주 사용하는 말이다. 카란은 열정적이고 창조적인 에너지가 넘치며 감각적이고 진실하며, 직관력이 뛰어나다. 비딜리셔스 컨셉은 그녀의 비전과 영혼에 대한 것이다. "조르지오 아르마니와 일하면서 나는 이 브랜드가 완벽함, 엄격, 절제, 신뢰, 관능, 그리고 순수함에 관한 것임을 알게 되었다. 나는 이탈리아 해변에 있는 그의 집에 찾아갔다. 그것은 너무나 단순하면서도 아름다웠다. 그의 향수에는 모던한 향수병이 필요했다. 그리고 광고는 직설적이고 진실할 필요가 있었다. 관능적인 젊은 남자가 해변에 누워 바람과 모래를 느끼면서 순수하고 단순하면서도 강력한 완성의 순간을 즐기는 것이다."

나는 베로니크에게 창조와 실행은 어떻게 이루어지냐고 물었다. (나는 "만든 자가 실행해야 한다. 실행하지 않는 자는 만들어내지 않는다."라는 이탈리아 속담을 생각하고 있었다.) "어떤 공식이라도 있는가?" 가바이는 경영진들에게 보여주기 위해 비딜리셔스의 포장과 광고, 구매 포인트, PR을 자세히 담은 프리젠테이션을 준비했다고 한다. "브랜드 표현의 다양한 부분들을 서로 분리해서 생각해서는 안 된다. 현실이 되기 위해서는 충분히 실행되어야 한다. 그런 후에야 진정한 반응을 얻어낼 수 있다. 디자인의 질은 절대로 타협해서는 안 된다. 우리는 심지어 판매직 직원들에게도 프리젠테이션을 했다. 이들이 바로 백화점에서 우리의 고객들과 매일 만나는 사람들이기 때문이다. 그러자 모두 만족스러워했다! 우리는 우리가 제대로 해냈다는 것을 알 수 있었다."

"우리는 대대적인 전환기에 살고 있다. 지금은 한 시대가 끝나고, 사회구조가 도전받고 있으며 우리의 역할이 재고되고 있는 시점이다. 또 종교와 가족 구조도 논쟁에 휩싸여 있고 정치와 경제적 모델들도 기술 및 세계화로 인해 도전받고 있다. 이렇게 급변하는 세계에서 우리가 누구이며 우리의 삶의 임무는 무엇인지 재규정하는 것은 계속해서 진행되는 과제이지 미리 규정된 해결책이란 없다. 소비 시장은 문화적, 사회적, 정치적 세력의 충돌로 인해 일 분 일 초를 다투며 변하고 있다. 이전의 프로토콜과 사업 모델은 더 이상 효력이 없다. 당신은 이제 당신의 직관과 관찰력에 기대야 한다."

다른 말로 하면, 상아탑 마케팅의 시대는 끝났다. 혁신하기 위해서는 이제 사람들에 대한 당신의 본능을 활용해야 한다. 당신만의 아이디어를 보유하고 그것의 완성까지 신경 써야 한다. 그리고 의사결정을 내릴 때에는 직감의 컴퍼스를 가지고 당신의 비전에 따라야 한다. "사람은 모두 변화를 두려워한다. 소비자들은 그들이 아는 것에 근거하여 주어진 컨셉에 반응한다. 그러나 이러한 정보는 새로운 아이디어를 만드는 데 도움이 되지 않는다. 최고의 리서치는 문화와 연결된다." 시장에서 성공을 거둔 혁신을 만들어낸 최고의 사상가, 선각자, 건축가, 디자이너, 또는 심지어 향수 전문가들과 개별적으로 얘기해보라.

"우리는 모두 행복하길 원한다. 동반자를 찾고 균형적인 삶과 자아를 실현할 수 있는 활동, 그리고 현실로부터의 도피처를 찾는다." 가바이는 계속해서 말했다. 성공적인 브랜딩은 사람들에게 이러한 꿈을 이룰 수 있다고 느끼게 해준다. 그리고 비딜리셔스 프로그램이 하는 일도 바로 이것이다. 병 디자인은 레어드 & 파트너스(Laird & Partners)의 한스 도르젠벨(Hans Dorsenvelle)이 차드 레빈(Chad Levine)의 도움을 받아 만들었다. 그것은 뉴욕 시의 모던함과 매혹적인 측면을 모두 표현하는 정교한 디자인이다. 한편 겉포장과 디스플레이는 뉴욕 다운타운 시장의 과일 가판대에서 발견할 법한 과일 상자를 상기시키면서 뭔가 다듬어지지 않은 신선한 관능성을 더해준다. "인생을 한 입 베어 무세요."라는 문구 아래로는 연두색 사과를 베어 무는 여성의 사진이 있다. 이것은 분명 우리의 감각에 어필하는 동시에 이브를 상징하기도 한다.

이 컨셉의 일관성과 촘촘함은 가장 탄탄한 스토리를 만들어낸다. 향기 자체가 내가 본 향수 중 가장 정교하다. 먼저 사과 향이 난다. 그리고 몇 초 후면 흰 뮈귀예(muguet) 장미와 제비꽃을 혼합해놓은 좀더 복잡미묘한 꽃향기가 난다. 레어드 & 파트너스가 만든 광고는 뉴욕을 시각화할 때 흔히 사용되는 고층빌딩들 대신 '가능성으로 충만한 도시'라는 느낌에 초점을 맞추었다. 이 감성적 아이디어는 '자연미'를 지닌 여성에게 이동되어 그녀가 사과를 베어 무는 모습이 마치 인생을 베어 무는 것처럼 보이도록 만들었다. 가장 중요하게는 컨셉 전체가 효과를 발휘한다는 것이다. 그것은 훌륭한 아이디어와 함께 브랜드의 근본 가치와 잘 조화를 이룬다. 그리고 아름다운 디자인과 흥미로운 향기로 전달된다. 거기에는 우리가 공유할 수 있는 꿈이 있고 경험할 수 있는 도발이 있으며 오직 도나 카란만이 약속할 수 있는 느낌도 있다. DKNY는 우리에게 군침을 흘리게 만든다.

이것이 의미하는 바는 다음과 같다. 가바이는 재앙을 피할 수는 있지만 성공을 예측하기는 힘들다고 말한다. 형식적인 리서치나 절차는 항상 조심하라. 브랜딩 전략은 쉽게 이해할 수 있어야 하고 상식에 기대어야 하며 올바르다고 느껴져야 한다. 제대로 된 컨셉은 금방 알아볼 수 있다. 컨셉이 전율을 일으키거나 주변 사람들의 삶에 반향을 일으키면 그것은 제대로 된 것이다. 브랜딩 혁신을 가로막는 주요 장애물은 바로 사람들이 눈으로 볼 수 없는 그 모든 아이디어와 완전히 실현되지 않아 진가를 알아보지 못하는 컨셉들, 그리고 잘못된 감성을 알려주고 변화에 저항하는 리서치들이다.

안느 아센시오
가장 혁신적인 브랜드 디자인 분야가 자동차 산업인 이유

"나는 아무도 예상치 못한 것에서 매력과 아름다움을 찾기 위해 아무도 가지 않은 곳에 가야 했다. 설사 그것이 달걀 모양의 자동차를 만들어내는 것이라 할지라도 말이다."

안느 아센시오(Anne Asensio)는 제너럴 모터스에서 첨단 자동차디자인 팀의 총책임자이다. 그녀는 가장 성공적인 가족용 자동차 중 하나인 프랑스 자동차 회사 르노(Renault)의 '메간 세닉(Megane Scenic)' 디자인 팀에 있다가 이후 GM에 합류했다. 이 자동차는 재미있는 달걀 모양의 자동차로서 유럽 소비자들의 사랑을 한몸에 받았다. 르노에 대해 얘기하면서 안느는 독창적인 상상력에 생사를 건 이 작은 회사에 깃든 전투 정신에 대해 열변을 토했다. "우리는 골리앗에 맞서 싸우는 다윗이었다." 그녀는 이렇게 단언한다. "르노의 미래는 오직 우리의 변화 능력에 달려 있었다. 우리에게는 모험이 유일한 해결책이었다." 이 회사의 생존에는 항상 모험과 팀 정신이란 개념이 뒤따라온다. 그녀는 르노가 두 가지를 다 갖췄다고 생각한다. 르노에는 스타 시스템은 아니지만 사람들이 차에 흥미를 느끼게 할 만한 것이 무엇인지를 찾기 위해 '소매를 걷어붙이는' 경영문화가 있었다. 살아남기 위해서 싸워야 하는 르노와 같은 작은 기업들에 존재하는 문화 말이다.

여기서 매력적인 것은 어떻게 르노 자동차가 독특한 디자인 방법론을 통해 프랑스 대중들과 진정한 연결을 이뤄냈는가 하는 점이다. 먼저 세닉 자동차는 스타일리쉬한 외모를 디자인의 주요 표현으로 여기는 전통적인 자동차 이미지로 디자인되지 않았다. 세닉은 오히려 정반대였다. 그것은 먼저 자동차 구조 안에 있는 사람으로부터 시작하여 그들을 중심으로 자동차를 구축하는 방식으로 디자인되었다. 이것은 자동차의 정신적인 측면, 자동차 내부, 자동차의 지성과 인간성에 초점을 맞추는 새로운 스타일 표현으로 이어졌다.

그 결과 탄생한 자동차의 모습은 처음 보는 사람들에게는 당혹스러운 것이었다. 왜냐하면 사람들이 자동차를 판단하는 데 사용하는 몇 가지 규칙들, 그 중에서도 주로 미학적인 규칙들을 깨뜨리는 것이었기 때문이다. 그 자동차는 말하자면, 약간 예상치 못한, 비관습적인 비율에 '규범에서 벗어난' 디자인이었지만 그래도 영리한 디자인이었다! 안에서 밖으로 나아가는 이 지적이고 새로운 디자인은 인간적인 자동차를 만들어낼 수 있었다.

지적인 자동차는 분명 새로운 아이디어이다. 그리고 아름다움이 반드시 사회적 성공과 연결되지는 않는 프랑스에서 이 아이디어는 효과적이다. 안느에 따르면, 프랑스에서 머리는 종종 신체적 속성보다 뛰어난 것으로 여겨진다고 한다. 르노 자동차는 쉽게 사람을 현혹하는 피상적인 미학이 아니라 '지성'을 통해 사람들과 소통하고 있었다. 사람들은 곧 이 자동차를 안에서부터 밖으로 이해하고 경험하기 시작했다. 그것은 아름다움과 전통적인 스타일에 대한 기대를 초월했다. 사람들은 르노 자동차가 제공하는 아름다움의 '컨셉'과 혜택들을 사랑하기 시작했다.

"아무도 가지 않은 곳에 가야 했다." 안느는 이렇게 말한다. "사람들에게 놀라움을 주고 그들이 가보지 못한 곳, 그들의 마음을 자극할 수 있는 곳으로 그들을 데려갈 솔루션을 가져와야 했다. 이를 위해 디자인은 자유로워져야 했고 여기서는 직관이 핵심이었다. 만약 리서치에 기대었다면 달걀 모양으로 자동차를 디자인하는 것이 가능했을까?" 그녀는 묻는다. "수치 중심의 리서치로 시장에 접근하는 것은 인위적이고 종종 편향적이다. 자기가 원하는 결과를 얻기 위해 숫자를 조작할 수 있다는 것은 누구나 아는 사실이다." 이것은 내가 인터뷰한 다른 혁신가들이 전통적인 마케팅 리서치에 대해 한 얘기와도 일맥상통하는 것처럼 보였다. 그들은 이 리서치가 안전할 것이라는 잘못된 인상을 주거나 기껏해야 쓰지 않는 데이터의 양만 늘이는 느리고 부르주아적인 처리 과정이라고 말한다. 이들은 경영진을 안심시키지만 혁신에는 아무런 도움이 되지 않는다. 안느는 오직 리서치 결과에 의존해 자동차의 디자인을 보지도 않고 선택하는 수많은 마케팅 전문가들 때문에 기겁한 적이 많았다고 한다. 나도 포커스 그룹의 시선을 통해서만 자사의 제품과 브랜드를 바라보는 수많은 회사들을 알고 있다. "마케팅은 소비자를 대변한다. 마케팅 전문가들은 제품을 직접 보고 흥을 느껴야 한다." 안느는 아마 이렇게 말할 것이다. 여기에 한 가지 덧붙이자면 마케터들은 실제 생활에서 제품이 어떻게 경험되는지도 직접 확인해봐야 한다.

안느는 자신이 얼마나 자동차광인지 털어놓았다. 그녀는 레스토랑이나 카페테라스에 앉아 사람들을 보는 것이 아니라 자동차 구경에 빠져 있는 경우가 많다고 한다. 그녀는 자신의 이 작은 취미가 자신만의 비밀이라고 생각했다. 그런데 어느 날 그녀의 어머니가 이렇게 말하는 것이었다. 딸이 자기 대신 길거리에 정신이 팔려 있는 것을 보고 약간 짜증이 난 어머니는 이렇게 말했다. "애야, 일 좀 그만 하렴."

안느가 제너럴 모터스를 위해 미국으로 건너왔을 때, 그녀는 많은 브랜드를 보유한 이 새 회사와 함께 자신의 재능을 넓혀보고 싶었다. 그녀가 둥지를 튼 회사는 뷰익, 캐딜락, 폰티액, 새턴 등과 같은 강력한 브랜드들을 보유하고 있었다. 나는 안느와 얘기하면서 디자인 전문가로서의 그녀의 모습뿐 아니라 솔직히 말해 아직도 남성 중심적인 세계에서 여성으로 일하는 것에 대해 어떻게 생각하는지 알고 싶었다. 외부인의 관점에서 미국 문화를 바라보는 유럽인으로서 안느는 미국인들의 심리에 대해 흥미로운 관점을 가지고 있다. 특히 그녀가 일하는 분야가 온통 감성에 대한 것이기에 더욱 그러하다. 안느는 미국인들이 향수(nostalgia)에 대해 가지는 매혹에 대해 이야기했다. 많은 미국인들이 1950년대로 돌아가고 싶다는 거의 강박적인 충동을 가지고 있다는 것이다. 미국에게 1950년대란 안전한 국방과 경제적 번영을 구가하던 시대를 말한다. PT 크루저의 성공은 시간을 초월하여 미국인들의 심리와 감성적으로 연결되는 특정 제품들 중 하나의 사례일 뿐이다. 디자인은 시대 조류를 뒤따르기도 하고 앞서가기도 하지만 대부분의 경우는 나란히 함께 간다. 이 경우에 자동차 산업은 우리에게 분명 매혹적인 메시지를 던진다. 미국은 더 이상 자신이 통제할 수 없는 세계에서 경쟁하기 위해 앞으로 전진할 것인가? 아니면 지나간 역사에서 잠깐의 위안을 찾을 것인가?

안느는 그녀가 제너럴 모터스에 합류했을 때 이전과는 다른 문화와 대면해야 했다고 말한다. 그것은 좀더 합리적이었고, 숫자를 중시했으며, 그다지 인간적이지 않았다. 이 문화에서 직관력은 정당화되어야 했다. 그것은 합리적으로 설명되고 증명되어야 했다! 그녀는 이 문화에 도전하고 싶었다. 그리고 사실 애초에 GM이 그녀를 영입했던 이유도 바로 이 때문이다.

자동차 산업은 흥미로운 디자인 문화를 지닌다. 제도 전체가 자동차란 어때야 하는지를 중심으로 구축되기 때문이다. 예를 들어 미국의 자동차 문화는 1950년대 미학으로 되돌아가야 할 필요성을 떨쳐버리지 못하는 것처럼 보인다. 이 디자인은 당시로서는 매우 혁신적이었지만 지금에는 그다지 적절하다고 볼 수 없다. 한편 "프랑스에서는 항상 1930년대로 되돌아가고자 했다. 당시 프랑스 디자인은 부와쟁(Voisin), 들라이예(Delahaye), 그리고 부가티(Bugatti) 스타일인 긴 후드와 대시-차축 간 거리, 그리고 큰 바퀴 등이 최고조에 이르던 시기였다. 한편 1970년대는 이탈리아 자동차 디자인의 시대로서 이것은 유럽의 자동차 풍경을 오늘날까지 지배하고 있다." 안느는 미국 디자이너들이 1950년대에 갖고 있는 매혹이 창조성이 최고조에 달하고 매일 마술이 일어나던 시대와의 감성적인 연결 때문이라고 생각한다. 캐딜락은 그 당시 무엇과도 견줄 수 없는 꿈의 표준이지 않았는가!

그렇다면 아직 형성되지 않은 욕망을 새로 만들어내는 대신 왜 항상 "과거로 되돌아가려는" 것일까? "전통으로부터 단절하는 것은 매우 어렵다." 안느는 이렇게 말한다. 이를 이해하기 위해 그녀는 사람들이 자동차 브랜드와 맺는 감성적, 물리적 관계와 특정 제품을 수용하도록 만드는 동기에 대해 자세히 탐구해갔다. 이것은 역으로 자동차의 감각적 측면과 그것이 어떻게 사람들의 삶을 바꿔놓을 수 있는지에 대해 더 잘 이해하도록 도와주었다. 특히 자동차 내부의 감각적 디자인의 중요성을 새롭게 부각시켜주었다. 자동차를 처음 샀을 때 나오는 아드레날린과 매혹의 효과가 다 떨어지고 난 후 현실 인식이 자리 잡기 시작하면 자동차 내부의 디자인이 중요해지는 것이다. 자동차 겉모습과의 사랑이 다 끝난 후에 사람들이 결혼하는 상대는 대부분 내부 인테리어이다.

다른 혁신적인 디자인 전문가들과 마찬가지로 안느도 브랜딩에 대해 매우 인간적인 방식으로 이야기한다. 그러면서 그녀는 브랜드를 사람들의 감성적 현실과 연결시킨다. 이러한 대화는 기업문화의 변화를 필요로 한다. 하지만 어떻게 바꿀 것인가? 안느는 최고의 답을 내놓는다. "자신이 가진 것을 지렛대로 삼으로써." 이것은 '재즈' 할 준비가 되어 있는 사람들 속에 있는 창조력을 찾아내는 것이다. GM에 합류하기 전에 그녀가 가진 선입견 중 하나는 그녀가 이끌게 될 디자인 팀이 혁신에 필요한 재능을 가지고 있지 않을지도 모르겠다는 것이었다. 그러나 이와 반대로 그녀는 아직 적극적으로 활용되지 않은 재능을 발견할 수 있었다. 제대로 된 무대와, 마치 재즈 연주처럼 모두 함께 마술을 만들어낼 능력만 주어진다면 '진짜 음악'을 연주해낼 재능 말이다.

현대 산업경제에서는 과학과 수학에 재능을 발휘하고, 기업의 성장과 이윤을 위해 복잡한 제조 공급망 전략을 처리하도록 훈련받은 사람들이 창조성과 문화를 이해하는 집단과 단절되어 있다. 하지만 이들은 함께 일할 필요가 있다. 예를 들어 패션 브랜드 샤넬의 경영진들은 3일간 크리에이티브 교육을 받아야 한다고 한다. 포스트모던 경제에서 인간적 요소는 중요한 차별화 요소가 되었다. 브랜드는 수학 및 과학적 마인드를 좀더 창조적인 과정과 감성적 영역으로 데려올 필요가 있다. 공장으로부터 시작되는 공급 사슬 과정이 사람들의 개인적 욕망과 감성을 증진시키는 감성적 사건들의 사슬로 대체된다고 상상해보자. 이 새로운 접근은 다양한 개인적 선택에 부응하기 위해 이성과 열정 모두에 기대야 할 것이다. "우리는 모두 재단사가 되어 유연하게 제품을 생산할 수 있어야 한다." 안느는 이렇게 말한다.

이에 따라 창조자의 역할이 점점 더 중요해지고 있다. 디자인은 새로운 컨셉을 반전(twist)과 함께 제공함으로써 가치를 높이게 될 것이다. 예를 들어 당신이라면 68세 이상의 남성들에게만 어필하는 뷰익을 어떻게 부활시키겠는가? 디오르의 존 갈리아노나 구치의 톰 포드가 했던 것처럼 뷰익을 의미 있는 것으로 만들어줄 패러다임의 전환을 당신이라면 어떻게 이뤄낼 것인가? 안느가 직면하는 이슈도 바로 이것이다. "미래는 현재의 내일이다." 요기 베라(Yogi Berra)라면 이렇게 말할 것이다. 미래는 오늘 내린 모든 결정들의 결과이다. 그것은 지금 일어나는 문화적 전환에 대해 올바르게 반응하느냐에 따라 달라질 것이다. 과거에 대한 향수는 미국인의 정신세계에 깊숙이 뿌리박혀 있다. 서구는 너무 아름다움에 집중하는 것일까? 서구가 과거의 자동차 스타일에서 위안을 찾으려 하는 반면, 일본과 같은 나라는 하이브리드 자동차처럼 미래지향적인 컨셉으로 우리의 믿음에 다가가고 있다. 변화에 대한 취향은 문화마다 다르다. 하지만 세계가 나아가는 방향에 역행하기 위해선 진지한 계획이 필요하다. 변화를 피할 수 없기 때문이다.

GM은 도요타가 하이브리드 프리우스(Hybrid Prius)를 출시하면서 '청정' 기술면에서 앞서나가는 것을 바라봐야 했다. 하이브리드 프리우스는 엄청난 마케팅 히트였다. 청정 기술이라는 담론은 이제 도요타의 소유가 되었고 그들은 이 새로운 정신을 광고 캠페인을 통해 보여주고 있다. 타깃의 그래픽을 모방한 이 광고 캠페인은 아직 차별화를 이루지 못한 다른 경쟁사들의 시각적 언어로부터 도요타를 부각시켜주었다. 일본을 제외한 대부분의 자동차 산업은 하이브리드를 이해하지 못했다. 그리고 자동차 업계는 아직도 하이브리드 기술이 경제나 환경적인 측면에 기여하는 효과가 거의 없거나 있더라도 매우 작다고 말한다. "사람들은 하이브리드를 원한다고 생각하면서 살 것이다. 설사 기존의 전통적인 자동차가 더 합리적이라 할지라도 말이다. 단지 소위 말하는 하이브리드 기술을 가졌다고 해서 그 자동차가 하이브리드가 아닌 자동차보다 더 환경적이라든지 국가의 석유 수입 의존도를 감소시켜주는 것은 아니다." 제이미 링컨 키트먼 기자는 이렇게 말한다.[4]

대부분의 자동차 브랜드가 놓치고 있는 점은 이 하이브리드 컨셉이 좀더 인간적인 브랜드를 제공하면서 사람들의 신념과 소통한다는 점이다. 그것은 감성적인 제품 제안이다. PT 크루저를 보며 우리는 과거를 향수하거나 허머(Hummer)를 보며 힘을 느끼게 된다. 반면 하이브리드를 보면 책임감을 느끼게 될 것이다. 사람들은 그들의 삶에 의미를 가져오는 감성적인 경험을 찾고 있다. 석유 가격은 우리가 사는 세계에 대해 새로운 인식을 만들어냈다. 먼저 우리는 외국 석유 공급업자에 대한 접근을 제한함으로써 석유에 대한 의존도를 줄일 필요가 있다. 둘째 우리는 앞으로의 세대에 대해 우리가 환경에 미치는 영향을 책임져야 한다는 것을 안다. 하이브리드 컨셉은 자동차 산업을 정면으로 강타했다. 그것은 이 업계에 엄청난 경종을 울렸다. 우리는 새로운 경향의 출발점에 서 있는 것이다.

오랫동안 GM은 깨끗한 에너지에 대한 신기술을 개발해오고 있었다. 브라질에서 이 회사는 사탕수수에서 만든 에탄올로 달리는 자동차를 개발하기도 했다. 그러나 GM의 문제는 이러한 뉴스가 GM이 보유한 수많은 브랜드들에 대해 내보내는 커뮤니케이션 과정에서 실종된다는 것이다. 그 결과 이 소식을 아는 사람은 거의 아무도 없다. 브랜드 관점에서 볼 때 GM은 오늘날 이러한 컨셉이 사람들의 심리에 미치는 깊은 감성적 효과를 잘 이해하지 못했다고 할 수 있다. 그 결과 그들은 이 특정한 노하우를 잘 활용하지 못하고 있다. 안느는 '신기술 차량'에서 굉장히 멋진 도전을 본다. 이들에서 그녀는 자동차 산업의 새로운 미래를 볼 뿐 아니라 새로운 가치를 중심으로 자동차를 디자인할 방법도 본다. 그녀는 질레트가 새로운 형태와 색상의 여성 면도기를 통해 여성들의 세계를 재창조해낸 것에서 깊은 감명을 받았다. "질레트는 디자인을 통해 눈에 보이진 않지만 사람들이 느낄 수 있는 새로운 기술을 드러낼 수 있었다." 디자이너의 힘은 머리로 말하는 것에 대한 어떤 유혹에 저항하고 가슴이 말하게 하는 것에 있다.

안느는 자동차 산업이 신기술을 중심으로 자동차 경험을 재창조해내고 단지 겉모습 이상으로 사람들과 연결 고리를 만들어내는 것이 혁신으로 가는 길이라고 생각한다. 지난 75년간 아무것도 바뀌지 않은 것이 사실이다. 그녀가 즐겨 말하듯, 핸드 브레이크는 여전히 예전과 똑같은 장소에 달려 있고 엔진을 켜기 위해 우리는 아직도 자동차 키를 사용하고 있다. 자동차를 포함해 거의 모든 것을 '원격조정'할 수 있는 이 시대에 말이다. 또한 주로 남성 자동차 디자이너와 마케터들의 경우 그들은 그들이 어렸을 때 좋아하던 자동차에 고착된 나머지 계속해서 전형적으로 '아름다운 자동차'를 만들어내고 있다. 반면 그녀는 여성들이 좀더 감성적으로 접근한다고 말한다. 즉 여성들은 관습 타파적이고 사람들에게 이로운 방식으로 접근한다는 것이다. 이들에게서 자동차는 새로운 시대의 새로운 공간을 발견하게 될 것이다.

안느의 요점은 다음과 같다. "신기술 덕분에 우리는 물리적 한계로부터 자유로워졌다. 이제는 주요 엔진을 덮을 큰 후드도 필요 없어졌다. 왜냐하면 엔진 자체가 달라졌고 다른 곳에 위치하기 때문이다. 우리는 자동차의 외관과 경험을 말 그대로 재창조할 기회를 얻게 되었다. 우리에게 이전과 같은 계기판이 더 이상 필요할까? 신기술로 이루어진 자동차를 우리는 예전의 자동차 모습과 똑같이 디자인할 것인가? 마치 제트 추진기를 기존의 프로펠러 버전과 똑같은 것으로 디자인했듯이 말이다. 그러한 컨셉으로 미래를 바라보는 것이 시장에서 과연 얼마나 승산이 있을까? 마침내 자동차 산업은 기존 모델에 종속될 필요 없이 완전히 새롭게 창조하고 혁신해낼 가능성을 얻게 되었다. 휴대폰에서 전자제품에 이르기까지 모든 것이 소형화되는 듯 보이는 요즘 이것이 새로운 자동차 경험에는 어떻게 반영될까?"

신기술 자동차는 안느의 다음 프로젝트이다. 만약 그녀가 말한 대로 된다면, 우리는 자동차 디자인이 어떻게 새로운 방식으로 우리의 삶에 미래를 가져올 수 있을지 보게 될 것이다. 그것은 또한 제너럴 모터스와 같은 멀티브랜드 회사의 감성적 틈새시장을 확장해낼 것이다. 이 새로운 사업에서 안느에게 주어진 도전은 GM 경영진들을 동참시키는 것이다. 그녀는 새로운 디자인 아이디어가 언제나 너무 늦게 이들에게 보여진다고 생각한다. 이에 따라 브랜드 의사결정자들은 제한된 선택권만을 갖게 되고 제대로 된 통찰력 없이 새로운 컨셉을 승인하거나 폐기하는 것 둘 중의 하나만 선택할 수 있게 된다. GM은 안느의 새로운 접근법을 혁신을 창조하고 그들의 브랜드를 변화시키는 핵심 프로그램으로서 매우 진지하게 받아들이고 있다. (제품 개발 부사장인 존 로크너와 부회장 밥 러츠, 제품 기획 부사장인 존 스미스, 글로벌 디자인 부사장인 에드워드 웰번, 엔지니어링 부사장인 짐 퀸 등) 회사의 최고 간부들이 워크숍에 참여함에 따라 회사 전체가 참여하고 있고 모두가 열광적인 참여자이자 기여자이다. 안느의 크리에이터 및 디자이너 팀은 GM의 자동차 매장에서 빛나게 될 컨셉들을 개발한다.

"모든 것이 잘 되어갈 때, 업계는 혁신을 달가워하지 않는 경향이 있다. 하지만 회사가 자신의 진정한 천재성을 발견하게 되는 것은 생존에 대한 의식이 강하게 생겨나는 투쟁의 시기이다." 그녀의 '혁신' 전략은 다음의 세 가지 벡터를 중심으로 구축되었다.

1. 6주마다 한 번씩 의사결정자들과 함께 아이디어를 검토하라. 이것은 부담을 줄여주고 경영진들이 크리에이티브 프로세스에 참여하도록 도와준다. 경영진들은 아직 결정을 내려야 한다는 부담감 없이 위협적이지 않은 방식으로 혁신에 노출된다.

2. 아이디어를 다양한 각도에서 보여줘라. 예를 들어 6주 전에 물리적 모델을 사용했다면 다음에는 큰 LCD 화면에 비디오 영상으로 보여주면 어떨까? 이것은 같은 아이디어를 유지하면서도 도발적이고 동기를 유발하는 방식으로 바꿔준다. "나는 아이디어를 제시하는 방법을 하나에서 열까지 모두 바꿔보지만 아이디어 자체는 똑같이 유지한다."

3. 계속 자극하라. 예상가능하거나 정형화된 프리젠테이션과 같은 표준화된 접근방식은 예상가능하고 정형화된 반응만을 이끌어낼 뿐이

다. 사람들을 계속해서 긴장시키고 참여하게 만들 수 있다면 이들은 아이디어가 성장하도록 도와줄 것이다.

"만약 사람들을 새로운 곳으로 데리고 나와 상상력을 자극하는 수많은 모델들을 보여주면 그들은 으레 보게 될 것이라 기대되는 것을 더 이상 기대하지 않게 된다. 이를 통해 당신은 그들의 뇌를 자극하고 새롭고 설득력 있는 주장으로 그들을 놀라게 할 것이다. 당신의 아이디어는 현실이 될 것이다." 그녀의 경험에 따르면 디자인 과정은 팀의 공동 작업이어야 하고 혁신과 일관되어야 한다. 창조적인 접근법은 종종 제때 무르익는 아이디어처럼 창조적인 우연으로 이어지기도 한다. 초기에 제시된 아이디어는 그 당시에는 적절하지 않다가 한 달 후 갑자기 적절한 것이 될 수도 있다. 미리 뿌려둔 씨앗들이 이제 어엿한 하나의 컨셉으로 성장하여 다시 도입되는 것이다. 그러면 모든 것은 "이것을 지금 시도해보면 어떨까?"라는 지점으로 모아지고 이제는 할 수 있게 된다. 왜냐하면 아이디어의 새싹이 이미 모든 이에게 가능성의 원천으로 자리 잡았기 때문이다.

이렇게 디자인 혁신을 통해 상상과 탐색을 계속해나가는 과정은 오랜 기간에 걸친 지속적인 진화 과정에서 진정한 힘을 발휘한다. 이 과정에서 사람들은 무장되고 준비를 갖추게 된다. 모두가 공유된 아이디어에 대해 똑같이 얘기할 수 있게 되는 것이다. 이것은 적절한 시기에 새로운 컨셉을 탄생시킬 수 있는 정신적 아이디어 뱅크로서 모두가 그 아이디어의 가능성에 대해 알아보게 해준다. 이러한 종류의 창조적 R&D는 혁신의 핵심이다. 그것은 언제든지 실행하고 부활할 수 있는 새로운 생각으로 모든 이의 머리에 자극을 주고 살찌운다.

이러한 노력을 돕기 위해 GM은 전 세계 곳곳에 위치한 11개의 GM

제너럴 모터스의 첨단 디자인센터는 혁신의 허브이다.

디자인 스튜디오들로 이루어진 네트워크를 만들었다. GM 첨단디자인
센터도 이 네트워크의 일부이다. 이 스튜디오들은 중국 상하이, 한국 서
울, 호주 멜버른, 독일 뤼셀스하임, 스웨덴 트롤하탄, 영국 버밍엄, 브라
질 상파울로, 그리고 미국에 위치한다. 안느의 디자인 팀 자체가 각 대
륙의 다양성을 대표한다. 이것은 풍부한 사고와 발견의 원천이 되어준
다. 이를 통해 GM은 좀더 풍요로운 세계적 영감을 얻게 될 뿐 아니라

각 시장의 다양성과 각각의 열망을 더 잘 이해할 수 있게 된다.

이것이 의미하는 바는 다음과 같다. 브랜드잼 관점에서 볼 때 이 참신한 접근법은 의사결정 과정의 또 다른 측면을 가져온다. 안느는 그것을 '상식'이라 부른다. 경영진은 주로 의사결정의 근거로 전통적 리서치에 의존한다. 바로 이 때문에 안느는 경영진을 디자인 과정에 통합해낼 새롭고 디자인 중심적인 방법을 찾기 위해 고군분투하고 있다. 이것은 그녀의 말을 빌자면 '리서치가 승인한 것'에 적절한 시각을 도입하고 경영진들이 정보를 충분히 안 상태에서 결정을 내릴 수 있도록 해준다. 안느는 다음을 즐겨 말한다. "만약 전통적 리서치가 내일의 자동차들에 대해 오늘의 느낌들을 나타낸다면, 우리는 전통적 리서치에서 아무것도 기댈 게 없을 것이다. 우리는 완전히 새로운 여과장치를 도입해야 한다. 이를 통해 의사 결정자들은 혁신을 판단하는 데 있어 좀더 자유롭게 해석하고 올바른 행동을 취하게 될 것이다."

장 위아르
자유의 여신상 보수하기

"사랑은 티가 나게 되어 있다. 아름다움과 평범함의 차이는 당신이 하는 일에 쏟는 사랑과 아이디어를 만드는 데 들이는 정성에 달려 있다."

1986년에 열릴 100주년 기념행사를 위해 1983년 뉴욕 시가 자유의 여신상을 수리하기로 했을 때 이들은 프랑스의 공예집단인 LMC(Les Metalliers Champenois)에 연락을 취했다. 금속작업을 전문으로 하는 이들이라면 그 유명한 횃불을 원래대로 회복할 수 있을 것이라는 생각이었다. LMC는 단순한 공예집단이 아니다. 이 집단에 속해 있는 대부분의 직공들은 13세기까지 거슬러 올라가는 전통 있는 길드의 멤버들이다. 이들은 위대한 유럽 성당들의 건축을 도맡아 하며 전문성을 키워왔다. 오늘날까지 LMC의 지식은 평생을 이 일에 바친 장인들에 의해 세대를 거쳐 전해오고 있었다. 자유의 여신상의 횃불을 감쌌던 구리는 이 집단에게 매우 친숙한 금속이다. 하지만 이처럼 아이콘적이고 복잡한 형태를 다시 만들어낸다는 것은 완전히 다른 도전이었다.

LMC는 화려한 경력 덕분에 이 프로젝트를 맡을 수 있었지만, 프로젝트를 완성하기 위해서는 새로운 방법을 개발해야 한다는 사실도 알고 있었다. 자유의 여신상 횃불은 간단한 모양이 아니었다. 그것은 일종의 조각 작품이었다. 횃불의 커브와 복잡한 각도는 구리판을 만드는 것을 어렵게 했다. 이 경우에 미리 형태를 갖춘 거대한 금속 조각으로 이 복잡한 형태의 횃불을 덮는 것은 그것이 정확히 모델에 들어맞아야 한다는 사실 때문에 불가능했다. 뭔가 새로운 기법과 접근방식이 필요했다.

장 위아르(Jean Wiart)는 위대한 미국 건축가 루이스 칸과 마찬가지로 재료와 예술가 사이에 어떤 인간적인 관계가 존재한다고 믿는 예술가이다. 나는 창조 작업을 하는 사람들 중에서 그들이 사용하는 도구나 재료와 맺는 관계에서 영감과 창의성을 끌어내는 이들을 많이 봐왔다. 장도 그의 도구나 재료에게 말을 건넨다고 한다. 이러면 그것들은 그가 원하는 대로 행동한다는 것이다. 그는 내게 사업 때문에 몇 개월 동안 작업실에 나오지 못하다가 어떤 아이디어가 생각나 주말에 작업하러 왔더니 도구들이 "그를 별로 달가워하지 않던" 얘기를 해주었다. 이것은 별로 좋은 상황이 아니었다. 왜냐하면 그는 롱아일랜드에 위치한 역사적 저택의 철문 중 하나에 쓸 잎 장식을 조각해야 했기 때문이다. "그래서 나는 도구들에게 말을 건넸다. 다시 친해져야 했기 때문이다." 처음 한 시간 동안 도구들에게 제발 자신을 실망시키지 말아달라고 부탁하다가 그다음에는 재료들에게 제발 그가 원하는 형태로 변해달라고 부탁했다.

브랜딩 세계에서도 최고의 디자이너들은 그들의 프로젝트와 작업이 환경에 미치는 영향을 매우 중요하게 여긴다. 그들이 일에 쏟는 열정은 항상 청중들로부터 공감대를 이끌어내는 듯하다. 혁신적인 솔루션은 예측할 수 없거나 쉽게 포착되지 않는다. 그것은 아직 존재하지 않거나 아무도 생각해 내지 못한 것일 수도 있다. 해결책을 발견하는 '마인드'야말로 창조적인 사람들이 매일 몰두하는 일이다. 여기에는 정해진 과정도 없다. 단지 전혀 영감을 얻을 수 없을 것 같은 장소에서도 계속해서 영감의 원천을 찾아내려는 노력만이 있을 뿐이다.

자유의 여신상 보수 작업

장은 그들을 계속 작업하게 하는 믿음을 이렇게 설명한다. "우리는 이 시대의 가장 강력한 심벌 중 하나인 자유의 여신상을 작업하는 특권을 부여받게 되어 무척 자랑스럽게 생각한다." 통찰력은 그의 파트너와 함께 뉴욕 케네디 공항에 도착하면서 찾아왔다. 그들의 비행기가 게이트 쪽으로 다가가는 동안 그들은 다른 비행기가 이륙하기 위해 자세를 취하는 모습을 관찰하고 있었다. 갑자기 그 둘은 서로를 쳐다보며 크게 외쳤다. "비행기 코!" 비행기 코를 놓고 서로 하이파이브를 하는 이 두 명의 프랑스인들을 보며 다른 승객들이 어떻게 생각했을지는 모르지만, 이들에게 이 순간은 분명 계시의 순간이었다. 그들은 방금 그들이 가지고 있던 문제의 해결책을 찾아낸 것이다. 해결책은 비행기의 코를 이루는 조그만 금속 조각에서 나왔다. 이것은 비행기를 만들 때 가장 정교하고 복잡한 모양 중 하나였다. 항공 산업이 찾은 해결책은 유연한 방식으로 합치되어 이 복잡한 형태를 덮어낼 작은 금속 조각 모자이크들을 만드는 것이었다. 이것은 자유의 여신상의 횃불이 던지는 도전을 해결하기 위해 LMC가 찾던 바로 그것이었다. 이것은 또한 좀더 효율적인 작업과 시간 관리를 가능하게 해주었다.

이것이 의미하는 바는 다음과 같다. 자신의 주변 환경을 관찰함으로써 해답과 영감을 찾아내는 능력은 창조적인 사람들이 특히 잘하는 것이다. 차이를 만들어내는 진짜 해결책을 찾아내는 것은 매우 중요하다. 그것은 리서치 중에서도 시각적 리서치에서 비롯된다. 혁신은 간혹 당신의 직감에서 나올 수도 있다. 이 느낌은 오직 사람들과 감성적으로 연결될 메시지를 만들어내겠다는 진정한 열정으로부터 나온다. 그것은 우리가 열심히 노력하면 그 정보가 어딘가에 반드시 존재할 것이라는 느낌이자 믿음이다. 이러한 정보는 이후 제품 디자인이나 걸작을 만드는 작업에 기초가 되어줄 것이다.

데보라 아들러
의약품의 포장 변화가 가져온 일상적 문제 해결

"사려 깊은 디자인은 사람들의 삶에 진짜 영향을 미칠 수 있다. 제약 회사들은 광고에 수십억 달러를 써대지만 이것이 항상 개별 환자들의 경험에 반영되는 것은 아니다."

타깃의 새로운 클리어알엑스(ClearRx) 처방 시스템을 개발해낸 데보라 아들러(Deborah Adler)는 그녀의 디자인 전문성이 사람들을 도와줄 수 있다고 믿는 그래픽 디자이너이다. 어느 날 그녀의 할머니는 병에 붙인 라벨을 잘못 읽고 남편 약을 먹은 적이 있다. (남편의 처방약 이름은 Herman이었고 할머니의 처방약 이름은 Helen이었다.) 이 일로 인해 할머니의 건강은 극도로 악화되었다. 이러한 경험은 아들러에게 좀더 안전하고 사용하기 편한 의약품 포장을 만들도록 동기를 부여했다. 그녀는 놀라운 사실을 발견했다. 처방약 사용자의 60%가 잘못된 약을 먹은 경험이 있는 것이다. 그리고 〈뉴욕 타임스〉의 가디너 해리스가 쓴 기사에 따르면 "투약 오류로 인해 매년 150만 명의 사람들이 피해를 입고 있고 수천 명의 사람들이 죽어간다. 이로 인한 미국의 연간 손실액은 35억 달러에 이른다."고 한다.[5] "나쁜 디자인은 사람들을 해칠 수 있다." 아들러는 말한다. 그러나 이러한 측면에 주목하는 사람은 아무도 없다.

단호한 단 한 명의 그래픽 디자이너가 어떤 제조업자에게나 중요한 문제가 되어야 마땅한 문제, 즉 고객들의 안전에 관한 문제를 해결해냈다. 오늘날 마케터와 광고회사들의 주요 관심사는 주요 매장에 LCD 광고를 함으로써 티보(Tivo)와의 경쟁을 피하는 것이다. 그들은 사람들이 TV에서도 보고 싶어하지 않는 광고들을 보여주며 쇼핑을 망치는 것에는 아랑곳하지도 않고 수백만 달러를 써대고 있다. 이렇게 하는 대신 이 돈을 가정에 돌려주면 어떨까? 소비자들의 전체적인 제품 경험을 생각하며 말이다.

"시야를 넓히고 제품과 아이디어가 존재하는 환경을 둘러보는 것이 중요하다." 아들러는 이렇게 말한다. 그녀는 빌바오의 구겐하임이나 뉴욕의 브루클린 음악아카데미처럼 박물관이 어떻게 이 두 도시를 바꿔냈는지를 예로 든다. 그녀는 박물관의 아이덴티티를 창조할 때에는 이러한 변화가 주변 환경과 마을, 레스토랑, 그리고 사람들의 전체적인 경험에 가져올 효과에 대해 살펴보아야 한다고 말한다. 그래야 새로운 아이덴티티와 같은 변화가 좀더 통합적이고 인상적이며 인간적인 효과를 이끌어낼 수 있기 때문이다. 나는 얼마나 많은 병원들이 새로운 이름이나 밝은 색상의 로고에 자랑스러워하면서도 정작 병원에서의 나머지 경험들은 하나도 변하지 않는가 하는 생각이 들었다. 아이덴티티의 변화가 사람들의 경험에서의 변화도 의미할 수 있을 때 더욱 멋지지 않을까?

많은 기업들이 디자인을 사람들의 삶에 보탬이 되도록 사용할 수 있는 힘과 기회를 가지고 있지만, 아직 이를 실현할 방법을 찾지 못하고 있다. 아들러는 처음에 FDA에 찾아가 그녀의 작업을 보여주었다. (FDA는 각 주의 규제상의 차이 때문에 전국적인 포장 시스템을 만들어낼 법적 근거를 마련할 수 없었다.) 이후 그녀는 그 아이디어를 타깃으로 가져갔다. 이 프로젝트도 다른 기업에 갔다면 아마 선반에 처박혀 있을지 모른다. 그러나 타깃에서 이 아이디어는 주인을 만난다. 제약회사나 포장 회사가 아니라 타깃이 그녀의 첫 번째 방문지가 된 걸 생각하면 흥미롭다.

이것은 중요한 점이다. 왜냐하면 타깃은 세계에서 가장 통합적인 디자인 중심적 회사가 되었기 때문이다. 타깃은 훌륭한 디자인 아이디어가 어떻게 그 어떤 광고도 해낼 수 없는 방식으로 새로운 수익과 긍정적인 이미지를 만들어낼 수 있는지를 보여준다. 이 결과는 가히 폭발적이었다. 타깃은 의약계에 뛰어들었고, 그 회사의 디자인 철학이 미학적인 차원을 넘어 문제 해결까지 해낸다는 것은 모두가 아는 사실이 되었다.

"타깃은 훌륭한 디자인을 중시한다."고 아들러는 말한다. "훌륭한 디자인은 타깃의 핵심적인 제품 제안이다."

가장 인상 깊었던 것은 아들러가 최종 디자인에 도달하기 위해 들였던 엄청난 관찰과 발견 과정이었다. 먼저 그녀는 제품이 어떻게 포장되고 운반, 전시되는지를 살펴보기 위해 공급 사슬 과정을 연구했다. 그런 다음 투약오류의 발생 원인을 관찰했다. 아들러는 대부분의 의약품 용기가 어떻게 생겼으며 제품들은 선반에 어떻게 배치되는지 관찰했고, 200명의 사람들에게 질문지를 보내 일상에서 이들이 어떤 치료 과정을 겪고 있는지 조사했다. 타깃에게 디자인을 가져간 후에는 타깃 직원과 의약 전문가, 그리고 산업 디자이너로 이루어진 100명 이상의 사람들과 함께 작업하여 현재의 클리어알엑스 시스템을 만들어냈다. 오늘날 대부분의 의약 병들은 모두 비슷비슷하게 생겼다. 어느 연령대를 막론하고 읽기도 어렵고 열기도 어렵게 되어 있다. 먹는 약이 많을수록 실수할 확률도 높아진다. 아들러가 직면한 도전은 막중한 것이었다. 그러나 아들러는 이 문제를 타이포그래피와 인간공학적 디자인을 통해 해결하였다. 그녀는 의료 투약 도식을 조사하고 사람들이 정보를 인식하는 방법과 웹과 인쇄매체 등 다양한 매체에서 문자 정보를 처리하는 데 사용하는 직관적인 습관들에 대해 연구했다. 그녀는 다음의 의약 정보들이 좀더 분명해질 필요가 있다는 결론에 도달하였다.

- 이 약은 무슨 약인가?
- 이 약은 누구를 위한 약인가?
- 이 약은 어떻게 먹어야 하는가?

보통 원형으로 이루어진 컨테이너의 뒷면에 평평한 면을 만듦으로써 그녀는 좀더 분명하게 정보를 전달할 수 있는 공간을 만들어냈다. 이것은 또한 병을 뒤로 돌려놓는 것을 불가능하게 했고, 사용자가 항상 병의 앞면을 볼 수 있게 했다. 또한 색상을 통해 제품을 구별할 수 있는 코드 시스템을 만들어냈다. 이 색상-코드 시스템은 "칫솔과 같은 방식으로 작동한다. 즉 어느 것이 누구 것인지 쉽게 알 수 있다." 사람들은 색상을 통해 자신들의 약을 쉽게 알아볼 수 있다. 아들러는 너무나 많은 돈이 바보 같은 리서치나 커뮤니케이션에 쓰인다고 생각한다. 그보다는 인류학적 조사나 사람 중심의 제품 혁신, 그리고 일상생활에서의 해결책에 더 많은 관심이 쏟아져야 하는데도 말이다. 이것은 디자이너들이 더 잘 해결할 수 있는 책임들이다. 책임 있는 브랜드들은 사람들이 상품과 맺는 상호작용을 안전성과 통제력의 관점에서 이해하고자 한다. 당신의 기업은 제품 정보를 포장뿐 아니라 공공 및 상업 공간, 길가에서

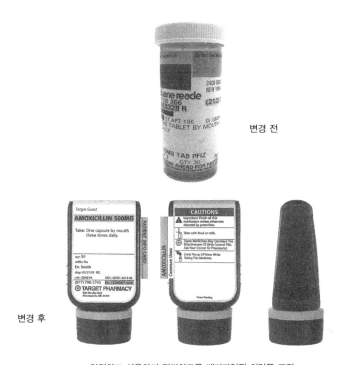

변경 전

변경 후

안전하고 사용하기 편리하도록 재디자인된 의약품 포장

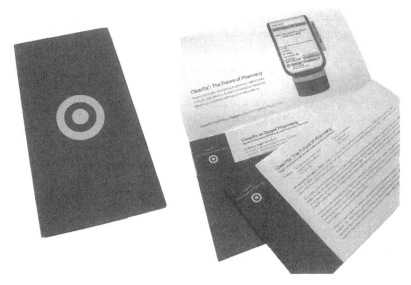

의약 분야에서도 타깃은 디자인 중심적 회사이다.

어떻게 관리하는가? 어린이와 유아, 노인들이 어떻게 주변 환경과 상호 작용하는지를 이해하는 것은 브랜드의 중요한 고려대상이 되어야 한다.

아들러의 이야기는 창조성에 대한 것일 뿐 아니라 용기와 신념에 대한 것이기도 하다. 그것은 일반적인 회사 모두에게 해당되는 메시지이다. 대부분의 회사들이 사람들로부터 단절되어 있기 때문이다. 사람들은 시장에 좋은 제품을 내놓아야한다는 기본적인 예의와 사람들의 삶의 질을 향상시켜야한다는 책임감을 갖춘 회사들을 사랑한다.

이것이 의미하는 바는 다음과 같다. "좋은 아이디어는 사람들의 힘을 북돋아준다." 아들러는 이렇게 말한다. "사람들의 일상적 문제를 해결해주는 것은 훨씬 더 좋다." 브랜딩 세계는 해결책을 기다리는 수많은 기회들로 가득 차 있다. 똑똑한 디자인을 통해 브랜드가 사람들에게 미치는 긍정적인 효과야말로 사람들과 관계를 구축하는 최고의 방법이다.

크리스 뱅글
위대한 아이디어가 항상 처음부터 이해받는 것은 아니다

"automobile과 car는 다르다."

BMW의 그룹 디자인 디렉터인 크리스 뱅글(Chris Bangle)이 혁신에 관한 주요 컨퍼런스에서 연설을 마친 후 그와 만날 기회가 있었다. 나는 그의 새로운 BMW 시리즈 디자인이 거둔 성공뿐 아니라 디자인이 구매자와 맺는 진정한 인간적 연결의 중요성에 대해 그가 어떻게 생각하는지를 듣고 싶었다. 디자인을 통해 소통되는 눈에 보이지 않는 감성적 떨림은 사람들에게 브랜드가 배려하고 있다고 느끼게 함으로써 브랜드를 더욱 신뢰하도록 만든다. 나는 우리가 사는 포스트모던 사회의 효과에 대해 약간 이야기했다. 즉, 이 세계는 디자인에 담긴 솜씨와 정성을 통해 사람들과의 감성적 접촉을 촉진시킨다고 말이다. 그는 이 아이디어에 흥미를 느끼는 듯했고 흔쾌히 인정했다. 그는 이렇게 말했다. "맞다. 포스트모던 사회에서 사람들은 당신이 만들어내는 디자인에서 당신의 신념을 느끼고 믿고 싶어한다. 내가 항상 이루고자 하는 것도 바로 이것이다."

이것은 또한 그가 어떻게 17년 동안 메르세데스의 충실한 팬이었던 내게 BMW를 사게 만들 수 있었는지에 대한 답이기도 했다. 나는 전형적인 메르세데스 고객이었다. 메르세데스는 그 뛰어난 디자인으로 내 마음을 사로잡아왔다. 사회적 지위와 절제된 클래식 감각이 모던한 방식으로 표현되어 있고 장구함을 알리는 엄격함이 있었다. 나는 장거리 수영선수이자 충실한 파트너이며, 장기적 계획이 만들어내는 가치의 팬이기도 하다. 메르세데스는 바로 나이다. 그런 내가 BMW와 함께 있다니! 나는 마치 펩시 때문에 코카콜라를 배신하는 느낌이었다.

하지만 사실 대부분의 메르세데스 운전자들이 이미 알고 있듯이 메르세데스의 서비스는 (적어도 내가 사는 곳에서는) 형편없다! 그렇지만 브랜드를 바꾼 이유가 이것 때문만은 아니었다. 나는 BMW의 새 디자인에 이끌렸다. 그것은 다른 감성적 방식으로 내게 다가왔다. BMW를 사면서 나는 좀더 자유롭고 해방감을 느낄 수 있었다. 마치 독단적이고 거만한 브랜드로부터 풀려나기라도 한 듯 말이다.

뱅글은 내 이야기가 흥미로웠을 것 같다. 그는 말 그대로 엄청난 성공을 거둔 BMW의 새 디자인을 만들어내기 위해 위험을 감수한 사람이지 않은가. 나는 감히 그런 그에게 자동차가 가지는 감성적 소통에 대해 이야기하고 있었던 것이다. 하지만 뱅글은 자신이 하는 일에 열정을 가진 사람이고 그 앞에 서면 마음을 열지 않을 수 없게 된다. 그는 사람을 편안하게 만들고, 사람들과 소통하려는 진실함과 열정을 느끼게 한다. 나는 물었다. "도대체 사람들은 왜 그렇게 자동차에 대해 감성적으로 변하는 건가?" "그것은 automobile과 car는 다르기 때문이다. automobile은 내가 사용하는 물건인 반면 car는 바로 나 자신이다." 그는 두 단어 사이의 차이를 분명히 하면서 이렇게 대답했다. 사전에서는 car의 정의를 "전쟁이나 승리의 전차"로 내리는 반면, automobile은 "승객용 차량. 일반적으로 네 개의 바퀴와 가솔린 내연기관을 가지고 있다."로 정의한다.

뱅글이 디자인하는 것도 automobile이 아니라 car이다. 그는 사람들에게 감성적으로 다가가기 위해 디자인한다. 얼마나 많은 브랜드들이 이런 접근법을 사용할 수 있는지, 또는 사용해야 하는지에 대한 생각이 들었다. 제품이 만약 내가 누구인지 또는 앞으로 어떤 사람이 될 것인지를 나타낸다면, 슈퍼마켓에 있는 그 수많은 포장들은 왜 매년 똑같은 것인가? 왜 대부분의 음료수 브랜드들은 똑같은 캔 모양으로 되어 있는가? 왜 우유와 오렌지 주스는 똑같은 형태로 제공되는가? 왜 맥주병들은 모두 비슷비슷한가? 왜 수많은 제품들이 아직도 차별성을 지니지 않는 것인가? 우리의 마지막 대화는 뱅글이 BMW에서 갖는 자유를 중심으로 이루어졌다. 그는 나와 같은 사람들에게 구애하기 위해 새로운 아이디어를 실험하고 혁신을 만들어내는 데 필요한 자유를 얼마나 누리고 있을까? 그는 자신의 디자이너 중 한 명인 조기 나가시마(Jogi Nagashima)에게 후한 점수를 준다. 이 선각자의 혁신적인 아이디어는 가끔 몇몇 사람들을 당혹스럽게 하지만 뱅글은 이렇게 말한다. "나가시마는 우리의 디자인 과정에서 매우 중요하다. 그는 다른 아이디어들이 나타나게 하는 초기의 영감과 같다. 그는 처음에 필요한 30%이다."

뱅글은 "사람들은 당신의 신념을 느끼고 싶어한다."고 말한다. 이것은 디자인 창조에 대한 그의 태도를 말해준다. "처음의 영감과 혁신을 만들어내는 데는 30%만 필요하다. 그 다음의 70%는 소비자들의 기대에 부응하는 것이다. 그런 다음 제조 과정상의 한계까지 통합해야 100% 디자인 실행에 도달하게 된다." 그의 디자인 작업은 아이디어의 표현을 제한하는 두려움이 아니라 아이디어의 힘에서 시작된다. 아이디어가 영감을 제공하기 위해서는 불꽃이 필요하다. 문제는 이러한 불꽃을 보호하고 컨셉의 순수함을 유지해나가면서 프로젝트를 진전시키는 것이다.

뱅글은 자신의 신념을 위해 싸울 수 있었고 자신이 생각하는 대로 BMW가 생각하도록 만들어냈다. 새내기 디자이너를 두려움에 떨게 할지도 모를 아이디어의 과잉에 대해서 그는 사람들이 다음의 사실을 이해할 필요가 있다고 말한다. "말똥이 많은 곳에는 반드시 말이 있게 마련이다. 몇 년 전만 해도 이건 불가능했을 것이다. 수많은 위대한 아이디어들이 너무나 일찍 폐기되곤 했다. 하지만 이제 우리는 적어도 열심히 싸우면 성공할 수 있게 되었다."

이것이 의미하는 바는 다음과 같다. 현실과 동떨어진 아이디어라고 해서 포기하지 마라. 그것은 논의의 시작이 될 수 있다. 가장 진전된 형태의 디자인 창조성을 혁신 과정에 통합시키는 방법에 대해 나는 이처럼 훌륭한 이론적 설명을 들어본 적이 없다. 데이비드 오길비의 말처럼 "소중하지만 연약한 아이디어"들을 포커스 그룹에게 가져가 죽음으로 내몰기보다는 프로젝트를 올바른 방향으로 출발시키는 기회로 사용하는 것은 어떨까? 그러기 위해서는 올바른 혁신 정신이 필요하다.

안토니오 루이즈 다 쿤하 세아브라
나투라

"비즈니스는 사회 변화를 위한 강력한 엔진이 될 수 있다."

기업의 사회적 책임에 대한 사람들의 인식에 부응하는 것은 강력하면서도 도전적인 일이다. 그것은 브랜드 약속을 실현하는 데 엄청난 통합성과 일관성을 요구한다. 나투라(Natura)는 이 연약한 감성적 비전을 혁신의 발전소로 바꿔놓았다. 이곳에서 자연은 나투라의 가장 소중한 파트너가 된다. 어떤 이유에서인지 '환경' 기업에 대해 이야기할 때 브라질의 직접 판매 화장품 회사인 나투라는 절대 회자되지 않는다. 나투라는 2006년 〈배니티 페어Vanity Fair〉에서 뽑은 '환경' 기업 목록에서 전혀 찾아볼 수 없다. 그러나 이것은 이 회사에게 아무런 타격도 입히지 않는다. 이 회사의 재정 결과와 소비자 만족도가 이를 말해준다.

1969년 브라질 상파울로의 작은 매장에서 시작한 나투라는 이제 총 거래액이 20억 달러에 육박하고 4,000명의 직원을 두었으며 50만 명의 판매원을 둔 상장 기업이다. 하지만 가장 중요한 점은 이 회사가 사회에 기여함으로써 기업도 성공할 수 있다는 것을 완벽하게 보여주는 사례라는 점이다. 처음부터 이 회사는 두 가지 원칙과 열정에 근거하여 창립되었다. 이들은 인간 존중과 삶에 대한 이해에 근거하고 있다는 점에서 매우 매력적이었다.

1. 우리 회사의 제품은 화장이 아니라 코스메티케스(cosmetiques)라는 넓은 의미의 열정에 근거하여 사람들의 행복과 지식을 개발하는 강력한 자원이다.
2. 우리는 인간관계의 힘과 가능성을 믿는다.

하지만 사람들의 행복에 대한 이 회사의 강한 관심을 직원을 채용하거나 회사의 명성을 쌓고 혁신적인 제품을 만들어낼 때는 어떻게 드러낼 것인가? 나투라는 브랜드 가치를 표현하는 데 있어 이 모든 목표들을 제품 포장과 회사 건물, 웹사이트, 카탈로그, 매장 또는 커뮤니케이션물을 통해 통합해낸다. 브랜딩 프로그램 전체는 하나의 강력한 시각적 목소리를 중심으로 구축된다. 나투라는 사람들이 브랜드를 경험할 때 감각적 발견이나 제품의 관점을 제공하는 것이 중요하다고 믿는다. 그리고 이를 위해 브라질의 풍부한 전통과 다양한 문화, 그리고 자연에 대한 사랑에서 영감을 얻는다. 나투라에서 기술과 과학의 진흥은 전통 지식과 함께 이루어진다. 이 회사의 핵심적 가치는 사회 발전과 인간관계의 발전에 기여하는 창조를 만들어내는 것이다.

까하마르와 이타페세리까 다 세라(Itapecerica da Serra)에 있는 사무실들은 나투라가 삶의 질에 대한 필요를 어떻게 인식하는지 잘 보여준다. 이 사무실과 공장들은 사회성과 상호작용을 촉진시킨다. 바로 이 빌딩에서 브랜드 비전의 모든 면면들이 생겨나고 창조성과 행복을 촉진한다. 브라질 한가운데에 위치한 이곳에서 우리는 이 브랜드가 사회 진보와 지속가능한 발전에 기여하는 능력을 느낄 수 있다. 이곳에서 감탄하지 않고 떠나기란 불가능하다!

이곳에서 나는 나투라의 공동 창립자이자 공동 회장인 안토니오 루이즈 다 쿤하 세아브라(Antonio Luiz da Cunha Seabra)를 만났다. 그는 앙드레 말로, 보들레르, 샤르댕에 대해 매우 능숙하게 말할 수 있다. 그는 나투라가 상장 기업이 된 유일한 이유는 자금을 마련하기 위한 것이 아니라고 말한다. 나투라는 회사 운영에 투명성과 전문성을 더하여 세계의 다른 기업들과 자신을 비교해보기를 원했다.

상상력과 디자인, 감성적 맞춤화는 이 회사의 중심을 이룬다. 나투라는 수익의 63%를 지난 2년간 출시된 신제품에서 거둬들인다. 회사의 명성도 대단하여 약 40명의 일자리를 뽑는 데 4만 명의 이력서가 몰려들고 이를 통해 회사는 브라질 최고의 인재들만을 뽑을 수 있게 된다. (재활용지에 인쇄된) 2005 연간 보고서는 아름다움이 모든 인간의 진정한 열망이자 선입견과 조작에서 해방되어야 한다고 말한다. 나투라는 또한 회사가 일종의 살아있는 유기체이자 역동적인 관계들의 집합으로서 장수와 사회 발전에의 기여를 중요하게 여긴다고 주장한다. 이런 회사에 들어가고 싶어하지 않을 사람이 어디 있겠는가!

나투라의 최근 제품 '에코스(EKOS)'는 아마도 이 회사의 핵심 가치를 표현하는 가장 중요한 제품일 것이다. 왜냐하면 이 제품은 천연자원을 브라질에 있는 모든 사람들의 일자리를 창출하는 운동에 도움을 주는 방향으로 의식적으로 사용하는 것이 가능하다는 것을 보여주기 때문이다. 에코스는 브라질의 종다양성(biodiversity)을 지속가능한 방식으로 사용한다. 에코스의 컨셉은 이 제품이 브라질 토착민들의 전통 목욕 의식에 바탕을 두고 있는 만큼, 감각이 이끄는 대로 인생을 즐기라는 것이다. 나투라는 주요 향수회사들에게 이러한 전통으로 돌아가 신제품으로 만들어줄 것을 부탁했다. 이것은 브라질 토착민들의 전통에서 직접 향수의 아이디어를 찾아내는 새로운 방법이었다. 자연을 파괴하지 않고 자연에서 발견한 제품들을 사용함으로써 우리는 무한하고 지속가능한 영감과 혁신의 원천을 발견할 수 있다.

예를 들어 프리프리오카(Priprioca)라는 제품은 전설에서 영감을 얻었다. 전설에 따르면 옛날 옛적에 한 종족의 여성들이 한 명의 남자와 사랑에 빠지자 이들은 그가 자고 있는 사이에 그의 손과 발을 묶었다. 그런데 아침이 되자 그 남자는 사라지고 그 자리에는 식물만 남아 있었다

412

고 한다. (이 식물의 이름이 바로 프
리프리오카이다.) 브레우브랑코
(Breubranco)는 브라질 숲에서
자라는 특정 나무의 송진으로서
나무의 껍질이 손상되었을 때
이를 보호해준다. 토착민들은
이 송진의 추출물을 나쁜 기
운으로부터 자신들을 보호하
기 위해 사용하기도 했다. 이
송진은 뛰어난 수분공급 성분
을 가지고 있다.

에코스의 포장이 갖는 심플
함과 우아함은 진실함과 솔직
함, 그리고 사회적 발언의 느낌을
내뿜는다. 이 제품들의 일부는 사실

나투라의 에코스 화장품

그 감성 효과를 테스트한 것들이다. 스트레스 레벨은 우리의 침에 있는
코르티솔 레벨로 표시되고, 우리의 면역 체계는 면역 글로블린의 레벨
로 감시된다. 에코스의 제품들은 긍정적인 효과를 나타냈다. 테스트에
응한 사람들은 이 자연 제품들을 사용한 후 모두 기분이 더 나아졌다고
말했다.

이것이 의미하는 바는 다음과 같다. 나투라는 인간 본성과 자연 정신에 대
한 이해를 바탕으로 이 둘을 하나로 연결시킨다. 나투라에게 디자인이
란 이러한 잠재의식적 메시지를 설득력 있는 표현으로 전달하는 사절단
과 같다. 좋은 디자인으로 발현된 메시지는 우리에게 훨씬 더 큰 감흥을
준다.

디자인 언어를 말할 줄 아시나요?

제품 디자인은 항상 역사적 변화를 표현해왔다. 20세기 초기의 디자인은 모더니즘과 산업화를 절묘한 언어로 담아내고 있다. 세계 2차 대전 직후 교외 지역에 대한 새로운 꿈과 소비재 홍수가 미국을 휩쓸었을 때 디자인은 우리의 주방을 새롭게 탄생시켰고, 아이젠하워와 후르시초프(Kruschev)가 나눈 그 유명한 '주방 토론'을 불러일으켰다. 한번 생각해보라. 토스터기를 배경으로 냉전 정책이 논의되는 장면을! 주방 기기들은 우리의 가장 강력한 무기이자 민주주의를 정당화하는 이유였다.

디자인은 항상 지배적인 커뮤니케이션 형식으로서 불확실성과 변화속에서 차별화와 아이덴티티를 가져왔다. 디자이너 레이먼드 로위(Raymond Loewy)는 이 영역에서 선구자와 같다. 그는 현대적인 제품을 통해 사람들에게 새로움과 마술을 선보였다. 2차 세계대전이 끝난 직후는 특히 흥미로운 연구 시기이다. 왜냐하면 이 시기에 디자인은 새로운 번영과 산업 혁명의 약속, 그리고 특히 미국 브랜드들의 세계화를 표현했기 때문이다. 오늘날 디자인은 보편적인 기쁨의 언어이자 혁신과 진보의 언어가 되었으며, 소비자들에게는 즐거움과 재미의 언어가, 기업에게는 이윤과 성공의 언어가 되었다. 디자인을 통해 브랜드는 사람들과 연결되고 우중충한 상품의 세계를 깨뜨리는 고유한 방법을 찾아냈다. 하지만 우리는 이 언어를 말할 줄 아는가?

개조(Makeover)라는 단어는 (사람들이 성형수술이나 다이어트, 강도 높은 운동 등을 통해 신체적 외모를 바꾸는 리얼리티 TV의 〈익스트림 메이크오버Extreme Makeover〉에서처럼) 급격한 변화를 나타내는 으뜸어가 되고 있다. 〈뉴욕 타임스〉의 헤드라인은 이렇게 쓰고 있다. "뉴욕 시, 무너져가는 브루클린 부두의 개조를 후원하다."[6] 개조라는 용어는 사람들이 간절히 원하는 것을 표현한다. 즉 그들은 자신들의 인생과 환경에서 진정한 변화와 과거와의 급격한 단절, 그리고 새로운 미래의 이미지를 갈구하는 것이다. 개조는 재생(revitalization)과 연결된다. 낡은 것은 새로운 것이 되고 지겨운 것은 새 유행이 되는 것이다. 모두 자신의 삶을 개조하고 싶어한다. 디자인은 개인적 차원에서부터 사회적 차원에 이르기까지 우리 삶의 모든 면에 스며든다. 디자인은 개성과 자유의 상징이 되었다. 우리의 외모와 가정환경, 그리고 사회적 상황에서의 변화는 디자인에 의해 일어난다. 우리는 모두 더 행복하고 잘 살기 위해 우리의 삶을 개조하고 싶어한다.

아이디어들은 어디로 갔는가?

대부분의 마케터들은 경영대학에서 '시각적으로' 생각하는 법을 배우지 못했다. 그런데 최근 들어 이것이 바뀌고 있다. 이제 대학들은 디자인 수업이나 학제간 프로그램을 제공한다. MIT의 경영대학과 로드아일랜드 디자인 스쿨이 대표적 예들이다. 하버드 대학은 "디자인을 가능하게 하는 동시에 디자인의 탐구 영역을 넓히는 도구로서 기술을 바라보고 디자인과 디자인 연구 및 실천에 영향을 미치는 신생 분야나 혁신들을 조망하는" 수업들을 제공한다.[7]

문제는 아이디어의 부족이 아니라 좋은 아이디어들을 확인하고 평가하고, 시각적 프로세스를 더 잘 이해하는 노하우의 부족이다. 디자인에서 문제가 되는 것은 직감의 부재와 무지이다. 이에 대한 해결책은 초기 컨설팅 및 조사 과정의 일부로 디자인 프로세스를 당장 도입하는 것이다. 그리고 사람들이 좋아할 브랜드에 디자이너와 그들의 아이디어를 참여시켜야 한다. 옥스퍼드 사이드 경영대학에서 강의하는 빅터 시델(Victor Seidel)은 맥킨지나 베인과 같은 전통적인 전략 컨설팅 회사와 달리 "디자인 회사에서는 디자이너가 풍부한 참여의 출발점을 제공할 뿐 아니라 더 나아가 디자이너의 시각적 능력은 수축보다는 확장능력을 증가시킨다.”고 말한다.[8] 디자이너들이 수행하는 시각적 조사는 혁신과 감성 세계에 큰 통찰력을 제공한다. 이곳이야말로 브랜드가 살아 숨쉬는 유일한 곳이다. ('다섯 번째 전환: 디자인 리서치를 사고하라' 를 보라.)

독창적 사고의 언어

햄버거는 어디서나 똑같다. 호텔 룸도 어느 국가에서나 똑같다. 언젠가 타이페이에서 한밤중에 깨어난 나는 내가 어느 나라에 있는지 혼란스러워진 적도 있다. 그곳은 도쿄일 수도, 헬싱키나 뉴욕, 또는 상파울로일 수도 있는 것이다. 대도시 주택가에서 아파트를 구매하는 사람 수만큼 그 반대편에선 그와 똑같은 가격을 주고 신도시나 한적한 도시로 내려가는 사람들도 있다. 이들은 단순히 그것이 좀더 첨단적이고 그들의 개성을 더 잘 드러내준다고 생각한다. 제도에 잘 맞춰 살고 싶어하는 사람이 있는가 하면 남들로부터 돋보이고 싶어하는 사람들도 있다. 부동산 업자들은 저렴하면서도 주류에서 벗어나고자 하는 소비자들에게 어필할 수 있는 장소들을 찾고 있다.

전 세계의 호화 호텔들은 항상 그들의 객실 수와 규모, 편의 시설을 늘이고자 한다. 그들은 주요 도시에서도 가장 수요가 높은 곳에 호텔을 짓고 완벽에 가까운 서비스를 제공한다. 그러나 한편으로 많은 수의 여행객들이 이보다 친밀한 '부티크 호텔' 을 선호한다. 부티크 호텔은 비슷한 가격에 방은 더 작지만 손님에게 특별함을 느끼게 해준다. SUV가 군대 탱크처럼 점점 더 커지는 한편으로 우리는 미국 역사상 가장 작은 자동차, 즉 미니가 성공을 거두는 현상도 목격하게 된다. 그리고 소프트 드링크 산업이 설탕과 카페인 수치를 낮추는 등 점점 더 건강에 관심을 표출하고 있는 반면 레드불은 새로워진 캔 디자인과 함께 좀더 에너지 활성화 요소를 첨가하기로 결정한다. 커피와 함께 에너지 공급원이란 제품군을 공유하고자 하는 이러한 시도는 바로 코카콜라와 펩시의 눈앞에서 이루어지고 있다.

어떤 컨셉이 일반적인 것처럼 된 듯 보이면 소비자들의 마음속에 그것은 자동적으로 친숙하고 흥미롭지 않은 것이 되어버린다. 전체 인구의 일부는 항상 돋보이고 싶어한다. 공연자나 패션 디자이너, 사진가, 음악가, 예술가, 지식인, 학자들을 보라. 선구자와 선각자들은 자기만의 개성 있는 삶을 만들어나가고 싶어한다. 그들은 전통의 영향에 굴복하기 보다는 자신만의 확신을 추구한다. 트렌드를 만들어내는 이들은 변화를 두려워하는 자들에게 그들의 영향력을 넓혀내곤 한다. 그들은 다른 사람이 뒤따라오도록 위험을 감수한다. 그들은 소호(Soho)로 이주한 초기의 갤러리 주인들로서 소호가 너무 주류화되자 첼시(Chelsea)로 옮겨갔다.

대부분의 브랜드들에게 해당되는 이슈는 제품 자체나 사람들의 습관 변화가 아니라 단순한 차원에서의 혁신도 부족하다는 것이다. 가령 포장 디자인을 바꾸는 것처럼 말이다. 일상용품(commodity)이란 말은 최고의 모욕이다! 우리는 온통 평범함으로 둘러싸여 있고 평범함은 브랜드를 끌어내린다. "나를 과소평가하지 마라." 소비자는 이렇게 말한다. "나는 독립된 개인이고 또 그렇게 여겨져야 한다. 나는 일반 제품을 싫어하고 그것을 위해 돈을 쓰지도 않을 것이다. 나는 K-마트에서 마사 스튜어트를 산다. 나는 내 세제가 멋지게 보였으면 한다. 나는 내 친구들과 가족을 위해 최고의 제품과 서비스를 찾아다닌다. 내 세계는 리놀륨으로 되어 있지 않다. 내 세계는 합성물질이 아니다. 이것들로 내 세계를 엉망으로 만들 수는 없다. 내 세계는 영감을 주고 혁신적이며 재미있고 남들과 달라야 한다."

디자인 매니아

〈애드 에이지〉 2004년 11월호 기사에서 예일 대학교 건축학과를 졸
업하고 뉴욕 베를린 카메론(Berlin Cameron)에서 전략 기획자로 일하고
있는 개리 코냐(Gary Conya)는 이렇게 말했다. "일반적으로 디자인은
기억과 감성을 불러일으킴으로써 아름다움과 우아함, 고귀함 등의 느낌
을 전달할 수 있다." 같은 글에서 저명한 광고 크리에이티브인 피터 아
넬(Peter Arnell)은 이렇게 예상했다. "제품 및 산업 디자인은 마케팅과
커뮤니케이션 분야에서 완전히 새로운 마인드의 등장에 공헌하게 될 것
이다. 이 는 광고에 돈을 쓰느니 차라리 건물이나 자산에 투자하는 것이
낫다는 것이다."[9]

커뮤니케이션은 광고에서 디자인으로 전환하고 있고 고객을 제외하
고는 아직 아무도 이 사실을 모르고 있다. ('세 번째 전환: 경험으로서 광
고를 사고하라'도 참고하라.) 디자인은 당신이 사랑하고 소유하고 나눠주
고 얘기하고 추천할 수 있는 아이디어를 제공한다. 최신 광고 대신 사람
들은 이제 최신 제품 디자인이나 매장 경험, 새로 단장한 레스토랑, 심
지어 렘 쿨하스(Rem Koolhaas)가 디자인한 시애틀 공공 도서관에 대해
이야기한다. 프랭크 게리(Frank Gehry)가 만든 새로운 보드카 병이나
필립 스탁(Philip Stark)이 디자인한 크로넨버그 맥주병과 호텔은 또 어
떤가? 요즘 파티장에서 혹시 새로 나온 광고가 화제의 대상이 되는 경
우를 본 적이 있는가? 아마 없을 것이다. 하지만 모두가 새로운 부티크
호텔이나 가구 디자인에 대해 얘기하는 장면은 흔히 발견할 수 있다. 예
를 들어 유모차는 더 이상 유아의 편안함뿐 아니라 균형적인 삶에 대한
부모들의 양보할 수 없는 욕구도 충족시켜야 한다. 새로운 유모차는 모
든 종류의 땅에서 탈 수 있는 산악자전거처럼 만들어졌다. 이에 따라 부
모들은 그들의 운동 계획을 타협하지 않아도 된다. 세계 최초의 멀티태
스킹 세대인 X세대는 아이들을 산책시키느라 그들의 소중한 운동 시간

을 잃지 않아도 된다. (그들은 심지어 달리기 경주를 할 수도 있다. 그들이 열심히 달리는 동안 아이들은 유모차에서 응원할 것이다!)

이 경우에 디자인은 소비자의 프로필과 라이프스타일에 맞게 물건을 변화시킨다. 그것은 사이클이나 역기처럼 다른 운동 기구들이 제공하는 친숙한 미학적 특징을 따르며 유모차도 스포츠 기구가 될 수 있다는 사실을 감성적으로 전달할 것이다. 부모들은 종종 운동복으로 갈아입고 유모차를 끌고 나갈 것이다. 그들이 공원의 모래함 주변이나 어슬렁거리는 수동적인 부모가 될 수는 없다.

캠벨 수프나 코카콜라도 새로운 디자인 실험으로 최근 소비자들의 주목을 끌고 있다. 캠벨은 이제는 유명해진 앤디 워홀의 그림에서 영감을 얻은 라벨과 함께 여러 색상으로 이루어진 30만 개의 토마토 수프 캔을 배포했다. 이것은 디자인 혁신을 통해 자신의 브랜드를 시험하려는 의지를 보여준다. 프랑스의 코카콜라는 잘 알려진 일본의 패션 디자이너 켄조 다카다(Kenzo Takada)에게 새로운 코카콜라 라이트의 디자인을 의뢰했고, 이에 대해 그는 코카콜라의 유명한 병 모양을 은색으로 그려줌으로써 화답했다. 이 디자인은 파리의 부유층과 유명인들이 자주 드나드는 패션 매장 콜레트(Collette) 등에서 한정적으로 배포되었다.

디자인이 얼마나 중요해졌으면 심지어 삼성과 같은 브랜드도 월스트리트 저널이 후원한 IDSA 디자인 경쟁부문에서 자신이 따낸 수상 경력을 홍보할 정도이다. "뛰어난 아이디어(Bright Ideas)"라는 헤드라인 아래 삼성은 자신의 디자인 실력을 뽐냄으로써 사람들의 구매 선택에 영향을 끼치고자 했다.[10] 한편 〈뉴욕 타임스〉 기사에 따르면 뉴욕에서는 리처드 마이어(Richard Meier)라는 건축가가 웨스트사이드에 디자인한 타워가 마치 예술품처럼 매매된다고 한다. 수많은 유명 인사들이 그곳에 살기 위해 엄청난 돈을 지불했다. 사람들은 모험이 유행하면 기꺼이 모험을 위해 편안함을 버리고자 한다.

2005 로스앤젤레스 자동차 쇼는 언론의 주목과 세간의 '존경'을 이끌어내기 위해 자동차 디자인으로 유명한 디자인 학교, 아트센터(Art Center)와 손을 잡고 여러 자동차 회사 디자이너들이 자신의 제품을 선보이는 디자인 경쟁부문을 신설했다. 이 전시회는 자동차 디자이너들이 '최고의 L.A. 자동차'를 만들기 위해 서로 경쟁하는 일종의 콘테스트 장이었다.[11] 여기에 선보인 컨셉들은 진정으로 혁신적이었고 고객들을 감탄시키기 위해 만들어졌다. 여기에서는 새로움과 개성적인 스타일을 추구하는 경향이 무엇인지 확실히 볼 수 있다.

새로운 자동차 아이디어들의 대부분이 실제로 제조될 수 없다는 사실에 많은 디자이너들이 좌절해야했다. 이것은 디자인과 생산능력이 충돌하는 부분이다. 디자인은 제조보다 훨씬 빠르게 움직인다. 이 문제를 해결하는 브랜드는 성공의 축배를 들게 될 것이다. 한편 낡은 생산시설로

MCC 스마트 시티 카는 언제든 색깔을 마음대로 바꿀 수 있다.

부터 자유로운 신생 회사들은 더 많은 유연성과 스피드로 경쟁할 수 있게 될 것이다. '스와치 자동차'는 이미 현실이 되었다. 스와치 시계처럼 이 자동차도 아마 장수하는 유행이 될 것이다. MCC 스마트 시티 카(smart city car)는 손상 시 교환하거나 주인이 원할 경우 자동차 색깔을 마음대로 바꿀 수 있는 사출성형(injection molded) 판넬로 이루어져 있다. 일회용 모델에 대한 수요는 다른 산업에서와 마찬가지로 자동차 업계를 강타할 것이다. 고가 제품의 한편에서는 저렴하면서도 자주 스타일을 교체할 수 있는 제품들의 공간도 남아있을 것이다. 유연함과 결합된 혁신도 생산이 가능한 아이디어들을 만들어낼 것이다.

이제 디자인은 끝인가?

지금의 상황을 디자인 과잉의 시대로 바라보는 사람도 있다. 디자인 언론을 비롯한 일반 언론과 디자이너들은 아마도 디자인과 그것이 약속하는 바에 대한 지속적인 관심의 갱신에 넌덜머리가 나 있을지도 모른다. 어떤 이들은 디자인이 자기중심적이고 오만하다고 생각한다. 또 어떤 이들은 지금의 상황에서 너무나 많은 디자인과 지나친 감각적 자극에 분노한 소비자들에 의해 붕괴될 디자인 거품을 보기도 한다. 디자인에도 한계가 있는가? 또는 디자인이란 단지 끊임없이 자극을 필요로 하는 부유국들의 또 다른 방종에 불과한 것인가?

나도 모른다. 그러나 나는 디자인에서 이보다 훨씬 더 큰 메시지를 본다. 나는 엄격한 규칙과 도그마적인 이론에 의해 지배되던 산업시대가 저물어가는 것을 본다. 창조성은 우리의 미래를 위해 절실히 요구되는 경쟁력 있는 접근법의 새로운 연료가 될 것이다. 또한 궁극적으로는 창조적인 마인드를 필요로 하는 문제 해결의 원천이 되어줄 것이다.

디자인은 감성적인 경험을 통해 과학과 상업, 혁신과 마케팅의 간극을 연결해내고 있다. 내일은 오늘과 절대 같지 않을 것이다. 그리고 오직 창조력을 지닌 자만이 지배하게 될 것이다. 디자인은 삶에서 더 많은 경험을 찾고자 하는 사회 운동의 표현이자 희망과 진보에 대한 증언이다.

개인적 손길

한 가지는 확실하다. 대량 마케팅과 대량 생산의 시대는 끝났다는 것이다. 우리는 좀더 많은 유연성과 맞춤화(customization)를 보게 될 것이다. 선택권은 더 많아지고 개인적 선택을 내리기는 더 쉬워질 것이다. 기술적 차이가 별로 크지 않은 사회에서 경쟁력은 이미지와 명성, 그리고 우리의 감성과 우리가 어떤 삶을 살고 싶어하는지를 읽어내는 브랜드에 달려 있게 될 것이다.

아직도 배워야 할 것이 너무나 많다. 우리는 소비에 영향을 미치는 문화적 배경과 우리 자신의 동기에 대해 아는 것이 너무나 적다. 글로벌 세계, 또는 토머스 프리드먼이 즐겨 부르듯 편평해진 세계(flattened world)에서는 혁신의 수치를 높일 필요가 있다. 이제는 최고의 제조 기술이 아니라 지적재산권과 지식에서의 우위로 경쟁해야 한다. 슬로베니아와 같은 나라는 2년마다 한 번씩 산업 디자인 전시회를 개최한다. 이 전시회는 전 세계 최고의 디자이너들을 끌어들인다. 이 나라의 수도 류블랴나는 자신의 창조적 지위를 잃지 않기를 바란다. 그러므로 아직 디자인의 시대가 끝난 것은 아니다. 미래에 대한 욕구와 강한 경제, 경쟁력 있는 시각, 그리고 끊임없이 새로운 아이디어와 재료, 제조기술을 개발해내려는 시도가 있는 한 우리는 우리의 삶에 새로운 차원의 흥분을 가져오는 제품들을 곧 보게 될 것이다.

사람들은 디자인을 앞서간다

그리고 대부분의 경우 여전히 기다고 있다!

디자이너들은 디자인을 마케팅 도구이자 약속과 비전으로 찬양하는 사람들과 일할 때 가장 일을 잘 한다. "모두를 위한 디자인(Design for All)"은 월마트로부터 차별화를 이루고자 한 타깃의 슬로건이 되었다. 크레이트 앤 배럴(Crate and Barrel)의 새로운 '테이블의 예술'도 접시에 신선한 색감과 형태를 도입함으로써 주방에 마술을 일으키고 있다. 올림푸스(Olympus)는 미식가를 위한 카메라를 디자인했다. 이 카메라는 음식의 색감을 강조하고 플래시 효과를 감소시킴으로써 색 농도를 증가시킨다. (이런 방식으로 당신은 가장 좋아하는 레스토랑의 맛있는 음식의 기념 사진을 집으로 가져올 수 있다!) 수도꼭지 브랜드인 진저(Ginger)는 광고에서 진저가 "당신의 식수 공급과 영혼을 고양시켜줄 것"이라 노래한다. 이제 디자인은 생활 전면에 스며들었다. 주방 및 욕실 산업은 〈월스트리트 저널〉에서 '대안적 룩(Alternative Looks)'이라 부른 것을 선보이고 있다. 이들은 냉장고, 식기세척기, 세탁기, 건조기 등에 대한 매출이 주춤해지자 점차 디자인의 힘에 기대고 있다. 디자이너들은 사람들의 충족되지 못한 욕구를 알게 해주고 사람들은 그러한 창조 과정에 기꺼이 참여하고자 한다. 심리학자, 인류학자, 신경학자들의 도움을 빌려 디

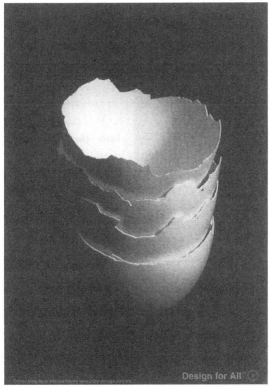

"모두를 위한 디자인" - 타깃의 슬로건

자이너들은 사람들의 마음속으로 깊이 파고들어간다. 기호학 분야도 우리를 둘러싼 시각적 형태의 의미를 발견하는 흥미로운 방법이 되었다. 어떤 면에서 보면 디자이너들은 타고난 관찰력을 통해 새로운 경향과 떠오르는 아이디어들을 식별해내는 시각적 인류학자이기도 하다.

감성 경제에 오신 것을 환영합니다

예전의 마케팅 법칙들은 더 이상 적용되지 않는다. 전통적인 사업 방식은 가장 큰 디자인 기회들을 놓치게 된다.

자료 조사가 궁극적 통찰력을 제공할 수 없는 세계로 오신 것을 환영합니다

너무나 많은 브랜드 매니저들이 그동안 수많은 세분시장 수치와 통계적 분석에 파묻혀 브랜딩의 토대인 감성과 디자인 표현에 대한 시야를 잃어버렸다.

직관을 장려하는 마음 상태에 오신 것을 환영합니다

제품은 그 성능을 제대로 발휘하기 전에 먼저 멋져 보여야 하고 좋은 느낌을 전달해야 한다. 이곳은 마케터와 디자이너, 그리고 사람들 간의 위대한 파트너십을 찬양하는 세계이다. 새로운 차원의 사고를 통해 브랜드잼을 할 수 있어야 한다.

디자이너가 리서치보다 더 중요한 세계에 오신 것을 환영합니다

디자이너는 혁신의 불길을 당기는 불꽃을 만들어낸다. 그들은 시각적이고 감각적인 세계로 우리를 인도한다. 이곳에서는 직관적 인식을 통해 문화와 소비자의 가슴속으로 들어간다.

브랜드는 수학이 아니라 시(詩)에 대한 것입니다

소비자들은 성능이 더 좋아진 세탁기나 더 빠른 자동차, 또 다른 티셔츠를 필요로 하지 않는다. 우리는 이성적인 생산 및 유통의 정점에 다가가고 있다. 사람들은 변화를 일으키는 감성적 경험을 필요로 한다.

디자인은 증거이자 메시지입니다

제품 디자인은 한 회사의 문화와 비전, 그리고 상상력을 직접적으로 반영한다. 디자인이 내보내는 메시지는 효과가 매우 오래가고 바꾸기 어렵다. 만약 광고에서의 약속이 형편없는 디자인과 제품에서 여지없이 깨질 경우 그것은 회복 불가능한 타격이 될 것이다.

최고의 경쟁력

소비자 시장의 증가 속도가 경쟁보다 더 빠르게 진행되는 동안, 산업화나 기업화, 효율성은 더 확대될 여지가 있었다. 명성은 성공의 핵심 요인이었고 가시성과 노출은 게임의 방식이었다. 소비자는 생산 과정의 최종 목표였지 창조적인 파트너이거나 결정요인은 아니었다. 소비자들의 이성적인 필요를 충족하는 한, 브랜드들은 그다지 선택 폭이 넓지 않은 환경에서 어느 정도 경쟁력을 확보할 수 있었다. 하지만 아직도 자신이 이성적인 소비자에게 손으로 만질 수 있는 유형의 상품을 팔고 있다고 생각하는 브랜드들은 이제 점점 뒤처지고 있다. 오늘날의 소비자들은 제품과 감성 차원 모두에서 혁신과 개인화(personalization)를 찾고 있다. 이러한 디자인 혁명에는 다른 이유가 있다. 경제 발전, 세계 시장의 확대, 젊은 디자이너들의 영감과 활약, 그리고 제품의 유통과 제조 및 기술상의 혁명 등이 그것이다. 디자인은 회사뿐 아니라 심지어 한 국가의 경쟁력도 향상시키고 있다. 디자인은 가장 강력한 비즈니스 솔루션 중 하나가 될 것이다. 국가는 살아남기 위해 핵심 두뇌집단을 창조하고 갱신해야 한다. 그리고 21세기의 경영진들이 할 일은 상상하고 창조하고 혁신하는 것이다.

허먼 밀러
디자인이 주도하는 사업

디자인을 하나의 사업 비전으로 이해하기 위해서는, 세계적인 가구 제조업체 허먼 밀러를 간과할 수 없다. 오늘날 많은 회사들이 그러하듯, 1930년대의 허먼 밀러도 변화하는 시장과 새로운 경쟁(미국 남부 지방의 낮은 제조비용), 점점 더 증가하는 유통 비용에 직면해야 했다. 랄프 캐플랜이 쓴 『허먼 밀러의 디자인The Design of Herman Miller』에 따르면 그 당시 가구 산업은 일종의 쇼크 상태로 딱히 해결책은 안 보이고 오랫동안 추측만이 난무하는 시대였다고 한다.[12] (캐플랜은 또한 『By Design』, 『Cracking the Whip』, 『Essays on Design and Its Side Effects』의 저자이기도 하다.) 화려한 고전 실내 가구를 전문으로 하던 허먼 밀러는 점점 줄어드는 시장 점유율과 수익률을 목격해야 했다. 이대로 가다간 파산까지 일 년도 채 남지 않은 상황이었다.

그 당시 새로 부임한 드 프리(D.G De Pree) 사장은 그가 가구 제조업의 '막무가내식 고객맞춤형(ear-to-the-ground)' 태도라고 부른 현상을 발견한다. 이 태도란 "새로움을 추구하는 구매자들이 찾을 만한 변화라면 무엇이든지 알아내고 그에 맞춰 생산방식을 조정"하는 것이었다.[13] 캐플랜이 지적하듯 이것이 의미하는 바는 다음과 같다. "가구 산업은 말 그대로 수동적(reactionary)이었다. 그것이 먼저 시작하는 것은 아무 것도 없고 단지 주어진 환경에 반응할 뿐이었다." 이것은 드 프리가 당시 가구업계에서 발견한 4가지 주요 악덕 중 하나였다. 나머지 세 가지는 다음과 같다.

1. 구매자 시장의 강세
2. 계절별 모델에 대한 압력

3. 제품 판매에 대한 제조업체의 통제력 결여

지금 와서 보면 이 회사가 어떻게 새로운 소비자 민주주의의 횡포와 동시에 자신의 엄청난 잠재력을 발견하기 시작했는지를 보는 것은 흥미로운 일이다. 자신이 통제할 수 있는 진열장을 통해 사람들의 상상력과 소통하는 것이 이 회사의 사업 계획이자 비전이 되었다. 이전에는 볼 수 없었던 새로운 디자인이 주는 흥미로움과 완전한 브랜드 경험을 제공하고자 하는 약속은 허먼 밀러의 미래지향적인 트레이드마크가 된 동시에 다른 회사들에게 영감을 제공했다. 허먼 밀러의 새로운 비전은 디자이너 길버트 로드(Gilbert Rhode)로부터 나왔다. 모던 가구에 대한 그의 관심은 드 프리에게 깊은 인상을 주었다. 당시 가장 혁명적이었던 그의 비전이 드 프리의 관심을 끌 수 있었던 데에는 신앙심이 강한 드 프리가 모던 디자인에서 기독교의 진실함을 볼 수 있었기 때문이었다. 새로운 유형의 사용자들을 이해하도록 함으로써 길버트 로드는 허먼 밀러에게 디자인 혁신과 새로운 제품들로 향하는 문을 열어놓았다. 허먼 밀러는 고전적이고 화려한 고가의 침실 가구 제공자에서 이후 이 회사의 성공 컨셉이 된 '생활양식(a way of life)'의 제공자로 이동해갔다.

로드의 영향력은 디자인을 넘어 영업사원들에게까지 미쳤다. 그는 영업사원들에게 디자인이 무엇이고 회사에 어떤 의미를 갖는지 이해하도록 훈련했다. 한 가지 언급할 만한 사례로 허먼 밀러의 동부해안 영업사원이었던 지미 에핑어는 길버트 로드의 스튜디오에 책상 한 칸을 마련할 정도였다. 허먼 밀러의 수석 작가인 클락 말콤(Clark Malcolm)은 다음과 같이 확신한다. "로드야말로 허먼 밀러에서 디자인을 정립시키고 진열실이란 컨셉을 도입했으며 고객 교육을 영업의 일부로 정착시킨 사람이다."

디자인에 대해서 나를 매료시키는 것은 이 회사의 사업 원칙이다. 즉, 어떻게 창조성과 도전적인 문화를 지속적으로 관리하면서도 여전히 신선한 경쟁력을 유지해낼 것인가? 캐플랜의 책에 설명된 이에 대한 허먼 밀러의 대답들은 오늘날 브랜드 매니저들에게도 여전히 유효하다. 예나 지금이나 위대한 선각자인 허먼 밀러 브랜드의 성장과 명성을 지배하는 아이디어들은 다음과 같다.

- 무엇을 만드는가가 중요하다.
- 디자인은 사업의 중요한 일부이다.
- 제품은 정직해야 한다.
- 무엇을 만들지는 스스로 결정한다.
- 좋은 디자인에는 반드시 그에 대한 시장이 존재한다.

이 다섯 가지 주요 원칙은 내가 하고 싶은 말을 모두 하고 있다. 이 원칙들은 디자이너를 리서치, 마케팅, 유통 등과 함께 브랜드 과정의 중요한 일부로 만든다. 그것은 또한 엄청난 용기와 열정, 그리고 가장 중요하게는 사람들이 아직 자신도 알지 못하는 아름다움과 성실함, 그리고 혁신을 알아봐줄 것에 대한 진정한 믿음을 요구하고 있다.

캐플랜의 책에 따르면 드 프리는 찰스 임스(Charles Eames) 플라스틱 의자의 엄청난 성공에 대해 이야기할 때 다음과 같이 즐겨 말한다고 한다. "우리 중 어느 누구도 우리 제품이 시장성이 있는지, 또는 기존 제품 중 어떤 제품들이 잘 나가는지에 대해 묻지 않았다." 디자이너의 눈을 통해 인간의 깊은 욕망을 들여다보면 우리가 알고 있던 기존의 현실을 넘어서는 해답을 얻게 된다. 하지만 이와 동시에 모든 가능성이 던져주는 거대함도 발견하게 된다. 허먼 밀러는 재정적 능력과 초점을 가지고 있었다. 또한 생활에서 자신이 맡은 임무가 무엇이고 어떻게 고객들

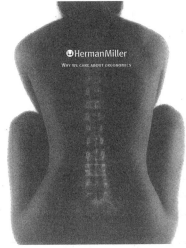
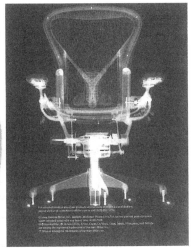
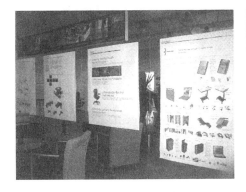

허먼 밀러 가구의 인간공학적 디자인

의 감성과 연결될 것인지도 이해하고 있었다. 그 회사는 고객이 브랜드
에서 찾을 수 있는 최고의 경험을 향해 나아갔고 절대 타협하지 않았다.
허먼 밀러의 미션은 결국 인간적인 브랜드 구축을 통해 사람들에게 매
력적이면서도 환경친화적인 브랜드를 만드는 것이다. 인간공학을 비롯
해 이 회사가 인간적 요소에 바치는 열정은 이러한 인간적 디자인의 관

에르곤 의자는 편안하고 건강한 의자에 대한 11년간의 연구 결과이다.

점과 잘 어울린다. "그들은 지금의 '에르곤 의자(Ergon chair)'를 만들기 전에 인간의 신체가 어떻게 편안하고 건강하게 앉아야 하는지를 연구하는 데 11년을 들였다." 허먼 밀러 사무실을 방문한 나에게 클락 말콤은 이렇게 말한다. 이 말은 제품을 만들 때 무엇이 중요한지를 재차 강조해준다. 그것은 바로 사람이다.[14]

허먼 밀러는 가장 도전적이고 선각적인 미국 최고의 디자이너들을 계속해서 끌어들일 수 있었고 이것은 그 회사를 성공하게 만든 전략이 되었다. 조지 넬슨(George Nelson), 알렉산더 지라드(Alexander Girard), 레이와 찰스 임스(Ray and Charles Eames) 등과 같은 인재들은 허먼 밀러의 브랜드를 떠받치는 창조력이 되었다. 그들이 만들어낸 것은 디자이너들이 만들어가는 회사였다. 이 회사에서는 혁신적인 디자인 정신과 그러한 컨셉을 지속가능한 것으로 만드는 것이 주요 원칙이 된다. 1930년대에 디자인은 대부분 공예가들의 아이디어였고 그 결과물은 수집가나 부유한 후원자들을 위한 것이었다. 그러다가 새로운 중산층이 등장하기 시작했고 허먼 밀러는 이 새로운 몽상가들의 열망을 충족시켜줄 새로운 디자인 언어가 만들어져야 한다는 사실을 이해하고 있었다.

이것이 의미하는 바는 다음과 같다. 허먼 밀러는 오랜 기업 철학과 함께 창조성과 혁신을 사업의 핵심에 놓는 비전을 갖고 있었다. 가장 중요한 것은 그 회사가 우리의 상상력을 자유롭게 해방시킬 수 있었다는 것이다.

감성적 맞춤화를 사고하라

"디자인은 항상 우리 주변을 감싸고 있었지만 이를 인식하지 못하던 시절도 있었다. 하지만 이제는 아니다. 지금은 일종의 혁명이 일어나고 있다. 그리고 이 혁명은 사람들이 제품을 바라보고 사용하고 생각하는 방식에 실제로 효과를 발휘하고 있다." 앨런 매그라스(Allan J. Magrath)는 〈어크로스 더 보드Across the Board〉 지에서 이렇게 쓰고 있다.[1]

〈제품혁신관리 저널Journal of Product Innovation Management〉에 실린 한 연구조사는 이 점을 더욱 증명한다. 이 조사는 "138명의 전문가들에게 9개 분야 93개 기업들의 '산업 디자인의 효과성'에 대해 투표를 실시한 후, 여기서 나온 디자인 결과를 기업의 7년간의 경제 성적과 연결시켰다. 그 결과 대부분의 경우 디자인에서 높은 등급을 받은 회사가 경제적 성적도 좋았다."[2] 제너럴 모터스의 디자인 디렉터 클레이 딘(Clay Dean)에 따르면 "제품의 품질과 인센티브가 더 이상 매출을 증가시키지 않자 절박해진 회사들은 디자인과 스타일링에 주의를 돌리기 시작한다."고 한다.[3] 새로운 시장에서는 소비자들의 고유한 필요와 욕망에 조금이라도 더 부합하는 제품들을 만들기 위해, 다시 말해 거절의 위험이 없는 맞춤형 서비스를 제공하기 위해 디자인의 힘을 활용할 수 있는 회사들이 틀림없이 그들의 경쟁자들을 물리치게 될 것이다. "폭넓은 맞춤형 서비스를 제공하는 것은 어느 회사에게나 복잡함을 증가시킨다. 주요 고객들을 위해 영리한 맞춤 서비스를 제공하는 것이 좀더 유기적인 사업 성장과 10~20%의 순이익 증가를 이루는 방법이다." 매튜 에골과 카를라 마틴, 그리고 레슬리 모엘러는 이렇게 말한다.[4]

수백만, 아니 수십억 명의 사람들에게 맞춤형 경험을 제공한다는 것은 결코 쉬운 일이 아니다. 당신은 어떻게 각 개개인들에게 말하고 있다고 느끼게 할 것인가? 『마크 고베의 공익적 브랜딩』에서 나는 감성 브랜딩의 십계명 중 첫 번째가 소비자로부터 사람으로 전환하는 것이라고 말했다. 왜냐하면 "소비자는 구매하고 사람은 생활하기" 때문이다. 이러한 통찰력은 효과적인 맞춤화를 이해하는 데 핵심적이다. 회사는 '대량 소비'라는 프레임에서 벗어나 한 번에 한 명의 소비자들에게 브랜드를 구축해야 한다. 이 장에서 나는 어떻게 '맞춤화'가 여러 가지 선택권에 대한 것일 뿐 아니라 그러한 선택권을 통해 다양한 개성과 감성, 선호도에 성공적으로 어필하는지에 대해 살펴보고자 한다.

디자인을 통한 삶의 개선

해결책을 제시하는 컨셉에 따라 제품군에서도 변화가 일어나고 있다. "단순히 하나의 '브랜드 네임' 아래 또 다른 표준 제품을 제공하던 전통적인 마케팅 기법은 이제 더 이상 소비자를 붙잡아둘 수 없게 되었다." 니르말야 쿠마르(Nirmalya Kumar)는 〈파이낸셜 타임스〉에서 이렇게 쓴다. "오늘날 소비자들은 시간에 굶주려 있고, 참을성이 없으며 까다롭

434

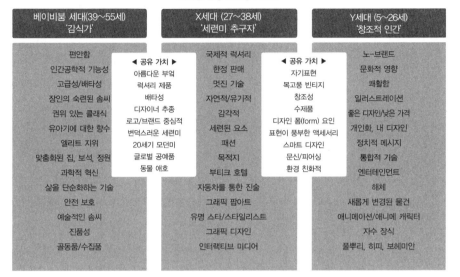

세대별 감성 브랜딩 맞춤화

베이비붐 세대(39~55세) '감식가'		X세대 (27~38세) '세련미 추구자'		Y세대 (5~26세) '창조적 인간'
편안함	**◀ 공유 가치 ▶**	국제적 럭셔리	**◀ 공유 가치 ▶**	노-브랜드
인간공학적 기능성	아름다운 부엌	한정 판매	자기표현	문화적 영향
고급성/배타성	럭셔리 제품	멋진 기술	복고풍 빈티지	쾌활함
장인의 숙련된 솜씨	배타성	자연적/유기적	창조성	일러스트레이션
권위 있는 클래식	디자이너 추종	감각적	수제품	좋은 디자인/낮은 가격
유아기에 대한 향수	로고/브랜드 중심적	세련된 요소	디자인 폼(form) 요인	개인화, 내 디자인
엘리트 지위	변덕스러운 세련미	패션	표현이 풍부한 액세서리	정치적 메시지
맞춤화된 집, 보석, 정원	20세기 모던미	목적지	스마트 디자인	통합적 기술
과학적 혁신	글로벌 공예품	부티크 호텔	문신/피어싱	엔터테인먼트
삶을 단순화하는 기술	동물 애호	자동차를 통한 진술	환경 친화적	해체
안전 보호		그래픽 팝아트		새롭게 변경된 물건
예술적인 솜씨		유명 스타/스타일리스트		애니메이션/애니메 캐릭터
진품성		그래픽 디자인		자수 장식
골동품/수집품		인터랙티브 미디어		풀뿌리, 히피, 보헤미안

다. IBM이 제품 판매자에서 솔루션 제공자로 전환하면서 발견했듯이, 수평적인 조직 체계, 기술적 초점, 그리고 강력한 제품 분화 등과 같은 기업의 많은 강점들이 바로 기업의 효과적인 전환을 가로막는 장애물이 될 수도 있다."[5] 그렇다면 정확한 해결책은 무엇일까?

가령 청바지 카테고리에서, 나는 청바지 브랜드들이 가장하는 익명성이 매우 흥미로웠다. 이들의 전략은 '알 만한 사람들'에게만 초점을 맞추는 소규모 타깃팅이었다. 어니스트 소운(Earnest Sewn), 애크니(Acne), 페이퍼대님앤클로스(Paper Denim & Cloth), 에디션(Edition) 그리고 트루릴리전(True Religion)과 같은 이 새롭고 '쿨한' 청바지 브랜드들은 화려한 미디어와 전국 광고의 도움을 받지 않는 인사이더 브랜드가 되었다. 대부분의 백화점과 600개 이상의 패션 부티크에서 찾을 수 있는 트루릴리전[6]은 전적으로 입소문과 패션 잡지, 그리고 블로그를 통해 판촉되었다.

이 장에서 말하는 맞춤화란 피상적인 제품 확장이나 DIY(do-it-yourself) 식의 서비스에 대한 것이 아니다. 내가 주목하고자 하는 것은 브랜드가 사람들과 감성적으로 연결되고 진실의 메시지를 전달하기 위해서는 맞춤화가 얼마나 절실히 필요한지이다. 이러한 관점에서 맞춤화를 바라보면 새로운 기회들이 열린다. 이러한 기회들은 이후 강력한 컨셉으로 표현될 수 있고 이 아이디어들은 사람들에게 의미를 가지게 될 것이다. 나는 사람들이 브랜드를 바라보는 맥락에서 중요한 다섯 가지 맞춤화의 유형을 살펴보았다.

디자인 자극을 통한 맞춤화

지난 18년간 질레트 면도기가 겪은 디자인 진화과정을 살펴보면, 우리는 이 회사가 어떻게 소비자에 대한 자극과 발견의 필요를 통합해냈는지 알 수 있다. 샤넬이나 에스티 로더의 향수 제품들도 그들의 전통을 유지하면서 새로운 젊은 층에게 다가가기 위해 계속해서 진화하는 것을 볼 수 있다. 이러한 진화는 자극적이고 항상 도발적이며 사람들의 브랜드 인식을 쇄신한다. 럭셔리 브랜드들도 새로운 제품을 선보이며 고객들에게 구애하고 자신을 새롭게 디자인한다. 가령 루이비통은 일본의 유명한 디자이너인 다카시 무라카미가 새롭게 디자인한 가방과 함께 새로운 본점 매장을 선보였다. 타깃의 시각적 어휘들도 새로움과 디자인적 열망에 관심 있는 다양한 집단들에게 항상 영감을 제공하고자 하는 야망을 보여준다.

맞춤형 신발은 아직도 개발 중이지만, 엄청난 유행이 될 가능성이 있다. 반스(Vans)의 '커스텀숍(Custom Shop)'과 '컨버스원(Converse One)', '나이키 ID', '마이 아디다스'와 같은 맞춤형 프로그램들은 소비자가 인터넷에서 다양한 디자인 선택을 통해 신발을 디자인하면 즉시 그것을 신발로 만들어 배달해준다. 팀버랜드닷컴(Timberland.com)은 업그레이드된 기술과 더욱 다양해진 선택권을 십분 활용한다. 이제 쇼핑객들은 여러 부츠 스타일 중 하나를 고른 다음 색상, 하드웨어, 레이스, 서체 등 수많은 제품 디테일을 명시할 수 있다. 기본 스타일당 백만 개 이상의 조합이 가능한 셈이다. 소비자가 부츠를 디자인하는 동안 신속하

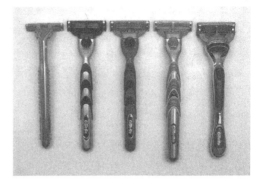

질레트는 고객들의 변화하는 기대에 부응하기 위해 맞춤형 디자인을 선보였다.

게 이미지를 업데이트하는 도구 덕분에 이 사이트는 즉각적인 만족뿐 아니라 신속한 구매도 제공한다. 맞춤화 과정은 빠르고 연속적이며, 만족스러운 것이 된다. 이와 함께 쇼핑 경험도 즐거워진다.[7]

신비로운 플라이 낚시(fly-fishing)의 세계에서도 우리는 브랜드 제품의 맞춤화 경향을 볼 수 있다. 〈흐르는 강물처럼〉과 같은 영화를 보신 분들은 플라이 낚시가 간단하고 오래된 스포츠로서 전통적인 기본 장비들만 있으면 된다고 생각할지도 모른다. 그러나 어느 플라이 낚시꾼이든 붙잡고 물어보면 그렇지 않다는 것을 알게 된다. 그것은 마치 아직도 사람들이 20세기 초에 스코틀랜드에서 쓰던 것과 똑같은 골프채로 골프를 칠 것이라 생각하는 것과 마찬가지이다. 플라이 낚시꾼들은 매 계절마다 호수나 바닷가, 그리고 강가에 떠돌아다니는 진짜 파리들과 대결하기 위해 그들이 얼마나 많은 인공파리와 미끼들을 직접 만들거나 사야 하는지에 대해 열변을 토한다. 숭어가 좋아하는 일부 곤충들은 일년의 특정 시기나 심지어 하루의 특정 시기에만 살아있다. 그리고 당신의 낚시 장소에 몰려드는 파리와 비슷하게 생긴 파리를 구하지 못한다면 아마 물고기를 낚기가 힘들 것이다. 그러므로 자연과 미끼 만드는 법

스콧 플라이 낚싯대 컬렉션

에 관해 자세히 연구하는 것은 플라이 낚시에서 매우 중요하다. 이 스포츠의 성패는 낚시에 대한 애정뿐 아니라 낚시꾼이 준비과정에 들이는 개인적 노력 여하에 달려 있다.

스콧 플라이 로드 회사(Scott Fly Rod Company)는 장인정신의 중요성을 이해하는 낚싯대 회사 중 하나이다. (그들의 낚싯대는 수작업으로 만들어진다.) 이것은 플라이 낚시를 사랑하고 전문적인 제품의 소중함을 알아보는 모든 낚시꾼들을 하나로 묶어낸다. 이들의 판촉물을 보면 이 회사가 '강한 유대감으로 묶인' 고객 커뮤니티를 얼마나 예찬하는지 알수 있다. 이 회사는 또한 자신의 사업을 훌륭한 식사를 준비하는 과정에 비유하길 좋아한다. 이에 따르면 플라이 낚시란 최고의 재료와 올바른 도구, 그리고 경험과 창조성을 지닌 주방장과 요리사를 갖추는 일이다.

스콧 플라이 로드에서 이러한 도전은 그다지 큰 이슈가 아니다. 이곳에서 우리는 131개 이상의 낚싯대 모델과 최소한 7개 이상의 코르크로 마감한 그립을 발견할 수 있다. 어떤 상황이나 실력이든 당신이 원하는 낚싯대를 모두 찾을 수 있다는 말이다. 흥미로운 것은 이 회사가 낚시꾼의 감성적 선호나 이 스포츠의 근본적 가치에 맞게 낚싯대를 맞춤 생산한다는 것이다. 이는 브랜드 맞춤화에서 절대적으로 요구되는 일이다. 낚싯대의 디자인은 기술과 미학적 관점에서 볼 때 매우 훌륭하다. 이들은 오직 최고의 섬유만을 사용하고 포장도 사람들의 기대에 잘 부합한다. 플라이 낚시는 자연과 뛰어난 솜씨, 능숙함, 다양성, 윤리, 훈련, 정확성, 그리고 본능에 대한 것이다. 낚시 제품과 브랜드는 이러한 가치에 어울려야 한다. 고객들에게 좀더 기억에 남는 경험을 선사하겠다는 브랜드 약속을 나타내기 위해 디자인을 사용한다는 점이 무척 인상적이다.

개인화된 서비스를 통한 맞춤화

개인이 필요로 하는 관심과 지원에 맞추는 것은 다양한 방식으로 발현될 수 있다. 노드스트롬(Nordstrom)은 굽힐 줄 모르는 열정과 함께 훌륭한 서비스의 모범을 보여준다. 부티크 호텔들은 감성적인 히피족들의 구미에 부응한다. 에어프랑스는 탑승객들이 프랑스의 손길과 친절을 느낄 수 있는 환경을 구축한다. 트래블로시티는 훌륭한 휴가를 위한 지원과 신뢰에 집중한다.

스타벅스도 이러한 접근법을 모범적으로 보여주는 사례이다. 스타벅스는 커피를 제공하는 19,000가지의 방법을 제안한다. 한편 애틀랜타의 호텔 인디고(Hotel Indigo)는 로얄 고객들이 미처 주문하기도 전에 그들이 가장 좋아하는 음료를 대령한다.[8] 기업들은 또한 최신식 커뮤니케이션 공간에 그들의 브랜드를 선보이는 방법을 찾아내기도 하였다. 앱솔루트 보드카는 닷지볼(dodgeball.com)의 사교 장소를 추천하는 문자 메시지 서비스를 후원한다. 이 경우에 그 장소들은 앱솔루트 제품을

도리토스의 옥외 광고 – '고객의 언어로 말하기'

제공하는 장소들이 된다. 다른 브랜드들은 좀더 전통적인 미디어 광고에 문자 메시지의 언어를 사용함으로써 젊은 세대와 소통하고자 한다. 가령 도리토스(Dorritos)의 옥외 광고 캠페인은 'inNw?(지금이 아니면 언제? If Not Now When?의 약자)'이다.

신용카드 또한 인간적인 서비스를 제공하는 혁신적인 방법에 흥미로운 모델들을 제공하고 있다. 오늘날과 같은 시장 경쟁에서 살아남기 위해 모든 카드 회사들은 비슷비슷한 이자율과 혜택들을 제공한다. 그렇다면 소비자들은 어떤 카드 회사를 선택해야 할까? 불가피하게 라이프 스타일과 감성적 차별화가 중요한 역할을 차지하게 된다.

• 선행을 베풀게 하는 카드: 비자. 소비자들, 특히 부유국의 소비자들은 항상 이 세상에 그들보다 불행한 사람도 있다는 사실을 상기할 것

이다. 이기심을 버리고 불행한 사람을 도와주는 것만큼 만족감을 주는 것도 없다. 이 카드를 사용하는 고객들은 쇼핑을 많이 하더라도 죄책감을 느낄 필요가 없다. 모든 구매마다 그들이 선택한 자선단체에 기부금이 돌아가기 때문이다. 만약 도덕의식이 강한 소비자라면 학교나 자선단체를 도와줄 수도 있다. 실제로 현장에 가거나 바쁜 스케줄을 빼서 굳이 시간을 내지 않더라도 말이다. 이 카드와 함께라면 당신은 말 그대로 "당신이 원하는 곳 어디에나" 가 있게 된다. 이 카드를 지닌 당신은 사회의식이 강하고 도덕적이며, 이타적이고 남을 보살피는 사람이 된다. 또한 당신은 남을 구제하고 상황을 향상시키며 도와주고 손을 내밀고 이끌어주고 돌려주고 나누고 싶어한다.

- 반항적인 카드: 디스커버. 디스커버는 '발견(discover)'이라는 자신의 이름에 진실로 충실하려 한다. 만약 자신의 개성에 맞게 머리와 의상, 집을 고를 수 있다면 신용카드라고 해서 그렇게 못할 이유가 어디 있겠는가? 디스커버 카드는 멤버들에게 150개가 넘는 카드 디자인에서 고를 수 있도록 함으로써 고객의 고유한 개성을 표현하도록 장려한다. 또한 웹사이트에서는 다음과 같은 말로 더욱 해방감을 부추긴다. "종이에 얽매이지 마십시오. 수표를 우편으로 부치는 것보다 빠릅니다. 이 카드만 있다면 서류작업을 할 필요가 없습니다." 이 카드를 지닌 당신은 개성적이고 다채로우며 독특하고 활동적이며 활발하고 창조적인 사람이 된다. 또한 당신은 "당신 자신의 드럼 소리에 맞춰 걷고 싶어한다." 당신은 당신을 표현하고 개인화하고 싶어한다.

- 세련된 카드: 아메리칸 익스프레스. 광고 캠페인이라고? 그것은 너무 구식이다. 아메리칸 익스프레스에는 다행히도 시대가 지나도 변하

지 않는 것들이 있다. 인류가 성취와 성공을 얻기 위한 노력을 계속하는 한, 최고에 대한 욕망은 계속될 것이다. 아메리칸 익스프레스는 새로 출시한 블랙카드에 이 근원적 욕망을 훌륭하게 연결시킨다. 이 카드는 매우 고급스럽고 세련되어서 광고에 한 푼도 들이지 않았음에도 불구하고 전 세계적인 명성을 얻게 되었다. 이 신비로운 카드는 부유층에게 자신의 뛰어난 구매력을 보여줄 수 있는 영광의 배지가 되었다. 이 카드를 지닌 당신은 남들과 다르고, 엘리트이며, 주목받고, 자긍심이 강하며, 소중하고 중요한 사람이 된다. 또한 당신은 돈에 구애받지 않고 맘껏 즐기길 원한다.

신중한 카드: 마스터. 안전함에 대한 욕구는 본능적이고 근본적인 욕구이다. 오늘날과 같은 디지털 쇼핑 시대에 당신의 신용카드 회사가 당신을 적극적으로 보호하고 있다는 사실을 아는 것은 매우 든든한 일이 아닐 수 없다. 많은 사람들이 좋은 신용 기록을 쌓기 위해 많은 노력을 기울여왔다. 이러한 신용 기록 없이는 대출을 받거나 집을 구매하는 것이 거의 불가능해진다. 이 모든 것을 날려버리고 싶어 할 사람이 어디 있겠는가? 명의 도용은 소비자들 사이에서 많은 우려를 낳고 있다. 이로 인해 어떤 이들은 그들의 신용거래에 훨씬 더 신중하고 조심스러운 입장을 취한다. 마스터카드는 이렇게 자신의 재산을 보호하려는 고객들의 요구를 깨닫고 그들이 안전한 손에 맡겨져 있다는 사실을 알리고자 한다. 이 카드를 지닌 당신은 원칙과 명예를 중시하고 반듯하며 믿을 수 있고 고귀한 사람이 된다. 또한 당신은 기대고 의지하며 보호받고 싶어한다.

감성적 발견을 통한 맞춤화

감성적 맞춤화(emotional customization)는 특이한 도피나 새로운 모험에 대한 갈구와, 새롭게 자아를 구축하고자 하는 방법에 화답한다. 애

442

플의 "오직 당신만을 위한 음악 맞춤!"이나 일반 맥주들에게 '이국적인' 대안을 제시하는 코로나, 또는 심지어 제너럴 모터스가 후원하고 MIT의 미디어랩이 디자인한 '시티 카(city car)'를 보라. 이 자동차의 아이디어는 마치 쇼핑카트처럼 일시적으로 사용할 수 있도록 공항이나 지하철, 철도역과 같은 주요 교통허브 주변에 소형차들을 구비해놓는 것이다. 감성적 맞춤화는 또한 건강이나 안전, 도피처럼 우리가 고민하는 민감한 생활 영역들을 다루기도 한다.

일본의 선토리(Suntory)에서 내놓은 나찬(Natchan)이란 오렌지 주스는 똑똑하게도 장난감 매장에서 제품 출시회를 열기로 했다. 사람들은

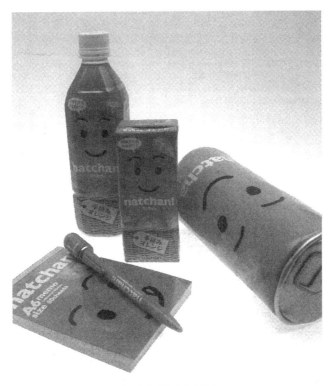

선토리의 나찬 오렌지 주스

장난감 매장에서 열린 나찬 오렌지 주스의 제품 출시회

매장 바로 앞에서 영업사원들이 부모 및 아이들과 대화를 나누는 모습을 볼 수 있었다. 이들은 그들에게 나찬 로고가 있는 다양한 종류의 멋진 학용품 액세서리들과 함께 자신들의 새로운 주스를 소개했다. 이 모든 것들은 혁신적인 아이디어가 아닐 수 없다. 이 제품들은 맞춤화를 통해 전통적인 맥락에서 벗어나 사람들에게 감성적으로 다가간다.

1999년에 설립된 헤비닷컴(Heavy.com)은 단편 비디오와 애니메이션, 유머 그리고 물론 새롭고 훌륭한 광고 트렌드를 보여주는 웹사이트이다. 이 사이트를 만든 시몬 아사드(Simon Asaad)와 데이비드 카슨(David Carson)은 전통적인 웹사이트보다는 비디오 게임에 좀더 가까운 웹사이트를 만들려 했다고 설명한다. 인터랙티브한 포맷과 텍스트를 거의 사용하지 않는 점이 이를 잘 보여준다.

이 홈페이지에 접속하면 일단 아이팟 비디오와 영화 예고편, 휴대용 플레이스테이션 비디오 클립, 그리고 방대한 무료 다운로드가 제공된다. 이 사이트는 'When Animals Attack'에서부터 'Gangsta Nanny 911'에 이르기까지 모든 것을 포함하는 '채널'들로 나뉘어진다. 특히 젊은 남성층을 겨냥한 이 사이트는 전국에 열혈 팬을 갖고 있고, 2006년 1월 현재 매달 천만 명 이상의 방문자 수를 자랑한다. 헤비닷컴의 아마추어 영상물과 음악, 게임, 그리고 패러디는 모두 무료로 제공된다. 다른 웹사이트와 마찬가지로 이 웹사이트도 사이트에 게재된 광고를 통해 수익을 창출한다. 하지만 미리 포장된 전통적인 광고 방식을 사용하는 대신 헤비닷컴은 자신의 콘텐츠와 광고 제품을 혼합시킨다. 예를 들어 버거킹과의 제휴 사업에서 그들은 수십 개의 버거킹 플라스틱 마스크를 사람들에게 발송한 후 이 마스크의 캐릭터를 활용하여 아마추어 비디오를 만들도록 했다. 사람들의 반응은 그야말로 놀라웠다. 수백만 명의 사람들이 버거킹 캐릭터가 나오는 비디오를 보기 위해 로그인했고 이 캠페인에 대한 관심은 인터넷상에서 마치 불길처럼 번져나갔다. 그리고 이는 매출 증대로 이어졌다. 한때는 모호했던 캐릭터인 버거 '킹'은 이제 전국적 인기를 누리면서 대중문화의 아이콘이 되었다.

주류 마케터들도 재빨리 버거킹의 뒤를 따랐다. 헤비닷컴의 고객 명부에는 곧 버진, 버라이즌, NBC와 같은 회사들이 등장하게 되었다. 소니 엔터테인먼트는 심지어 헤비닷컴과 함께 '브랜드 엔터테인먼트' 시리즈를 만들기까지 했다. 소니의 비디오게임 '전쟁의 신(God of War)'을 판촉하기 위해 헤비닷컴은 〈Pimp My Weapon〉이란 컨셉을 만들어냈다. (이것은 MTV의 프로그램 중 자동차 전문가들이 촬영 사실을 모르는 누군가의 낡고 오래된 자동차를 개조해주는 〈Pimp My Ride〉에 대한 패러디이다.) 〈Pimp My Weapon〉의 각 에피소드들에서 전쟁의 신 캐릭터인 크라토스(위협적인 스파르타 전사)는 〈하우투How-To〉 쇼의 사회자인

'론 존슨(Ron Johnson)'으로 변신한다. (〈디스올드하우스This Old House〉의 밥 빌라나 〈홈임프루브먼트Home Improvement〉의 '툴맨(the Toolman)' 팀 테일러를 떠올려보라.) 여기에서 그는 대량 살상 무기를 마치 알루미늄 판자나 단단한 나무 바닥재라도 되는 것처럼 실용적이고 명랑하게 만들어내고 테스트한다.

티보와 DVR이 점점 인기를 더해가면서, 전통적 광고가 바뀌어야 한다는 사실은 이제 분명해졌다. 그리고 이것은 맞춤화를 통해 이루어져야 한다. "기업들은 공격성이 낮은 광고 형식이 사람들의 클릭 수를 다섯 배 이상 증가시킬 수 있다는 사실을 금방 배우고 있다. 광고업자들에게 이러한 변화는 브랜드와 아이콘의 사용 방식을 바꿔야 한다는 사실을 의미한다."고 〈뉴욕 타임스〉는 쓰고 있다.[9] 헤비닷컴과 마이스페이스, 유튜브는 완전히 새로운 광고 경험들이다. 이들은 당신이 가장 좋아하는 텔레비전 프로그램 사이에 끼어들어 당신에게 어떤 제품이나 서비스를 사야 하는지 요란스럽게 떠들어대지 않는다. 헤비닷컴에서 청중은 어느 광고를 얼마나 많이 볼지 스스로 결정한다. 이를 통해 그들은 광고에 관해 새로운 차원의 통제력을 부여받는다. 내가 보기에 이것은 매우 빨리 퍼져나갈 유행이 될 것이다. 이 비관습적인 포맷은 사람들이 브랜드와 아이콘, 광고에 대해 생각하고 반응하는 방식을 바꿔가고 있다. 여러 가지를 혼합한 비디오게임처럼, 헤비닷컴은 창조적이고 재미있으며 놀랍도록 효과적인 광고를 만들어내고 있다.

독창성과 고객의 셀프 이미지를 강화하는 것이 중요해짐에 따라 개성도 매우 중요해지고 있다. 존 프리다(John Frieda)가 특별히 금발 고객들을 겨냥하여 만든 모발 관리 제품 'Sheer Blonde'를 출시하자 곧 즉각적이면서도 꾸준한 성공이 몰려왔다. 얼마 안 가 그는 모든 모발 색을 포괄하기 위해 'Brilliant Brunette(갈색 머리)'와 'Radiant Red(붉은색

머리)'를 만들어 출시하기로 한다. 한번 생각해보라. 티셔츠에 "금발이 더 재밌어(Blondes have more fun)"나 "빨간 머리가 더 잘해(Redheads do it better)"라는 문구가 자주 등장하는 데에는 틀림없이 이유가 있을 것이다. 사람의 머리카락 색은 엄청난 개성과 자존심의 표현이다. 존 프리다는 이러한 모발 관리 틈새시장을 공략해 지금까지 수확을 거둬들이고 있다. 경쟁사인 팬틴도 곧 이 마차에 합류하여 금발과 갈색, 붉은색 모발을 위해 특별히 제조된 샴푸 및 컨디셔너 제품을 내놓았다.

이와 마찬가지로, 화장품 회사 알메이(Almay)는 'Intense i-Color'라는 신제품을 통해 맞춤화의 길을 모색하고 있다. 이 제품은 푸른색, 갈색, 초록색, 헤이즐색 등 다양한 눈동자색에 정교하게 맞추어져 있다. 흰 피부의 모델 일레인 어윈(Elane Irwin)을 출연시킨 알메이의 광고들은 이렇게 말한다. "푸른색 눈동자는 더욱 푸르게. 이제 당신의 진정한 눈동자색을 더욱 빛내세요!" 눈동자색은 그 사람의 개성을 나타내는 완벽한 예이다. 그것은 심지어 사람이 가진 유전자와 연결되어 엄청난 자긍심의 원천이 될 수도 있다. 닐 영(Neil Young)의 〈비하인드 블루 아이즈〉나 밴 모리슨(Van Morrison)의 〈브라운 아이드 걸〉, 그리고 가장 최근에는 아메리칸 아이돌의 수상자 켈리 클락슨(Kelly Clarkson)의 히트송 〈비하인드 디즈 헤이즐 아이즈〉들은 동공 내의 일정 부분이 많은 것을 의미할 수 있다는 사실을 보여준다.

'맞춤형 디자인'의 또 다른 모습은 캔자스 주립대학에서 공부하는 다섯 명의 인테리어 및 제품 디자인학과 학생들이 만들어낸 전동공구에서 볼 수 있다. 〈U.S. Newswire〉에 따르면 "모두 5년차 여학생들로 이루어진 이들은 여성을 비롯해 평상시에 스스로 만드는 것을 좋아하는 사람, 또는 공구를 사용하는 것에 두려움이나 불편함을 느낀 모든 사람들을 목표로 이 공구 컨셉을 디자인했다."고 한다.[10] '새비 툴(Savvy tool)'

이라는 이름의 이 공구들은 표준적인 공구보다 훨씬 더 가볍고 인간공학적이다. 이 디자이너들 중 한 명인 앨리슨 게리가 자신의 제품에 대해 다음과 같이 설명하는 것은 주목할 필요가 있다. "이 공구들은 분홍색도 아니고 주름 장식이 달려 있지도 않다. 우리는 아름답고 일관되며 여성들에게 좀더 어필하는 공구를 만들고 싶었다. 우리는 공구도 잘 디자인하면 아름다워 보일 수 있다고 생각한다."[11] 이것은 디자이너가 망치를 분홍색으로 칠한다고 해서 그것을 여성들에게 판매할 수 없다는 사실을 잘 보여준다. 이 공구들을 맞춤화하는 것은 무엇보다도 먼저 그 기능에 바탕을 두어야 한다.

개인적 손길: 디자인된 바캉스

월트 디즈니가 가족들이 영화 속으로 들어갈 수 있는 테마 파크를 짓기로 했을 때 이는 몰입 디자인(immersive design)에 있어 가히 혁명적인 발걸음이었다. 사상 최초로 사람들은 극장과 TV에서 그들을 흥분시켰던 판타지 세계에 들어갈 수 있었기 때문이다. 좀더 최근에 프랜시스 포드 코폴라와 그의 아내는 영화에서 유래한 테마 마크에서 중간자적 요소를 추방함으로써 이것을 다음 차원으로 이동시킨다. 코폴라는 라틴 아메리카에 일련의 리조트들을 개장하였다. 이들은 그 자체가 독창적인 영화적 판타지를 구성한다.[12] 이 리조트들과 연관된 영화는 아직 없지만 이들은 모두 코폴라의 여느 대작들처럼 세심하고 정교하게 만들어졌다. 사람들은 여기에서 코폴라 영화의 시뮬라크럼을 방문하는 것이 아니라 그냥 영화의 일부가 된다.

코폴라가 가진 세 개의 리조트(벨리즈에 두 개, 과테말라에 한 개가 있다.)는 모두 그 누구도 경험해보지 못한 최고의 경험을 제공하도록 디자인되어 있다. 각각의 리조트는 코폴라 감독의 지시에 따라 제작되었고, 그와 그의 아내는 현장의 거의 모든 핸드메이드 천과 의상, 가구를 직접 골랐다. 이 리조트들은 완전히 친환경적이고 자연적이다. 휴대폰에서 에어컨에 이르기까지 모든 전기 제품들은 이 리조트들에서 완전히 사라졌다. 다만 나무 선풍기가 머리 위에서 부드럽게 돌아가는 방에서 '조개 전화(shell phone)'를 통해 룸서비스를 요청할 수 있을 뿐이다. 전력은 인근 강가에서 코폴라의 감독 아래 지어진 수력발전기를 통해 끌어온다. 여기에는 심지어 방문객들이 코폴라의 개인 비행기로 들어오고 나갈 수 있게 하는 개인용 활주로도 있다.

코폴라의 리조트는 기능적인 유형(tangible)의 상품에 대해 디자인된 경험이 갖는 우수성을 극적으로 보여준다. 이곳에 머무는 동안 방문객들은 그들이 가는 곳마다 신중하게 맞춤화된 일관되고 사려 깊은 경험의 안내를 받는다.

높은 품질의 공예 솜씨를 통한 맞춤화

수공업적이고 독창적이며 사려 깊은 제품 모습과 느낌을 위한 정교한 공예 솜씨(craftsmanship)를 통해 이루어지는 맞춤화는 21세기 가장 눈에 띄는 경향 중 하나이다. 우리가 구매하는 제품에서 사람의 손길을 느끼고자 하는 니즈는 매우 중요하다. 럭셔리 제품 중 루이비통과 코치(Coach)는 이러한 니즈를 보여주는 사례들이다. 한편 여섯 번째 전환에서 IDSA를 평가하며 이야기한 나이키의 컨시더드 운동화처럼 가공 처리된 듯한 느낌이 나지 않는 다른 모든 제품들도 마찬가지이다.

가공 처리되고 건강하지 않은 제품을 거부하는 경향은 흥미로운 서비스를 제공하는 새로운 사업을 탄생시키고 있다. 예를 들어 미국 치즈 업계에는 300개의 장인적(artisan) 치즈메이커들이 있는데 이들은 대부분 캘리포니아와 위스콘신, 그리고 버몬트 주에 위치한다. "여전히 영세하고 가족 소유인 경우가 많지만 자신의 솜씨에 대한 열정과 사랑으로 일하고 있다." 세계적인 치즈 제조업체 봉그랭(Bongrain USA)의 경영진 데이비드 로젠버그(David Rozenberg)는 이렇게 말한다. "이런 종류의 제품이 미국에서 성장한 이유는 아마도 소비자들이 표준화된 입맛에서 멀어짐에 따라 유기농식품 전문업체인 홀푸드(Whole Foods)가 성공할 수 있었던 이유와 같을 것이다. 사람들은 그들이 먹는 음식이 어디서 왔는지, 그리고 어떻게 만들어지는지를 알고 싶어한다." 제품의 맛에 아이덴티티를 녹여낸 좀더 건강하고 좋은 품질의 제품들은 푸근하다. 그리고 치즈의 경우에는 특히 와인 한 병과 곁들여진다면, 모두가 꿈꾸는 낭만적인 사교적 경험으로 이끌 수 있다.

그들의 웹사이트인 ArtisanalCheese.com은 완전히 새로운 발견과 감각적 경험의 세계로 당신을 데려간다. 이 세계는 우리가 아직 알지 못하지만 탐험할 준비가 되어 있는 맛의 발견을 위해 맞춤화되어 있다. 이곳의 제품들은 아름다운 디자인을 통해 제공되고 모든 감각에 호소한다. 그것은 진부한 것에서 멀리 벗어난 새로운 경험과 즐거움을 추구하는 경향을 알리는 동시에 강화한다. 어떤 이는 좀더 강한 맛에 대한 이러한 추구가 미국적이지 않다고 주장하기도 한다. 하지만 이것은 또 한 번 오늘날 미국 소비자들의 사고방식을 잘못 읽고 있는 것이다. 그들은 현실과 좀더 밀착된 진정성을 열렬히 찾고 있다. 노동 집약적인 이 치즈들은 타깃이 추진하는 디자이너의 손길과 마찬가지로 그러한 특별한 신경과 인간적인 연결에 좀더 강력한 사실성과 진실성을 가져온다.

제품의 품질을 통한 개인화에 관해서라면 마사 스튜어트만한 전문가도 없다. 그녀의 회사 마사 스튜어트 리빙 옴니미디어(Martha Stewart Living Omnimedia, Inc.)는 잡지와 TV 프로그램, 그리고 전 세계 매장에서 판매되는 제품 디자인을 모두 포괄한다. 그녀의 웹사이트 Martha Stewart.com은 대부분 마사 스튜어트의 열렬한 팬들로 구성되어 있는 고객들에게 그들의 디자인 스승이 지닌 음식 비법과 정원 손질 요령, 그리고 인테리어 장식 솜씨를 알려주고 그들이 배운 것을 직접 주변 환경에 적용시켜볼 것을 권하고 있다. 웹사이트의 방문자들은 심지어 '마사에게 보내는 편지'나 이메일을 쓰도록 권유받고 이러한 서신들은 반드시 마사의 회신을 받는다. 스튜어트는 소비자들이 따라할 수 있는 모범 사례를 보여줄 뿐 아니라 그들이 우러러보고 기분 좋아할 만한 아이콘

코카콜라 블랙 - '새로운 감성 경험'

을 제공한다. 『여성들이 진짜로 원하는 것What Women Really Want』
의 저자 셀린다 레이크와 켈리앤 콘웨이가 지적하듯이(세 번째 통찰력
'감성 디자인은 여성적 디자인이다'를 보라.), 여성들은 그들의 삶에서 좀
더 많은 통제력을 얻고자 하는 니즈를 충족시켜줄 맞춤형 경험을 찾고
있다.[13] 이러한 움직임에 눈을 감는 것은 브랜드의 미래를 날려버리는
것과 마찬가지이다.

사회적 현실을 통한 맞춤화

사람들의 문화적 유산과 가치, 그리고 의견을 말할 권리 등을 찬양하
는 문화적 맞춤화는 포스트모던 글로벌 사회의 가장 강력한 발현이다.
문화적 맞춤화는 우리가 모두 다르지만 세상 어딘가에는 우리와 비슷한
관심을 지니고 있는 사람들이 많이 존재하고 있다고 말한다. 코카콜라
블랙은 새로운 제품 확장으로 코카콜라의 메시지를 희석하는 것이 아니

라 오히려 더 추가하는 첫 번째 시도이다. 커피 추출물을 혼합시킴으로써 이 신제품은 에너지를 갈망하는 시장에 프리미엄 감성 경험을 제공한다. 고객들은 그동안 이런 제품을 요구하고 있었다.

웹이야말로 이러한 과정을 가속화시켰다. 블로그에서는 모든 버즈 아이디어들이 신속하게 전파된다. 이들은 전통적인 미디어 창구 외부에서 당신의 브랜드 역할과 포지셔닝에 영향을 미친다. 개인적인 차원에서 살펴보면 웹에서는 누구든 자신의 사생활을 자랑하고 싶은 사람은 그렇게 할 수 있다. 모독적인 말로 일부러 청취자를 화내게 하는 하워드 스턴(Howard Stern)은 매일 그의 위성 라디오 프로그램에서 그렇게 한다. 그리고 안나 벤슨(볼티모어 오리올스의 스타 투수 크리스 벤슨의 부인)도 그들의 섹스 라이프에 대해 당신이 그녀의 블로그에 물어보는 것에 뭐든지 답한다. (그녀의 블로그 이름은 '안나에게 뭐든지 물어보세요' 이다.)

세계적으로는 기존의 미디어 풍경에 새로운 목소리를 도입하는 경향이 새롭게 일어나고 있다. 새로운 물리적 또는 가상적 미디어를 통해 재해석된 새로운 문화 브랜드와 정치적 메시지의 표현도 점점 많아지고 있다. 서구 문화 모델의 우수성은 많은 국가들에게 독재에서 벗어나 좀더 시장중심적인 경제 체계로 이동하도록 하는 데 많은 영향을 끼쳤다. 일본과 독일, 터키 그리고 이제는 동유럽이나 중국의 사례는 다양한 진화 단계를 보여주는 중요한 사례들이다. 서구의 포스트모던 자유 시장 경제의 확장은 또한 서구 미디어와 광고, 브랜드들의 확장을 가져왔다. 이것은 이제 이 새로운 세계에 자신의 문화적 유산을 새기고 싶어하는 많은 국가와 문화들에 의해 도전받고 있다. 개인의 자유를 강화시키는 이 새로운 포스트모던 사회는 자연스럽게 문화의 개인화로 이끌고 있다.

나는 프랑스에서 태어났지만 지난 30년간 미국에서 살아왔기 때문에

이 두 문화 간의 차이를 잘 알고 있다. 프랑스에서는 커플이 공식석상에서 말다툼해도 괜찮다. 그것은 신뢰가 깊고 서로의 관계가 튼튼하다는 표시이다. 내 친구 중 프랑스 여성과 결혼한 남아프리카 출신의 심리학자는 이 점을 즐겨 말하곤 한다. 하지만 미국에서는 의견 차이를 사석에서 해결하고 공식석상에서는 한 편처럼 행동한다. 나는 이러한 차이를 프랑스 사업 파트너와의 미팅 자리에서 발견할 수 있었다. 이사회 미팅에서 내가 사업 파트너와 의견 차이를 보이자 미국 파트너들의 눈에 공포가 서리는 것을 볼 수 있었다. 내 친구에 따르면 UN에서 프랑스가 공식적으로 미국에 반대했을 때 프랑스인들에게는 이 일이 문화적으로 대수롭지 않은 일이었던 반면 미국인들에게는 섬뜩한 순간이었다고 한다. 이라크 전쟁으로 치닫는 과정 중 영국과 미국 간에도 분명 많은 긴장이 존재했을 것이다. 그러나 공식석상에서 이들은 강력한 동지였다.

감성 경제에서는 이렇게 미묘한 문화적 차이를 이해하는 것이 매우 중요하다. 〈애드 에이지〉에 실린 한 기사는 국제광고협회(International Advertising Association)의 40주년 세계 총회를 보도하면서 두바이 상공회의소의 회장 오바이드 알 타버(Obaid Humaid Al Taver)가 서구 미디어들에 대해 불평하자 일부 대표자들이 당혹스러워했다고 언급한다. 그 회장은 서구 미디어가 아랍인의 이미지를 "바람둥이이며 탐욕스럽고 부패하고 게으르고 문맹이다, 부유하고 반유대주의적이며, 남성적인 쇼비니스트"로 만들어놓은 것에 대해 상처를 받았다고 말했다.[14] 브랜딩의 세계는 틀에 박힌 묘사와 소비자 프로파일로 가득 차 있다. 이들이 반드시 상대방에 대한 이해나 대화를 촉진시켜주는 것은 아니다.

사상의 맞춤화는 아무도 멈출 수 없다. 그리고 문화적 목소리들은 자연스럽게 그들의 목소리를 찾고, 가장 중요하게는 청중들의 기대를 충족시키기 위해 부상하게 될 것이다. 알자지라 방송의 성공은 분명 서구 미디어들이 아랍 세계에 내보낸 형편없는 뉴스 덕분이다. 미군 해병대를 나온 조시 러싱(Josh Rushing) 앵커를 비롯해 알자지라가 수많은 추종자를 가질 수 있었던 것은 이러한 포맷이 미래를 가지고 있다는 증거이다. 알자지라 프로그램의 영어 버전 출시는 사람들이 그들이 원하는 정보를 찾기 위해 어디까지 갈 수 있고, 글로벌 이슈를 좀더 충분히 이해하기 위해 얼마나 다양한 정보를 원하는지를 보여준다. 하산 파타(Hassan M. Fattah)는 〈뉴욕 타임스〉의 한 칼럼에서 "서구에서 일으키는 조롱만큼이나 중동에서는 자긍심을 일으키는" 이 채널에 대해 이야기하며, 미디어 업계에 존재하는 엄청난 간극과 CNN과 BBC 등이 유포하는 '서구 목소리'의 한계를 요약한다.[15]

콘돌리자 라이스와 같은 정치적 거물도 마침내 이 방송국에 출연했다. 우리는 또한 와파 술탄 박사(Dr. Wafa Sultan)가 일부 무슬림들에 대해 현대 세계에 대한 현실인식이 부족하다며 맹비난하던 감성적인 논쟁도 보았다. 그녀의 인터뷰 테이프는 웹에서 수십만 명의 사람들을 끌어들였고 생방송을 통해 수백만 명의 사람들이 시청하였다. 알자지라는 서구로서는 불편한 정보들을 유포시킨다. 이런 점 때문에 도널드 럼스펠드 국방장관은 알자지라의 반미주의를 공격하기도 했다. 하지만 시청자들이 알자지라가 전체 이야기를 다 들려주지 않는다고 여긴다면 그 뉴스를 보려 하겠는가? 알자지라 모델의 영향력은 기존 방송국들에게 가장 흥미로운 도전 중 하나가 될 것이다. 이 신참자는 청중을 위해 어떻게 '뉴스를 감성화(emotionalize)'할지 잘 알고 있기 때문이다. 예를 들어 단순히 무슬림 세계만이 아니라 일반적인 세계에 대한 통찰력을 얻고 특히 그 지역의 사람들이 진정으로 어떻게 느끼는지를 알기 위해 알자지라 방송을 보는 기업인들이 얼마나 많은가? 알자지라는 국제 버전의 창설과 함께 이제 아랍 언어권을 벗어나 중동 및 세계 모든 아랍권에서 빠르게 부상하며 새로운 정보원이 되고 있다. 이러한 결과는 더 이상 어떤 이도 어떤 것을 확실히 장악하는 것은 없으며, 사람들은 브랜딩과 서비스 관점에서 그들에게 좀더 유효한 것에 끌릴 것이라는 사실을 보여준다.

이라크 전쟁을 다룬 영국의 성공적인 연극이자 이제는 미국에서도 공연하는 〈스터프 해픈즈Stuff Happens〉는 전쟁의 진전 상황에 따라 계속해서 자신의 대본을 바꿔나갔다. 이 연극은 일종의 진행형으로서 관객에 대한 자신의 적실성을 계속해서 발전시켜나간다.

알자지라 방송

사람들의 복잡한 욕망을 어떠한 독단적인 선입견에서도 벗어나 공정한 현실 감각에 입각하여 그들의 실제 생활의 맥락에서 이해하는 것은 이렇게 다양한 현실들에 부응하는 브랜드를 제공할 수 있도록 해준다. 맞춤화는 사람들에게 진정으로 다가가기 위해 다음의 다섯 가지 요소를 포함할 필요가 있다. 그 다섯 가지 요소란 디자인, 서비스, 감성, 정교한 솜씨, 그리고 공유된 목소리이다. 록시탕(L'Occitane)과 같은 소형 소매업체를 보라. 이들은 독창적인 제품 디자인과 마법과 같은 서비스, 기운을 북돋는 감성, 진정성과 정교한 포장을 통해 자신의 솜씨를 완벽하게 보여준다. 또한 자신의 목소리를 통해서는 환경에 대한 존중과 고객에 대한 깊은 연결을 공유한다. epinions.com과 같은 웹사이트는 이 브랜드를 구매하면서 사람들이 느끼는 즐거움과 매력을 확인시켜주는 수많은 소비자 평가 사이트 중 하나이다. 사람들의 필요에 맞는 제품을 만들어내는 일은 결코 위압적이어서는 안 된다.

나만의 아이덴티티 찾기:
'모두에게 맞는 하나의 사이즈' 시대는 갔다

맞춤화가 던져주는 도전은 그것이 일대일 마케팅과 선택적인 메시지를 요구한다는 것이다. '모두에게 맞는 하나의 아이디어'라는 접근은 주로 전통적인 방송 커뮤니케이션에 기댄 모델로서, 이제 사람들에게 감성적이고 감각적이며 개인적인 방식으로 다가가는 경험적 메시지를 통해 업그레이드되고 확장될 필요가 있다. 이제 디자인의 역할은 개인의 신분증이나 감성적인 배지 형태로 활성화될 필요가 있다. 1990년대와 2000년대 초반에 일어났던 소비자 혁명은 수많은 소비자들이 스스로 목공예를 디자인하고 리바이스 청바지에서 호화로운 별장에 이르기까지 모든 것을 개인화하는 모습을 목격하였다. 소비자 욕망과 새로운 개인화 기술이 결합되기 시작하자 똑똑한 브랜드들은 새로운 디자인 욕구에 맞춘 새로운 제품과 서비스로 대응했다.

그러나 이 경향은 또한 일부 빅 브랜드들의 지배를 사실상 축소시켰다. DIY의 시대에 브랜드는 반갑지 않은 불청객이 될 수 있다. 스스로 할 수 있는 기술들이 많아지면서 어떤 이들은 브랜드가 더 이상 많은 영향력을 발휘하지 못하게 될 것이라 주장하기도 한다. 하지만 나는 이러한 주장이 틀렸다고 생각한다. 사실 이러한 현상은 새로운 기회를 포착하라는 초대장과 같다. 개성에 대한 필요는 혁신적인 디자인과 서비스를 통해 가장 잘 충족될 수 있다. 이들은 세속적인 상품에 불과했을지도 모를 물건에 예술가들의 비전과 손길을 제공한다. 누구나 인터넷 포털을 열 수 있지만, 감동적인 포털을 만들기 위해서는 잘 훈련된 열정적인 디자이너가 필요하다. 인터넷 초기에는 프로디지(Prodigy)와 아메리칸 온라인이 마치 포털처럼 기능하면서 신중하게 디자인된 커뮤니티와 경험을 제공하였다. 이들은 거기에 사용자 친화적이고 매력적인 디자인을 결합함으로써 초보자들도 쉽게 사이버스페이스에 들어설 용기를 주었다. 그러나 시장이 커지면서 이 회사들은 매력적으로 디자인된 경험들을 제공하는 능력을 잃어버렸고 그들의 형식을 다시 고려해봐야 했다.

우수하고 민감하게 '디자인된 메시지'를 제공할 수 있는 한 브랜드들은 계속해서 수요와 부가가치를 확보할 것이다. 하지만 점점 더 많은 소비자들이 스스로 하는 방법을 알아냄에 따라 브랜드의 디자인 기준도 점점 더 높아져야 한다. 뛰어난 디자인 외에는 이제 어떤 것도 부적절해질 것이다. 크고 강력한 브랜드라 할지라도 만약 '모두에게 맞는 하나의 사이즈'란 도그마를 고수한다면 그 브랜드는 살아남지 못할 것이다. 맞춤형 브랜드를 제공하는 가장 손쉬운 방법은 개인적인 브랜드 경험을 만들어내는 것이다. 이것은 고객과 유대 관계를 만들어내는 데 매우 효과적인 것으로 판명되었다.

이제는 의류 업계에서도 맞춤형 메시지가 등장하고 있다. 개인화된 의상의 인기를 모른 체하기란 불가능하다. 유명인들과 팬, 그 외 수많은 사람들은 그들의 의상을 흰 캔버스로 사용하여 자신의 고유한 메시지를 표현하고 있다. 커스터마이즈드 월드(Customized World)라는 회사는 다음과 같은 광고를 게재하고 있다. "맞춤형으로 인쇄된 티로 당신의 사랑을 고백하고 개성을 보여주십시오! 당신이 원하는 것은 무엇이든지 당신이 원하는 대로 셔츠, 팬티, 반바지, 모자, 비키니 할 것 없이 모두 맞춤화해드립니다." 정치적 코멘트이건 개인의 좌우명이건, 별명이건 아는 사람들끼리의 농담이건 메시지가 새겨진 이 의상 아이템들은 그것을 입는 사람들을 규정하고 다른 사람들로부터 돋보이게 할 것이다.

맞춤화는 제품 확장이나 다양한 향들(flavors)과는 아무런 관계가 없다. 이것은 모호한 소비자 정보를 따라 위에서 아래로 지시된 과정이다.

이 맞춤화는 단지 전시 공간을 위한 것인가 아니면 고객의 취향을 위한 것인가?

하지만 맞춤화란 모든 가능성들을 모아놓고 사람들이 직접 혼합하고 착용해보게 하는 것이다. 그것은 마치 아이스크림 가게에서 고객들에게 단순히 미리 만들어놓은 향 중 어느 것을 고르겠냐고 묻는 대신 그들이 스스로 자신들의 향을 만들도록 하는 것과 같다. 맞춤화란 '자유'의 향이자 무엇이든 가능하다는 믿음, 그리고 좀더 유연하고 재미있는 브랜드가 되기 위해 문을 여는 것을 의미한다.

불행히도 맞춤화는 모든 제품에 적용할 수 있는 절대적인 해결책이 아니다. 우리는 모두 여러 시도들이 시장에서 실패하는 것을 보았다. 특히 감성적인 고려를 결여할 경우 이러한 가능성은 더욱 높아진다. 예를 들어 '다이어트 콜라 경험'을 맞춤화하려는 시도로 소비자들에게 코카콜라 제로나 C2, 펩시 원은 말할 것도 없고 다이어트 바닐라 코크, 다이어트 펩시 바닐라, 다이어트 체리 코크, 다이어트 와일드 체리 펩시, 다이어트 펩시 트위스트, 다이어트 코크 위드 라임, 다이어트 코크 위드

458

스플렌다 등이 선보여졌다. 지금이 무슨 수학 시간인가? 이것은 절대 효과적인 브랜드 컨셉이 아니다.

이것이 의미하는 바는 다음과 같다. 소비자들은 맞춤형 디자인을 찾고 있다. 그들의 특정한 라이프스타일에 잘 들어맞고 소중한 개성을 기념해 줄 단 하나의 경험을 찾는 것이다. 사회 각계각층에 속해 있는 사람들은 수많은 차이를 가지고 있다. 그러나 그들은 모두 자신이 특별하고 고유하며 단 하나뿐인 존재라고 느끼고 싶어한다. 맞춤화란 개념은 바로 기업들이 어떻게 이러한 욕구에 부응하고 연결될 것인가에 관한 것이다. 솔직히 말해 자신이 대중 소비시장의 한 이름 모를 구성원에 불과하다고 믿고 싶어할 사람이 어디 있겠는가? 적어도 나는 아니다.

브랜드잼 센터

브랜드는 재즈와 마찬가지로 모든 연주자들을 모아 인간적인 브랜드를 연주하도록 하는 진지한 즉흥연주에 빠져들 필요가 있다. 소비자와 마케터, 브랜드 전문가, 리서치 기관, 그리고 크리에이티브 선각자들이 서로 힘을 모아 사람들과 감성적으로 연결되는 브랜드를 만들어내야 하는 것이다. 우리는 이 모든 그룹과 분야들을 브랜딩 과학과 창조적인 영감을 통합하는 새로운 테크닉을 중심으로 한데 모을 필요가 있다. 이를 통해 우리는 브랜드 메시지의 논리적인 면과 감성적인 면을 조화시킬 수 있을 것이다. 전략적인 사고로서 디자인 과정을 인식하고 기업가들의 '내면의 디자이너'를 밖으로 끌어냄으로써 브랜드가 창조되고 소통되어온 기존 방식에 도전할 필요가 있다. 우리는 새로운 아이디어의 인큐베이터 또는 '혁신의 실험실(innovation lab)'을 만들어내야 한다. 브랜딩 전략을 좀더 직관적인 방식으로 바라보는 이 실험실을 나는 '브랜드잼 센터(brandjam center)'라 부르고자 한다.

우리에게는 이미 영감을 줄 만한 작업 모델이 존재한다. 이 책을 저술하면서 나는 선도적인 제조회사 및 소매업체들이 소비자들과 브랜드잼을 할 수 있는 새로우면서도 진정으로 영감을 불러일으키는 방법들을 발견할 수 있었다. 우리는 데그립고베를 브랜드잼 센터로 바꾸고 의뢰인과 소비자들이 우리와 함께 크리에이티브 프로세스에 참여할 수 있도록 문을 열어놓았다. 우리만 이런 것은 아니다. 똑똑한 광고를 보여주는 사례로 TBWA가 애플을 위해 만든 '미디어아트 랩(Media Arts Lab)'도 있다. 〈애드버타이징 에이지〉는 이를 가리켜 '미래의 단초'[1]라 불렀다. 이 책에서 여러분들이 이미 읽으셨다시피, 많은 기업들이 혁신을 도모하고 새로운 아이디어를 개발하는 데 있어 크리에이티브 프로세스에 경영진을 다채로운 방식으로 참여시키는 것의 중요성을 깨닫고 있다.

내가 가장 감명을 받은 브랜드잼 센터인 GM과 허먼 밀러에서 나는 다음의 사실들을 발견했다.

1. 브랜드잼 센터는 크리에이티브 프로세스가 기업 과정의 일부로 받아들여지고 최고 경영층의 지원을 받을 때 더욱 강력해진다는 이론을 진전시킨다.
2. 브랜드잼 센터는 브랜드 혁신을 장기적으로 지원한다. 브랜드잼 센터는 또한 회사에 활력을 불어넣고 자극을 제공한다.
3. 참여적 과정을 통해 브랜드잼 센터는 변화와 아이디어 혁신을 중요한 업무로 삼고자 하는 경영진들의 트레이닝 센터 및 유대장소가 된다.

브랜드잼 센터는 브랜드 혁신을 관리하는 데 있어 일관성과 지속성을 양산한다. GM 디자인 센터의 가장 강력한 옹호자인 안느 아센시오(여섯 번째 전환을 보라.)는 의지가 있는 CEO들이 장기적으로 크리에이티브

462

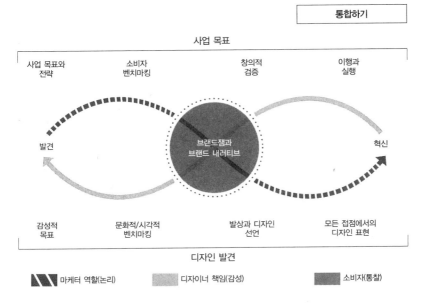

사업 목표

| 사업 목표와 전략 | 소비자 벤치마킹 | 창의적 검증 | 이행과 실행 |

발견

브랜드잼과
브랜드 내러티브

혁신

| 감성적 목표 | 문화적/시각적 벤치마킹 | 발상과 디자인 선언 | 모든 접점에서의 디자인 표현 |

디자인 발견

마케터 역할(논리)   디자이너 책임(감성)   소비자(통찰)

브랜드잼은 개별적으로 분리된 브랜드의 논리적 측면과소비자의 통찰력을
참여적인 방식으로 혁신 과정에 통합해낸다

프로세스에 참여할 수 있는 환경을 육성하는 것이 중요하다고 말한다. 그러한 이니셔티브들이 작동하기 위해선, 가능성 있는 아이디어에 대한 브랜드잼을 계속하는 것이 중요하다. 그러한 아이디어는 특정 순간에는 적절하지 않아 보이지만 몇 달 후 시장이 무르익으면 좀더 설득력을 갖게 될 수 있다. 내가 안느에게 GM의 접근법이 다른 기업들에게도 매우 소중한 모델이 될 수 있다고 말하자 그녀는 정해진 공식이란 없으며 모든 회사는 자신의 혁신 방법을 찾아내야 한다고 잘라 말했다. 브랜드에 사용할 뭔가 새로운 공식 같은 것을 기대했던 일부 독자들에게 이것은 실망을 안겨줄지도 모르겠다.

나는 여전히 안느의 접근법이 훌륭한 모델이라고 생각하지만 정해진 공식이 없다는 데에는 동의한다. 브랜드잼은 직관적이고 참여적이며 창조적이고 어떤 공식에도 구애받지 않는다. 안느 아셴시오는 모든 회사가 지속적인 혁신을 이루기 위해서는 스스로의 목소리와 과정을 찾아야 한다고 생각한다. 그녀는 이렇게 말한다. "이것은 정원을 가꾸는 것과 같다. 중요한 것은 토양이다. 흙에서 잘라낸 꽃들은 수명이 짧지만 잘 가꾼 토양은 매년 수많은 아름다운 꽃들을 길러낼 수 있다."

브랜드 구축과 창조에 있어 기존의 단기적 리서치와 혁신 모델에 좌절한 사람들은 불행히도 마케팅 세계가 브랜드의 전체 그림을 보기 위해 뒤로 물러섬이 없이 개별 프로젝트 단위로만 작동한다는 사실을 깨닫는다. 감성적 관점에서 나오는 중요한 통찰력과 미래지향적인 아이디어들은 개별 프로젝트가 완성될 때마다 그냥 사라질 수밖에 없는 듯하다. 코카콜라의 캔을 존 갈리아노의 패션쇼에서 봤을 때, 데그립고베는 이것이 브랜드 관점에서 무엇을 의미하는지 분석할 수 있는 기회를 얻었다. 만약 회사들이 이러한 기회를 내팽개치고 '왜 그러한지'를 찾아나서지 않는다면, 그들은 브랜드의 사회적 영향력에 대해 좀더 근본적으로 알 수 있는 기회를 놓치게 될 것이다.

브랜드잼 센터는 지속적으로 브랜드를 조사하고 개발할 수 있는 토대를 세우고, 브랜드와 소비자가 맺는 상호작용에서 일어나는 모든 일들을 모니터링할 수 있다. 이것은 브랜드가 차지하는 감성적 지위의 변화와 앞으로의 가능성에 대한 정확한 그림을 제공할 수 있다. 디자인적 관점에서 볼 때 브랜드잼 센터는 아이디어를 발현하는 장이자 사회 전 분야의 창조적 인재들을 한 자리에 모아내는 곳이기도 하다. 여기에는 소비자와 마케터도 포함된다. 그것은 또한 다음의 여섯 가지 근본 신념에 기초해야 한다.

1. 디자이너의 능력은 지속적으로 혁신을 지원하는 회사 문화와 폭넓

은 지원 팀을 확보하는 데 달려 있다.

2. 크리에이티브 프로세스는 오직 사람들의 마음에 자극과 도발을 일으키고 형식에 도전하며 세상을 다른 각도에서 보게 만드는 항시적 긴장감으로부터만 나올 수 있다.

3. 작업을 최대한 노출시켜라. 창조와 혁신 과정을 비주류의 작업으로 만들지 마라. 조직의 나머지 사람들에게도 연결되어야 위대한 아이디어가 모든 이의 지원과 승인을 받으며 탄생할 수 있다.

4. 크리에이티브 팀을 보호하고 그들에게 마케팅에 영향력을 행사할 수 있는 권한과 접근권을 보장하라. 홍보에 쓰이던 돈은 디자인 혁신으로 이동되어야 한다.

5. 모든 것이 변화의 대상이다. 시장은 변화한다. 그러므로 당신의 방법론과 발견 기술도 변화해야 한다. 재즈는 그 모든 악기들을 상대로 지속적으로 새로운 사운드의 발현을 추구한다. 브랜드잼의 접근법도 정체되어서는 안 된다.

6. 소비자들의 행동과 감성 상태를 통해 혁신을 추적할 수 있는 물리적이고 상시적인 장소가 필요하다. 이곳에서는 직관의 렌즈를 통해 새로운 아이디어를 탄생시키는 디자인을 실험할 수 있어야 한다.

그러나 브랜드잼 센터는 고립되어서는 안 된다. 엘리트 디자이너와 경영진들이 나머지 회사 직원들과 공중으로부터 단절된 채 의사결정을 내리는 배타적인 브랜드잼 센터를 만들어서는 곤란하다. 창조성은 돌보지 않으면 금방 정체된다. 좋은 토양처럼 그것은 계속해서 외부의 인풋과 자극을 통해 활력을 제공받아야 한다. 세상은 달라졌다. 새로운 도전은 두려움과 불안을 양산해냈다. 사람들의 자아의식과 기업이 그들의 삶에 미치는 영향 사이의 간극을 좁히는 것이야말로 바로 유명한 브랜드를 만들어내는 핵심이다.

지금은 브랜드잼을 시작할 때다!

디자인이야말로 소비자의 감정을 포착하는 필터이자 혁신을 구현하고 창조하는 과정이라는 나의 주장이 잘 전달되었기를 바란다. 시각적 자극은 아이디어의 발현을 표현하고 다른 이들에게 문을 엶으로써 혁신으로 가는 최고의 길을 제공한다. 이제는 브랜드잼을 해야 할 때다. 그리고 브랜드잼은 사람들에게 영감을 제공하는 CEO와 함께 시작된다. 상층부에서 시작되어야 그러한 발명의 용기가 점차 회사 전체로 퍼져나가고 사람들의 지지를 받을 수 있기 때문이다. 브랜드잼은 일종의 성취감을 만들어낸다. 여러 팀이 같은 목표를 위해 함께 협력하고 패러다임을 변화시키며 새로운 지평을 열어내기 때문이다.

마치 재즈처럼 모든 밴드에게 무대가 필요하듯이 모든 브랜드에게는 극장이 필요하다. 브랜드 커뮤니케이션은 여전히 우리가 개인으로서 커뮤니케이션을 처리한다는 믿음에 근거해 작동하고 있다. 그러나 사실상 커뮤니케이션은 기술 덕분에 공유되고 평가되며 토론되고 있다. 젊은 세대들은 그들을 분리시키는 것이 아니라 다시 하나로 합쳐줄 메시지를 찾고 있다. 기업문화는 이러한 새로운 현실을 반영해야 한다. 디자인은 좀더 신선하고 현실적인 관점을 통해 인간적인 브랜드를 만드는 새로운 방법이다. 그것은 행복과 기쁨을 핵심적인 제품으로 삼는다.

프랑스 작가 미셸 우엘벡의 저서 『소립자Les particules elementaires』에는 우편주문 판매 카탈로그에서 심적 위안을 찾는 외로운 인물이 등장한다. 이 인물에게 우편주문 판매가 주는 확실성은 안정적인 세계에 대한 증거이다. 나는 이것이 우리가 상상하던 것보다 훨씬 더 심원한 차원에서 브랜드와 감성적으로 소통하는 사람들을 보여준다는 점에서 매우 훌륭하다고 생각한다.

466

브랜드잼은 사람들과의 연결에 대해 고민하고 탐험하는 새로운 방법을 제공한다. 여기서 디자인은 모든 방법 중 가장 강력한 것이 된다. 마케터들이여, 혁신을 처리하고 평가하는 방법을 재고해보라. 마케터도 디자이너와 마찬가지로 직감적인 본능과 잠재의식적 창조력에 좀더 의존해야 한다. 인터뷰를 하면서 나는 수많은 리더와 브랜드 행동주의자들에게 감명을 받았다. 그들은 우리가 사업하는 방식과 사람들의 일상을 이해하는 방식에 혁명을 일으키고 있다. 그들은 인간적인 브랜드를 만드는 최전선에 서 있다. 만약 소비자들에게 어필하고 싶다면 당신은 마케터와 소비자, 그리고 크리에이티브들의 열정적인 대화로부터 태어난 새로운 언어로 말할 필요가 있다.

이제 브랜드잼을 시작해보자!

| 감사의 말 |

이 책은 인간적인 브랜드를 구축하는 일에 종사하는 가장 중요한 선각자들이 친절하게 내준 시간과 도움이 없었다면 불가능했을 것이다. 그들 중에는 도브의 실비아 라냐도와 같은 마케터도 있고, 로렌 포스터와 같은 작가 및 칼럼니스트도 있으며 (《파이낸셜 타임스》에 실린 그녀의 인터뷰는 내게 인간적인 브랜드라는 컨셉을 이끌어냈다.), 타미 힐피거와 기꺼이 이 책의 서문을 자원하여 써 준 이브 베하르, 그리고 디자인을 더 나은 세계를 만들기 위한 도구로 사용하고자 하는 젊은 신예 데보라 아들러와 같은 디자이너도 있었다.

제너럴 모터스의 선임 디자이너 안느 아센시오와 BMW의 크리스 뱅글은 내게 공동 작업이 제공하는 참여의 힘과 어려움을 일깨워주었다. 다른 브랜드에 비해 자동차 회사가 새로운 제품을 출시하는 데 훨씬 더 오랜 시간이 걸린다는 점에서 시장의 기대를 예측하기란 분명 도전적인 일일 것이다. 나는 또한 Les Metalliers Champenois와 이야기를 나누는 영광을 얻었다. 이들은 수세기에 걸친 장인의 전통을 유지하고 있을 뿐 아니라 자유의 여신상의 횃불을 디자인했다. 향수의 세계에서 나는 에스티 로더의 베로니크 가바이와 이야기를 나눌 수 있었다. 그녀는 도나 카란이나 아르마니 등 가장 강력한 아이콘이 된 일부 패션 브랜드들의 진수를 향수에 성공적으로 도입하였다. 한편 향료 회사와 시간을 보내면서 나는 향료를 통해 숨겨진 감성들을 발견해내는 IFF와 같은 회사들의 작업에 감탄을 금할 수가 없었다. 또한 허먼 밀러에서는 사업의 일부이자 이 회사의 경쟁력이 된 디자인 문화를 발견할 수 있었다.

책에 대한 언급도 빼놓을 수 없다. 캐플랜의 『허먼 밀러의 디자인The Design of Herman Miller』 등에서 나는 우연히 D J 드 프리와 같은 창립자나, 조지 넬슨, 찰스 임스, 로버트 프롭스트, 길버트 로드, 그리고 알렉산더 지라드 등과 같은 위대한 디자이너들을 발견하게 되었다. 이들의 작업은 모두 허먼 밀러와 연결되어 있었다. 또한 『레오Leo』와 같은 희귀본도 있다. 레오 버네트의 유산을 기리며 1971년에 집필된 이 책은 ARF의 회장이자 최고경영자이며 레오 버네트의 경영진이었던 밥 바로치가 내게 준 것이다. 나는 또한 안토니오 다마지오의 책 『스피노자를 찾아서Looking for Spinoza』 덕분에 스피노자의 획기적인 철학과 칼 융이 리서치 및 디자인에 미친 엄청난 영향을 발견할 수도 있었다. 그리고 그 누구보다도 많은 영감을 제공하는 인물인 듀크 엘링턴은 말할 것도 없고 수잔 손탁과 미셸 우엘벡, 알렉시스 드 토크빌, 그리고 생텍쥐페리와 같은 작가 및 예술가들도 내게 영감을 주었다.

한편 조사와 집필 작업을 도와준 열정적인 동료들도 있다. 이 중 안느 헬맨은 숙련된 어휘와 복잡한 개념을 강력한 문장으로 집약해내는 뛰어난 솜씨로 내 전 과정을 참을성 있게 지원해주었다. 대학 시절부터 나를 도와주던 버니 저건은 이제 박사과정 학생이 되었다. 마지막으로 이전 어시스턴트였던 재키 우실리어스와 발레리 르 데로프, 그리고 지금의 어시스턴트인 조이스 휴즈에게도 감사드린다. 올워스 프레스(Allworth Press)에서는 특히 항상 내 사상을 지지해준 담당 편집자 태드 크로포드에게 감사드린다. 또한 더 나은 이해와 독서를 위해 이 책을 압축해준 니콜 포터와 모니카 루고에게도 감사드린다.

의뢰인과 직업적 파트너들에게도 감사를 드려야겠다. 코카콜라의 글로벌 브랜드 매니저인 스티브 크로포드와 현재 ARF에서 마케팅 최고 책임자를 맡고 있는 조 플루머는 브랜딩과 광고의 민감한 토픽들에 대해 내게 많은 인풋을 주었다. 가장 명성 있는 디자인 회사 중 하나인 DMI의 톰 락우드도 올워스와 함께 이 책을 공동 출판해주기로 했고, 트래벨로시티의 제프 글루엑은 브랜딩에 대한 그의 개인적 통찰력을 제공해주었으며, AOL의 러스 네이터스도 마찬가지이다. 센시디엄의 크리스토프 포코니에도 사람들의 구매심리를 파악하는 심리학적 조사방법에 대해 새로운 통찰력을 제공해주었다. 브라질의 나투라 창립자와의 만남은 내게 비즈니스의 세계도 사람들에게 가치와 기회를 만들어내는 인간적인 세상일 수 있다는 것을 확신하도록 해줄 만큼 강렬한 경험이었다.

한편 서지오 지만과 레스 벡스너, 레너드 로더처럼 브랜딩계의 거물로서 함께 일하는 영광을 가지게 된 인물들도 있다. 이들은 내 초기 사고에 가장 큰 영향을 미쳤다. 코카콜라와 타깃, 스타벅스, 애플, 태양의 서커스, 그리고 롤링 스톤스 등도 내게 지속적인 영감을 제공하였다는 점을 밝혀둔다. 이들 덕분에 내 삶은 마법의 연속과 같다. 마지막으로 브랜드가 사회적 진보의 한 형태라고 믿는 아시아, 유럽, 북남미 등지의 진정한 브랜드 신봉자들에게도 감사의 말을 전한다. 이들은 내게 많은 힘을 주었고 사회에 영향을 미칠 수 있는 의미 있는 브랜딩을 만들기 위해 '올바른' 일을 할 수 있도록 북돋아주었다. 내 프랑스 파트너이자 공동 창립자인 조엘 데그립이 보여준 독창적인 상상력과 엄청난 재능, 그리고 그의 디자인 비전에 대한 감사도 잊을 수 없다. 또 감성 브랜딩 및 디자인에 변치 않는 믿음을 보여준 뉴욕 데그립고베의 대표 주드 하너와 가장 놀라운 디자인을 탄생시키는 우리의 크리에이티브 디렉터 데이비드 이스라엘에게도 감사를 표한다. 감성 브랜딩은 브랜딩 세계에 대한 내 개인적 인식을 보여준다. 이 세계는 직관적이고 열정적이며 아직 충족되지 못한 사람들의 감성적 필요에 집중한다. 한편 브랜드잼은 최고의 아이디어를 상상해내는 작업의 핵심을 이루는 공동 작업에 대한 탐구이다. 브랜드잼은 디자인을 통해 브랜드의 재즈를 연주하고 인간적인 브랜드를 만들도록 도와주는 이론이다. 브랜드잼은 브랜드와 사람 사이를 잇는 고유한 감성적 연결을 발견해내는 모든 재능에 기댄다. 브랜드잼과 함께 나는 또한 감성적 과정과 공동 창조의 힘을 더 잘 이해하기 위해 내 첫 번째 책에서 발전시킨 테크닉들을 여러분과 공유하고자 했다.

지난 2년간 이 책을 집필하는 과정은 최고의 브랜딩 세계와 소비자 세계로 떠나는 개인적 여행이었다. 이 여행은 내게 브랜드가 우리의 삶에 긍정적인 영향을 미칠 수 있다는 근사한 느낌을 남겨주었다. 이 여행에서 나는 창조성이 우리 모두가 지니고 있는 재능이지만 단지 소수만이 그것을 실현하는 방법을 알고 있다는 사실도 발견할 수 있었다. 이 책이 내 대답이었다. 나머지는 독자 여러분의 상상력에 맡긴다.

서문: 디자인은 재즈다

1. Anonymous, "Lafley's Love Affair With Design," Advertising Age, July/August 2005.

첫 번째 통찰: 포스트모더니즘의 꿈

1. Paola Antonelli, Objects of Design (New York: Museum of Modern Art, 2003).
2. Ibid.
3. Nicolai Ouroussoff, "Where MOMA HasLost Its Edge," New York Times, February 4, 2005.
4. Richard Lapper, "Beautiful, Brutal: but What about the People?" Financial Times, December 10, 2004.
5. Ibid.
6. Mark Taylor, Op-ed, New York Times, October 14, 2004.

두 번째 통찰 : 혁신은 주변부로부터 나온다

1. Tom Wolfe, "Pleasure Principles," New York Times, June 12, 2005.
2. Robin Pogrebin, "Impact of a Stadium: A Look at Other Cities," New York Times, May 7, 2005.

세 번째 통찰: 감성 디자인은 여성적 디자인이다

1. Valerie Seckler, "Women's Wishes: Control, Security and Peace," WWD, December 28,2005.
2. Ibid.
3. Ibid.
4. www.kimptonhotels.com (accessed August 15, 2005).
5. Hilary Stout, "Letting It All Hang Out: Pregnant Women Pose for a New Type of Family Portrait," Wall Street Journal, August 11, 2005.
6. Rich Thomaselli, "Beauty's New, Er, Face," Advertising Age, August 15, 2005.
7. Ibid.

8. Marianne Rohrlich, "Is 2 1/2 Too Old to Be a V.P. for Design?" New York Times, March 31, 2005.

9. Ibid.

10. Marcia Biederman, "Self-Service Printing Is Redefining the Camera Store, and Even the Maternity Ward," New York Times, March 17, 2005.

11. Steve Lohr, "How Much Is Too Much?" New York Times, May 4, 2005.

12. Ibid.

13. Jewel Gopwani, "Women Suggest Friendly Auto Design, Features," January 12 ,2005, www.freep.com/money/autoshow/2005/(accessed August 19, 2005).

14. "Your Concept Car: An Interview with the All-Women Volvo Design Team," www.dmi.org/dmi/html/conference/europe05/ sp_holmberg_interview.htm (accessed August 19, 2005).

15. John Gartner, "Women Drive Changes inCar Design," April 10, 2004, www.wired.com/news/autotech/ (accessed August 19, 2005).

네 번째 통찰: 감각적 21세기에 오신 것을 환영합니다

1. David Rocks, "China Design," Week, November 21, 2005.

다섯 번째 통찰: 디자인 민주주의

1. A. G. Lafley, "What P&G Knows about the Power of Design," interview by Jennifer Reingold, Fast Company, June 2005, 56-57.

2. Jennifer Reingold, "The Interpreter," Fast Company, June 2005, 59-61.

3. A. G. Lafley, "What P&G Knows about the Power of Design," interview by Jennifer Reingold, Fast Company, June 2005, 56-57.

첫 번째 전환: 감성적 아이덴티티를 사고하라

1. Screenshots on page 99 © Google Inc. andare reproduced with permission.

2. John Markoff and Vikas Bajaj, "14,159,265 Slices of Rich Technology," New York Times, August 19, 2005.

두 번째 전환: 브랜드 아이콘을 사고하라

1. Richard Milne, "Adidas Hits Back after Ruling on Stripes," Financial Times, April 26, 2006.

세 번째 전환: 경험으로서 광고를 사고하라

1. Joseph Nocera, "Chicken Hawker," New York Times Magazine, December 25, 2005.

2. www.adage.com (accessed January 6, 2006).

3. Brooks Barnes, "As TV Networks Use Web, Affiliates Seek Piece of the Action," Wall Street Journal, February 1, 2006.

4. David Riley and Tom Lowry, "The End of TV(As You Know It)," Business Week, November 21, 2005.

5. Brian Steinberg and Suzanne Vranica, "As the 30-Second Spot Fades," Wall Street Journal, January 3, 2006.

6. Gary Silverman, "How May I Help You?" Financial Times, February 5, 2006.

7. Valerie Seckler, "Some Ads Sing Louder Than the Brands," WWD, May 17, 2006, 7.

8. Bill Huey and Jeremy Garlington, "Why Roy Disney Got it Right," Brandweek, April5, 2004, 24.

9. Stuart Elliott, "For the Olympics, Commercials for Screens of All Sizes," New York Times, February 9, 2006.

10. TNS Media Intelligence, reported for 2005.

11. Joe Plummer, personal communication, May 2006.

12. Andrew Edgecliffe-Johnson and Paul Taylor, "Sony Chief Unveils Vision of theFuture," Financial Times, January 6, 2006.

13. Christina Cheddar Berk, "Retailer Finds a Shortcut on QVC," Wall Street Journal, January 17, 2006.

14. Leslie Blodgett, "The Human Touch," Global Cosmetic Industry, March 2006.

15. Molly Prior, "Bath & Body Works Turns to Infomercials," WWD, April 28, 2006.

16. Stuart Elliott, "No More Same-Old," New York Times, May 23, 2005; and James Arndorfer and Jean Halliday, "GM Signals New Marketing Era," Advertising Age, May16, 2005.

17. www.AdAge.com (accessed December 1, 2005).

18. Stuart Elliott, "At a Four A's Meeting,Warnings Galore That Madison AvenueNeeds to Be Nimble about Changing," New York Times, May 6, 2005.

19. R. Craig Endicott, "100 Leading National Advertisers," Advertising Age, June 28, 2004.

20. Gary Levin, "Ad Glut Turns Off Viewers," USA Today, October 12, 2005.

21. Jonathan Cheng, "China DemandsConcrete Proof of Ad Claims," Wall Street Journal, July 8, 2005.

22. Anonymous, "Word on the Street," Advertising Age, September 27, 2004.

23. Thomas Friedman, "G.M.-Again," New York Times, June 14, 2006.

24. Scott Bowles, "For Hollywood, Not Enough Good Cheer," USA Today, January 3, 2006.

25. Eric Pfanner and Stuart Elliott, "At BartleBogle, a Week to Remember," New York Times, October 20, 2005.

26. Jean Halliday, "The Gospel According to Martin and John," Advertising Age, May 16, 2005.

27. Julie Naughton and Pete Born, "In the Nude: Ford's First Line up for Lauder," WWD, September 9, 2005.

28. Nat Ives, "Unauthorized Campaigns Used by Unauthorized Creators to Show Their Creativity Become a Trend," New York Times, December 23, 2004.

29. Rachel Tiplady, "From Faux to Fortune," Business Week, November 14, 2005.

30. Gary Silverman, "Unilever Sets Up In-House Advertising Teams," Financial Times, March 14, 2006.

31. Walter Mossberg, "iPod's Latest Siblings," Wall Street Journal, September 8, 2005.

32. Vanessa O'Connell, "How Gallo Got Front-Row Seats at Fashion Week," Wall Street Journal, February 8, 2006.

33. Ibid.

34. Rob Walker, "Soap Opera," New York Times Magazine, April 3, 2005.

35. Leo Burnett(Chicago: Leo Burnett Company, Inc., 1971).

네 번째 전환: 광고로서 소매 매장을 사고하라

1. Chad Chang, "Defining Speech," Metropolis, November 2004, 98.

2. Linda Tischler, "Blowing Out Advertising's Walls," Fast Company, June 2005, 63-65.

3. Ibid, 63.
4. Teri Rarush Rogers, "A Coffee Themeland, Temporary by Design," New York Times, October 23, 2005.
5. Robin Pogrebin, "Bilbao? Please, That Was So Eight Years Ago," New York Times, December 11, 2005.
6. Elaine Sciolino, "Above the Clouds, the French Glimpse the Old Grandeur," NewYork Times, December 17, 2004.
7. Nicolai Ouroussoff, "A Vision of a Mobile Society Rolls Off the Assembly Line," New York Times, December 25, 2005.
8. Susan Sontag, quoted in Charles McGrath, "No Hard Books, or Easy Deaths," New York Times, January 2, 2005.
9. Deborah Desilets, Morris Lapidus (NewYork: Assouline, 2005).
10. Theresa Howard, "Ikea Builds on Furnishings Success," USA Today, December 29, 2004.
11. Kerry Capell, Ariane Sains, Cristina Lindblad, and Ann Therese Palmer, "Ikea," Business Week, November 14, 2005.
12. Anonymous, "It's an IKEA World After All," Advertising Age, December 2005, 15.
13. Jean Palmieri, "Delivering on Imagination at Apple," WWD, November 16, 2005.
14. Mya Frazier, "The Bigger Apple," Advertising Age, February 13, 2006.
15. Stephen Power, "Threatened by Rivals, German Car Makers Race to Erect Museums," Wall Street Journal, April 13, 2005.
16. Nicolai Ouroussoff, "The Assembly Line Becomes a Catwalk," New York Times, May 22, 2005.
17. Amy S. Choi and Meredith Derby, "Flagship Redux: Banking on Stores as Showcases," WWD, November 5, 2005.
18. Sharon Edelson, "LVMH Redefines Shopping Club," WWD, March 31, 2005.
19. Gary McWilliams and Steven Gray, "Slimming Down Stores," Wall Street Journal, April 29, 2005.
20. Trade Rozhon, "No Longer the Belles of the Mall, Department Stores Try Makeovers," New York Times, March 1, 2005.
21. Ibid.

다섯 번째 전환: 디자인 리서치를 사고하라

1. Kerry A. Dolan, "The Soda with Buzz," Forbes, March 28, 2005.

2. David Kiley, "Shoot the Focus Group," Business Week, November 14, 2005.

3. Joseph Guinto, "You Ever Heard of SidneyFrank?" American Way, August 15, 2005.

4. Chuck Salter, "Moto's Mojo," Fast Company, April 2006.

5. Sandra Blakeslee, "Say the Right Name and They Light Up," New York Times, December 7, 2004.

6. Jan Callebaut, et al., The Naked Consumer Today: Or an Overview of Why Consumers Really Buy Things, and What This Meansfor Marketing (Antwerp: Censydiam & Garant Publishers, 2002).

7. Michael Solomon, personal communication, July 2006.

8. Andrew Grove, Only the Paranoid Survive (New York: Doubleday, 1996).

9. Estee Lauder, Estee, a Success Story (NewYork: Random House, 1985).

10. Olivia Fox Cabane, personal communication, June 2006.

11. Samantha Conti, "Burberry's IT Bounce," WWD, July 13, 2005.

12. Franco Lodato, personal communication, February 2006.

13. Neil Buckley, "The Power of Original Thinking," Financial Times, January 14, 2005.

14. Ibid.

15. Dorothy Kalins, "Going Home with the Customer," Newsweek, May 23, 2005.

16. Andy Goldsworthy, Andy Goldsworthy: A Collaboration with Nature (New York: H.N. Abrams, 1990).

17. Carol Hymowitz, "Rewarding Competitors over Collaborators No Longer Makes Sense," Wall Street Journal, February 13, 2006.

18. James P. Womack, "Why Toyota Won," Wall Street Journal, February 15, 2006.

여섯 번째 전환: 일상용품의 디자인을 사고하라

1. David Rocks, "China Design," Business Week, Asian edition, November 21, 2005.

2. Quote from Deepak Advani in his speech given at "Innovative Marketing

Conference," Columbia University, June 9, 2006.

3. David Rocks, "China Design," Business Week, November 21, 2005.

4. Jamie Lincoln Ritman, "Life in the GreenLane," Op-ed, New York Times, April 16, 2006.

5. Gardiner Harris, "Report Finds a Heavy Toll From Medication Errors," New York Times, July 21, 2006.

6. Diane Cardwell, "City Backs Makeover for Decaying Brooklyn Waterfront," New York Times, May 3, 2005.

7. Harvard promotional literature.

8. Sharon Reier, "When Looks Count theMost," International Herald Tribune, September 18-19, 2004.

9. Lisa Sanders and Matthew Creamer, "Marketers Close in on Consumer-By Design," Advertising Age, November 8, 2004.

10. The Wall Street Journal, December 14, 2004.

11. Phil Patton, "A Wild West Shootout for Car Designers," New York Times, January 10, 2005.

12. Ralph Caplan, The Design of Herman Miller, (New York: Whitney Library of Design, 1976).

13. Ibid.

14. Clark Malcolm, personal communication, March 2006.

일곱 번째 전환: 감성적 맞춤화를 사고하라

1. Allan J. Magrath, "Managing in the Age of Design," Across the Board, September/October 2005.

2. Julie Hertenstein, Marjorie Platt, and Robert Veryzer, "The Impact of Industrial Design Effectiveness on Corporate Financial Performance," Journal of Product Innovation Management, January 2005.

3. Jean Halliday, "The Drive for Design," Advertising Age, July 18, 2005.

4. Matthew Egol, Rarla Martin, and Leslie Moeller, "Custom Fit: One Size Does Not Fit All," Advertising Age, September 2005.

5. Nirmalya Kumar, "Marketing's Drive to Recapture the Imagination," Financial Times, Monday, August 15, 2005.

6. According to hoovers.com.

7. Valerie Seckler, "Stressed Shoppers Grab for the Controls," WWD,

November 2, 2005.

8. Ayesha Court, "Hotels Try to Make Your Stay Personal," USA Today, October 25, 2005.

9. Saul Hansell, "A Web Site So Hip It Gets Laddies to Watch the Ads," New York Times, March 27, 2006.

10. Valerie Seckler, "Women's Wishes: Control, Security, and Peace," WWD, December 28, 2005.

11. "Kansas State University Students Design Hand and Power Tools for Women," U.S.Newswire, May 12, 2005, http://releases. usnewswire.com.

12. Claire Wrathall, "You've Seen His Filmsand Drunk His Wine, Now Go Stay in His Houses," The Guardian, May 22, 2004.

13. Ibid.

14. Ranee Crain, "IAA Host Blasts Western Media—From His Own Publishing Pulpit," Advertising Age, April 3, 2006.

15. Hassan M. Fattah, "The Middle East Watches Itself," New York Times, March 26, 2006.

에필로그: 브랜드잼 센터

1. Scott Donaton, "TBWA's Media Lab Offers (Limited) Glimpse at the Future," Advertising Age, October 29, 2006.